차밍시티,
사람을 연결하여
매력적인 도시를 만듭니다.

새로운 금융이 온다
The Future Of Finance
핀테크, 가상자산, 인공지능이 바꿀 디지털 금융

새로운 금융이 온다
핀테크, 가상자산, 인공지능이 바꿀 디지털 금융

지은이	헨리 아슬라니언(Henri Arslanian), 패브리스 피셔(Fabrice Fischer)
옮긴이	최용호, 조철민
디자인	김수연
펴낸이	조철민

펴낸곳 차밍시티 **등록번호** 제2021-000074호(2018년 6월 25일)
주소   경기도 고양시 덕양구 삼원로3길 12-1 201호
전화 02-857-4877 **팩스** 02-6442-4871 **전자우편** cm.cho@charmingcity.co.kr
홈페이지 https://www.facebook.com/making.charmingcity/
총판 비팬북스(02-857-4877)
초판 1쇄 발행 2021년 11월 10일

차밍시티 값 22,000원
ISBN 979-11-965311-6-4 [93320]

해당 책 판매를 통한 차밍시티의 순수익 10%는 도시의 문제 해결을 위해 기부됩니다.

First published in English under the title
The Future of Finance; The Impact of FinTech, AI, and Crypto on Financial Services
by Henri Arslanian and Fabrice Fischer, edition: 1
Copyright © The Author(s), under exclusive licence to Springer Nature Switzerland AG, 2019
This edition has been translated and published under licence from Springer Nature Switzerland AG,
arranged by Duran Kim Agency, Seoul.
Springer Nature Switzerland AG takes no responsibility and shall not be made liable for the
accuracy of the translation.

이 책의 한국어판 저작권은 듀란킴 에이전시를 통한 Springer Nature Switzerland AG와의 독점계약으로 차밍시티에 있습니다. 저작권법에 의하여 한국 내에서 보호를 받는 저작물이므로 무단전재와 무단복제를 금합니다.

새로운 금융이 온다
The Future Of Finance

핀테크, 가상자산, 인공지능이 바꿀
디지털 금융

지은이
헨리 아슬라니언 Henri Arslanian
패브리스 피셔 Fabrice Fischer

옮긴이
최용호, 조철민

차밍시티

이번 책

차밍시티 우리가 사는 도시 시리즈

차밍시티는
매력적인 도시를 만들기
위한 방법론이 담긴
책들을 출간합니다.

새로운 금융이 온다
: 핀테크, 가상자산, 인공지능이 바꿀
   디지털 금융

`#금융투자`   `#IT기술`

모든 산업이 디지털화 되어 가고 있으며 금융 산업에서도 커다란 변화가 일어나고 있습니다. 이 책은 핀테크, 가상자산, 인공지능이 주도할 디지털 금융에 대해 설명합니다.

키워드

지속가능한 도시

UN 지속가능발전목표(UN SDGs) 11번인 지속가능한 도시와 커뮤니티를 추구합니다.

UN 지속가능발전목표(UN SDGs) 란?
UN 지속가능발전목표(UN SDGs)는 전 세계의 지속가능발전을 실현하기 위해 유엔과 국제사회가 달성해 나가야 할 목표입니다.

금융투자

매력적인 도시를 만들기 위해서는 선진화된 부동산 금융투자가 필요합니다. 리츠, 펀드, 임팩트 투자, 핀테크 등을 다룹니다.

IT 기술

기술의 발전이 우리가 사는 도시를 더 나은 곳으로 만드는 데 기여할 거라 믿습니다. 도시와 IT 기술 간의 만남에 대해 고민합니다.

지난 책

바이오필릭 디자인
: 당신의 공간에 자연 가져오기

#지속가능한 도시

'인간은 본성적으로 자연 환경 가운데에 있을 때 건강하고 행복하다'는 바이오필리아 이론을 기반으로, 사람이 머무르는 일상의 공간인 집과 오피스에 자연을 가져오는 디자인 방법론을 소개합니다.

부동산 디벨로퍼의 사고법
: 도시를 만들어 가는 사람들의 이야기

#지속가능한 도시

우리가 사는 도시를 기획하는 부동산 디벨로퍼가 어떠한 일을 수행하는지 설명합니다. 디벨로퍼는 다양한 이해관계를 조율하며 도시, 커뮤니티, 이웃의 미래를 상상하고 만들어 가는 기업가입니다.

뉴스케이프
: 콘텐츠로 만들어가는 오프라인 공간 비즈니스의 새로운 모습

#지속가능한 도시

오프라인 공간은 자신만의 콘텐츠를 담아 '특별한 경험'에 대한 고객의 기대를 충족시켜주어야 합니다. 콘텐츠로 고객의 시간을 채우고 소비를 이끌어 내는 방법을 담고 있습니다.

소프트 시티
: 사람을 위한 일상의 밀도, 다양성, 근접성

#지속가능한 도시

사람을 위한 건축 및 도시계획으로 세계적 명성을 지닌 겔 아키텍트에서 기획한 책입니다. 고밀도-중층 구조의 이웃환경에 공간적 다양성을 가져와 소프트한 도시환경을 만들 것을 제안합니다.

바이오필릭 시티
: 자연과 인간이 공존하는 지속가능한 도시'

#지속가능한 도시

인간은 본성적으로 자연 환경 가운데에 있을 때 건강하고 행복하다'는 바이오필리아 이론을 기반으로 도시 내 다양한 생명체 자연, 인간이 공존하는 지속가능한 도시계획 모델을 담고 있습니다.

싱가포르의 기적
: 아시아 부동산 금융의 중심지

#지속가능한 도시   #금융투자

독립 후 반세기 만에 가난한 항구 도시에서 '아시아에서 가장 발전된 부동산 금융 시장을 갖춘 선진화된 도시 국가'로 성장한 싱가포르의 기적 같은 이야기를 담고 있습니다.

목차

008p 추천의 글

010p 펴낸이의 글

012p 감사의 글

016p 저자 서문

018p 이미지 목록, 표 목록, 박스 목록

025p

파트 1 — 핀테크, 가상자산, 인공지능의 기본원칙

027p **1장** ···· 디지털 3요소: 연산 능력, 데이터, 연결성

043p **2장** ··· 디지털 세계의 새로운 인터페이스

049p

파트 2 — 핀테크 기초

051p **3장** ··· 떠오르는 핀테크

093p **4장** ··· 핀테크에 대한 기존 금융 기관들의 반응

107p **5장** ··· 테크핀의 출현

115p **6장** ··· 금융 생태계 구조의 변화

119p **7장** ··· 금융 혁신과 금융 포용

125p

파트 3 — 가상자산 기초

127p **8장** ··· 암호기술과 암호화의 기본

133p **9장** ··· 비트코인의 태동

155p **10장** · 블록체인, 활용 가능한 기술

167p **11장** ·· 가상자산의 확산
187p **12장** · 가상자산 분류
211p **13장** · 가상자산 생태계

221p

파트 4 — 인공지능 기초

223p **14장** · 인공지능과 인공지능의 능력 이해하기
239p **15장** · 금융 서비스에서 인공지능의 활용

261p

파트 5 — 핀테크, 가상자산, 인공지능의 미래 트렌드

265p **16장** · 핀테크와 금융 시스템의 미래
285p **17장** · 가상자산의 지속적인 진화
303p **18장** · 인공지능의 미래 트렌드

323p

파트 6 — 인공지능과 가상자산

325p **19장** · 가상자산-인공지능 세계의 시나리오들

347p 마치는 글
349p 참고문헌
387p 찾아보기

추천의 글

디지털 금융 전략을 설계하기 위한 핵심 지식이 골고루 담긴 책

『새로운 금융이 온다』에는 디지털 금융 전략을 설계하기 위한 필수지식이 골고루 들어 있다.

좋은 건물의 1층마다 입점해 있던 은행 지점 수는 점점 줄고 있고, 스마트폰에서 새로운 금융을 만들어낸 디지털 기업들의 성과는 갈수록 성장하고 있다. 각 은행장들은 계속해서 디지털 전환을 외치고 있지만, 정작 새로운 디지털 금융 기업과의 격차는 점점 벌어지고 있다. 그 이유는 결국 디지털에 대한 지식의 근본적인 질과 양이 다르기 때문이다. 디지털 금융을 이해하기 위해서는 인공지능, 빅데이터, 크립토에 대한 종합적인 이해가 필요하다. 금융의 프로토콜이 서류에서 데이터로 완전히 바뀌었기 때문이다.

앞으로 새로운 금융이 점점 우리에게 찾아올 것이다. 그리고 일부는 이미 한국 바로 옆에 와 있다. 한국의 GS25편의점은 아직 은행이 아니지만, 일본의 세븐일레븐은 세븐은행을 통해 일본 전역의 편의점 ATM을 무인 은행 창구로 바꾸었다. 하이마트는 아직 은행이 아니지만, 중국의 온오프라인 가전기업 쑤닝은 쑤닝은행을 운영하고 있다. 타다는 아직 금융기업이 아니지만, 동남아시아의 차량공유기업 그랩Grab은 싱가포르에 인터넷은행 면허를 획득했다.

새로운 시대가 온다는 것은 새로운 성공의 기회들도 함께 온다는 것을 의미한다. 새로운 성공의 기회는 새로운 지식에서 만들어진다. 인공지능, 빅데이터 그리고 크립토는 새로운 기회를 만들어 낼 핵심 요소들이다. 이미 DeFi(탈중앙금융)라고 불리우는 무인(無人)은행 네트워크에는 약 100조 원의 자금이 몰려 있다.

한국은 제조업에서는 세계적인 성공을 거두었지만 금융에서는 아직 세계적인 성공을 거두지 못했다. 반도체, 전자, 조선 등에서는 국가단위의 야망을 고집하지만 금융에서는 국가단위의 야망을 드러내지 못하고 있다. 이 책을 통해 인공지능, 빅데이터, 크립토에 대한 필수지식을 학습하고 새로운 금융에 대한 창의적인 생각과 야망을 열어보자.

김문수, 스마투스디지털경제연구원장 (前 서울과학종합대학원 부총장)

펴낸이의 글

여러 산업이 데이터와 알고리즘을 무기로 하는 디지털 플랫폼에 의해 재편성되고 있습니다. 산업 내 질서가 디지털 플랫폼을 중심으로 바뀌어 가고 있으며 금융 산업에서도 이러한 모습이 관찰됩니다. 핀테크 스타트업, 빅테크 기업, 금융기관들이 금융 플랫폼 생태계 확보를 위한 경쟁을 하고 있습니다.

이 책은 빅데이터, 인공지능, 가상자산으로 대표되는 IT 기술이 금융 산업에 접목되어 향후 해당 산업에 어떠한 변화가 일어나지 예상합니다. 새로운 기술과 새로운 기술이 적용된 비즈니스 모델이 금융 산업의 지형을 어떻게 변화시키고, 있는지 살펴보고, 앞으로 어떠한 변화들을 가져올지 전망합니다.

디지털 시대의 경쟁 우위는 최고의 고객 경험을 제공하는데 있습니다. 고객 경험의 궁극은 각 개인에게 최적화된 "개별 고객 경험"이고, 이를 위해서는 데이터와 인공지능 알고리즘이 필요합니다. 데이터가 많을수록 소비자를 파악하는 통찰력이 강화됩니다. 그리고 금융투자 분석의 고도화와 효율화가 이루어집니다. 플랫폼에 데이터가 쌓이는 선순환 구조가 강화될수록, 기존 기업들과 차원이 다른 경험을 제공하고 해당 산업 내 기존 회사들은 플랫폼에 종속되어 갑니다. 이들 디지털 플랫폼은 해당 산업을 포괄하는 하나의 '생태계'가 되어갑니다. 기업 간의 경쟁이 아닌 생태계 간의 경쟁이 일어납니다.

플랫폼을 구축하기 위해서는 막대한 비용과 리스크가 수반되지만, 일정 임계점을 넘게 되면 복제 비용이 제한적이고 네트워크 효과가 발생하며 매출총

이익률이 높아집니다. 매출이 기하급수적 속도로 증가하고 매출총이익률이 개선됨에 따라 지속가능한 현금 흐름을 갖게 됩니다. 이러한 지속가능한 현금흐름을 혁신 서비스에 과감하게 재투자하여 고객 경험의 수준을 다시금 높입니다.

빅데이터와 인공지능을 기반으로 하는 4차 산업혁명의 성공은 사회 각 분야에서 전문가로 활동하고 있는 의사결정자들의 IT 기획 능력에 달려 있습니다. 또한, 금융 혁신의 잠재력을 최대한 활용하기 위해서는 모든 이해관계자들의 이해와 협력이 필요합니다. 이 책을 통해 핀테크, 플랫폼, 인공지능, 가장자산에 대한 이해를 갖고, 앞으로 다가올 변화에 대비하여 새로운 기회를 갖길 바랍니다.

국내의 여러 유수 기업들이 글로벌 무대에서 활약하고 있습니다. 하지만 금융 산업에서는 세계 최고 수준의 국내 기업이 아직 없습니다. 4차 산업혁명이라는 시대적 변화를 이용하여 골드만삭스, 블랙스톤, 캐피탈랜드와 같은 세계적인 금융 회사보다 우수한 국내 기업이 나타나길 기대합니다.

2021년 11월, 차밍시티 조철민 올림

감사의 글

책을 쓰는 것은 힘든 여정이다. 책을 쓰면 여가 시간, 에너지, 집중력이 온통 책에 뺏긴다. 우리는 이런 일이 벌어지는 것을 알고 있었지만 크게 신경쓰지 않았다(모든 작가들이 그렇듯이). 하지만 우리는 큰 열정과 기쁨으로 책을 썼다. 왜냐하면 많은 이들이 이 책으로 혜택을 누릴 수 있다는 것을 알았기 때문이다. 이것은 우리에게 매우 큰 보상이 되었다. 우리가 이 책을 쓰면서 즐거웠던 만큼 독자 여러분들도 이 책을 재미있게 읽기 바란다.

우리가 이 책을 쓰도록 영감을 준 모든 분에게 감사하는 것은 불가능하지만 이 책을 완성할 수 있도록 진정으로 도와준 몇몇 분에게 감사하는 시간을 갖고 싶다.

책을 쓰는 내내 귀중한 지원을 아끼지 않은 제시 맥워터스에게 큰 감사를 표한다. 그의 귀중한 통찰력과 피드백이 없었다면 이 책은 결코 지금과 같은 모습으로 나오지 못했을 것이다. 핀테크 부문을 쓰는 데 큰 도움을 준 알레산드로 디 랄로에게도 감사한다. 이 책을 만드는 데 보인 그의 열정과 헌신은 모범적이었다. 안토니 루이스는 암호기술과 블록체인 부문을 검토하는 데 귀중한 도움을 주었다. 인공지능 부문을 리뷰하고 조언을 준 케빈 페레이라에게도 감사의 말을 전한다. 그리고 조사와 편집을 놀라울 정도로 잘 해 준 니키타 마투르와 나얀타라 바트에게도 감사한다.

출판사의 모든 팀에게 감사한다. 특히 책을 쓰는 동안 지원을 아끼지 않은 툴라 와이스와 재클린 영에게 특별한 감사를 보낸다. 이들의 지원이 없었다면 이 책은 세상에 나오지 못했을 것이다.

교정과 편집에서 인내와 세심함을 보여준 마이클 와이코프에게 감사한다. 벨린다 에스터해머와 그녀의 팀은 멋진 그래픽 작업을 선물하였다. 색인 작업에 도움을 준 리사 리베로에게 감사한다.

핀테크, 가상자산, 인공지능 분야에 대해 열정과 관심을 보이고 있는 독자 여러분에게 가장 큰 감사를 보낸다. 미래의 금융 세계로 오신 여러분을 환영한다!

헨리 아슬라니언의 개인적인 감사의 글

필자의 놀라운 가족의 지원이 없었다면 이 책은 결코 빛을 보지 못했을 것이다. 근면과 성실함의 가치를 알게 해 준 아버지께 감사한다. 지적 호기심과 돌려주기의 중요성을 가르쳐 주신 어머니께 감사한다. 이해와 지원을 아끼지 않은 시부모님께 감사한다.

가장 중요한, 아내 라라 세트라키안과 딸 베라-마리아 아슬라니안에게 감사한다. 주말과 휴일 내내 몸은 그들과 함께 있었지만 실제로는 컴퓨터 앞에

앉아서 이 책을 쓰는 나를 참아주고 이해해 준 아내와 딸에게 고마움을 전한다.

패브리스 피셔의 개인적인 감사의 글

이 책을 쓰는 것은 기쁨이기도 하고 엄청난 노력이 들어가는 일이기도 했다. 가족의 지원이 없었다면 이 작업을 끝내지 못했을 것이다. 가족에게 감사한다. 인공지능에 관해 필자 만큼이나 열정적인 동료이자 친구인 케빈 페레이라의 후원과 열띤 토론이 없었다면 이 책은 나오지 못했을 것이다. 그에게 감사한다. 따뜻한 관심을 보여준 기욤 휴에에게 감사의 말을 전한다. 그리고 이 책이 나오기까지 힘을 쏟은 모든 사람에게 감사한다.

저자
헨리와 패브리스

저자 서문

우리는 현대 금융 서비스 역사에서 가장 놀라운 시기를 보내고 있다. 기술 발전 속도가 점점 빨라지면서 금융 기관 구조를 근본적으로 다시 재편할 수 있게 되었으며, 이와 동시에 기존의 산업 질서를 향상시킬 잠재력을 겸비한 새로운 경쟁자들을 끌어들일 수 있는 환경도 갖춰졌다. 지금까지 있었던 다른 혁명과 같이 승자가 있을 것이고 패자도 있을 것이다. 이러한 변화에 대해 일부는 적응해서 잘 나갈 것이다. 그리고 어떤 이들은 변화 속에서 살아남기 위해 꼭 필요한 방법을 찾아서 스스로를 재창조하려고 피나는 노력을 기울이기도 할 것이다. 한 치 앞을 내다볼 수 없는 변화의 시기에 누가 승리의 나팔을 불지 확실히 알 수는 없다. 그러나 지금까지 변혁의 틀을 주도적으로 짠 이들을 파악하고, 미래가 어떻게 될지 가늠할 수는 있다. 기술이 금융 서비스에 어떤 변혁을 가져올지 알고 싶은가? 지금까지 변혁을 이끌어온 이들이 미래의 금융 산업과 그 산업에 속한 이들에게 어떤 영향을 미칠지 파악하고 싶은가? 그렇다면 이 책을 제대로 선택한 셈이다.

핵심적인 혁신 영역으로 핀테크 혁명, 가상자산 출현, 인공지능 부상을 들 수 있으며, 이것들로 인해 금융 서비스 생태계는 매우 큰 영향을 받을 것이다. 본문에서는 이 세 가지 주제를 하나씩 자세히 살펴볼 것이며, 독자 여러분은 세 혁신 영역의 맥락, 배경, 기본 사항을 이해하게 될 것이다. 기초 지식이 있어야 심도 있는 탐구를 진행할 수 있으므로 기본 개념을 자세히 파악하는 것은 중요하다.

기본 개념을 알고 있으면 이들 혁신 영역이 미래에 어떤 양상으로 변화할지 추정할 수 있을 것이다. 미래에는 핀테크가 어떤 모습일까? 재무 의사결정에서 인공지능이 더 큰 역할을 한다는 것이 무엇을 의미하는가? 전 세계 모든 사람들이 가상자산을 매일 사용하게 될까? 이런 질문들과 다른 더 많은 질문들이 나오고 숙고되어서 조직의 전략적 방향을 고민하는 은행 CEO에서부터 연구 방향을 어디로 잡을지 혹은 직장 생활을 어디서 시작할지 고민하는 연구원과 학생에 이르기까지 다양한 독자들이 이 책을 통해 유용한 통찰력을 얻을 수 있기를 바란다.

핀테크, 가상자산, 인공지능, 각각이 금융 시스템의 구조에 크고도 오랜 기간 영향을 미치겠지만 이 세 가지가 결합되어 상호작용하면 개별적으로 미치는 영향력보다 훨씬 더 혁신적인 영향력을 미칠 것이다. 핀테크, 가상자산, 인공지능의 융합이 저 멀리 있어서 아직은 가시권 밖에 있지만 이 책의 마지막 장인 19장에서 이 세 가지 기술이 결합되었을 때 어떤 놀라운 힘이 발휘될지를 설명하고 싶은 소망을 담아서 몇 가지 그럴듯한 시나리오를 제시한다.

금융의 미래에 대한 이번 여정을 시작하게 되어 기쁘며, 독자 여러분도 우리의 이 기쁨을 함께 나눌 수 있기 바란다.

홍콩에서　　　　　헨리 아슬라니언 *Henri Arslanian*
홍콩에서　　　　　패브리스 피셔 *Fabrice Fischer*

이미지 목록

31p 그림 1.1 시간에 따른 기가바이트 별 저장 비용: 한때 저장 비용은 극단적으로 높았지만 최근에는 많은 양의 데이터를 저장하는 비용이 센트 단위까지 떨어졌다. 출처: 루카스 메리언, "CW@50: 기가바이트 별 데이터 저장 비용 100만 달러에서 2센트로 내려가다." 컴퓨터월드, 2017년 3월 23일 https://www.computerworld.com/article/3182207/cw50-data-storage-goes-from-1m-to-2-cents-per-gigabyte.html

32p 그림 1.2 전 세계에서 만들어지고 있는 데이터 총량(단위: 제타바이트); 데이터의 양은 폭발적으로 증가하고 있으며 인류가 기록을 시작한 이후로 2003년까지 생성된 데이터의 양보다 오늘날 이틀마다 생성되는 데이터의 양이 더 많다. | Stastistic, 2019년 1월 30일. https://www.statista.com/statistics/871513/worldwide-datacreated/

36p 그림 1.3 1세대에서 6세대까지 모바일 네트워크 진화 과정; 모바일 연결성의 급속한 발전은 방대한 데이터 네트워크 형성을 가능하게 했다.

39p 그림 1.4 2015년- 2020년 전 세계 클라우드 컴퓨팅 소비(단위: 십억 달러); 공개 클라우드 컴퓨팅 자원이 확보됨으로써 대용량 컴퓨팅 및 데이터 저장 자원을 이용할 수 있게 되었다. 출처: Data Created Worldwide 2005-2025 | Statistic, "Statista, 최종 접속일: 2019년 1월 30일, https://www.statista.com/statistics/871513/worldwide-data-created/

44p 그림 2.1 2018년 3분기 기준, 모바일 가입자 수; 전 세계 모바일 가입자 수는 79억 명을 넘어섰으며, 그중에서 57억명은 광대역 연결 서비스를 이용하고 있다. 출처: "Mobile Subscriptions Worldwide Q3 2018—Ericsson Mobility Report November 2018," Ericsson.com, 2018년 11월 20일, https://www.ericsson.com/en/mobility-report/ reports/november-2018/mobile-subscriptions-worldwide-q3-2018

52p 그림 3.1 핀테크 부문 글로벌 투자 활동(벤처캐피탈, 사모 펀드, M&A); 2012년부터 2018년 상반기까지 핀테크 기업들에 대한 벤처캐피탈, 사모 펀드, M&A 투자 규모는 2,600억 달러를 상회한다. 출처: "The Pulse of Fintech 2018" (KPMG, 2018년 7월 31일), https://assets.kpmg/content/dam/kpmg/ xx/pdf/2018/07/h1-2018-pulse-of-fintech.pdf

53p 그림 3.2 글로벌 벤처캐피탈의 지원을 받아서 비공개 시장 가치가 10억 달러를 넘긴 핀테크 기업; 최근 몇 년 동안 핀테크 유니콘이 폭발적으로 증가하고 있다. 출처: "The Fintech 250: The Top Fintech Startups Of 2018," CB Insights Research, 2018년 10월 22일, https:// www.cbinsights.com/research/fintech-250-startups-most-promising/

58p 그림 3.3 스웨덴에서 유통 중인 지폐 및 동전의 평균 가치(단위: 10억 크로나). 스웨덴에서는 디지털 결제가 보편화되면서 현금을 보기 힘들어졌다. 출처: "Statistics," Sveriges Riksbank, 2018년 1월 2일, https://www.riksbank.se/ en-gb/notes-and-coins/statistics/

59p 그림 3.4 GDP 대비 현금 가치(2016년); 스웨덴은 GDP 대비 현금 유통 비중이 전 세계에서 가장 낮다. 출처: Morten Bech and Umar Faruqui, "Payments are a-changin' but cash still rules" Bis Quarterly Review, 2018년 3월 11일, https://www.bis.org/publ/qtrpdf/r_qt1803g.pdf

61p 그림 3.5 카드를 긁는 것과 애플 페이를 사용하는 것 중에서 어떤 것이 편한가?; 미국 소비자들이 카드로 결제하지 않고 애플 페이를 사용하도록 만들기 위해 애플은 많은 노력을 기울이고 있다. 출처: "2018 Apple Pay Adoption Stats," PYMNTS.com, 최종 접속일: 2019년 1월 5일, https://www.pymnts.com/apple-pay-adoption/

67p 그림 3.6 미국 근로자들이 확정급여형 연금과 확정기여형연금 가입 비율; 확정기여형 연금 비율이 높아짐으로써 투자 관리에 대한 개인의 책임감이 증가하였다. 출처: "The Shift from Defined Benefit to Defined Contribution Plans," Greenbush Financial Planning (blog), 2015년 7월 17일, https://www.greenbushfinancial.com/the-shift-in-retirement-and- importance-of-education/

75p 그림 3.7 출시 이후 챌린저 은행의 고객(2018); 챌린저 은행인 Revolut은 2015년 상품 출시 이후 고객 확보 성장세가 가파르다. 출처: "The Challenger Bank Playbook: How Six Challenger Bank Startups Are Taking On Retail Banking," CB Insights Research, 2018년 3월 8일, https://www.cbinsights.com/ research/challenger-bank-strategy/

77p 그림 3.8 주요 분야별 레그테크 기업; 신설 레그테크 기업들은 금융 기관의 다양한 문제점을 해결하고자 한다. 출처: "World of Regtech" (Raconteur, 2018), https://www.raconteur.net/infographics/world-of-regtech

94p 그림 4.1 매출 대비 IT 관련 평균 비용(2016년); 은행의 레거시 IT 시스템은 은행의 IT 비용을 과도하게 올리는 데 크게 일조하고 있다. 출처: The Bank of the Future (Citigroup Inc., 2018), https://www.citibank.com/commercialbank/insights/assets/ docs/2018/The-Bank-of-the-Future/, 61페이지

96p 그림 4.2 COBOL 프로그래머의 연령 분포(2018년 기준); 금융 기관의 레거시 메인프레임을 고치고 유지할 수 있는 전문가 풀 나이가 많아졌으며, 이는 기존 금융 기관들의 혁신을 제한한다. 출처: The Bank of the Future(Citigroup Inc., 2018), https://www.citibank.com/commercialbank/insights/assets/docs/2018/The-Bank-of-the- Future/, 67페이지

99p 그림 4.3 관리 중인 로보어드바이저 자산(2017년 3분기 기준, 단위 미국 달러); 로보어드바이저 상품을 이용한 자산 증식에 있어 기존 자산 관리 기업이 핀테크 혁신 기업보다 더 성공을 거두었다. 출처: Brittney Grimes, "10 Largest Robo-Advisers by AUM," Investment News, 최종 접속일: 2019년 1월 30일, https://www.investmentnews.com/gallery/20181107/FREE/110709999/PH/10-largest-robo-advisers- by-aum

100p 그림 4.4 플랫폼별 모바일 P2P 결제 사용자; 일부 예상에 따르면 기존 금융 기관이 지원하는 P2P 결제 서비스인 젤이 벤모를 능가할 것이라고 한다. 출처: Sarah Perez, "Zelle Forecast to Overtake Venmo This Year," TechCrunch, 2018년 6월, https://techcrunch.com/2018/06/15/zelle-forecast-to-overtake-venmo-this-year/

102p 그림 4.5 기관별 핀테크 투자 건수(2013~2017년); 많은 대형 은행이 신흥 핀테크 투자에 적극적으로 움직이고 있다. 출처: "JPMorgan Chase Competitive Strategy Teardown: How the Bank Stacks Up on Fintech and Innovation," CB Insights Research, 2018년 1월 11일, https://www.cbinsights.com/ research/jpmorgan-chase-competitive-strategy-teardown-expert-intelligence/

111p 그림 5.1 금융 기관들의 시가총액(2018년); 앤트파이낸셜은 이제 세계 최대 금융 서비스 기업 중 하나다. 출처: "What The Largest Global Fintech Can Teach Us About What's Next In Financial Services," CB InsightsResearch, 2018년 10월 4일, https://www.cbinsights.com/research/ant-financial-alipay-fintech/

121p 그림 7.1   전 세계적으로 운용되고 있는 모바일 머니 서비스 개수; 엠페사의 성공에 힘입어 2008년 이후 전 세계적으로 모바일 머니 서비스 수가 폭발적으로 증가했다. 출처: "State of the Industry Report on Mobile Money"(GSMA, 2017), https://www. gsma.com/mobilefordevelopment/wp-content/uploads/2017/03/GSMA_State-of-the- Industry-Report-on-Mobile-Money_2016.pdf

123p 그림 7.2   아드하르 전자 고객확인절차 월별 인증 성공 횟수; 인도의 아드하르 ID 프로그램을 통해 고객확인절차에 더 빠르고 쉽게 접근할 수 있으며, 이를 통해 금융 포용을 촉진하였다. 출처: Ronald Abraham et al., "State of Aadhar Report 2017–18" (ID Insight, 2018년 5월), https://stateofaadhaar.in/wp-content/uploads/Stateof-Aadhaar- Report_2017-18.pdf

141p 그림 9.1   해시 함수의 작동 원리; 해시 함수는 크기에 상관없이 입력을 받아들이고 크기가 일정하고 입력과 아무런 관계가 없는 임의의 출력을 생성한다; 입력이 매우 비슷하더라도 해시 출력이 완전히 다르다. 출처: 'File:Hash Function Long. Svg—Wikimedia Commons,' Wikimedia Commons, 최종 접속일: 2019년 1월 30일, https:// commons.wikimedia.org/wiki/File:Hash_function_long.svg

161p 그림 10.1   엔터프라이즈 DLT 스타트업 누계. 2013년부터 엔터프라이즈 블록체인 애플리케이션 개발에 주력하는 스타트업이 크게 증가하였다. 출처: Garrick Hileman and Michel Rauchs, 'Global Blockchain Benchmarking Study' (University of Cambridge Judge Business School, 2017), https://www.jbs.cam.ac.uk/fileadmin/user_upload/research/centres/alternative- finance/downloads/2017-09-27-ccaf-globalbchain.pdf

163p 그림 10.2   산업별로 자주 인용되는 블록체인 사용 사례. 블록체인 기술의 잠재적 적용 분야는 거의 모든 산업에 걸쳐 있지만, 은행과 재무가 가장 주목 받는 분야이다. 출처: https://www.jbs.cam.ac.uk/fileadmin/user_upload/ research/centres/alternative-finance/downloads/2017-09-27-ccaf-globalbchain.pdf

168p 그림 11.1   시가 총액 기준 10대 가상자산 및 유틸리티 토큰(2019년 1월 1일 기준); 가상자산 총 개수가 급증했지만 비트코인은 여전히 시가총액 1위 자리를 지키고 있다. 출처: 'Top 100 Cryptocurrencies by Market Capitalization,' CoinMarketCap, 최종 접속일: 2019년 1월 31일, https://coinmarket-cap.com/

175p 그림 11.2   분기별 ICO 개수와 양. ICO는 유통되는 가상자산의 수와 총 시가총액을 크게 증가시켰다. 출처: 'CoinDesk ICO Tracker—CoinDesk,' Coindesk, 최종 접속일: 2019년 1월 31일 , https://www.coindesk.com/ico-tracker

184p 그림 11.3   ICO 개입 단계에서 스타트업 성숙도 수준. 많은 ICO는 아이디어만으로도 상당한 자금을 조달했다. 출처: Mikhail Mironov and Steven Campbell, 'ICO Market Research Q1 2018,' ICORATING, 2018, 23페이지

189p 그림 12.1   이 책에서 제안하는 가상자산 분류. 여기서는 대체 가능성과 사용 용도에 따라 토큰을 분류한다.

196p 그림 12.2   미국 달러 시가총액 기준 상위 스테이블 코인(2019년 기준). 최근 몇 년 동안 다양한 참조 자산과 기술적 접근 방식을 사용하는 스테이블 코인이 크게 늘어나고 있다. 출처: 'Stablecoin Index,' 최종 접속일: 2019년 1월 31일, https://stable- coinindex.com/marketcap

213p 그림 13.1 국가 통화를 지원하는 가상자산 거래소 비율. 미국 달러는 법정 화폐-가상자산 거래소에서 가장 많이 지원되는 통화다. 다른 많은 통화들에서는 옵션이 있다. 출처: Garrick Hileman and Michel Rauchs, 'Global Cryptocurrency Benchmarking Study' (Cambridge Centre for Alternative Finance, 2017), https://www.jbs.cam.ac.uk/fileadmin/user_upload/research/centres/alternative-finance/downloads/2017-04-20-global-cryptocurrency-benchmarking-study.pdf, 32페이지

229p 그림 14.1 선형 회귀 모델로 만들어진 예증 산점도와 '최적선'. 기계 학습 모델의 학습 방식은 인간 학습 방식과 다르다. 기계 학습 모델은 통계 모델과 거의 비슷한 방식으로 새로운 데이터에 반응해서 예측을 업데이트할 뿐이다

230p 그림 14.2 신경망 토폴로지 예. 신경망은 인공 뉴런 간 연결에 가중치를 부여하여 학습한다.

231p 그림 14.3 신경망 예. 신경망 토폴로지와 학습 기법에 하위 범주가 많이 있으며, 각 범주에는 각각 자체 사용 사례들이 있다.

236p 그림 14.4 인공지능 모델과 인간의 처리 능력 비교. 인공지능 모델과 인간이 가진 기술은 매우 보완적이다.

254p 그림 15.1 새로운 영역에서 인공지능을 도입할 때 조직이 직면하는 가장 힘든 장애물. 인공지능 시스템을 구현할 때 여러 가지 장애물이 있으며, 그중에서 가장 큰 것은 비용과 적절한 인재를 확보하는 것이다. 출처: David Budworth, "Ghosts in the Machine: Revisited" (Baker McKenzie, Thought Leadership, 2018), http://www.euromoneythoughtleadership.com/ghosts2

257p 그림 15.2 2030년까지 뱅킹 및 대출 업무 중 인공지능이 대체할 것으로 예상되는 규모. 금융 서비스 근로자, 특히 숙련도가 높지 않은 근로자의 상당 부분을 인공지능이 대체할 것으로 예상된다. 출처: Penny Crosman, "How Artificial Intelligence Is Reshaping Jobs in Banking | American Banker," American Banker, 2018년 5월 7일, https://www.americanbanker.com/news/how-artificial-intelli-gence-is-reshaping-jobs-in-banking

260p 그림 15.3 조직이 새로운 금융 기술과 관련된 모든 물적 및 법적 위험을 이해하고 있다는 확신 정도. 금융 서비스 경영진은 인공지능 사용과 관련된 법적 및 규제 요건을 완전히 이해하고 있다는 확신 정도가 낮다. 출처: David Budworth, "Ghosts in the Machine: Revisited" (Baker McKenzie, Thought Leadership, 2018), http://www.euromoneythoughtleader-ship.com/ghosts2

268p 그림 16.1 미국에 새롭게 연 은행 지점 총 개수. 고객들이 디지털 채널로 옮겨 가면서 새로운 지점이 개설되는 빈도가 현저하게 줄어들고 있다. 출처: "Wiley: Bankruption Companion Site Content." 2016년 11월, https://www.wiley.com/WileyCDA/Section/id-829480.html

268p 그림 16.2 지난 4주 동안 세대별로 사용한 금융 서비스 채널. 젊은 세대일수록 지점 기반의 금융 서비스보다 모바일 기반의 상호 작용을 선호한다. 출처: "Big Decline in Usage of Bank Branches, "Roy Morgan, 2018년 11월 30일, http://www.roymorgan.com/findings/7817-big-decline-in-usage-of-bankbranches-201811300632

270p 그림 16.3 미국에서 과지급 되는 평균 수수료. 여러 금융 기관의 비용 구조는 은행과 고객 간의 이해관계가 맞지 않는 경우가 많다. "Average Overdraft Fee | Increase in Average Overdraft Fees,over Time in the United-States,"Wiley, 2016, https://media.wiley.com/assets/7349/04/web-Accounts-Average_Overdraft_Fee_US.png

270p 그림 16.4 고객의 주요 금융 기관과의 관계를 기반으로 뱅킹 고객 분류화. 적은 수의 미국 내 뱅킹 고객만이 그들의 주요 금융 기관과의 관계를 자문으로 간주한다. Wiley, 2016, https://media.wiley.com/assets/7350/52/web-Trust-Banking_Relationship_In_2015_US.png

272p 그림 16.5 전통적인 금융 서비스와 플랫폼 기반 금융 서비스 간의 고객 경험 차이. 금융 서비스의 '플랫폼화'는 고객 경험에 상당한 변화를 가져온다.

275p 그림 16.6 오픈 뱅크 이후 은행에 가장 큰 위험이 되는 존재. 유럽의 은행들은 오픈 뱅크 정책이 실행된 이후 거대 기술 기업들이 가장 큰 위협이 될 것으로 보고 있다. 출처: The Bank of the Future (Citigroup Inc., 2018), https://www.citibank.com/commercialbank/insights/assets/docs/2018/The-Bank-of-the-Future, 56페이지

278p 그림 16.7 미국 시장에 상장된 가장 큰 5개의 ETF 자산(2017년). 규모의 경제를 실현한 플레이어들은 ETF와 같은 상품 시장에서 적은 마진을 통해 시장의 지배적인 지분을 확보한다. "Five Largest ETF Providers Manage Almost 90% Of The $3 Trillion U.s ETF Industry," 포브스, 2017년 8월 24일 https://www.forbes.com/sites/greatspeculations/2017/08/24/five-largest-etf-providers-manage-almost-90-of-the-3-trillion-u-s-etf-industry/#320c41973ead

311p 그림 18.1 대체 데이터 사용 계획 – 헤지 펀드 2018. 헤지 펀드 매니저와 에셋 매니저 모두 대체 데이터 확보를 위한 투자를 더 확대할 것이라고 대답하였다. 출처: John Detrixhe, "Selling Data to Feed Hedge Fund Computers Is One of the Hottest Areas of Finance Right Now," Quartz, 2017년 9월 20일, https://qz.com/1082389/quant-hedge-funds-are-gorging-on-alternative-data-in-pursuit-of-an-investingedge/

314p 그림 18.2 인공지능 플라이휠 효과. 인공지능 애플리케이션 향상에 있어서 데이터의 역할은 가치 있는 데이터를 스스로 강화하는 사이클을 통해 플라이휠 효과 실현을 가능하게 만드는 것이다.

표 목록

180p 표 11.1 ICO와 IPO의 차이점

219p 표 13.1 가상자산 스토리지, 핫 & 콜드 메커니즘의 특징

박스 목록

29p 박스 1.1
퀀텀 컴퓨팅이란 무엇인가?

80p 박스 3.1
레그테크와 핀테크의 차이점

85p 박스 3.2
대학은 핀테크를 가르치고 있는가?

86p 박스 3.3
규제 당국은 핀테크를 어떻게 보는가?

89p 박스 3.4
금융 기관 대상 판매가 왜 그렇게 어려운가?

135p 박스 9.1
사토시 나카모토는 누구인가?

148p 박스 9.2
실크로드가 무엇이며, 비트코인과 어떤 관계가 있는가?

148p 박스 9.3
마운트곡스 사건

153p 박스 9.4
지분 증명이 무엇인가?

156p 박스 10.1
분산 원장 기술과 블록체인이 어떻게 다른가?

156p 박스 10.2
블록체인이라는 용어가 어디서 유래하는가?

158p 박스 10.3
개방형 블록체인과 전용 블록체인의 차이점은 무엇인가?

169p 박스 11.1
이더리움은 무엇인가?

172p 박스 11.2
소프트 포크와 하드 포크의 차이점은 무엇인가?

176p 박스 11.3
가장 인기 있는 가상자산과 토큰은 무엇인가?

181p 박스 11.4
토큰은 언제 증권이 되는가?

197p 박스 12.1
스테이블 토큰은 증권인가?

205p 박스 12.2
가상자산에는 어떻게 가치가 부여되는가?

214p 박스 13.1
가상자산 거래소에서 KYC를 해야 하는가?

216p 박스 13.2
가상자산 OTC 중개인의 역할은 무엇인가?

217p 박스 13.3
중앙집중식 가상자산 거래소는 왜 해킹되는가?

290p 박스 17.1
가상자산에 대한 세금은 어떻게 할 것인가?

파트 1

핀테크, 가상자산, 인공지능의 기본 원칙

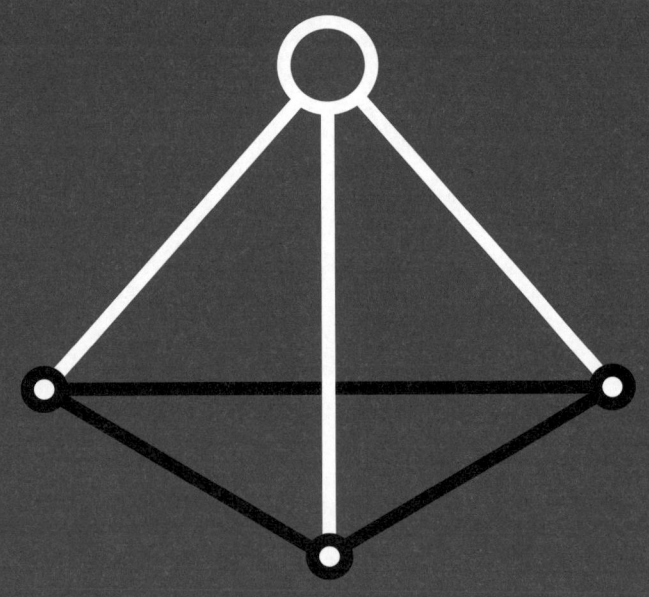

금융 서비스 및 금융 서비스가 작동하는 기술적 환경의 변화가 매우 빠르게 이루어지고 있다. 그것의 변화 속도가 너무나 빨라서 새로운 비즈니스 모델의 등장, 새로운 경쟁자의 출현, 금융 서비스 산업에서의 새로운 기술 적용 트렌드를 따라잡기 힘들 정도다. 이번 파트에서는 운영 구조, 경쟁 역학 구조, 금융 시스템 규제 조치 측면에서 급변하는 산업 변화의 가장 중요한 원인에 대한 근본적인 이해를 제공할 것이다.

이번 파트는 네 개의 장으로 나뉘어진다. 첫 번째 장에서는 기술 환경 변화에 대한 높은 수준의 조사 내용을 제공한다. 컴퓨팅 파워, 저장 능력, 연결성의 기하급수적인 발전이 비즈니스 부문의 역학 관계에 미치는 영향을 고려한다. 두 번째 장에서는 핀테크의 근본 원칙에 대해 알아볼 것이다. 새로운 핀테크 경쟁 구도, 기존 금융 기관의 대응, 그리고 거대 기술 회사들의 금융 생태계 진입 가능성에 대해 살펴본다. 세 번째 장에서는 가상자산에 대해 살펴본다. 가상자산의 작동 방식, 역사, 확산 양상을 살펴보고 변형된 가상자산에 대한 분류 방법을 설명한다. 마지막으로 네 번째 장에서는 인공지능 기술의 부상에 대해서 살펴본다. 인공지능의 정의 및 역할에 대해 높은 수준의 정보를 전달하고, 금융 생태계에 인공지능 기술이 어떻게 적용되고 있는지 살펴본다.

급격하게 변화하는 기술 환경의 근본 원칙

새로운 기술들과 그것의 적용이 미래의 금융 서비스를 어떻게 변화시킬지 이해하기 위해서는 기술 그 자체가 어떻게 진화하는지에 대한 근본 원칙을 반드시 이해해야 한다. 1장과 2장에서는 기하급수적으로 증가하는 컴퓨팅 파워, 새로운 네트워크 연결성, 데이터 경제의 등장에 대해 살펴본다. 그런 다음에 새롭게 등장하는 인간과 기계와의 인터페이스와 이러한 인터페이스에 디지털 기술이 어떻게 적용될지 살펴본다. 이를 통한 배경 지식은 책 전반에 대한 이해를 돕고 새로운 변화가 미래 금융 서비스 산업에 어떤 영향을 줄지 이해하도록 돕는다.

디지털 3요소: 연산 능력, 데이터, 연결성

지난 50년 동안 이루어진 급격한 기술 변화는 인간 가능성의 경계를 바꾸었다. 생산성이 근본적으로 개선되었고 새로운 차원의 과학 발전이 이루어졌으며 사회 내에 새로운 커뮤니티들이 나타났다. 이런 변화는 운영 구조의 급격한 전환과 모든 산업에 걸쳐 산업 내 경쟁력을 갖추기 위해 요구되는 근본적 속성의 전환을 가져왔고, 비즈니스와 고객 그리고 그것들을 관장하는 정책 결정자의 책임에 새로운 도전과 기회를 가져왔다.

이번 장에서는 컴퓨팅 파워, 데이터, 디지털 연결 네트워크의 수용력과 접근성의 급격한 발전과 이들 세 요소가 어떻게 서로 융합하며 영향을 주는지 살펴본다.

1.1 컴퓨팅 파워의 개선

인텔의 공동 창업자인 고든 이. 무어 *Gordon E. Moore*는 1965년에 급진적인 예측을 했다. 반도체 회로에 들어가는 트랜지스터의 숫자가 2년마다 두 배 씩 증가할 것이라고 주장했다. 모든 전자 기계에서 반도체 회로는 필수적이다. 트랜지스터와 다른 부품 간의 네트워크를 만들고 복잡한 연산을 수행하여 장치를 작동하고 특정 업무를 완수한다. 통합된 회로 내에 트랜스터의 숫자가 증가할수록 컴퓨팅 파워도 증가한다.

무어의 예측은 옳았고 무어의 법칙Moore's law이라는 이름으로 불리게 되었다. 컴퓨팅 파워의 개선은 지난 50년간 목격한 급격한 기술 발전의 주요한 원인이 되었다. 이와 동시에, 컴퓨팅 파워의 비용은 1980년부터 2010년에 걸쳐 급격하게 감소하였다.[01] 1달러로 구매할 수 있는 초당 거래 수가 천만 배 증가했다.

이로 인해 현대인이 주머니에 가지고 다니는 기계의 컴퓨팅 연산 능력은 나사가 달 착륙을 위해 아폴로 11호에 사용한 컴퓨팅 연산 능력 대비 수백만 배 개선되었다.[02] 실제로 토스트기와 진동 칫솔기와 같이 오늘날 사람들이 일상에서 사용하는 모든 장치에는 여러 개의 마이크로칩이 있다.

그러나 무어의 법칙은 영원히 지속될 수 없다. 트랜지스터가 얼마나 작아질 수 있는지에 대해 근본적으로 물리적 한계가 있으며 이미 그것의 한계 수준에 이르렀다. 예를 들어 인텔이 개발한 발전된 스카이레이크skylake 트랜지스터는 100아톰 수준에 불과하다. 이러한 경계를 더 넓히기 위해서는 새로운 칩 개발을 위한 비용과 복잡성 모두 증가한다. 이는 앞으로도 과거와 같이 컴퓨팅 연산 능력이 기하급수적으로 증가하려면 조만간 새로운 접근 방식을 찾아야 함을 의미한다.[03]

새로운 탐험의 개척자로서 많은 이들의 관심과 상상력을 사로잡는 기존과 전혀 다른 접근법으로 퀀텀 컴퓨팅Quantum Computing이 주목을 받고 있다. 퀀텀 컴퓨팅은 물리학의 복잡한 한 분야인 양자 역학에 근간한다. 퀀텀 컴퓨터는 기계가 할 수 있는 한계를 근본적으로 바꿀 것이다. 잠재적으로 거의 완벽한 보안으로 데이터를 암호화하고 기후와 같은 복잡한 시스템의 변화를 예측할 수 있다.[04]

박스 1.1 퀀텀 컴퓨팅이란 무엇인가?

퀀텀 컴퓨팅 분야의 실험은 양자 역학이라는 물리학 분야를 근간으로 한다. 복잡하고 직관적이지 않은 아원자 입자 특성 세계를 활용하여 새로운 차원의 컴퓨팅 연산 능력을 모색한다. 아원자 입자는 우리의 일상 생활에서 위치와 특성이 잘 정의된 물리적 물체와 같은 방식으로 행동하지 않는다. 대신에 아원자 입자는 동시에 여러 위치에서 효과적으로 존재할 수 있는 슈퍼 포지션super-position이라는 특성을 갖는다.

이러한 특성은 컴퓨팅에서 중요하다. 가장 기초적인 계산기에서부터 가장 강력한 슈퍼 컴퓨터에 이르기까지 전통적인 컴퓨터는 0과 1이 연속된 비트 단위로 코드화 되는 이진법 코드를 통해 연산된다. 퀀텀 컴퓨터는 마찬가지로 0과 1을 활용하지만 슈퍼 포지션을 통해 0과 1로 동시에 존재하는 퀀텀 비트를 활용한다.[05]

말이 안된다고 생각하더라도 걱정할 필요는 없다. 노벨상을 수상한 물리학자 리차드 파인먼Richard Feynman 역시 어느 누구도 양자 역학을 이해할 수 없다고 말했다.[06] 퀀텀 컴퓨터를 이용하면 전통적인 컴퓨팅 시스템에서는 매우 어려운 문제를 빠르게 해결할 수 있다.

예를 들어 고전적인 문제인 여행하는 외판원 문제traveling salesperson problem를 보자. 외판원은 가장 효율적인 동선을 따라 수십 곳의 도시를 방문하고 싶어한다. 가능한 여행 동선의 순열 조합은 엄청나게 많고 기존의 컴퓨팅 시스템으로 운송업체인 페덱스FedEx 수준으로 최적화하는 것은 극도로 어렵다. 그러나 퀀텀 컴퓨팅 시스템을 활용하면 이러한 연산을 보다 빠르게 처리할 수 있다.[07]

금융 서비스에서 퀀텀 컴퓨팅을 적용할 수 있는 분야에는 방대한 투자 포트폴리오의 최적화와 차익 거래 기회 발견 등이 있다. 퀀텀 컴퓨팅을 도입하면 금융 서비스에서의 딥러닝 프로세스를 가속화하고 보다 다양한 분야에 적용할 수 있다.[08]

그러나 이런 새로운 컴퓨팅 연산 능력에 대한 지적 또한 있다. 오늘날 데이터 암호화 기술(8장에서 자세히 다룸)은 대부분 단방향 함수one-way-function라는 수학적 영역에 의존한다. 단방향 함수는 정답(개인 키private key라고 불림)을 알고 있으면 연산하기 매우 쉬우나 정답을 알지 못하고 기존의 컴퓨터를 활용하여 추측 작업을 통해 정답을 찾는다면 수백 만 년이 걸린다. 그러나 강력한 퀀텀 컴퓨터는 암호화된 가장 중요한 데이터(9장과 10장에서 자세한 내용을 다룬다)를 이론적으로 몇 초 만에 알아낼 수 있

다.[09]

그러나 아직은 퀀텀 컴퓨터를 구입할 필요가 없다. IBM, 구글, 마이크로소프트와 같은 거대 기술 기업들이 퀀텀 컴퓨터 기술 개발을 위해 막대한 투자를 하고 있지만, 현재의 프로토타입 시스템은 위에서 언급한 어떤 것도 실행할 수준에 이르지 못했다.[10] 완벽하게 작동하는 퀀텀 컴퓨터가 언제쯤 실용화될지 불확실하다. 몇몇 전문가들은 빨라도 2030년 혹은 2040년이라고 이야기한다.[11] 설령 그때가 되더라도 퀀텀 컴퓨터가 적용된 기계는 아분자 연산을 위한 복잡한 메커니즘을 필요로 하기 때문에 여러분의 주머니 속에 퀀텀 컴퓨터가 탑재된 기계를 들고 다니는 것은 훨씬 더 오래 걸릴 것이다.

구글, IBM, 마이크로소프트 같은 거대 기업들과 리게티Rigetti, 이온큐IonQ, 디웨이브Dwave 같이 특화된 소규모 회사들이 퀀텀 컴퓨터에 관한 광범위한 연구를 진행하고 있다.[12] 불행하게도 사용하기에 충분한 처리 성능을 갖춘 신뢰할 수 있는 퀀텀 컴퓨터를 만드는 데 있어 상당한 기술적 어려움이 존재한다.[13]

1.2 데이터 수집과 가용성 개선

디지털 데이터 저장에는 두 가지 중요한 장애물이 있다. 하나는 가격이고 다른 하나는 크기다. 1956년에 IBM 305 RAMC는 최첨단의 데이터 저장 기술을 갖고 있었으며, 5메가바이트를 저장하기 위해 두 개의 냉각 장치 공간이 필요했다. 메가바이트 당 일만 달러의 비용이 들었다. 오늘날 5백 기가바이트 하드드라이브는 IBM 305 RAMC 대비 십만 배 수준의 데이터를 저장할 수 있는데, 가격은 백 달러 이하이고 크기는 사람의 손바닥 만하다. 메가바이트 당 2센트의 비용도 들지 않는다.[14]

극단적으로 낮아진 데이터 저장 비용으로 인해 개인과 기업 모두 거의 무제한에 가까운 데이터를 저장할 수 있게 되었다. 한때 저장 장치는 분별력을 갖고 합리적으로 관리되어야 할 자원이었지만 지금은 사용자들이 데이터를 관리하고 정리할 필요가 없어졌다. 여러분의 핸드폰에 어둡고 해상도가 낮은 사진이 얼마나 많이 있고 그것들을 지운 가장 최근이 언제인지 생각해보면 알 수 있을 것이다.

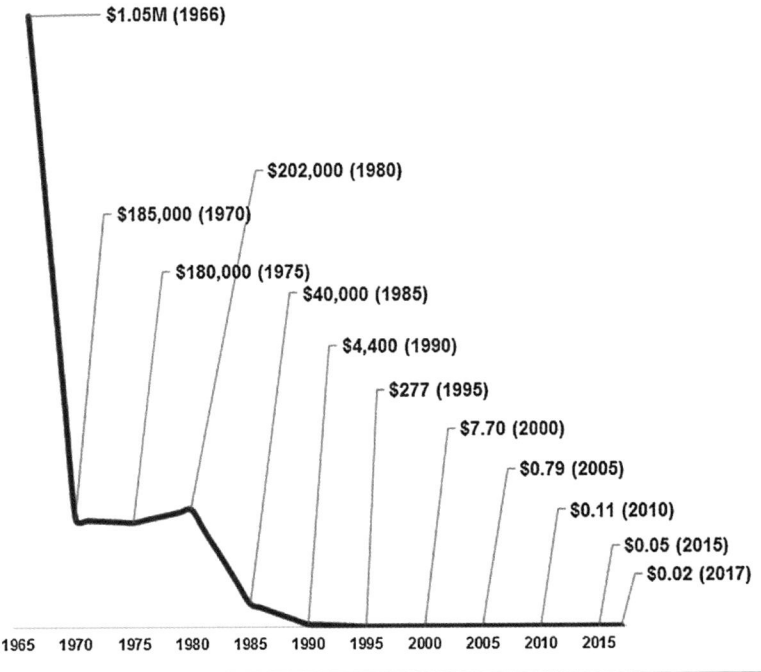

그림 1.1　시간에 따른 기가바이트 별 저장 비용: 한때 저장 비용은 극단적으로 높았지만 최근에는 많은 양의 데이터를 저장하는 비용이 센트 단위까지 떨어졌다. 출처: 루카스 메리언, "CW@50: 기가바이트 별 데이터 저장 비용 100만 달러에서 2센트로 내려가다." 컴퓨터월드, 2017년 3월 23일 https://www.computerworld.com/article/3182207/cw50-data-storage-goes-from-1m-to-2-cents-per-gigabyte.html

데이터 저장 능력의 수용성은 마이크로칩의 보편화와 결합하여 센서의 엄청난 양산으로 이어졌다. 오늘날 대부분의 기계 장치에는 소리와 빛에 이르는 모든 것을 분석할 수 있는 센서가 내장되어 있다. 이러한 센서들은 끊임 없는 데이터 흐름을 만들어내어 가장 단순한 방법으로 통찰력을 이끌어내는 데이터의 집합을 가능하게 한다.

이러한 트렌드들이 한데 모여 데이터 저장량은 유례가 없을 정도로 많아졌다. 구글의 이전 CEO인 에릭 슈미트Eric Scdmidt에 따르면 이틀마다 새롭게 생성되는 데이터 양은 데이터 수집이 기록된 최초 시점부터 2003년에 이르기까지 생성된 데이터의 양과 비슷하다고 한다.[15] 이러한 데이터 양과 수용성의 급진적

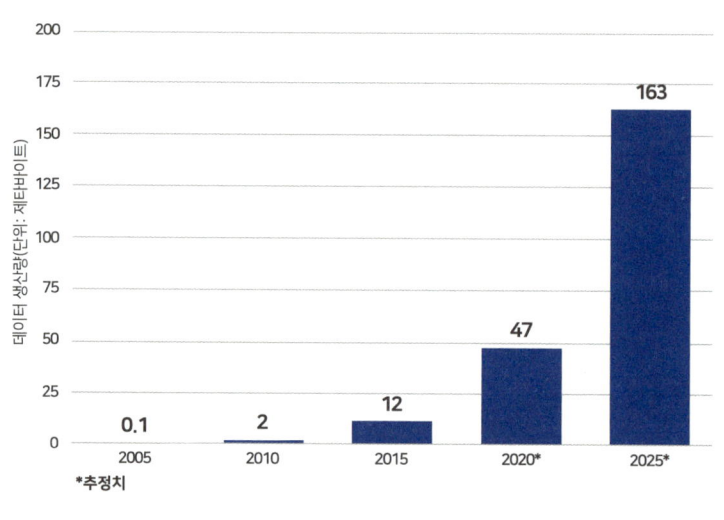

그림 1.2 　전 세계에서 만들어지고 있는 데이터 총량(단위: 제타바이트); 데이터의 양은 폭발적으로 증가하고 있으며 인류가 기록을 시작한 이후로 2003년까지 생성된 데이터의 양보다 오늘날 이틀마다 생성되는 데이터의 양이 더 많다. | Stastistic, 2019년 1월 30일. https://www.statista.com/statistics/871513/world-wide-datacreated/

인 증가는 거의 대부분의 산업에서 기업들의 속성을 변화시키며 이와 동시에 정부 정책 제도에 민감한 데이터를 보호해야 한다는 상당한 부담감을 주었다.

전 세계 회사들의 비즈니스 모델에 있어서 데이터는 핵심이 되어가고 있다. 다우 존슨Dow Jones, 팩티바Factiva, 블룸버그Bloomberg 같은 데이터 서비스 회사들과, 그들의 핵심 비즈니스를 위해 소중한 고객 데이터를 창출할 능력을 보유한 구글Google, 페이스북Facebook 같은 거대 기술 기업들에게 있어 데이터는 비즈니스 모델의 핵심이다. 그러나 증가하는 데이터의 중요성은 전통적인 제조 회사 혹은 서비스 회사에도 커다란 영향을 미친다.

자동차 산업을 예로 보자. 과거에 자동차 제조업은 대시보드와 플라스틱 몰딩 같은 마지막 공정에 초점을 맞추었고 반도체를 사용하여 공정 생산 과정을 관리하였다. 오늘날 자동차 제조업체의 시각은 자동차에 있는 수많은 센서로부터 발생하는 데이터 흐름을 업계의 경쟁 포지셔닝에서 핵심으로 간주한다. 결과적으로 반도체를 통해 관리되는 대시보드 플라스틱 공급망 중심에서 벗어나 자동차에 여러 센서를 설계하고 탑재하는 것이 중요해졌다.

자동차 산업에서 생성되는 데이터는 금융 서비스에서도 매우 유용하게 활용된다. 자동차 센서는 운전자 행동에 대한 매우 상세한 정보를 파악한다. 운전자가 속도를 내는 경향이 있는지 주로 낮에 운전하는지 밤에 운전하는지 등의 운전자 성향을 알려준다. 자동차 보험 회사는 과거에는 성별, 나이, 운전 기록 등의 전통적인 보험 통계 표에 의해 보험 상품을 설계했지만 오늘날에는 데이터 접근성으로 인해 운전자에 특화하여 보다 개인화된 자동차 보험 설계가 가능하다.

센서를 통해 형성된 데이터는 민감한 개인 정보와 결합되어 있어 데이터 관리와 보호에 있어 중요한 문제가 발생한다. 보험 회사는 자동차 센서를 통해 수집한 데이터에 접근하고 싶어하지만 데이터 보호 관점에서 누가 그것이 괜찮다고 말할 수 있을까? 센서를 설계한 자동차 제조업체는 데이터 접근에 대한 일종의 수수료를 요구할지도 모른다. 동시에 자동차 운전자는 자신의 모든 운전 패턴과 형편 없는 평행 주차 시도가 기록되는 것을 싫어할지도 모른다. 이러한 운전자 데이터의 활용 가능 여부를 누가 최종 결정할 것인지 논쟁이 있다.

매일 테라바이트 수준으로 생성되는 데이터의 보호, 관리, 소유에 대한 전 세계 정책 입안자들의 우려가 높아지고 있다. EU 개인정보보호법General Data Protection Regulation이 유럽연합에 의해 개정되었다. 데이터 사용 및 저장에 대한 포괄적이고 엄격한 가이드라인을 규정하고 있으며 이를 준수하지 않은 기업의 경우 전 세계 매출의 최대 4퍼센트 수준에 해당하는 벌금을 내야 한다.[16]

궁극적으로 이러한 규정은 개인과 공공 보안에 대한 균형점을 정교하게 맞춰야 한다. 새로운 '데이터 경제' 비즈니스 모델 발전의 혁신을 권장하고 동시에 개인 고객의 권리와 경쟁을 보장해야 한다. 이러한 규칙을 적절하게 적용하는 것은 쉽지 않은 일이지만 데이터 양이 폭발적으로 증가하는 현재 상황에서 공공선을 지키기 위해서는 규칙을 반드시 정해야 한다.

1.3 디지털 연결성의 증가

컴퓨터 도입 초기 시절 대부분의 기관에서 데이터는 하나의 컴퓨터에 저장되어 있었고, 해당 컴퓨터를 통해서만 데이터에 접근할 수 있다. 그러나 기관에서 사용하는 컴퓨터가 증가하면서 사람 및 오피스 간의 데이터 공유의 필요성이 높아졌다. 디지털 네트워크는 컴퓨터 사이의 데이터 교류를 가능하게 한다. LANlocal Area Network을 통해 특정 지역 간에 연결되고, WANwide Area Network을 통해 다른 국가와 연결된다.

기계 간에 데이터 공유는 사소한 것처럼 보이지만 사실 굉장히 정교한 과정이다. 데이터는 전송되기 전에 먼저 송신 장치에 의해 읽혀져야 한다. 그리고 나서 새로운 장치는 데이터를 수신하고 읽으며 연산할 수 있게 된다. 여러 단계를 거쳐 수백 개의 연산이 일어나며 많은 데이터가 전송되고 복잡한 연산 과정을 거쳐 데이터 네트워크가 형성되는데, 초기 컴퓨터에서는 이러한 과정이 매우 어려웠다.

결과적으로, 1969년에 디지털 네트워크를 통해 전송된 최초의 데이터는 알파벳 두 글자인 lo였다. 이는 단어 login의 처음 두 알파벳으로, UCLA의 대학원생이 스탠포드의 컴퓨터에 보냈다.[17] 이후 login 단어 전체를 전송했는데 그의 컴퓨터 시스템이 완전히 망가져 버렸다. 이러한 불길한 시작은 우리가 인터넷이라고 불리는 것의 시초가 되었다.

오늘날 백만 마일이 넘는 광섬유 케이블이 전 세계에 걸쳐 있어[18] 데이터 연결 네트워크의 근간이 되며 분당 640 테라바이트의 데이터를 전송하고[19] 전 세계 인구의 거의 절반에 연결된다.[20] 궁극적으로 이러한 네트워크는 탈중앙화되어 기관의 서버에 특정한 목적으로 저장되었던 데이터 아키텍처에서 전 세계 여러 데이터 소스와 공유하고, 교환하고, 결합한다.

지난 50년간 디지털 네트워크를 통한 데이터 전송 속도는 급진적으로 빨라졌고 구리선, 광섬유, 무선 네트워크에 이르기까지 데이터를 전송하는 매체들이 새롭게 나타났으며 모바일 폰과 모바일 장치들을 연결했다. 현재는 최첨단 기술의 발전으로 5세대(5G) 무선 네트워크에 이르게 되었다. 이러한 새로운 네트워크의 목표는 기존에는 상상도 할 수 없는 속도로 데이터를 전송하고 개인들이 모바일 폰에서 초고해상도의 영화를 몇 초 만에 다운로드 받을 수 있게 하는 것이다.

이러한 네트워크는 단순히 다운로드 속도를 높이는 것 이상이다. 이는 장치 간의 연결성을 새로운 차원으로 높이는 것이다. 이미 노트북, 자동차, 냉장고, 어린이 장난감에도 컴퓨팅 파워가 내장되어 있는데 이는 사물인터넷이라고 불리는 네트워크의 일부이다. 5G 무선 인터넷은 방대한 양의 데이터를 즉각적으로 전송할 수 있게 하여 현재 계속해서 발전되고 있는 자율자동차와 같은 기술을 가능하게 하는 매우 중요한 역할을 한다.[21]

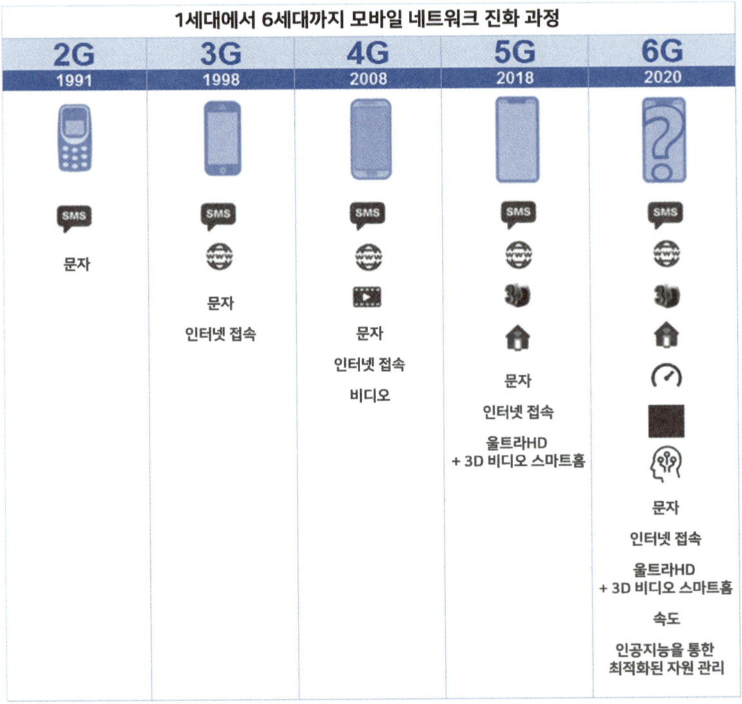

1세대에서 6세대까지 모바일 네트워크 진화 과정				
2G 1991	**3G** 1998	**4G** 2008	**5G** 2018	**6G** 2020
문자	문자 인터넷 접속	문자 인터넷 접속 비디오	문자 인터넷 접속 울트라HD + 3D 비디오 스마트홈	문자 인터넷 접속 울트라HD + 3D 비디오 스마트홈 속도 인공지능을 통한 최적화된 자원 관리

그림 1.3   1세대에서 6세대까지 모바일 네트워크 진화 과정; 모바일 연결성의 급속한 발전은 방대한 데이터 네트워크 형성을 가능하게 했다.

물론 연결성이 증가하면 자체적인 문제가 발생한다. 고대역폭, 저지연 연결이 일상 생활의 중심이 됨에 따라 이러한 연결을 가능하게 하는 인프라 장애에 대한 취약성도 증가한다. 예를 들어 2010년에 아프리카 해안에서 유럽에 이르는 해저 케이블이 어업 트롤선에 의해 갑작스럽게 끊어져 모리타니 국가 전체의 연결망이 48시간 동안 끊어졌고, 다른 9개의 서부 아프리카 국가와의 연결에 문제가 생겼다.[22]

동시에 국가 및 지역의 경계를 데이터가 넘나들 때는 앞에서 설명한 데이터 프라이버시에 또다른 복잡성이 생긴다. 데이터 규제 환경은 국가마다 다양한 요구사항이 있고 종종 상호간에 충돌한다. 데이터가 다른 구역을 넘나들면 어떻게 해야 할까? 특정 나라의 사용자의 데이터가 다른 나라를 넘나들면 어떻게 해야 할까? 이러한 문제들은 정책 입안자들에 의해 자세히 검토되며 어떤 경우에는 특정 경계를 넘어가는 데 제한을 두는 엄격한 데이터 규제를 만들어 내기도 한다. 이러한 규제는 데이터의 자유로운 글로벌 흐름을 기반으로 하는 새롭게 등장하는 여러 비즈니스 모델에 제한 사항이 된다는 점을 감안할 때 향후 몇 년간 주요 규제 사항에 대한 논의가 첨예하게 이뤄질 가능성이 높다.

1.4 연산 능력, 연결성, 그리고 데이터가 모이는 클라우드

컴퓨터 연산 능력의 폭발적인 향상, 저장 장치 크기 및 비용의 현저한 감소, 데이터 전송 속도의 놀랄 만한 향상은 각각 하나의 변화만으로도 혁신적인데 세 가지 변화가 함께 일어나며 파괴적인 변화를 가져왔다. 이러한 향상된 역량들은 여러 가지 방식으로 결합될 수 있으며 클라우드 컴퓨팅의 부상이 대표적인 결합 방식이다.

드롭박스*Dropbox*나 아이클라우드*iCloud* 같이 원격으로 저장된 데이터에 여러 장치를 통해 접근할 수 있는 클라우드 서비스를 생각할 것이다. 또한 구글 문서Google Docs와 같이 전 세계의 여러 사람들이 실시간으로 문서를 교정할 수 있는 협력 툴을 생각할 수도 있다. 그러나 클라우드 서비스는 협력을 하고 원격으로 저장된 데이터에 접근하는 것 이상의 영향력을 갖는다.

클라우드 컴퓨팅은 기업이 그들의 데이터 저장, 컴퓨터 연산 능력, 대역폭을 대폭적으로 높일 수 있게 한다. 간단히 말해, 주어진 계산 작업을 여러 개의 작은 프로세스로 분할하고 클라우드 공급자가 운영하는 데이터 센터의 방대한 공유 서버 풀을 사용하여 작업을 수행한다. 클라우드 컴퓨팅 공급자가 보유한 컴퓨팅 자원은 굉장히 방대하다. 전 세계에 가장 거대한 클라우드 컴퓨팅 공급자 중 하나인 아마존 웹 서비스의 경우 세계 각지에 28개의 데이터 센터를 보유하고 있으며 각 데이터 센터에는 많게는 8만 대의 서버가 있다.[23]

여러 회사들은 초기에 그들의 데이터와 IT 기능을 직접 보유하는 온프레미스on-premise 방식을 선호했었고 제 3의 인프라에 맡기는 것을 기피했다. 하지만 클라우드 컴퓨팅의 가치는 매우 경쟁력 있는 것으로 증명되었다.

기업의 컴퓨팅 연산 및 데이터 저장에 대한 수요는 고정적이지 않다. 이에 대한 수요는 여러 요소에 따라 시간대 별로 변화한다. 예를 들어 온라인 소매업자의 경우 홀리데이 기프트holiday gift 시기에 방문자 수가 급증한다. IT 인프라 시설을 내부적으로 보유한다면 회사의 최대 수요를 충족할 수 있을 만큼의 충분한 서버를 구입해야 하는데, 사용량이 높은 시기를 제외하고는 모든 서버가 사용되지 않고 낭비된다. 회사가 클라우드 데이터 센터로부터 사용량 주기에 따라 컴퓨팅을 빌려 사용한다면 사용량을 급격하게 늘리거나 줄일 수 있다. 실제 사용한 만큼만 비용을 지불하면 되므로 상당한 비용 절감 효과를 얻을 수 있다.

실제로 이것은 아마존이 클라우드 컴퓨팅 사업을 어떻게 시작하게 되었는지를 설명한다. 사용자 수가 최대치일 때를 대비하여 대규모의 데이터 센터를 구축하였고, 컴퓨팅 사용량 주기에 따라 사용하지 않고 남는 IT 인프라 시설과 데이터 센터를 운영하며 갖게 된 그들의 전문성을 서비스로서의as a Service 형태로 제공하며 사업 기회를 포착하였다. 지금은 아마존 웹 서비스의 일부인 아마존 일래스틱 컴퓨터 클라우드Amazon Elastic Computer Cloud를 2006년에 출시하였고, 이것은 시장에 처음으로 선보인 클라우드 인프라 서비스였다. 아마존 클라우드 서비스는 2018년까지 연간 성장 수익률 평균 57퍼센트를 보이며 괄목할 만한 성장세를 보여왔다.[24] 아마존 기업 전체 수익성의 상당 부분을 클라우드 컴퓨팅 사업이 창출하고 있으며 2018년 1-3분기 동안 운영 수익은 50억 달러를 넘어섰다.[25] 아마존 웹 서비스의 대표적인 고객으로 넷플릭스, 에어비엔비[26]가 있으며, CIA도 아마존 웹 서비스의 고객이다.[27]

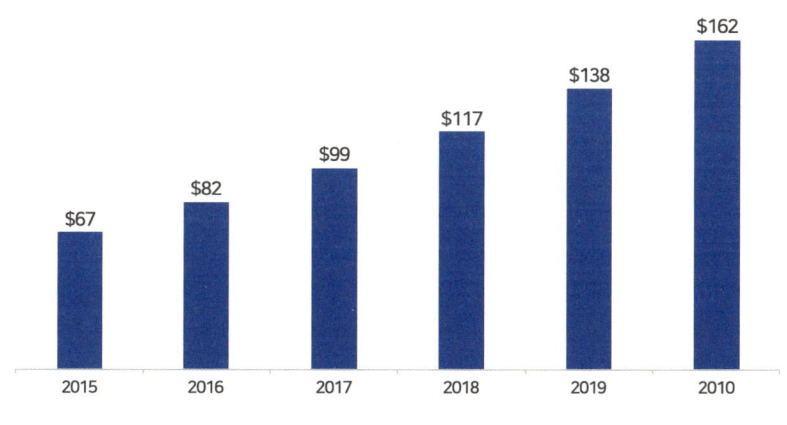

그림 1.4   2015년- 2020년 전 세계 클라우드 컴퓨팅 소비(단위: 십억 달러); 공개 클라우드 컴퓨팅 자원이 확보됨으로써 대용량 컴퓨팅 및 데이터 저장 자원을 이용할 수 있게 되었다. 출처: Data Created Worldwide 2005-2025 | Statistic, "Statista, 최종 접속일: 2019년 1월 30일, https://www.statista.com/statistics/871513/worldwide-data-created/

클라우드 컴퓨팅에 의한 유연성은 빠르게 성장하는 디지털 분야의 스타트업에게 중요하다. 클라우드 서비스 이전에는 새로운 회사가 서버를 구입하기 위해 상당한 자금이 필요했고 이를 관리할 직원을 채용해야 했다. 더욱이 회사의 성장 속도가 예상을 넘어서면 새로운 온라인 서버를 빠르게 구축해야 하는데 여기에는 어려움이 따른다. 이는 운영의 실패와 불만족스러운 고객 경험으로 남는다. 클라우드 컴퓨팅을 활용하면 새로운 애플리케이션과 서비스를 쉽게 설계하고 활용할 수 있으며 수요에 맞게 컴퓨터 사용량을 조절할 수 있다. 이는 새로운 디지털 서비스 비즈니스에 필요한 투자를 현저하게 줄이고 지난 몇십 년 동안 해당 분야의 거대한 혁신에 상당한 기여를 하였다.

클라우드 컴퓨팅의 장점으로 자본 효율성과 확장성만 있는 것이 아니다. 클라우드 기반 IT 인프라는 기업이 직접 보유한 시설보다 훨씬 더 높은 수준의 보안성을 갖는다. 외부의 사이버 공격과 회사에 악의를 품은 직원들로부터 상대적으로 안전하다. 코드 재사용이 증가하는 환경을 만들고 회사 내부 데이터 및 다른 회사 데이터 간의 통합을 보다 쉽게 할 수 있다. 가장 중요하게, 클라우드에서는 대규모 데이터셋을 분석하기에 적합한 환경을 만들 수 있고 머신러닝과 같은 정교한 알고리즘을 적용할 수 있다.

혁신적인 알고리즘 사용을 예로 보자. 알고리즘 작업 과정은 마치 자연선택 과정처럼 비효율적인 방법을 제거하며 최적의 해결책에 도달할 수 있도록 설계된다. 여러 변수를 통해 주식의 움직임을 예측하는 알고리즘을 통해 주식 트레이딩 분야에서 널리 사용되고 있다. 클라우드 환경에 있는 방대한 데이터와 프로세싱 파워를 활용하여 수많은 변수와 패턴을 계속해서 분석한다.

알아야 할 점은 클라우드 컴퓨팅이 모든 분야에서 이상적인 것은 아니다. 높은 성능과 효율성을 지닌 컴퓨팅 자원을 기반으로 다른 장소로의 데이터 전송 없이 인근에서 컴퓨팅 연산을 수행해야 하는 분야도 있다. 자율주행자동차 같이 빠른 반응 속도가 삶과 죽음을 가르는 분야에서는 데이터가 가능한 한 빨리 분석되어야 하기 때문에 클라우드가 적합하지 않다.

2장

디지털 세계의 새로운 인터페이스

1장에서 연산 능력, 데이터 생성, 연결성이 좋아지고 있으며, 그로 인한 영향력도 커지고 있다는 것을 설명했다. 이들 기술의 새로운 기능이 유용하려면 인간이 이들 기술과 쉬우면서도 효과적으로 상호작용할 수 있어야 한다. 그런 점에서 기술 상품 성공에는 인터페이스가 중요하다. 데이터를 수집하는 것, 사용자가 필요한 정보를 요청하는 것, 처리된 정보를 사용자에게 되돌려 보내는 것을 인터페이스가 처리한다. 게다가 사용자들로부터 생성되는 많은 데이터를 수집하는 인터페이스를 만드는 작업은 많은 기업의 비즈니스 모델에서 점점 더 중요해지고 있다.

이번 장에서는 인간-기계 인터페이스의 역사를 살펴볼 것이다. 그리고 기술 상품을 더 쉽고 다채롭게 활용할 수 있게 함에 있어 새로운 인터페이스들이 어떤 역할을 하는지도 설명할 것이다.

2.1 시각 디스플레이의 진화

지난 100년 동안 컴퓨터 디스플레이 매체는 크게 발전했다. 시각적 디스플레이가 없는 컴퓨터를 상상조차 할 수 없다. 음극선관CRT: Cathode Ray Tube 모니터 기술이 처음 나온 때는 1897년이었지만[01] 1950년대에 이르러서야 컴퓨터 디스플레이에 처음 사용되었다. 미국 국방부에서 소련 폭격기를 탐지하고 요격 미사일을 유도하기 위해 개발한 SAGE*Semi-Automatic Ground Environment*라는 시스템에 CRT가 처음 사용되었다.[02] 그 이전에, 1941년에 개발된 Zuse 23 Terminal[03]이나 1951년에 개발된 UNIVAC 1 Console[04] 같은 전산 시스템은 펀치 카드, 텔레테이프, 자동 타자기로 계산 결과를 인쇄하였다.

1961년에 발광다이오드*LED: Light-Emitting Diode*가 발명되었고, 1964년에 최초의 액정표시장치*LCE: Liquid Crystal Display*와 플라즈마 디스플레이*plasma display*가 개발되면서 부피가 큰 CRT보다 훨씬 더 평평하고 얇은 디스플레이[05]를 만들 수 있게 되었다. 이들 기술이 초기의 음극선관처럼 처음에는 단색이었다. 그러나 시간이 지나면서 컬러 호환 버전의 기술들이 개발되었다. 사실 이들 기술을 기반으로 해서 대다수 TV, 랩톱, 스마트폰 디스플레이를 포함해서 현재 우리가

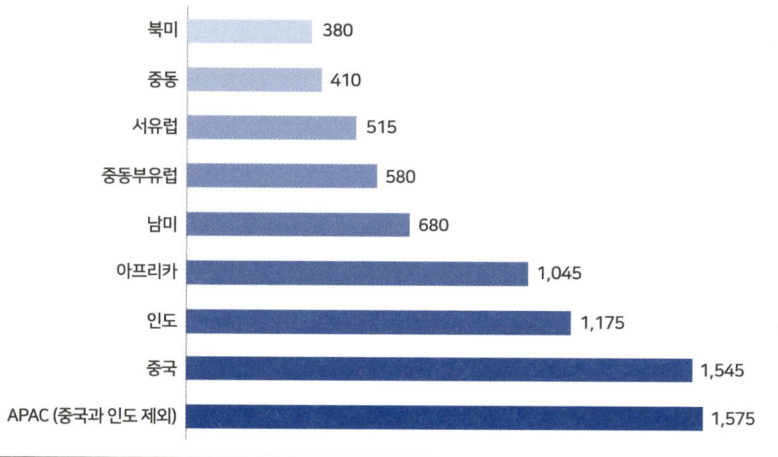

그림 2.1 　 2018년 3분기 기준, 모바일 가입자 수; 전 세계 모바일 가입자 수는 79억 명을 넘어섰으며, 그중에서 57억 명은 광대역 연결 서비스를 이용하고 있다. 출처: "Mobile Subscriptions Worldwide Q3 2018—Ericsson Mobility Report November 2018," Ericsson.com, 2018년 11월 20일, https://www.ericsson.com/en/mobility-report/ reports/november-2018/mobile-subscriptions-worldwide-q3-2018

사용하고 있는 많은 인터페이스가 개발되었다.

컴퓨팅 기술의 보편화 및 확산에 있어 이들 디스플레이의 개발은 중요했다. 컴퓨터 마우스가 발명되고 CRT 모니터가 합쳐지면서 그래픽 사용자 인터페이스*GUI: Graphical User Interface*를 개발할 수 있었으며, 애플이 1983년에 최초의 상용 GUI를 발표했다.[06] GUI가 나오기 전에는 직관적이지 않은 명령어 라인 인터페이스*CLI: Command Line Interface*에서 컴퓨터 시스템을 사용하기가 복잡했지만, GUI가 나오면서 눈으로 직접 보면서 컴퓨터를 간단하게 조작할 수 있게 되었다.

장치 소형화에 있어서 디스플레이 기술의 발전은 매우 중요했다. 스마트폰의 대용량 계산 능력과 네트워크 연결 기능을 트럼프 카드보다 더 작은 장치에 모두 넣었는데 디스플레이 기술이나 입력 기술이 발전하지 않아서 CRT 모니터와 키보드를 들고 다녀야 한다면 스마트폰을 소형으로 만들 필요도 없었을 것이다.

1965년에 터치스크린이 처음 발명되었으며,[07] 이것은 우리가 소형 장치를 조작하는 것과 스마트폰 혁명이 일어나는 데 큰 영향을 미쳤다. 2007년에 애플 아이폰이 상용 출시되고,[08] 뒤이어 삼성 및 다른 기업들이 아이폰과 비슷한 디바이스들을 개발하면서 기술 혁명과 행동 혁명*behavioral revolution*이 촉발되었다. 2018년 1분기에만 전 세계적으로 9천 8백만 명이 모바일 서비스에 신규로 가입했으며,[09] 특히 이들이 사용한 디바이스 및 디스플레이의 특징으로 인해 사용자들의 구매 행동이 바뀌었다. 즉, 장소와 시간에 구애 받지 않고 서핑을 하고 쇼핑을 할 수 있게 되었다(그림 2.1 참고).[10] 앞으로, 플렉서블 디스플레이나 유기 LED 같은 새로운 디스플레이 기술이 개발되고 개선될 것이며, 이로 인해 디바이스와의 상호작용 방식이 계속 변화할 것으로 예상된다.

2.2 사용자 인터페이스: 음성

키보드로 타이핑을 하든지 마우스로 클릭을 하든지 노트북 터치패드를 조작하든지, 디지털 디바이스와의 상호작용 및 전자적인 의사소통에 있어 가장 많이 사용되는 신체 기관은 바로 손이다. 이외에 인간이 목소리를 처음 가졌을 때부터 계속 사용된 인터페이스로 음성이 있다.

음성은 우리 자신을 표현할 수 있는 자연스럽고 직관적인 방법이다. 따라서 이와 동일한 매체를 통해서 디지털 디바이스와 의사소통하려는 것은 놀라운 일이 아니다. 인간의 구어(말하는 언어)를 이해하는 컴퓨터의 능력은 최근 몇 년 사이에 크게 향상되었으며, 현재 영어 음성-텍스트 정확도는 94퍼센트 이상으로, 이는 필사를 전문으로 하는 사람만큼 높은 수준이다.[11]

이 기술이 함축하고 있는 것은 심오하며, 이 기술을 통해 디지털 영역에서 우리를 대신하는 가상의 조력자와 말을 하면서 의견을 나눌 수 있다. 아마존 에코Amazon Echo나 구글 홈Google Home 같은 스마트 스피커가 확산되면서 음성 방식의 상호작용에 대한 소비자들의 요구가 강하게 나타나고 있다. 미국 소비자 중 19퍼센트는 1년 안에 이러한 디바이스를 구매할 계획이며,[12] 그중 24퍼센트는 이미 이런 디바이스를 보유하고 있는 것으로 조사되었다.[13]

물론 이 새로운 인터페이스 매체에도 해결해야 할 과제가 있다. 스마트 스피커가 사람들이 말하는 것을 이해하는 것처럼 보이지만 오늘날 우리가 사용하고 있는 자연어 처리 시스템은 키워드를 선택하고 그 키워드를 가지고 질의에 대한 응답을 만들어 낸다. 문맥과 어조에 따라 단어의 의미가 달라질 수 있는 상황에서는 스마트 스피커와 자연어 처리 시스템이 제대로 된 결과물을 제시하지 못할 수도 있다.

음성을 인증 매체로 사용하려는 노력이 많이 이루어지고 있지만 이와 관련해서 해결되지 않은 어려움들이 있다. 일례로, BBC 기자가 자신의 쌍둥이 형제에게 자신이 사용하고 있는 HSBC의 음성 인증 시스템을 속이고 들어가도록 했고, 기자의 쌍둥이 형제는 음성 인증 시스템을 속이고 기자의 계정에 접속할 수 있었다.[14]

음성 인증을 설계하는 일도 쉽지는 않다. 왜냐하면 어떤 사람이 맥주를 몇 잔 마시거나 록콘서트에서 밤을 지샌 후에 그의 성문 voice print이 어떻게 변화되었는지를 인증 시스템이 얼마나 엄격하게 적용할지를 결정하는 일이 어렵기 때문이다. 너무 엄격하게 적용하면 시스템은 합법적인 고객을 알아보지 못할 수 있고, 그렇다고 너무 느슨하게 적용하면 엉뚱한 사람을 고객으로 인증할 수 있는 위험이 있다.

2.3 인터페이스: 웨어러블과 신체

웨어러블 디지털 디바이스에 대한 아이디어는 수십 년 전부터 있었다. 예를 들어 1977년 런던에서 열린 국제 시계 및 보석 무역 박람회 International Watch and Jewellery Trade Fair에서 세계 최초로 계산기 시계가 선을 보였다.[15] 최근에 시계 형식 웨어러블 디바이스가 많이 정교해지면서 많은 사람들이 사용하기 시작했다. 애플 워치 Apple Watch 같은 스마트 워치와 핏빗 Fitbit이나 샤오미 미밴드 Xiaomi Mi Band 같은 피트니스 트래킹 밴드는 최근 몇 년 동안 크게 성장했으며, 전 세계 시장에서 판매량이 2015년에 8천 4백만 대에서 2019년에 2억 4천 5백만 대로 성장할 것으로 예상되었다.[16]

이들 디바이스는 이메일 보여주기에서부터 심박수 측정에 이르기까지 다양한 기능을 자랑한다. 이들 장비의 기능이 점점 더 정교해지고 의류 같은 다른 웨어러블 사물에 센서 네트워크가 통합되면서 이들 디바이스가 우리 신체를 하루 종일 측정할 것이다. 즉, 혈압 및 호흡 속도 같이 생명 유지에 관련된 통계를 추적한다. 스마트 인공 기관 및 고성능 보청기 같은 물리적 증강 디바이스와 함께 웨어러블 기술은 건강 생태계에도 큰 영향을 미칠 것으로 예상된다.

이들 센서가 더 정교해지면서 우리 신체에서 일어나는 다양한 시각, 청각, 후각, 생화학 입력을 감지할 것이다. 가령, 뇌파에서 유용한 신호를 모니터링하고 그 신호가 어디서 왔는지도 파악할 것이다. 기존에 있던 디스플레이 인터페이스도 계속 진화하고 있으며, 음성 인터페이스도 점점 더 보편화되고 있다. 음성 인터페이스는 향후 몇 년 안에 우리 신체와 연결되는 직접적인 인터페이스가 될 것이며, 미래에 나올 디지털 디바이스와의 관계에서 가장 큰 영향력을 미칠 것이다.

파트 2
핀테크 기초

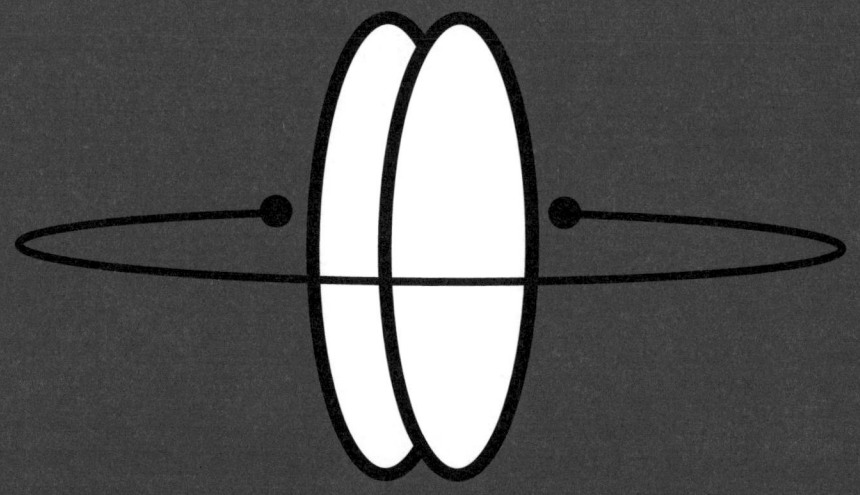

1장과 2장에서는 빠른 속도로 이루어지고 있는 기술 발전으로 인해 기업이 고객을 대하는 방법, 사회 집단들이 서로를 대하는 방법, 우리가 우리 자신의 신체와 상호 작용하는 방법이 어떻게 변화하고 있는지를 살펴보았다. 3장부터는 이 책의 중심 주제인 '기술이 금융 서비스 산업의 운영 구조, 경쟁 역학, 거버넌스 요구사항에 미치는 영향'을 살펴볼 것이다.

　변화를 이끄는 기술인 가상자산과 인공지능을 집중적으로 살펴보기 전에 기술 향상이 금융 서비스에 폭넓게 미치는 영향을 잠깐 살펴본다. 특히 기술 향상으로 인해 새로운 형태의 경쟁이 어떤 방식으로 가능한지를 설명한다. 3장에서는 기존 금융 기관들의 대체 수단으로 떠오르고 있는 핀테크를 살펴볼 것이다. 4장에서는 핀테크에 대응하여 지금의 포지션을 지키려는 기존 금융 기관들의 대응 방안을 살펴본다. 5장에서는 금융 서비스 영역으로 진입하려는 기술 중심 대규모 기업을 살펴볼 텐데, 특히 중국의 유익한 발전적 교훈을 집중적으로 들여다본다. 6장에서는 경쟁 관계에 있는 기존 금융 기관, 핀테크 스타트업, 테크핀 기업들이 어떻게 결합해서 진화하고 있는지를 살펴본다. 마지막으로, 7장에서는 금융 서비스에서 기술이 사용되면서 지금보다 더 포괄적인 글로벌 금융 시스템의 목표가 어떻게 지원되고 있는지를 고찰한다.

3장

떠오르는 핀테크

금융 위기 이후 10년 동안 금융 서비스 분야에 매우 많은 기업들이 새로 진입하였다. 기술 중심의 핀테크 기업들은 기존에 수립되어 있던 금융 서비스 질서를 재편하고자 했다. 그 일환으로, 지난 50년 동안 거의 변하지 않은 금융 산업의 지배적인 운영 모델과 경쟁 역할을 바꾸고자 했다.

핀테크의 성장 속도는 매우 놀랍다. 2018년 상반기에 핀테크 기업에 대한 총 투자는 전 세계적으로 875건에 579억 달러에 이른다.[01] 그리고 2018년에 벤처캐피탈의 지원을 받은 28개의 각 기업은 민간 시장에서 10억 달러가 넘는 가치를 확보하였으며,[02] 유니콘 *unicorn* 이라는 선망의 타이틀을 거머쥐었다.

이들 기업이 금융 생태계를 재편하는 혁명의 시작이며, 혁명이 진행되는 동안 새로운 승자와 패자가 나올 것이라고 주장하는 사람들이 많다. 미디어에서는 핀테크가 기존 금융 기관들과 새로 뛰어든 기업들 사이의 각축장이라고 자주 묘사하는데 현실은 훨씬 더 복잡하다. 핀테크 기업이 고객 유치를 위해 기존 금융 기관에게 도전장을 내밀고 있는 기존의 상황에 머무르지 않고 금융 생태계는 더 확대될 것이며, 여기에는 금융 시스템의 백오피스, 미들오피스, 규제 업무를 변화시키려는 다양한 주체들도 참여할 것이다.

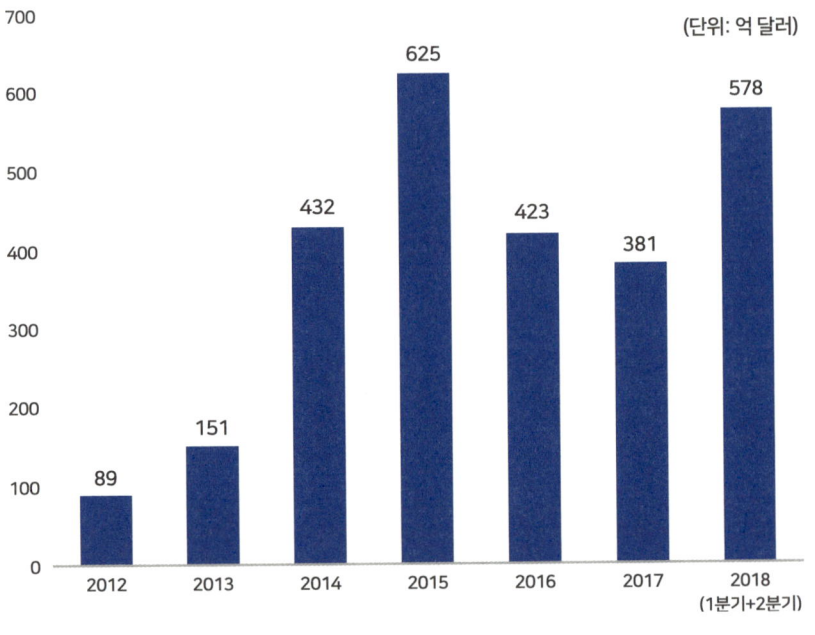

그림 3.1 핀테크 부문 글로벌 투자 활동(벤처캐피탈, 사모 펀드, M&A); 2012년부터 2018년 상반기까지 핀테크 기업들에 대한 벤처캐피탈, 사모 펀드, M&A 투자 규모는 2,600억 달러를 상회한다. 출처: "The Pulse of Fintech 2018" (KPMG, 2018년 7월 31일), https://assets.kpmg/content/dam/kpmg/ xx/pdf/2018/07/h1-2018-pulse-of-fintech.pdf

기업명	가치(미화 10억 달러)	국가
Lu.com	18.5	중국
Stripe	9.2	미국
Paytm - One97	7.0	인도
Robinhood	5.3	미국
SoFi	4.5	미국
Credit Karma	4.0	미국
Oscar	3.2	미국
Circle	3.0	미국
Klarna	2.5	스웨덴
Zenefits	2.0 (2015년 2분기 기준)	미국
Avant	1.9	미국
Affirm	1.8	미국
Revolut	1.7	영국
TransferWise	1.6	영국
Coinbase	1.6	미국
Nubank	1.0 - 2.0	브라질
Tuandaiwang	1.5	중국
Dataminr	1.2 - 1.6	미국
AvidXchange	1.2	미국
Clover	1.2	미국
UiPath	1.1	미국
51 Credit	1.0	중국
Funding Circle	1.0	영국
Gusto	1.0	미국
Kabbage	1.0	미국
PolicyBazaar	1.0	인도
Symphony	1.0	미국
Tongdun Technology	1.0	중국
Tradeshift	1.0	미국

그림 3.2 　글로벌 벤처캐피탈의 지원을 받아서 비공개 시장 가치가 10억 달러를 넘긴 핀테크 기업; 최근 몇 년간 동안 핀테크 유니콘이 폭발적으로 증가하고 있다. 출처: "The Fintech 250: The Top Fintech Startups Of 2018," CB Insights Research, 2018년 10월 22일, https://www.cbinsights.com/research/fintech-250-start-ups-most-promising/

3.1 핀테크 혁명을 일으키는 요인

핀테크 혁명이 왜 지금 일어나고 있는가? 우리가 보기에, 지금 빠르게 변화하고 있는 환경에는 세 가지 기폭제가 있다. 하나는 거시 경제 및 규제 환경의 변화가 있고, 그 다음으로 급속하게 발전하고 있는 기술이 있으며, 마지막으로 고객의 기대 변화가 있다.

3.1.1 경제 및 규제 지형의 변화

2008년 글로벌 금융 위기 이후 핀테크 성장을 촉진하기 위해 많은 경제 및 규제 요소들이 만들어지고 실제로 반영되었다. 규제 당국에서 금융 시스템의 안정성과 건전성을 개선하려고 했고, 그 일환으로써 금융 기관의 규제 부담을 크게 높였으며 이로 인해 금융 기관은 내부의 핵심 관심사와 자원 대부분을 필수적으로 해야 하는 위험 관리 및 규정 준수 이니셔티브로 전환했다. 그 여파로 인해 금융 기관의 제품 및 프로세스 혁신은 우선순위에서 뒤로 밀려났다.

이와 동시에 다수의 규제 기관은 기존과 다른 방식의 경쟁을 권장하였는데, 일례로 영국에서 새로 만들어진 금융행위관리국FCA: Financial Conduct Authority의 세 가지 핵심 목적으로 고객 보호와 시장 건전성 향상 외에 경쟁 촉진이 들어 있다. 또한 금융 위기 이후 몇 년 동안 금리가 매우 낮아지면서 이익률이 떨어지는 환경이 조성되었으며, 이로 인해 벤처캐피탈 같은 대체 자산 부문으로의 자금 흐름이 크게 증가하였다. 이에 다양한 범위의 새로운 혁신가들이 쓸 수 있는 자금 가용성이 높아졌으며, 여기에는 핀테크 기업가도 포함된다.

3.1.2 빠르게 진화하고 있는 기술 환경

기술이 빠르게 발전하면서 은행의 신규 고객 적응에서부터 초고속 트레이딩 전략 적용에 이르기까지 다양한 금융 활동을 새로운 방식으로 지원할 수 있게 되었다. 민간 부분에서 정보 기술에 대규모로 투자한 최초의 산업군이 금융 기관이며, 이렇게 투자된 기술은 금융 기관의 핵심 자산으로 남아 있으며, 규모가 큰 대다수의 금융 기관은 많은 레거시 시스템을 부채로 떠안고 있다. 즉, 금융 기관은 40년 혹은 그 이상 오랜 시간 동안 유연성이 떨어지는 정보 시스템에 많이 투자했다. 이 레거시 시스템을 새로운 시스템으로 이전하는 일은 매우 어려운 과제이며 비용도 많이 들어간다. 특히 금융 위기 이후 이러한 종류의 투자를 단행하기란 거의 불가능에 가깝게 되었다.

기술이 빠르게 발전하면서 눈앞에 펼쳐진 놀라울 만한 새로운 기회를 잡아야 하는 금융 기관들에게 레거시 시스템은 부담으로 작용하고 있다. 일부 금융 기관은 스마트폰 같은 새로운 플랫폼을 통해서 고객과 소통하고, 클라우드 컴퓨팅을 활용하고, 인공지능을 기반으로 새로운 거래 전략을 모색할 수 있는 가능성을 인지하였지만 40년이 넘은 메인프레임 시스템이 주축인 운영 모델에서는 새로운 가능성을 실제로 구현하는 일이 매우 어려웠다.

3.1.3 고객의 기대치 이동

기존 은행권이 혁신을 위해 자원을 선별해서 투입하고 기존 레거시 시스템을 유지하기 위해 고군분투하고 있는 동안 비금융 디지털 상품들이 빠르게 변화하고 있었다. 우버, 에어앤비, 왓츠앱, 페이스북, 위챗 같은 원조 디지털 서비스는 해당 서비스가 속한 개별 산업뿐만 아니라 디지털 경험에 대한 소비자들의 기대를 다른 영역으로 확장하는 혁신을 일으켰다. 이들 기술 기업으로 인해 고객들은 자신에게 적합한 디지털 서비스를 적시에 주문해서 이용할 수 있다는 경험을 하게 되었다. 이에 많은 사람들은 이런 비금융 디지털 상품들에 비해 기존 금융 서비스는 시대에 뒤떨어졌으며 변화해야 할 대상으로 바라보기 시작했다.

젊은 고객들은 기존 금융 시스템에서 제시하는 뱅킹 경험에 특히 불만을 보이는 것으로 나타났다. 밀레니얼 세대 지수 millennial disruption index에 따르면 밀레니얼 세대의 71퍼센트는 은행에 가는 것보다 치과에 가는 것을 더 선호하는 것으로 나타났다.[03] 새로운 핀테크 상품을 통해 무언가 도약을 꾀하려는 의지를 보이는 개인들이 많아진 이면에는 금융 위기 이후 수년 동안 많은 이들이 기존 은행 시스템에 의구심을 느낀 것도 복합적으로 작용했다.

이런 여러 가지 요인들이 합쳐지면서 은행, 보험, 자산 관리 부문을 포함해서 기존의 여러 금융 기관들은 그들이 직면한 경쟁적 위협을 재평가해야 했다. 또한 고객에게 가치를 제공함에 있어 기술이 어떤 도움을 줄 수 있는지 다양한 방법들을 다시 모색하기 시작했다.

이러한 변화에 대해 많은 이들은 마이크로소프트 창업자이자 기술 비저너리인 빌 게이츠가 과거에 한 말을 다시 돌아보게 되었다. 빌 게이츠는 1994년에 "뱅킹은 필요하지만 은행은 아니다"라는 말을 했다. 그후 거의 10년이 지난 후 알리바바 창업자인 마윈이 한 말도 의미심장하다. 마윈은 2013년에 "미래의 금융 산업에는 두 가지 큰 기회가 있다. 하나는 온라인 뱅킹으로, 모든 금융 기관이 온라인으로 갈 것이다. 그리고 다른 하나는 인터넷 금융으로, 이는 금융계 바깥에서 주도할 것이다"라고 말했다.

미래의 금융 서비스에서 새로운 상품과 경쟁우위 전략의 중심에 빠르게 변화하는 기술이 있다는 것에는 의심의 여지가 없다. 이에 반해 미래의 금융 생태계 재편에서 누가 승자가 될 것인지는 확실하지 않다. 이 상황에서 기존의 금융 기관들이 승자가 된다고 더 이상 확언할 수는 없지만 금융 산업에 대한 기존 금융 기관들의 지분이 없어지지는 않을 것이다.

3.2 핀테크의 유형

금융 서비스는 글로벌 경제의 거대한 부분을 구성한다. 미국 GDP는 19조 달러인데,[04] 이 중에서 7퍼센트가 금융 서비스다. 이는 핀테크 스타트업이 모두 차지하기에는 큰 규모다. 이 상황에서 핀테크는 어느 한 가지에 특화해서 집중하는 방법을 선택했다. 가령, 현재 시스템 영역 테두리 안에서 제품과 서비스를 개발하는데, 기존 금융 기관들보다 훨씬 더 좋은 가치 제안value proposition을 제공하는 식이다. 구체적으로, 고객이 느끼기에 만족스럽지 않은 경험에 많은 비용을 지불하고 있는 영역을 특화 대상으로 잡고, 기술을 활용해서 더 저렴한 비용으로 훨씬 더 개선된 경험을 제공한다.

이번 절에서는 앞서 나가고 있는 핀테크 기업들이 금융 서비스의 가장 중요한 하위 부문인 결제, 대출, 자산 관리, 보험, 은행을 재구성하기 위해 어떤 전략을 사용하는지 살펴볼 것이다. 또한 이들 하위 부문 전반에서의 규제 준수 관리를 중점적으로 하는 여러 유형의 핀테크가 스타트업과 기존 기업 모두에게 얼마나 큰 영향을 미치고 있는지를 살펴볼 것이다.

3.2.1 핀테크와 결제

기술이 발전하면 결제 방법은 바로 영향을 받는다. 신용카드를 기계에 넣어서 압인한 후 종이로 된 신용카드 매출전표를 만들던 시절이 있었다. 그 이후 QR 코드, 비접촉 신용카드, 전자 지갑 같은 새로운 형태의 결제 방법이 개발되었으며, 이러한 것들이 우리의 일상생활에 깊이 파고들고 있다.

이러한 디지털 결제 방법이 보편화되면서 선진국과 개발도상국 모두에서 현금 사용이 줄어드는 추세를 보이고 있다. 전 세계적으로 비현금 거래량은 2011년에서 2015년까지 40.1퍼센트 증가하였으며, 금액으로도 총 4,331억 달러에 이르렀다. 선진국에서는 디지털화가 오랫동안 계속 진행되고 있어서 기업들이 디지털 결제를 더 쉽고 더 저렴하게 수용할 수 있다. 더불어, 비현금 결제를 받아들이는 판매자 유형도 매우 다양해지고 있으며, 고객들이 결제에 사용하는 결제 수단의 크기도 점점 더 작아지고 있다.[05]

사실, 일부 유럽 국가에서 디지털 결제는 매우 보편화되어 있어서 현금은 희귀해지고 있다. 10년이 조금 넘는 기간 동안 스웨덴에서 유통되는 현금은

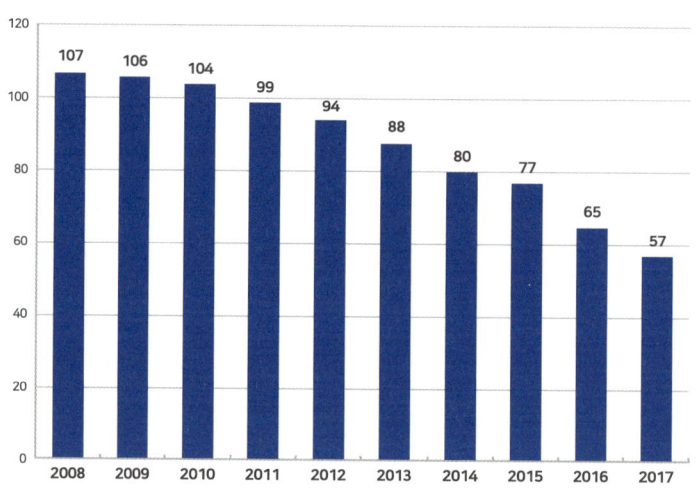

그림 3.3 스웨덴에서 유통 중인 지폐 및 동전의 평균 가치(단위: 10억 크로나). 스웨덴에서는 디지털 결제가 보편화되면서 현금을 보기 힘들어졌다. 출처: "Statistics," Sveriges Riksbank, 2018년 1월 2일, https://www.riksbank.se/ en-gb/notes-and-coins/statistics/

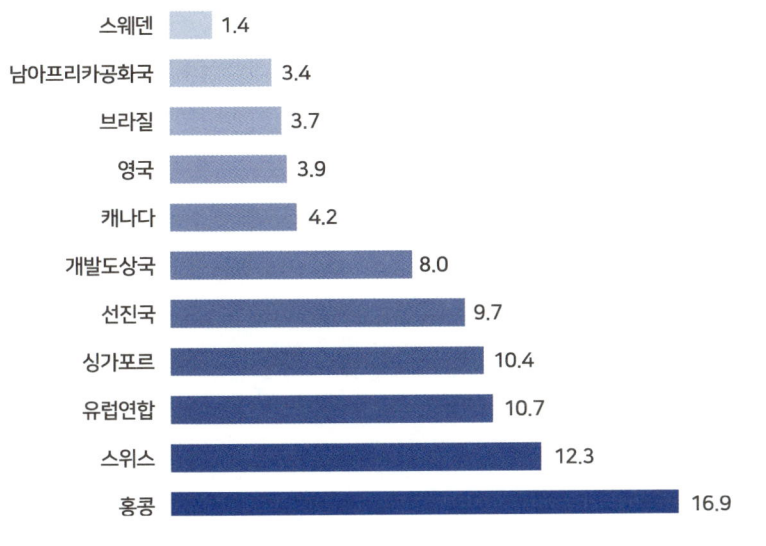

그림 3.4 　GDP 대비 현금 가치(2016년); 스웨덴은 GDP 대비 현금 유통 비중이 전 세계에서 가장 낮다.
출처: Morten Bech and Umar Faruqui, "Payments are a-changin' but cash still rules", Bis Quarterly Review, 2018년 3월 11일, https://www.bis.org/publ/qtrpdf/r_qt1803g.pdf

1,120억 스웨덴 크로나에서 500억 스웨덴 크로나(미화 61억 4천만 달러)로, 절반 넘게 줄어들었다.[06] 사실, 코펜하겐 경제대학원의 연구원들은 2023년쯤 스웨덴의 소매 가게에서 현금을 더 이상 사용하지 않거나 받지 않을 것이며, 스웨덴이 세계에서 최초의 현금 없는 나라가 될 것으로 보고 있다.[07]

　그러나 현금 사용과 관련된 가장 큰 변화는 개발도상국에서 보게 될 것이다. 개발도상국에서 스마트폰이 확산되면서 디지털 결제 혁명이 일어났으며, 이로 인해 SMS 및 QR 코드 기반 결제 인프라가 빠르게 구축되었다. 중앙 유럽, 중동, 아프리카에서 2011년 대비 2015년에 비현금 거래는 77퍼센트 늘어났으며, 신흥 아시아에서는 같은 기간에 비현금 거래가 무려 182퍼센트나 늘어났다.[08]

디지털 결제량이 빠르게 증가하면서 결제 자체가 큰 산업이 되었다. 2017년 기준으로 전 세계에서 일어난 결제로 인한 수익은 미화로 1조 9천억 달러였다.[09] 신기술로 인해 결제량이 늘어난 것에 그치지 않고 결제 수익과 관련된 경쟁 수준도 높아졌다. 이와 더불어 결제 수수료에 대한 규제 강도도 높아지면서 결제 처리 서비스를 제공하는 기업들의 마진에도 상당한 압력이 가해졌다.

이러한 경향은 어느 나라에 국한되지 않고 전 세계적으로 나타났다. 가령, 서유럽과 북미에서 2007년부터 2013년까지 수수료 마진이 약 20퍼센트 하락했다.[10] 호주의 경우 신용카드 수수료가 지난 10여 년 동안 거의 반으로 떨어졌다.[11] 정부와 규제 당국도 전자 결제 도입 추진에 주도적인 역할을 하고 있다. 유럽의 경우 결제 서비스 지침PSD2: Second Payment Services Directive에서 직불카드와 신용카드의 경우 각각 0.2퍼센트와 0.3퍼센트의 정산 수수료 한도를 도입하였다.[12]

기존 금융 기관들에게는 수수료가 있기 때문에 결제가 가장 중요한 요소는 아니다. 고객의 일반적인 뱅킹 업무에 있어 결제는 시작점이다. 개인이 금융 기관과 가장 자주, 그리고 가장 기본적으로 연결되는 요소다. 결과적으로 결제는 은행과 고객 사이에서 '끈끈한' 관계를 맺는 초석으로 볼 수 있다.

결제 비즈니스와 관련된 수익이 크고 기술 집중도가 높음으로 인해 초기의 핀테크를 전망한 전문가들은 미래에 은행의 핵심 비즈니스로 진입하는 교두보이자 기존은행 시스템을 허무는 첫 번째 기항지로 결제를 꼽았다.

그러나 기존 결제 체계를 허무는 것은 쉬운 일이 아니다. 결제 비즈니스의 주된 특징은 네트워크 효과Network Effects로 특징지워진다. 즉, 서비스 사용 가치가 증가하려면 사용자 수가 늘어나야 한다. 전화를 하고 싶어하는 사람이 전화기를 가지기 전까지 전화기는 유용한 혁신이 아니다. 이와 같이 결제를 원하는 사람이 결제 네트워크를 사용하기 전까지 결제 네트워크는 유용하지 않다. 선진국의 가맹점들은 기존 결제 네트워크의 결제 단말기에 상당한 투자를 했다. 그리고 가맹점 모집 업체 같은 다양한 서비스 제공업체와 계약을 체결하며, 이를 통해 기존 카드 네트워크에 쉽게 들어갈 수 있다.

이와 동시에 결제 시스템이 비교적 성숙한 지역의 고객은 신흥 시장 고객보다 신기술을 채택하는 데 있어 열의가 더 높지 않다. 2017년 말에 미국 소비자를 대상으로 진행된 설문조사에 따르면 성인 스마트폰 사용자 중 12.8퍼센트만 애플 페이를 사용하고, 애플 페이 가맹점을 방문한 스마트폰 사용자 중 3퍼센트

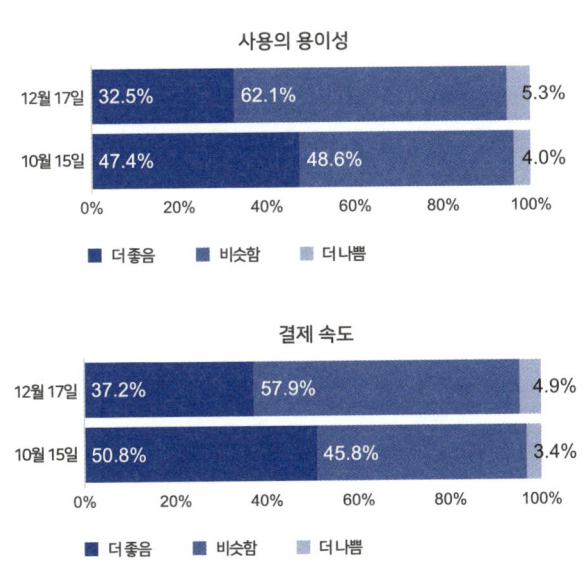

그림 3.5 카드를 긁는 것과 애플 페이를 사용하는 것 중에서 어떤 것이 편한가?; 미국 소비자들이 카드로 결제하지 않고 애플 페이를 사용하도록 만들기 위해 애플은 많은 노력을 기울이고 있다. 출처: "2018 Apple Pay Adoption Stats," PYMNTS.com, 최종 접속일: 2019년 1월 5일, 2019, https://www.pymnts.com/apple-pay-adoption/

만 애플 페이를 사용한 것으로 나타났다.[13]

애플 페이를 사용하지 않은 이유를 물은 결과 애플 페이를 사용하지 않은 사람들 중 37퍼센트는 기존 결제 방법에 만족한다고 응답했으며, 애플 페이를 사용한 사람들 중 반 이상은 사용 용이성 측면에서 애플 페이를 사용하는 것과 카드를 사용하는 것이 같거나 오히려 덜 하다고 답했다.[14] 중국 소비자들이 현금에서 모바일 결제로 빠르게 넘어가는 것(5.2절에서 상세히 논의)과 대조적으로 세계에서 가장 성공한 기술 기업들 중 한 곳에서 조차도 기존 서비스가 '충분히 좋은 것'으로 간주될 때 고객의 결제 행동을 바꾸는 것이 얼마나 어려운지를 이 사례에서 알 수 있다.

따라서 기존 결제 네트워크의 핵심 비즈니스와 맞서려는 시도가 규모가 가장 큰 기업에서도 큰 도전이 된다. 하물며 핀테크 스타트업에게 있어서 이 일은 더 큰 난제가 아닐 수 없다. 그러나 많은 나라에서 기존 금융 기관이 제공하는 서비스에서 약하거나 아예 존재하지 않는 결제 영역이 하나 있다. 결제 기술이 계속 발전하고 있지만 기존 결제 네트워크를 통한 소비자들 간 P2P 거래는 높은 수준의 저항과 비용이라는 특징을 가지고 있다. 특히 자금이 국경을 넘어야 하는 경우에 저항과 비용은 더 높아진다. 이에, 핀테크가 파고들기에 적격인 것이 바로 국내 및 국제 P2P 결제인 셈이다.

국내 P2P 결제의 경우 미국의 벤모*Venmo*(현재는 페이팔의 자회사)나 홍콩의 페이미*PayMe* 같은 결제 시스템을 이용하면 친구들과의 점심 값이나 다른 비용 결제 문제를 쉽게 해결할 수 있다. 이들 시스템에서는 새로운 사용자가 쉽게 적응할 수 있으며, 페이스북이나 왓츠앱 같은 소셜 네트워크와의 통합을 통해 네트워크에서 친구를 쉽게 찾을 수 있다. 게다가 이러한 서비스들에서는 대개 앱의 전자지갑에서 지불되거나 은행 계정에서 직접 지급된 거래의 경우 고객에게 수수료를 물리지 않으며, 신용카드를 사용해서 계정에 충전한 경우에만 수수료를 청구한다.

벤모의 인기는 빠른 속도로 높아지고 있다. 특히 밀레니얼 세대 사이에서 더욱 그렇다. 2018년 조사에 따르면 밀레니얼 세대의 44퍼센트가 이 앱을 사용하고 있으며,[15] 2017년의 경우 이 서비스에서 350억 달러 상당의 결제가 이루어졌으며, 이는 전년 대비 97퍼센트 증가한 수치다.[16]

벤모를 성공으로 이끈 동력들 중 하나는 페이스북과 인스타그램 같은 앞서 나가는 소셜미디어 플랫폼에서 배운 교훈을 제품 설계에 잘 통합한 것이었다. 기본적으로 비공개로 운용되는 기존의 금융 상품들과 달리 벤모에서는 친구들이 무엇을 하고 있는지, 어떤 결제 활동을 하고 있는지를 볼 수 있는데, 이모티콘이 많이 사용된다. 이 시스템을 활용하면 서구 사회에서 분리되어 있던 삶의 사회적 요소와 재정적 요소를 결합할 수 있으며, 어젯밤에 먹었던 피자나 맥주 값, 혹은 이번 달 임대료를 갚아야 하는 친구에게 이모티콘을 보내서 돈을 갚으라는 표현을 완곡하게 할 수도 있다.[17] 또한 외부에 드러내고 싶지 않은 대화를 주고 받는 공간을 만들 수도 있다.

이러한 서비스들을 이용하면 국내에서의 P2P 이체를 쉽게 처리할 수 있다. 그러나 같은 나라의 두 개인 사이에서의 결제로 제한된다. 개인이 자금을 국제적으로 송금하는 일은 매우 복잡하고 비용도 많이 드는 일로 여전히 남아 있다. 자금을 다른 나라로 송금하는 기존 시스템은 복잡하고 비효율적이라서, 최종 수취인의 은행 통장으로 들어가기 전에 돈이 중간에서 여러 은행을 거치는 경우가 많다.[18]

이러한 비효율성을 바로잡고 성공적인 비즈니스를 구축하고 있는 신생기업들 중 가장 성공적인 예로 영국의 핀테크 스타트업인 트랜스퍼와이즈Trans-ferWise가 있다. 트랜스퍼와이즈는 자금을 국제적으로 송금할 수 있는 P2P 솔루션으로써 돈을 빠르게 보낼 수 있으며, 최저 0.35퍼센트의 투명한 송금 수수료 체계를 갖추고 있다.

시스템은 간단하다. 여러분이 영국에 살고 있으며, 프랑스에 살고 있는 친구에게 돈을 보내고 싶다고 가정하자. 트랜스퍼와이즈 모바일 앱이나 웹 사이트에 들어가서 여러분이 가지고 있는 영국 계정에서 트랜스퍼와이즈의 영국 계정으로 돈을 보낸다. 물론 수수료는 없다. 돈을 받은 트랜스퍼와이즈는 프랑스에 있는 트랜스퍼와이즈 은행 계정에서 친구의 은행 계정으로 돈을 송금한다(이때 친구가 트랜스퍼와이즈의 계정을 가지고 있을 필요가 없으며, 돈을 보내는 사람이나 돈을 받는 사람의 삶을 편리하게 만든다).[19] 트랜스퍼와이즈는 이 서비스와 관련된 공개되어 있는 정액 수수료를 여러분에게 청구할 것이고 중간 시장 환율을 적용하여 친구 계정으로 송금될 유로 금액을 계산한다. 이 모든 작업은 송금이 진행되기 전에 이루어진다.

위의 상황에서 돈이 실제로 국경을 넘지는 않으며, 트랜스퍼와이즈는 기존 뱅킹 시스템을 통해서 국제 송금을 진행하고 두 나라 계정의 금액도 맞춘다(가령, 영국에서 프랑스로 가는 금액이 프랑스에서 영국으로 오는 금액을 초과하면 트랜스퍼와이즈의 영국 계정에 돈을 더 넣는 식이다). 국경 간 송금을 처리하는 방법이 이것만 있는 것은 아니지만 트랜스퍼와이즈는 사용 편이성이 확보된 모바일 앱 경험과 명확하게 다가가는 게릴라 광고를 결합하여 사람들의 관심을 끌었다. 특히 밀레니얼 세대 사용자 기반을 확보하였으며, 이 책을 쓰는 시점에 69개 나라, 47개 통화로 매달 20억 파운드 이상을 송금하고 있다.[20]

3.2.2 핀테크와 대출

2008년 금융 위기 이후 기존 대출에서의 제한이 증가하는 환경에서 많은 개인과 중소기업들은 전통적인 자본에서 배제되었으며, 이에 새로운 대출 기관이 나올 기회가 조성되었다. 기존 대출에서 소외된 개인과 중소기업들이 가장 눈여겨본 곳은 아마도 P2P 대출을 홍보하는 핀테크 혁신 기업이었을 것이다.

2010년대 초 다양한 공유 경제 비즈니스 모델에 대한 잠재성이 확인되면서 P2P 대출 개념도 모습을 드러냈다. P2P 모델은 자본을 초과해서 가진 곳과 자본을 필요로 하는 곳 사이의 중개자 역할을 하는 은행을 빼는 것을 골자로 한다. 이론상으로, P2P 시장에서 돈을 빌리는 곳은 기존의 금융 기관에서 돈을 빌릴 때보다 더 낮은 이자율을 내고, 돈을 빌려주는 곳도 기존의 투자처에서 받을 것으로 기대되는 것보다 더 높은 이자를 받는 것이 성립된다. 렌딩클럽Lending Club 같은 일부 플랫폼에서 돈을 빌리는 개인이나 기업은 기존에 받은 대출을 연장할 수 있고, 돈을 빌려준 투자자는 여러 개인의 다양한 부채 포트폴리오에 투자하여 위험을 분산할 수 있다.

커뮤니티 기반으로 운영되는 P2P 대출이 사람들의 관심을 끌기는 하지만 비즈니스 모델로 성공하기 위해 해결해야 할 사안이 많은 것으로 확인되었으며, 현재 소수의 P2P 대출 업체가 운영되고 있다. 이렇게 된 데에는 여러 가지 이유가 있다. P2P 네트워크가 기존 은행에 비해 몇 가지 비용면에서 이점이 있다. 특히 지점과 관련된 고정 비용이 없다는 점이 가장 큰 이점이다. 그러나 이렇게 절감된 비용이 결국에는 더 높은 대출 자금 조달 비용과 상쇄된다.[21] 간단히 말해서 은행은 매우 낮은 이자율을 지불하고 확보한 고객의 예금을 대출에 사용할 수 있지만 P2P 대출 업체는 잠재적인 투자자들로부터 자금을 끌어오기 위해 은행 예금 이자보다 훨씬 더 높은 이율을 투자자들에게 지불해야 한다.

또한 이 새로운 플랫폼에서 고객을 확보하는 비용이 기존 금융 기관보다 더 높아지는 경우가 많아졌으며, 대출 수요와 가용 자본을 균형적으로 맞추는 것에 어려움이 있었다. 결과적으로 많은 P2P 대출 플랫폼, 특히 미국의 대출 플랫

폼은 대출 자금 조달원을 개인에서 헤지 펀드 같은 기관으로 빠르게 바꾸었다.[22]

상황이 이렇다고 해서 대출 부문에 새로 진입한 핀테크 기업이 이 분야에서의 운영 모델과 경쟁 역학에 지대한 영향을 미치지 않았다고 볼 수는 없다. 핀테크 대출 업체들은 금융 대출에 있어 새로운 메커니즘을 선보였으며, 대출을 일으키고 대출에 동의하는 데 있어서도 새로운 메커니즘을 만들었다. 이로 인해 돈을 빌리는 사람들이 기존보다 더 빠르고 더 간소화된 디지털 대출을 경험할 수 있도록 했다. 현재 많은 온라인 대출 기업들은 개인에게 딱 맞는 온라인 대출 신청 프로세스를 제공하고 있으며 대출 신청에서 실행까지 걸리는 시간도 줄였다. 경우에 따라 몇 주 걸리던 기간이 몇 분으로 줄기도 했다.

또한 이들 핀테크 기업들은 새로운 신용 평가 메커니즘을 살펴보고 있으며, 이 메커니즘에서는 기존 금융 기관들이 사용하던 전통적인 신용 평가 기관 데이터에 비해 양호한 신용 위험을 배제할 가능성이 낮아진다. 여기에는 소셜, 모바일, 청구서 결제 데이터가 포함된다. 핀테크 기업들에 따르면 이러한 모델을 도입하면 기존에 대출이 있는 사람들에게도 추가 대출이 가능할 수 있고, 또한 신규 이민자처럼 신용 평가 기관 이력이 한정되어 있지만 적절한 위험 프로필을 갖춘 사람들이 집을 새로 구매하려고 할 때 대출을 실행할 가능성이 높아진다. 신용 평가 기관 데이터가 부족한 소규모 기업의 경우 회계 및 송장 관리 시스템의 상세 데이터를 입력함으로써 대출 실행 절차를 자동화할 수 있으며, 이를 통해 대출 실행 비용을 크게 절감할 수 있다.

3.2.3 핀테크와 자산 관리

거리를 지나는 아무나 붙잡고 그 사람의 재정 목표를 말해달라고 하면 그는 은퇴 시점과 은퇴 후 누리고 싶은 라이프스타일 유형을 이야기할 것이다. 은

그림 3.6 　 미국 근로자들의 확정급여형연금과 확정기여형연금 가입 비율; 확정기여형 연금 비율이 높아짐으로써 투자 관리에 대한 개인의 책임감이 증가하였다. 출처: "The Shift from Defined Benefit to Defined Contribution Plans," Greenbush Financial Planning (blog), 2015년 7월 17일, https://www.greenbushfinancial.com/the-shift-in-retirement-and- importance-of-education/

퇴 시점이 너무 멀어서 은퇴를 상상하기 힘든 젊은 사람은 저축을 해서 첫 집을 장만하는 것에 더 초점을 맞출 것이고, 젊은 부부는 아이 교육을 위한 자금을 저축하는 데 초점을 맞출 것이다.

　　재정과 관련해서 장기적인 목표는 재정적으로 이루고 싶은 것을 파악하는 것이다. 그러나 장기적인 목표를 달성하기까지의 경로를 정하는 것이 쉽지는 않다. 세계에서 가장 부유한 나라에 속하는 미국의 경우에도 국민 중 40퍼센트 이상이 400달러의 비상금을 충당할 수 있는 자금을 충분히 가지고 있지 못하며, 은퇴하지 않은 성인의 5분의 2 미만이 재정 목표를 충족시킬 정도로 충분한 은퇴 자금을 저축하고 있지 못하고 있다.[23]

　　설상가상으로, 자산 관리에 대한 지식에 있어 개인 간 격차가 상당하다. 지난 수십 년 동안 많은 근로자들은 소위 확정급여형연금 *defined benefit pension*에 의존했는데, 이는 은퇴 후 여생 동안 소득의 일정 비율을 지급하는 방식이다. 그러나 지난 50년 동안 전 세계 경제 상황이 바뀌어서 확정기여형연금 *defined contri-*

bution으로 바뀌었으며, 이는 고용주와 피고용인 둘 다 퇴직에 대비하여 자금을 적립하고 적립된 돈이 은퇴 시 충분한 은퇴 자금이 될 것으로 희망한다. 미국의 401(k)이나 영국의 개인종합자산관리계좌ISA: Individual Savings Accounts 같은 제도는 모두 확정기여형연금에 해당한다. 1968년부터 2007년 사이에 미국 근로자 중에서 확정기여형연금에 가입한 비율은 45퍼센트에서 53퍼센트로 증가한 반면 확정급여형연금 가입자 비율은 63퍼센트에서 32퍼센트로 떨어졌다.[24]

확정기여형연금으로 전환되면서 일반 투자자가 투자 상품을 선택하는 데 있어 더 많은 책임을 지게 되었다. 또한 자신이 얼마나 더 오래 살지 확신할 수 없음에도 불구하고 은퇴를 위해 충분한 자금을 모으고 있는지에 대한 책임도 더 높아졌다. 불행하게도 일반 투자자가 이용할 수 있는 금융 상품은 매우 복잡하고, 해당 상품에 대한 투명성도 제한되어 있기 때문에 일반인들이 이러한 책임을 완전히 감당하기는 매우 어렵다.

이 문제를 설명하기 위해 식료품점을 방문하는 일반적인 모습을 상상해 보자. 진열대에는 여러분이 선택할 수 있는 다양한 시리얼이 있어서 여러 브랜드의 상품과 각 상품의 영양 정보를 쉽게 살펴볼 수 있다. 과일이나 채소를 사고 싶으면 원산지를 금방 확인할 수 있으며, 유기농 인증 여부 같은 재배 방법에 관련된 정보도 파악할 수 있다. 가장 중요한 것은 계산대로 갈 때 어떤 상품에 얼마를 지불할지를 정확하게 안다는 점이다. 그리고 (희망 사항이지만) 집에 와서 이들 재료를 어떻게 사용할 것인지도 마음 속에서 그릴 수 있다는 점이다.

불행하게도 투자에서 위와 같은 경우는 극히 드물다. 일반 금융 소비자들의 금융 문해력은 약하다. 평균적으로 기본적인 금융 문해력을 묻는 5개 질문 중 정답을 맞힌 수는 미국인이 3개 미만이다.[25] 하물며 전문가도 금융 상품과 계획을 효과적으로 비교하기가 쉽지 않다. 수프 두 캔의 영양 정보는 쉽게 비교할 수 있다. 그러나 전통적인 자산 관리에서 큰 부분을 차지하는 많은 수수료(거래 수수료, 장부 기록 수수료, 법무 수수료, 보관 수수료, 구독 및 상환 수수료, 기타 보이지 않는 추가 비용 등)가 어떤 영향을 미치는지 평가하는 것은 훨씬 더 복잡할 수 있다.

간혹 투자자들은 이렇게 많은 수수료들이 있는지 인식하지 못하거나 추가 수수료를 내야 하는 이유를 알거나 이해하지도 못한다. 이러한 비용은 관련되어 있는 전체 비용의 극히 일부이기 때문에 처음에는 감당할 수 있는 것처럼 보이지만 시간이 지나면서 수익을 크게 감소시킬 수 있다. 가령, 두 명의 투자자가 있는데, 한 사람은 수수료로 1퍼센트를 지불하고, 다른 한 명은 2퍼센트를 지불한다고 가정하자. 일반적인 저축 주기 상, 수수료로 2퍼센트를 내는 사람의 은퇴 자금은 1퍼센트를 지불하는 사람에 비해 10년 더 일찍 바닥난다.[26]

장기적인 재정 목표를 달성하기 위해 자산 관리 상품의 복잡한 환경을 살펴보는 일에 있어 도움이 필요해 보인다. 여기서 문제는 비용이 비쌀 수 있다는 것이다. 공인 인증을 받은 전문가에게 기본적인 재정 계획을 받는 데 들어가는 수수료가 미국의 경우 보통 천 달러에서 3천 달러 사이다.[27] 특히 비상 자금인 4백 달러를 마련하는 것도 어려워 하는 비율이 미국 인구의 40퍼센트라는 점을 감안할 때 이 정도 규모는 상당한 지출에 해당된다.

물론 일부 플래너는 재정 계획을 무료로 수립해 주겠다고 하겠지만 인생의 많은 일들이 그랬듯이 장기적으로는 무료가 더 비쌀 수 있다. 일반적으로 이런 플래너들은 금융 증권 판매 수수료를 받으며, 지역마다 다르지만 많은 곳에서 신의성실의무를 지지 않는다. 즉, 고객에게 가장 이익이 되는 것을 권고할 필요가 없다. 결과적으로 이런 플래너들은 수수료가 더 높은 상품으로 고객을 유도하고 싶은 강한 동기를 가지는 셈이며, 이는 고객이 평생 모은 돈을 상당 부분 날릴 수 있다는 의미이기도 하다.[28]

핀테크 혁신가들은 로보어드바이저robo-advisor를 개발하여 저렴한 비용으로 양질의 조언을 고객에게 제공하는 방법을 찾으려고 노력하고 있다. 기본적인 형식에 있어 로보어드바이저는 일련의 도구들로 구성되며, 개인 투자자들이 이 도구들을 이용하여 자산 축적 및 투자에 도움을 받는다. 이들 도구는 사람 어드바이저가 일반적으로 하는 많은 기본적인 활동들을 자동으로 처리한다. 로보어드바이저는 개인 투자자가 자신의 재무적 요구와 위험 선호도를 이해한 다음에 재무적 요구에 적합한 금융 상품, 흔히 상장지수펀드 같이 수수료가 저렴한 금융 상품을 식별할 수 있도록 도움을 준다. 그런 다음에 투자자의 나이, 위험 감수 수준, 재정 목표가 시간이 지남에 따라 변경될 때 투자자의 포트폴리오를 지속적으로 재조정하는 작업을 자동으로 처리한다. 또한 많은 로보어드바이저는 투자 절세 효과 같은 세금 최적화 전략 실행 및 세금 보고서 작성을 자동화한다.

이들 도구 중 대부분이 새로운 혁신은 아니다. 사실 재무 어드바이저들이 지난 수십 년 동안 업무 효율성을 높이기 위해 이러한 도구들을 사용해 왔다. 로보어드바이저의 목표는 일반인도 이러한 도구들에 쉽게 접근할 수 있게 해서, 재무 계획을 저렴한 비용으로 직접 짤 수 있게 만드는 것이다.

이러한 매력적인 가치 제안을 기반으로, 로보어드바이저에 대한 고객 인지도가 빠르게 높아졌다. 미국의 경우 베터먼트Betterment 및 웰스프론트Wealthfront 같은 초창기 유력 기업이 2018년 3분기 기준으로 각각 141억 4천만 달러와 111억 7천만 달러를 관리하고 있다.[29] 이는 관리 중인 미국 총 자산 37조 달러 중 극히 일부에 불과하지만[30] 중간 규모 자산 운용사로 분류되기에 충분하고 추가 성장을 충분히 바라볼 수 있는 규모다. 어떤 경우에 로보어드바이저는 일반 개인도 상품에 접근할 수 있는 방법을 모색하고 있다. 2018년 2월, 웰스프론트는 세계 최대 헤지 펀드 중 하나인 브리지워터 어소시에이츠Bridgewater Associates가 만든 인기 펀드를 복제한 플랫폼에서 사용할 수 있는 새로운 투자 상품에 대한 계획을 발표했다. 웰스프론트의 고객들 중 대다수는 브리지워터 고객이 투자해야 하는 최소 1억 달러 계정을 보유하고 있지 못할 것이므로, 이러한 접근 방식은 웰스프론트의 고객에게 흥미로우면서도 잠재적으로 수익을 낼 수 있는 전략을 추구할 수 있는 특별한 기회를 제공하는 셈이 되었다.[31]

물론 상황이 이렇다고 해서 가까운 미래에 로보어드바이저가 인간 어드바이저를 완전히 대체한다고 볼 수는 없다. 고액 자산가와 같이 재무적 요구가 복잡한 일부 고객은 최소한 지금까지는 경험이 풍부한 인간 어드바이저만이 줄 수 있는 맞춤형 컨설팅과 그들의 고유한 지식을 필요로 한다. 또 어떤 사람들은 단순히 인간이 해 주는 것을 선호하고, 그것에 높은 비용을 기꺼이 지불하려고 한다.

3.2.4 핀테크와 보험

위험을 피하고 변화가 느리다는 평판을 오랫동안 받아온 보험 업계에서 가장 흥미롭고 혁신적인 핀테크 애플리케이션이 일부 등장하고 있다는 것은 놀라운 일이다. 금융 서비스의 다른 영역들에서는 더 높은 효율성을 위해 비즈니스 제공, 가격 책정, 이면에서의 운용을 혁신하려고 노력해 왔지만 보험 업계에서 모습을 보이고 있는 핀테크, 즉 인슈어테크insurtech라고 하는 분야에서는 근본적으로 새로운 상품을 도입함으로써 더 발전된 방향으로 나가려는 모습을 보이고 있다.

기존의 소비자 보험 상품은 많은 사람들이 위험에 공동 출자한다는 개념으로 만들어졌으며, 일반적으로 바람직하지 않은 다양한 사건으로부터 보호하는 일률적인 정책을 가지고 있다. 이와 같은 일률적인 정책은 정해진 기간 동안 적용되며, 위험 환경에 관련된 새로운 정보가 생기더라도 정책이 변경되지 않는다. 마지막으로, 기존 보험 상품은 사전 예방적이기 보다는 사후 대응적이다. 즉,

불행한 사건이 일어났을 때 보상하는 데 초점이 맞추어져 있으며, 사건을 미리 예방하는 것에는 초점이 맞추어져 있지 않다.

　　　인슈어테크 스타트업은 이러한 많은 가정들을 뒤집으려고 한다. 예를 들어, 트로브Tröv와 메트로마일Metromile은 사용자들의 니즈에 맞게 보험 정책을 더 유연하게 만들 수 있는 방법을 찾고 있다. 트로브에 가입한 사용자는 개인이 소유한 물건에 대해 빠르게 보험을 가입할 수 있다. 즉 정해진 기간 동안 카메라나 자전거에 대한 보험을 들 수 있다. 사용자는 모바일 앱에서 특정 물건에 대한 보험을 활성화 혹은 비활성화할 수 있다. 특정 물건이 위험하다고 느낄 때, 가령 자전거를 타고 있거나 카메라를 사용하고 있을 때 해당 물건에 대한 보험을 활성화할 수 있다. 이에 반해 해당 물건이 집에 있고 집이 주택 보험에 들어 있어서 안전하다고 판단될 경우 보험을 비활성화할 수 있다.

　　　메트로마일도 비슷한 종류의 유연성을 제공하는데 운전자는 '탄만큼 지불하는' 자동차 보험을 들 수 있다. 전통적인 보험사는 일반적으로 매일 운행하는 통근 거리를 물어본다. 그 이유는 운전자의 책임감이나 숙련 정도에 상관없이 운행 거리와 사고 경험 가능성 사이에 강한 인과 관계가 있기 때문이다. 메트로마일은 다른 접근 방법을 모색했다. 운행 거리에 따라 보험료를 책정하고 자동차 내부 센서를 사용하여 보험 계약자에게 보낼 청구서를 관리한다.

　　　다른 인슈어테크 스타트업들은 더 적극적인 기회를 찾고 있다. 보험 계약자의 위험한 행동을 계속해서 추적하고 위험을 줄이는 데 적극적인 역할을 하는 보험 상품을 제공하려고 한다. 이러한 초기 예로 자동차 보험에서 텔레메틱스 telematics를 사용하는 것을 들 수 있다. 이것은 2000년대 초에 미국의 자동차 보험회사인 프로그레시브Progressive가 개발한 아이디어였다. 이 시스템에서는 보험 계약자의 운전 행동을 지속적으로 모니터링하여, 신중한 운전자가 더 낮은 보험료를 내고 위험성이 높은 행동을 하는 운전자에게는 불이익을 준다.

이와 같은 센서들이 집, 사무실, 개인에게서 더 보편화됨에 따라 점점 더 많은 보험 상품이 위험에 더 적극적으로 대응하기 위해 사물인터넷IoT 사용을 고려하고 있으며, 이를 통해 보험 계약자의 위험한 행동에 개입하여 피해를 제한하고자 한다. 일례로, 스마트 화재 경보기 같은 스마트 기기들을 생산하는 알파벳Alphabet의 자회사인 네스트Nest는 경보기 배터리가 충전되어 있는지, 센서가 작동하고 있는지를 확인하여 보험 계약자에게 직접 알려주는 서비스를 옵션으로 제공한다.[32]

개인 건강 영역에서 남아프리카공화국 회사인 바이탈리트Vitalit는 보험회사들에게 일련의 기술을 제공한다. 보험회사는 보험 계약자가 건강한 생활을 선택하면 그에 대한 보상으로 인센티브 프로그램을 제공하는데, 이것을 처리하기 위해 바이탈리트에서 제공한 기술을 활용한다. 보험회사가 제공하는 인센티브로는 특별 할인, 일반 할인, 보상 등이 있으며, 핏빗이나 애플 워치 같은 웨어러블 기술을 통해 가입자의 신체적 활동을 추적함으로써 사용자들이 직접 개입하는 것을 제한한다.[33]

물론 보험 업계에서 진행되는 혁신으로 신상품 개발만 있는 것은 아니다. 금융 서비스의 다른 영역들에서와 같이 신규 고객을 빠르고 지속적으로 유입시키기 위한 적극적인 노력이 진행 중에 있다. 보험이 소수의 사람들, 특히 젊은 사람들이 구매하기 좋아하는 상품이라는 점에서 신규 고객을 확보하는 일은 특히 중요하다.[34] 인슈어테크 기업들은 배상 청구를 더 빠르고 쉽게 처리하기 위해서도 열심히 노력하고 있다.

샌프란시스코의 인슈어테크 기업인 레모네이드Lemonade는 주택 보유자 및 세입자 보험을 전문으로 하고 있으며, 고객이 90초 정도의 시간 안에 보험에 가입할 수 있도록 노력하고 있다. 보험금 청구도 빠르게 진행될 수 있도록 사용자가 앱을 통해 청구할 수 있도록 했으며, 앱에서 텍스트나 비디오로 피해 상황을 올리면 자동화 시스템으로 그 내용을 분석한다. 2017년 12월에 레모네이드는 인공지능이 접목된 청구 에이전트가 보험금 청구를 7초 만에 처리해서 세계 신기록을 새로 수립했다고 대서특필되었다.[35]

레모네이드는 전통적이지 않은 방식의 가격 책정으로 흥미로운 인슈어테크 혁신 사례를 만들었다. 레모네이드의 비즈니스 모델은 믿을 수 없을 정도로 단순하다. 이 회사는 고객이 매달 내는 금액에서 투명하게 공개되어 있는 고정 수수료로 재보험과 비용을 충당하고, 나머지로 청구액을 지불한다.[36] 연말에 남은 자금은 모두 보험 계약자가 선정한 비영리조직에 기부한다. 레모네이드측에 따르면 이 방법으로 진행할 경우 보험금을 청구하는 고객은 정해진 금액을 받기 때문에 고객과의 충돌이 결코 일어나지 않는다고 한다.[37] 또한 남는 자금은 고객이 중요하다고 생각하는 곳에 지정 기부되기 때문에 보험금 청구 사기도 일어나지 않는다고 한다.

3.2.5 핀테크와 디지털 뱅킹

이번 장에서 지금까지 논의된 각각의 핀테크 혁신은 금융 서비스들 중 각 영역을 혁신하는 것을 목표로 한다. 그러나 일상 생활에서 우리 대다수는 대개 은행 같은 하나의 금융 기관으로부터 결제, 대출 상품, 자산 관리 상품, 심지어 보험 상품을 서비스 받으며, 이들 상품의 중심에는 당좌 예금 계좌*checking account*가 있으며, 이것을 어떤 곳에서는 경상 계정*current account*이라고도 한다. 이런 점에서 핀테크 혁신은 뱅킹의 중심 자체를 와해시키기 위한 노력이라고 볼 수 있다.

핀테크 혁신 기관의 이름은 나라마다 다른데, 경쟁자인 기존 은행과 구별하기 위해 가상 은행*virtual bank*, 디지털 은행*digital bank*, 챌린저 은행*challenger bank*, 네오 뱅크*neo-bank*라고 불린다. 이런 챌린저 은행의 예로 Revolut, Starling

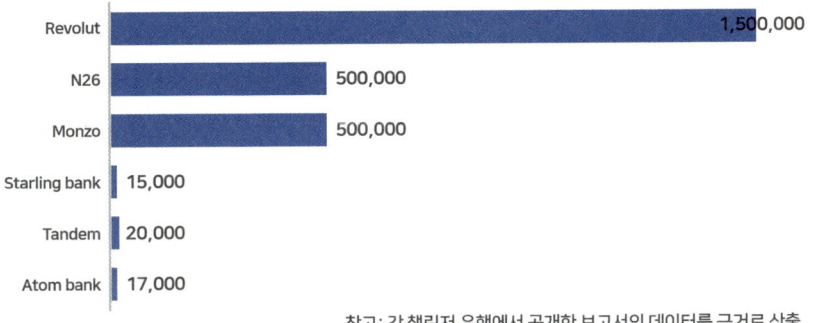

그림 3.7 출시 이후 챌린저 은행의 고객(2018); 챌린저 은행인 Revolut은 2015년 상품 출시 이후 고객 확보 성장세가 가파르다. 출처: "The Challenger Bank Playbook: How Six Challenger Bank Startups Are Taking On Retail Banking," CB Insights Research, 2018년 3월 8일, https://www.cbinsights.com/ research/challenger-bank-strategy/

Bank, WeBank, MyBank, Monzo, N26, Atom, Fidor Bank, Holvi, Compte Nickel, Loot, Nubank가 있다. 이들 챌린저 은행은 각각이 고유한 전략을 추구하고 있지만 그 중심에는 디지털 네이티브, 데이터 기반, 고객 중심으로 대표되는 새로운 뱅킹 경험을 재창조하고자 하는 열망이 공유되고 있다.[38]

일부 챌린저 은행은 처음부터 모든 상품을 만들어서 팔기 보다는 고객에게 디지털 플랫폼을 제공하고 고객이 자신에게 최고로 적합한 상품에 접근하게 하는 식으로 뱅킹 비즈니스를 다시 생각하는 새롭고 혁신적인 비즈니스 모델을 탐색해 가고 있다. 일례로, 독일의 네오 뱅크인 N26은 앞에서 논의한 핀테크 스타트업인 트랜스퍼와이즈와 은행 계좌를 직접 통합하여 고객이 더 쉽고 더 저렴하게 국경 간 결제를 할 수 있게 했다.[39] 또한 기존의 대형 보험회사인 알리안츠와 제휴하여 신용카드 상품을 선택한 고객에게 여행 보험을 제공한다.[40]

많은 디지털 은행이 사용자 수를 빠르게 늘리고 있다. 2013년 영국에서 창립한 디지털 은행인 레볼루트Revolut는 사용자에게 선불직불카드, 환전, 가상 자산 교환, P2P 결제 서비스를 제공한다.[41] 레볼루트의 다중 통화 계정은 소비자들에게 특별한 관심을 끌었는데, 이 계정을 이용하면 국제 송금을 무료로 처리할 수 있고, 은행 간 외화 거래 시 적용되는 환율에서도 수수료 없는 글로벌 지출이 가능하다.[42] 사람의 마음을 끌면서 사용하기 쉬운 모바일 앱을 갖춘 레볼루트는 5년이 안 되는 시간 동안 유럽에서 2백만 명의 고객을 확보할 수 있었다.[43] 이들 고객의 월간 거래 건수는 1억 건 이상으로, 거래 금액도 약 20억 달러에 이른다.[44] 이러한 모멘텀을 활용하기 위해 레볼루트는 이 글을 쓸 당시에 미국으로 진출하기 위한 절차를 밟고 있다.[45]

이러한 숫자가 흥미로운 것은 분명하지만 이를 정확한 맥락 안에서 살펴보는 것이 중요하다. 디지털 뱅킹 상품을 선택하는 비율이 인상적이지만 그렇다고 해서 소비자들이 기존 은행을 완전히 포기하고 있지는 않다. 디지털 뱅킹에 가입한 대다수의 사용자들은 적어도 지금까지는 디지털 은행 계정을 보조 계정으로 사용하고 있다. 이를 나타내는 가장 주목할 만한 지표로써, 급여 계정을 네오 뱅크 계정으로 지정하는 것을 대부분의 사용자들이 꺼렸다는 사실을 들 수 있다. 가령, 영국의 네오 뱅크인 몬조Monzo는 2018년 8월 기준으로 87만 명의 경상 계좌 보유자를 확보했고, 이들 중 매월 500파운드 이상의 예치금을 두는 비율이 45퍼센트지만 급여 통장으로 지정한 비율은 20퍼센트에 불과하고[46] 나머지는 몬조를 보조 서비스로 활용했다.

이런 제약에도 불구하고 디지털 은행의 잠재성은 소비자들의 관심을 계속 끌고 있다. 새로운 사용자가 매일 가입하고 있고 새로운 기능이 계속 추가되고 있는 상황에서 기존 은행들도 이들 핀테크 혁신 기업들을 유심히 관찰하고 있다. 이 글을 쓸 당시 홍콩의 규제 당국은 기존 은행과 기술 기업들 중 일부가 제출한 새로운 가상 은행 라이선스를 승인할 예정이다. 이는 향후 몇 년 동안 매우 흥미롭게 발전할 것이며 디지털 은행의 잠재성을 확인할 수 있는 좋은 예가 될 것이다.

3.2.6 레그테크: 다른 종류의 핀테크 혁신

2008년 글로벌 금융 위기 무렵 전 세계 정부는 기존 규제 프레임워크를 다시 구성하고 새로운 규제안을 마련하였으며, 이의 주된 목적은 위기로 이어지는 과잉을 줄이고 미래 위기를 미연에 방지하는 것이었다.

이는 새롭고 번거로운 규제가 많이 나오는 결과로 이어졌다. 가령, 미국 도드-프랭크법Dodd-Frank Act 자체만 2,300페이지가 넘으며, 세부 규정까지 더하면 수천 페이지에 달한다.[47] 금융 위기 이후 미국에서 제정된 규제 조치는 다양하

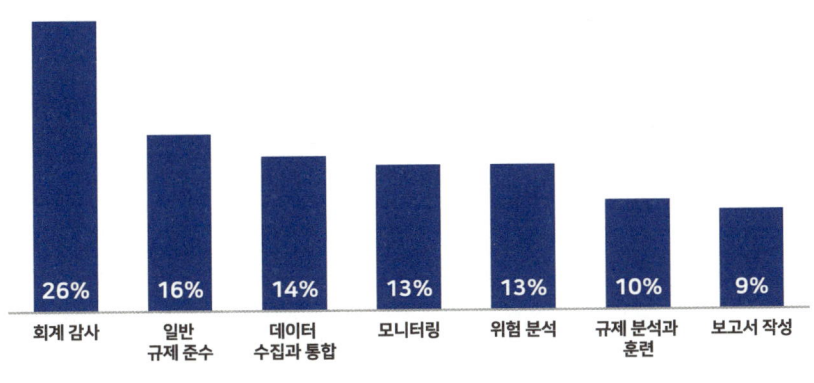

그림 3.8   주요 분야별 레그테크 기업; 신설 레그테크 기업들은 금융 기관의 다양한 문제점을 해결하고자 한다. 출처: "World of Regtech" (Raconteur, 2018), https://www.raconteur.net/infographics/world-of-regtech

다. 연방준비은행이 시스템에 유동성을 투입하기 위한 새로운 절차, 정부가 문제 기업에 자본을 넣을 수 있는 기능,[48] 미국 정부 지원을 받는 모기지 복합 기업인 패니메이*Fannie Mae*와 프레디맥*Freddie Mac*을 관리하기 위한 구제 계획, 은행에 대한 스트레스 테스트를 더 강력하게 진행하고 부실 금융 기관을 처리하기 위한 새로운 관리 방안이 마련되었다.

이러한 새로운 요구사항을 처리하기 위해 은행은 컨설턴트를 대규모로 고용하거나 규정 준수 및 법을 담당하는 팀에 인력을 충원해야 했다. 금융 위기 이후 몇 년 동안 씨티은행의 규제 준수 부서 직원은 약 3만 명이 되었으며,[49] 제이피모간은 규제 준수 및 통제 부문에만 3천 명을 신규로 채용한다는 발표를 했다.[50]

이것은 모든 금융 기관에게 매우 높은 비용이 되지만 특히 지역사회에서 상당한 역할을 하는 지역의 소형 은행이나 신용협동조합 같은 소규모 금융 기관이 부담하는 비용 비율이 더 높다고 믿을 만한 근거가 있다. 최근 연구에 따르면 비이자 비용 중 규정 준수 관련 비용이 자산 1억 달러 미만인 은행은 8.7퍼센트인 데 반해서 자산 10억 달러에서 100억 달러 사이인 은행은 2.9퍼센트에 불과한 것으로 나타났다.[51]

규제 의무를 충족하는 것이 얼마나 많은 자원을 확보해야 하는지 잘 설명해 주는 예가 있다. 금융 기관이 복잡한 자금 세탁 방지*AML* 절차를 준수하는 데 들어가는 비용의 최대 80퍼센트가 인력 채용 관련 비용이다.[52] 현재 자금 세탁 방지 절차 중 많은 것이 수작업으로 이루어지고 부정확하기까지 하다. 경우에 따라 거래 관련 오탐율(예: 시스템이 합법적인 거래를 의심스러운 거래로 틀리게 표시)이 90퍼센트를 넘기도 한다.[53]

이로 인한 결과로 매우 비싸고 전혀 효과적이지 않은 시스템이 만들어졌다. 미국만 보더라도 은행들은 AML 준수를 위해 매년 5백억 달러 이상의 비용을 지출한다. 그러나 이 정도의 비용 지출에도 불구하고 전 세계의 자금 세탁 거래 규모는 연간 1~2조 달러에 이르는 것으로 추산되며, 이 중에서 당국에 의해 환수되는 규모는 1퍼센트가 되지 않는다.[54] 이러한 규제들을 준수하기 위해 많은 시간과 비용을 들이고 있지만 자금 세탁을 제한하기 위해 현재 기울이고 있는 노력들은 실패하고 있다.

이 문제가 AML 관련 규제에 국한되지 않는다. 새로운 규제들에 적응하기 위해 직접적으로 들이는 많은 노력과 자금에도 불구하고 금융 기관들은 계속해서 규제를 위반하고 있으며, 결국 벌금으로 내는 추가 비용을 고스란히 감당해야 한다. 2016년 한 해 동안 미국증권거래위원회SEC: Securities and Exchange Commission는 868건의 환수 및 벌금을 집행하였으며 그 규모는 40억 달러를 상회한다.[55]

이러한 모든 문제에 대응하기 위해 금융 기관들은 더 혁신적인 방법들을 모색하기 시작했으며, 주된 목적은 진화하고 지속적으로 늘어나는 규제 요구로 인해 발생하고 있는 문제들에 대처하는 것이었다. 많은 이들은 금융 기관들이 레그테크regulatory technology에서 답을 찾았다고 믿는다. 레그테크는 규제 준수에 대한 부담을 더 효과적이고 더 효율적으로 해결하기 위해 신기술을 사용하는 것을 이른다.[56]

레그테크는 빠르게 성장하는 분야다. 정확하게 수치화하기는 어렵지만 딜로이트의 추정에 따르면 현재 전 세계적으로 약 240개의 레그테크 기업이 있다고 한다. 한편 씨비인사이트CB Insights에 따르면 2012년에서 2017년까지 레그테크 부문은 500건의 거래에서 50억 달러의 자금을 조달했다고 한다.[57]

레그테크 기업들은 다양한 사용 사례에 대한 솔루션을 제공하며, 여기에는 고객확인절차KYC: Know Your Customer, 온보딩, 자금 세탁 방지, 거래 모니터링, 규제 보고서 작성, 규정 준수 관련 훈련, 다양한 분석이 포함된다. 자금 세탁 방지 분야 레그테크 예로 싱가포르의 유나이티드 오버시스 뱅크United Overseas Bank와 레그테크 스타트업인 투키타키Tookitaki가 개발한 머신러닝 솔루션을 들 수 있다. 은행은 이 솔루션을 이용하여 은행 시스템에서의 자금 세탁 활동을 더 잘 감지하고 방지할 수 있다. 의심스러운 활동 데이터가 이 솔루션에 제공되면 솔루션은 나중에 유사한 패턴을 식별해서 경보를 울린다.[58]

박스 3.1   레그테크와 핀테크의 차이점

레그테크가 규제 분야에 초점을 맞추고 있고 핀테크가 금융 부문에 초점을 맞추고 있다는 것은 명확한 사실이며, 이것 외에 몇 가지 다른 특징이 있다.

- **B2B 판매 모델**: 핀테크가 B2B와 B2C 상품을 모두 제공하는 반면에 레크테크 솔루션은 기존 금융 기관에만 주로 판매된다. 기존 금융 기관들 입장에서 레그테크 혁신은 위협이라기 보다는 동맹으로 인식되고 있기 때문에 금융 산업에서 레그테크 기술을 더 빠르게 수용할 수 있다.

- **라이선스가 필요 없음**: 많은 핀테크 업종은 규제 라이선스를 필요로 한다 (예: P2P 대출, 디지털 뱅킹). 일반적으로 레그테크에서는 규제 라이선스가 필요하지 않다. 대부분의 솔루션은 고객에게 이익이 되도록 설계된 기술 상품이다.

- **금융 기관 간 협력**: 경쟁적 위협으로 보이지 않더라도 핀테크는 경쟁 관계에 있는 다른 금융 기관보다 우위를 점하기 위해 노력하는 경우가 많다. 그러나 금융 산업에 속한 모든 기업 입장에서 규정 준수는 비용을 증가시키는 집단적 부담으로 인식된다. 이러한 비용을 줄이기 위해 금융 기관들이 아이

디어를 공유한 사례가 많이 있었다. 그 예로 고객확인절차 유틸리티와 관련된 다양한 이니셔티브가 있다.

- **판매 주기가 더 길어짐:** 은행에 핀테크 솔루션을 판매하려면 시간이 많이 걸린다. 그런데 레그테크 솔루션을 판매하려면 더 많은 시간을 투자해야 한다. 은행 규제팀은 새로운 기술에 아직 익숙하지 않으며, 많은 경우에 보수적이며 위험을 감수하려고 하지 않는다. 이렇게 된 데에는 실수나 규정을 잘못 적용하여 심각한 결과가 발생하고, 이로 인해 규제 당국에게 제재의 빌미를 줄 수 있기 때문이다. 추가적으로, 은행의 복잡한 시스템의 최신 레그테크 솔루션을 연결하는 것은 쉬운 일이 아니다. 이런 이유로 인해 레그테크 솔루션의 최대 수혜자는 신규로 진입한 디지털 은행과 암호 전문 기업이다. 왜냐하면 이들 기업은 기존 금융 기관들이 직면하고 있는 레거시 시스템 문제에서 자유롭기 때문이다.

- **규제 당국의 지원:** 규제 당국은 규제 기능의 변화에 큰 관심을 기울이고 있으며, 레그테크 개발을 적극적으로 지지하고 있다. 규제 당국은 금융 기관이 규정 준수 및 모니터링 의무를 더 잘 수행할 수 있게 하는 도구들이 규제 당국을 포함한 전체 생태계에 유익하다는 사실을 알고 있다.

- **자금 조달:** 모든 스타트업에게 있어 자금 조달은 어렵지만 레그테크 스타트업에게 있어 자금 조달은 특히나 어려운 일이다. 투자자들은 레그테크 스타트업이 빠르게 성장하는 일은 거의 불가능하다는 것을 알고 있다. 왜냐하면 판매 주기가 매우 길고 금융 기관들이 스타트업과 협력하는 것을 기본적으로 꺼리기 때문이다.

- **단편화된 규제 환경:** 레그테크 스타트업에게 있어 규제 체제의 단편화는 큰 골칫거리다. 나라마다 규제가 조금씩 다른 점도 큰 부담이다. 가령, 가장 기본적인 규정들 중 일부조차 미국과 영국이 다르다. 이것이 아시아 태평양 지역에서는 더 좋지 않은데, 이 지역에는 십여 개의 다른 관할이 있으며 각

관할마다 조금씩 다른 솔루션이 필요하다.

- **표준화된 데이터의 부족:** 책 뒷 부분에서 인공지능을 이야기할 때 보겠지만 가비지 인 가비지 아웃garbage in, garbage out 원칙이 레그테크에도 그대로 적용된다. 금융 기관이 중앙 집중화된 데이터나 클린 데이터를 보유하고 있지 못하면 새로운 레그테크 솔루션을 구축하기 어렵다. 이는 최신 페라리를 샀는데 운행에 필요한 적당한 연료를 확보하지 못한 것과 같다.

현재 레그테크 분야는 초기 단계로 유니콘이나 세계적으로 알려진 브랜드가 없다. 그러나 금융 서비스에서 최신 기술이 적용된 규제 솔루션에 대한 요구는 충분히 높은 편이므로 유니콘이나 유명 브랜드가 나올 수 있는 환경이 조성되어 있다. 그러나 이렇게 되기 전에 기존 금융 기관들의 구매팀이나 대외협력팀과 협력하는 데 어려움이 예상되므로 상당한 우여곡절이 있을 것으로 보인다. 동시에 많은 레그테크 스타트업은 상품군 추가를 원하는 기존의 기술 기업이나 규제 서비스 기업에게 인수될 수도 있을 것이다.

주목해서 보아야 할 분야는 핀테크 영역에서 대규모 기술 기업이 시장을 지배하는 것과 동일한 현상이 레그테크 영역에서도 일어날지 여부이다. 좋은 예로 중국을 들 수 있다. 바이두Baidu, 알리바바Alibaba, 텐센트Tencent 같은 대형 기술 기업들은 그들이 원하는 사용자 경험을 이끌 수 있을 정도로 신뢰성과 확장성을 갖춘 솔루션을 외부에서 찾을 수 없어서 소프트웨어를 자체적으로 개발해야 했다. 현재 이들 기술 기업은 자사에서 개발한 기술을 시장의 다른 금융 기관에게 제공하기 시작했다.

예를 들어 앤트파이낸셜Ant Financial은 자사 제품인 차이푸 하오Caifu Hao 용으로 만들어진 운영 최적화, 콘텐트 생성, 규정 준수, 리스크 관리 기술들 중 일부를 외부 펀드 매니저에게 제공하기 시작했다. 이것을 사용하는 27개의 펀드 관리 회사는 운영 효율성을 70퍼센트 가량 높이면서도 전체 비용을 50퍼센트 절감할 수 있었다고 보고되었다.[59]

금융 기관들 입장에서 기존 모델들이 지속 가능하지 않기 때문에 선택할 수 있는 게 없고 규제 준수를 바라보는 방법을 바꿀 수밖에 없다. 이 글을 쓸 당시 미국은 도널드 트럼프 재임하에서 규제 완화 기조를 유지하겠지만 일각에서는 대부분 새로운 규제를 만들고 있다. 미국 연방 정부와 주 정부의 기조가 다르기 때문에 규제 준수는 더 까다로운 작업이 되었으며, 이를 처리하기 위해 최신 기술을 활용해야 할 필요가 있다.

3.3 핀테크가 직면한 과제

핀테크 기업은 주목할 만한 성공을 이루었다. 그러나 그렇게 성공했다고 해서 핀테크 기업이 지금까지, 혹은 현재 심각한 장애물에 직면하지 않았다는 것은 아니다. 또한 규모가 큰 기존의 금융 기관에 대한 경쟁적 성공이 보장되지도 않는다. 이번 절에서는 핀테크 기업이 직면한 심각한 도전 과제들 중 몇 가지를 살펴보고자 한다. 또한 고객과 직접적인 접촉면을 확보하려는 B2C 핀테크 기업이 직면한 난제가 기존 금융 기관에 서비스를 제공하려는 B2B 핀테크 기업이 직면한 과제와 어떻게 다른지도 살펴본다.

3.3.1 고급 인력난

모든 핀테크 기업은 경쟁 우위를 확보하기 위해 변화에 빠르게 대응하는 운영 모델과 고유한 기술을 사용하는 경향이 있다. 경쟁 우위를 이루려면 설립자의 비전을 현실화할 수 있는 필수 기술을 갖춘 적절한 인력이 있어야 한다. 이러한 인력이 새롭고 더 직관적인 고객 경험을 설계할 수도 있고 머신러닝이 적용된 레그테크 시스템을 설계할 수도 있다.

불행하게도 인공지능이나 데이터 과학 같은 최첨단 분야에서 괜찮은 기술력을 갖춘 인력이 부족한 현재 채용 시장에서 테크핀 기업이 필요로 하는 인재를 구하는 일은 쉽지 않다. 전통적인 커리큘럼으로 짜여져 있는 교육 시스템은 오늘날 민간 부문의 니즈를 충족시킬 만한 학생을 가르치고 훈련하는 데 뒤쳐져 있다. 또한 대학 수준의 교육 기관에서 운용하고 있는 대부분의 금융 관련 커리큘럼에서도 이러한 주제를 거의 다루지 못하고 있다.

마지막으로, 적절한 기술을 갖춘 인재가 있더라도 핀테크 기업은 그 인재를 채용하려는 치열한 경쟁에서 이겨야 한다. 자금이 충분한 대규모 기술 기업과 금융 기관들도 핀테크 기업과 동일한 인재를 두고 채용 경쟁을 하므로 핀테크 기업은 신규 채용을 위해 주식 보상, 미션 지향, 혁신적인 문화를 전면에 내세우고 있다.

박스 3.2 대학은 핀테크를 가르치고 있는가?

전통적인 대학은 변화 수용에 있어 느리게 움직이고 시간이 걸리는 것으로 유명하다. 그러나 대부분의 교육 기관은 이제 신입생과 직장의 수요에 맞게 커리큘럼을 변경하거나 강화해야 할 필요성을 인식하고 있다. 미국의 여러 교육 기관이 경영대학원에 핀테크 과정을 개설하였다. 예를 들어 뉴욕대학교 스턴 경영대학원은 MBA 프로그램에 핀테크를 주요 과정으로 개설하였다.[60] 또한 싱가포르 경영 대학과 런던 임페리얼 칼리지에서도 핀테크에 중점을 둔 석사 과정과 자격 과정을 개설했으며, 이런 과정을 개설하는 대학이 점점 더 늘고 있다. 이들 과정에서는 디지털 통화, 블록체인, 로보어드바이저, 시스템 트레이딩, 기업가적 금융, 핀테크 리스크 관리, 결제 등을 다룬다.

흥미롭게도 세계에서 가장 권위 있는 일부 대학의 온라인 프로그램에서 핀테크 기술 과정 수요에 부응하기로 했다. 홍콩대학교는 아시아 최초로 핀테크 학부 과정을 개설한 후[61] 아시아 최초의 MOOC 과정도 개설했다. 이들 과정에서는 가상자산, 블록체인, 인공지능, 빅데이터 이외에 규제 기술 과목을 다룬다.[62] MOOC의 장점은 이 과정이 무료이며, 전 세계 모든 사람이 이용할 수 있으며, 자신의 집에서 편안하게 과정을 들을 수 있다는 것이다. 홍콩대학교 MOOC에는 개설 후 몇 주 만에 180개 이상의 나라에서 3만 명 이상이 등록했다.[63]

또 다른 성공 사례로 옥스포드의 사이드경영대학원 Saïd Business School이 있다. 이 대학원의 핀테크 프로그램에서는 기술이 금융 서비스의 여러 영역을 어떻게 만들어가고 있는지를 주로 연구한다. MOOC가 본질적으로 입문 과정이라면 사이드경영대학원의 온라인 핀테크 프로그램은 금융 혁신에서 기회를 찾고 핀테크 벤처를 창업하는 능력을 학생들에게 함양시키는 것을 주된 목표로 설계되었다.[64]

많은 이들은 이 정도로 충분하지 않으며 경영대학원들도 더 빨리 적응할 필요가 있다고 믿고 있으며, 앞으로 몇 년 안에 대부분의 대학이 핀테크를 핵심 커리큘럼으로 둘 것으로 예상된다. 기업 임원이 되려면 회계, 기업 재무, 전략 같은 과정이 여전히 매우 중요하지만 컴퓨터 프로그래밍, 디자인, 제품 관리도 필수적인 과정이 되어야 할 것이다.

3.3.2 규제 준수

일부 나라의 규제 체제는 핀테크 혁신 기업에게 매우 개방적이거나 어떤 경우에 아예 지원까지 하기도 한다. 예를 들어 영국 금융 당국인 FCA*Financial Conduct Authority*는 2014년에 프로젝트 이노베이트*Project Innovate*라는 이니셔티브를 만들었으며, 이의 주 목적은 새로운 핀테크 혁신 기업에게 규제 조언과 지침을 제공하는 것이었다. 규제 당국은 스타트업과 기존 금융 기관이 통제된 환경에서 새로운 상품 아이디어를 테스트할 수 있는 샌드박스*sandbox*를 만들었다.

이러한 변화들에도 불구하고 새로 진입하려는 기업이 맞닥뜨리는 규제 장벽은 높다. 그리고 핀테크 기업에게 진입 관련 안내를 하는 규제 당국이 점점 더 많아지고 있지만 규제 준수에 대한 책임감이 미흡한 기업들 입장에서는 규제 당국의 이러한 안내가 친절해 보이지 않는다. 이 문제를 더 복잡하게 만드는 것은 규제 요구사항과 라이선스 요구사항이 관할 지역마다, 심지어는 나라마다 다르다는 사실이다. 예를 들어 미국의 경우 은행이 아닌 대출 기관은 영업하고 싶은 주에서 별도로 라이선스를 받아야 한다. 이러한 종류의 규제에 부응하는 것이 불가능하지는 않지만 이를 모두 맞추려면 추가 비용이 많이 들고 상품 출시까지 상당한 시간이 들어간다.

박스 3.3 규제 당국은 핀테크를 어떻게 보는가?

금융 서비스 생태계에 있는 다른 모든 주체들과 마찬가지로 규제 당국도 핀테크와 관련된 일을 하기 시작했으며 여러 면에서 인상적인 활동을 했다. 최근 들어 금융 부문에서 혁신 기술의 활용 사례를 더 잘 이해할 수 있는 이니셔티브가 크게 늘어나고 있다. 가령, 홍콩 증권선물위원회 *SFC: Securities and Futures Commission*는 핀테크 컨택 포인트를 두었으며, 이 부서의 주된 역할은 핀테크 개발 및 응용과 관련해서 기업들과의 소통을 강화하는 것이다.[65] 미국도 상품선물거래위원회 *CFTC: Commodity Futures Trading Commission*에 LabCFTC를 개설하였으며, 주된 목적은 미국 공공의 이익을 위한 책임 있는 핀테크 혁신과 공정한 경쟁을 촉진하는 것이다.[66] 이러한 것들은 스타트업들이 협력적이고 개방적인 환경에서 규제 당국과 소통할 수 있게 하기 위한 조치라고 볼 수 있다.

또한 규제 당국은 규제 샌드박스도 마련하고 있으며, 이를 통해 핀테크와 기존 금융 기관들이 통제된 환경에서 새로운 기술을 실험할 수 있게 하고 있다. 이러한 샌드박스는 꽤 인기가 있어서 2015년 기준으로 아시아태평양 지역에 속한 8개 나라, 호주, 중국, 홍콩 SAR, 인도네시아, 말레이시아, 싱가포르, 한국, 태국이 규제 샌드박스를 만들었다.[67] 다른 예로, 영국, 캐나다, UAE가 있다. 2018년 8월, 애리조나주는 미국 최초로 핀테크 규제 샌드박스를 출범시켰다.[68]

또한 규제 당국은 규제 문제를 더 효율적이고 효과적으로 관리하기 위해 새로운 기술들을 활용하는 방안을 모색하고 있다. 이를 감독 기술 *Supervisory Technology*이라고 하며, 이 분야는 아직 초기 단계에 머물러 있다.[69] 이와 관련해서 흥미로운 이니셔티브가 이미 진행되고 있는데, 미국 증권거래위원회는 투자 어드바이저의 비리를 탐지하기 위해 머신러닝을 활용하고 있다.[70] 싱가포르통화청 *MAS: Monetary Authority of Singapore*은 데이터 분석 시스템을 구축하고 있으며, 이의 주된 목적은 금융 기관들이 자금 세탁과 테러 금융 위험에 대해 매달 제출하는 3천 건의 의심스러운 거래 보고서를 조사하는 것이다.[71]

3.3.3   고객 신뢰

글로벌 금융 위기로 인해 금융 기관에 대한 소비자들의 신뢰가 무너졌다. 심지어 금융 산업에서 가장 오래 되고 가장 큰 기관도 붕괴될 수 있다는 것을 알게 되었다. 금융 위기 이후 기존 금융 기관들에 대한 지속적인 불신이 특히 밀레니얼 세대 사이에 있었으며, 이로 인해 소비자들은 핀테크 스타트업과 비트코인 같은 가상자산에 더 많은 관심을 갖게 되었다(이에 대해서는 이 책의 뒤에서 논의할 것이다).

그러나 이러한 관심이 반드시 소비자 신뢰와 동일하지는 않다. 소비자는 기존 금융 기관을 더 안전한 것으로 보고 있으며, 스타트업이 규제와 관련된 필수승인을 모두 획득했더라도 스타트업을 여전히 회의적인 시선으로 바라본다.

3.3.4 고객 기반 확대

널리 알려진 많은 핀테크 유니콘들은 불과 몇 년 안에 상당한 사용자 기반과 넓은 지역의 시장을 빠르게 확보할 수 있다. 그렇다고 해서 핀테크 사업을 시작하는 것이 쉽거나 규모를 확장하는 것이 쉬운 것은 아니다. 이러한 도전의 성격은 대상 소비자가 최종 소비자(B2C)인지 대규모 기관(B2B)인지에 따라 크게 달라진다.

많은 B2C 핀테크 스타트업의 비즈니스 모델은 수익성을 달성하기 위해 두터운 고객 기반을 구축해야 한다. 단순히 훌륭한 상품을 만들면 세상 모든 고객이 몰려올 것이라고 생각하고 싶은 유혹이 들겠지만 이것은 매우 희귀한 경우로써, 특히 고객 신뢰를 구축해야 하는 경우에는 더욱 그렇다. 이를 이루는 데 필요한 마케팅 예산은 매우 많을 수 있으며, 대규모의 실제 사용자를 끌어들이는 바이럴 마케팅 캠페인을 성공적으로 진행할 수 있는 스타트업은 소수에 불과하다.[72]

디지털 은행인 레볼루트를 예로 살펴보자. 이 은행은 성장을 촉진하고, 고객을 확보하고, 경쟁력 높은 수수료로 상품을 제공하기 위해 수백만 달러(일부 보고서에 따르면 8백만 파운드)[73]를 지불해야 했지만 이 글을 쓸 당시까지 수익율을 달성하지 못했다. 이것이 가능하려면 이 회사가 많은 자금을 확보하고 있어야 하고 투자자들도 인내심을 가지고 기다려야 한다. 로보어드바이저 회사의 경우 수익성이 매우 낮은 상품에 대한 고객 확보 비용이 특히 높았는데, 모닝스타Morningstar의 예상에 따르면 신규 고객 한 명을 확보하기 위한 비용이 3백 달러에서 천 달러에 이른다.[74]

기존 은행, 보험회사, 자산관리회사 같은 대형 기관을 고객으로 확보하려는 B2B 스타트업은 약간 다른 도전에 직면한다. B2B 스타트업 입장에서 몇 개의 대형 기관을 고객으로 확보하면 수익성을 달성할 수 있지만 이를 위해서는 비용과 시간이 매우 많이 들어간다. 일반적으로 기관 영업 주기는 12개월~18개월인데, 이 기간 중에 잠재 고객은 계약이 성사되기 전에 B2B 스타트업에 대해 광범위한 실사를 진행하며, 자기들에게 맞는 상품이 만들어지도록 과도한 요청을 하는 경우가 다반사다. 이런 일련의 요구들은 스타트업이 영업 주기 동안 버틸 현금을 준비해야 하는 막대한 부담감으로 작용한다. 즉 스타트업이 만든 상품에 대한 수요가 많더라도 B2B 스타트업은 잠재적인 파산 위험에 처할 수 있다.[75]

박스 3.4 금융 기관 대상 판매가 왜 그렇게 어려운가?

금융 기관에게 유형에 상관 없이 어떤 서비스를 판매하려면 많은 결단과 인내심 그리고 훌륭한 유머가 필요하다.

첫째, 금융 기관 내에서 적임자를 찾는 것이 관건이다. 그 조직에서 일하고 있지 않은 이상 적절한 의사결정자가 누구인지 아는 것은 매우 어렵다. 각 금융 기관에는 혁신팀이 있고 이곳의 팀원들이 다양한 핀테크 이벤트에 참석하지만 이들에게는 의사결정 권한이나 예산 집행 권한이 거의 없다. 설상가상으로 금융 기관 내부의 많은 이들은 부행장이나 이사 같은 직함을 가지고 있어서 이들에게 큰 힘이 있는 것처럼 보이지만 이들은 금융 기관에서 그냥 보통 사람에 불과하다.

둘째, 개념 증명 수행에 동의하는 것은 어려운 문제다. 개념 증명은 기술 작동을 보여주기 위한 실험적인 짧은 프로젝트다. 문제는 많은 금융 기관은 개념 증명에 돈을 들이고 싶어하지 않는다는 것이다. 따라서 스타트업은 시간과 에너지가 투자되어야 하는 개념 증명을 수행하는 위험을 감수하고 싶은지 여부를 결정해야 한다. 또한 개념 증명이 성공하더라도 금융 기관에서 실제 시스템으로 구현한다는 보장도 없다. 불행하게도 많은 혁신팀은 1년에 정해진 수의 개념 증명만 수행하는 것을 목표로 두고 있으며, 실행되는 각 개념 증명이 이를 수행하는 스타트업에게는 상당한 기회 비용이 된다.

개념 증명이 성공하면 그 다음 단계에서는 실제 직원이나 클라이언트가 참여하는 파일럿 프로젝트를 실행하며, 이의 목표는 실제 생산(예: 조직 내부에 솔루션 배치)으로 이어지게 만드는 것이다.

그러나 이 모든 것이 완벽하게 진행되더라도 조달 절차와 계약 협상이 악몽으로 치달을 수 있다. 금융 기관의 구조화된 조달 프로세스는 소규모 스타트업이 아닌 대규모 기술 기업을 위해 만들어져 있다. 기술 및 운용에서부터 사이버 보안 및 규제 준수에 이르기까지 다양한 팀에서 엄격한 테스트 과정을 진행한다. 계약 협상 과정을 밟는 일에도 시간과 비용이 많이 들어갈 수 있다. 위의 모든 일이 잘 진행되더라도 금융 기관이 내부의 적절한 자원을 동원해야 하므로 솔루션을 제대로 배치하려면 몇 개월이 걸릴 수 있다.

규모가 큰 금융 기관에게 한 가지 큰 이슈가 있는데, 그것은 레거시 시스템에 새로운 솔루션을 어디에 둘 것인지를 찾아내는 일이다. 많은 은행은 수십 년 전에 설치된 메인프레임 시스템을 사용하고 있으며, 레거시 시스템과 최신 시스템을 통합하는 일은 매우 복잡하고 비용도 많이 든다.

대규모 금융 기관에 솔루션을 성공적으로 판매하는 데 있어 가장 큰 과제는 사람과 관련된 것이다. 금융 기관 내부에서 자신의 경력을 위험에 빠트릴 준비가 되어 있으면서 금융 기관 내부의 다양한 사람들에게 솔루션을 도입하자고 설득하는 내부 챔피언이 없으면 일개 스타트업은 대규모 금융 기관에 발을 들여놓기도 어렵다.

3.3.5 자본 조달

최근 몇 년 동안 전 세계적으로 벤처캐피탈 풀이 늘었지만 스타트업에 대한 투자 경쟁은 여전하며, 핀테크도 예외는 아니다. 게다가 이 장의 앞에서 논의한 이 부문에서의 높은 규제 요건과 복잡성이 추가되면 제품 출시는 더 많이 복잡해진다.

다양한 디지털 서비스 영역에서 스타트업은 '배를 띄운 다음에 테스트' 할 수 있다. 이는 실리콘 밸리 벤처캐피탈리스트인 가이 가와사키*Guy Kawasaki*의 말이다. 다시 말해서 스타트업은 버그가 많더라도 그 상태에서 초기 단계 상품을 출시하고 사용자 피드백을 나중에 적용하여 상품을 개선할 수 있다. 그러나 대다수 핀테크의 경우 이러한 '출시 후 개선'은 불가능하다. 규제 당국은 제품 출시 전에 해당 제품과 그 제품의 기본 운용 방식을 심사할 수 있으며, 제품이 개선될 때마다 새로운 수준의 규제 조사를 진행할 것이다. 이는 주요 마일스톤을 지연시킬 것이다. 즉 유료 고객 확보 및 손익분기점 같은 일정이 지연될 것이며, 핀테크 스타트업의 상품 출시에 필요한 운영 비용은 다른 많은 디지털 상품보다 훨씬 더 높아진다. 즉 초기의 마케팅 비용부터 운영 중에 필요한 사이버 보안 비용까지 모든 비용이 더 높아진다.[76]

4장

핀테크에 대한 기존 금융 기관들의 반응

    핀테크는 규모를 키우기 위해 노력했으며, 그 와중에 몇 가지 과제에 직면했다. 이들 과제를 분석하는 중에 금융 생태계의 광범위한 작동 시스템에 관해 한 가지 중요한 질문이 대두되었다. 핀테크 발전을 가로막는 큰 장애물들이 있음에도 불구하고 핀테크 기업들은 수백만 명의 이용자와 수십억 달러의 가치를 어떻게 확보해 왔는가? 기존 금융 기관들이 금융 산업 내 혁신을 이끄는 주체가 되지 않은 이유가 무엇인가?

    금융 시장 점유율을 지키기 위해 마련된 신규 진입 규제 장벽이나 현재의 거대한 규모를 과신한 나머지 금융 기관들이 기술 투자를 하지 않았다고 단순하게 생각할 수 있다. 그러나 통계 숫자를 보면 위의 생각은 맞지 않다. 은행들의 기술 투자는 높으며 증가 추세에 있다. 2018년, 북미의 은행 IT 지출은 약 4.9퍼센트 증가해서 1,040억 달러였으며, 전 세계의 은행 지출 역시 4.2퍼센트 증가하여 2,600억 달러를 기록했다.[01]

    2018년 기준으로 은행들은 벤처캐피탈이 핀테크에 투자한 것보다 IT 부문에 약 4.5배를 더 많이 지출했다(이 수치는 은행만 넣은 것이며, 보험이나 비은행권까지 포함시키면 훨씬 더 클 것이다). 그런데 기존 금융 기관이 아니라 핀테크가 기술을 선도하고 있는 이유는 무엇인가? IT에 대한 총지출은 크지만 예산의 3분의 2 이상은 오래되고 수명이 다 된 레거시 시스템의 유지보수에 사용되고 있으며, 내부 IT 시스템 변경에 관련된 대부분의 지출은 새로운 규정 준수 및 규제 요구사항 충족에 주로 사용되고 있다.[02] 이를 이해하기 위해 미국 금융 기관들이 달러를 혁신적인 제품과 개선된 디지털 경험으로 전환하려고 할 때 직면하는 여러 장벽들을 더 깊이 알아볼 필요가 있다.

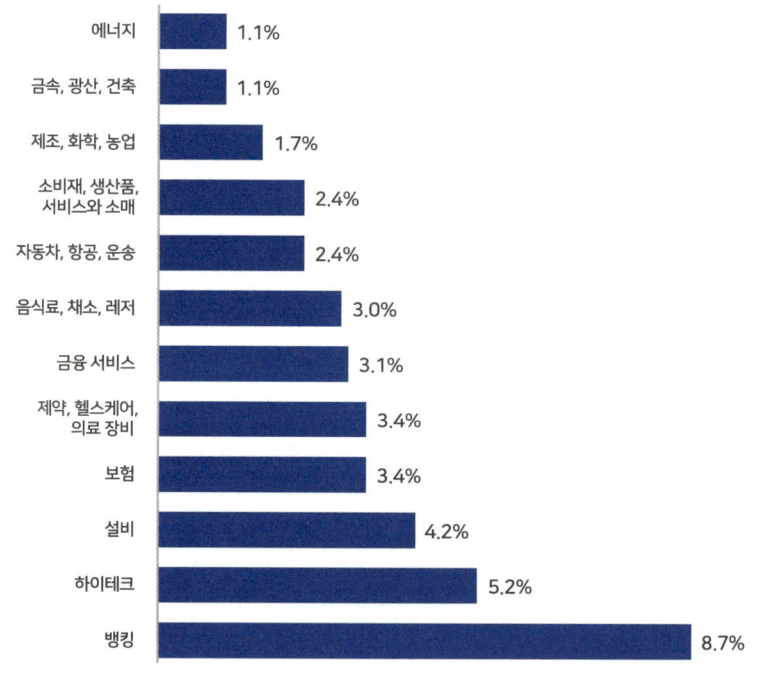

그림 4.1 매출 대비 IT 관련 평균 비용(2016년); 은행의 레거시 IT 시스템은 은행의 IT 비용을 과도하게 올리는 데 크게 일조하고 있다. 출처: The Bank of the Future (Citigroup Inc., 2018), https://www.citibank.com/commercialbank/insights/assets/ docs/2018/The-Bank-of-the-Future/, 61페이지

4.1 기존 은행 혁신의 장애물

은행의 기술 혁신이 직면한 가장 큰 장애물은 아이러니하게도 은행이 신기술에 투자한 역사가 오래되었다는 것이다. 1954년에 뱅크오브아메리카는 레밍턴 랜드Remington Rand의 UNIVAC-1을 도입했는데, 이것은 진공관과 자기테이프를 사용해서 초당 12,000개의 숫자나 글자를 처리하는 초기 컴퓨터였다.[03] 이 컴퓨터를 도입한 뱅크오브아메리카는 금융 서비스 제공에 컴퓨터를 사용한 최초의 은행이 되었다. 이와 같은 투자와 그 뒤에 나온, 자동화기기에서 인터넷 뱅킹에 이르기까지 여러 가지 조치로 인해 금융 기관들은 효율성을 개선하였고 고객들과의 새로운 접점을 마련할 기회를 만들었다. 그러나 가장 앞서 간 것은 양날의 검이 되었다. 기술에 대한 초기 투자는 시간이 지나면서 '기술 부채' 증가로 이어졌다. 간단하게 말해서 시간이 지날수록 구식이 되어 가는 정보 기술 시스템 규모가 커졌고, 이것이 조직 운영의 중심을 차지하게 되었다.

뱅크오브아메리카는 UNIVAC-1을 단계적으로 퇴출시켰음에도 불구하고 40년~50년 된 레거시 시스템들이 여전히 남아 있다. 이들 시스템이 안정성은 높지만 유연성은 매우 낮다. 이에 기술적으로 새로운 기능을 추가하려면 레거시 시스템에 대한 패치 작업을 해야 하며, 이러한 패치 작업에는 시간과 비용이 들어간다.

가령, 초기의 많은 은행 시스템에는 기본적으로 코볼COBOL: Common Business-Oriented Language이라는 프로그래밍 언어가 주로 사용되었는데, 이 프로그래밍 언어가 개발된지는 거의 60년이 되었다. 시간이 지나면서 다른 산업에서는 더 새롭고 융통성 있는 언어인 자바, C, 파이썬이 코볼을 대체했다.[04] 지금은 소수의 대학에서 컴퓨터공학 프로그래밍 수업에서만 코볼을 가르치며, 코볼 프로그래머의 평균 연령이 45세를 넘는다.[05] 그럼에도 불구하고 금융 기관들의 내부 뱅킹 시스템 43퍼센트와 ATM 95퍼센트에서 코볼이 여전히 사용되고 있다.[06]

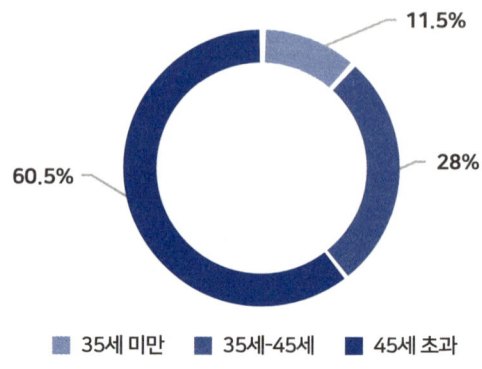

그림 4.2 COBOL 프로그래머의 연령 분포(2018년 기준); 금융 기관의 레거시 메인프레임을 고치고 유지할 수 있는 전문가 풀 나이가 많아졌으며, 이는 기존 금융 기관들의 혁신을 제한한다. 출처: The Bank of the Future (Citigroup Inc., 2018), https://www.citibank.com/commercialbank/insights/assets/docs/2018/The-Bank-of-the-Future/, 67페이지

이로 인해 수십 년 동안 레거시 시스템에 적용되었던 과거의 업데이트 및 패치의 미로를 헤쳐 나갈 수 있는 특별하면서도 오래된 프로그래밍 재능이 요구되고 있으며, 결국 은행 시스템 변경에 비싼 비용이 들어간다. 이와 대조적으로 대다수 핀테크 스타트업의 시스템은 클라우드에 구축되어 있으며 최신 코드가 사용되어 있어서 시스템을 빠르고 저렴하게 변경할 수 있다.

물론 기존 금융 기관들이 치열하게 혁신해야 하는 유일한 이유로 레거시 시스템에 대한 '기술 부채'만 있는 것은 아니다. 기존 금융 기관들의 조직 문화는 매우 관료적이며 위험을 꺼리기 때문에 새로운 아이디어가 활발하게 제기되기 어렵고 최고의 재능을 갖춘 인재를 유치하고 잡아 두기가 쉽지 않다. 지난 수십 년 동안 새로운 규제 요건을 충족시키기 위해 은행들은 기존 시스템과 프로세스 업데이트에 막대한 투자를 했으며, 빠르게 발전하는 기술과 보조를 맞추기 위해 은행이 앞으로 얼마나 더 많은 투자를 해야 할지를 생각하면 금융 기관들이 매우 큰 장애물 앞에 서 있다는 점은 훨씬 더 명확한 사실로 와 닿는다.

이것은 기존 금융 기관 내부 프로세스들 중 많은 것이 수동으로 처리된다는 것을 의미한다. 물론, 이들 프로세스가 이론상으로는 완전히 자동화될 수 있고, 많은 것이 핀테크에 의해 완전히 자동화될 수 있지만 현실적으로는 그렇게 하지 못하고 있다는 의미다. 고객 온보딩을 살펴보자. 많은 은행에서는 신규 고객이 은행에 직접 와서 신분을 확인할 수 있는 문서를 제시하고 직접 서명하는 프로세스를 여전히 유지하고 있다. 최근 연구에 따르면 전형적인 면대면 상호작용에서 사람보다 얼굴 인식 소프트웨어가 개인 식별을 15배~20배 더 잘 처리한다고 한다. 이런 점에서 보면 은행의 대면 창구 프로세스는 매우 시대착오적이다.[07] 결과적으로 신규 조직이 아예 새로 만드는 것보다 비용이 더 많이 들고 더 안전하지도 않은 프로세스인 셈이다. 기존 금융 기관들은 아예 새로 구축하지 못하는 반면 스타트업은 운용 및 기술 측면에서 유연함을 확보할 수 있다. 기존 금융 기관이 신규 고객 처리와 같은 핵심 프로세스를 바꾸는 일은 초대형 유조선의 방향을 트는 것과 비슷하다.

이러한 도전 과제에 직면한 기존 금융 기관은 기존의 우월적인 지위를 유지하기 위해 어떻게 하는가? "이길 수 없다면 손을 잡아라"라는 속담이 있다. 기존 금융 기관은 자사의 프로세스를 개선할 수 있는 아이디어와 핀테크 스타트업을 찾는 일에 열심이다. 기존 금융 기관이 핀테크 스타트업과 함께하는 유형을 크게 세 가지로 분류할 수 있다. 첫째는 핀테크 스타트업이 갖춘 역량을 있는 그대로 확보하는 것이며, 둘째는 핀테크 스타트업에 투자하는 것이며, 셋째는 핀테크 스타트업과 파트너십을 맺는 것이다.

4.2 핀테크 상품 구축 및 복제

기존 금융 기관이 핵심 시스템을 변경하는 일은 매우 어렵고 시간도 많이 소요된다. 그러나 각 금융 기관에 맞는 시스템의 신규 개발에 사용할 수 있는 프로그래밍 도구와 기법이 많이 나와 있어서 이를 자유롭게 활용할 수 있으며, 이렇게 만들어진 새로운 시스템을 제한적이나마 기존의 핵심 시스템에 통합할 수 있는 유용한 방법도 많이 있다.

가장 성공적인 예로, 기존의 자산 관리자들이 핀테크 로보어드바이저를 모방하기 위해 기울인 노력을 들 수 있다. 2015년에 샌프란시스코에 본사를 둔 은행 및 중개 회사인 찰스 슈왑Charles Schwab은 인텔리전트 포트폴리오Intelligent Portfolio라는 로보어드바이저 서비스를 선보였으며, 이 서비스에서는 사용자가 구매한 금융 상품(일반적으로 낮은 수수료의 상장 지수 펀드) 관련 수수료 외에는 어떤 비용도 받지 않았다.[08] 얼마 지나지 않아서 세계 최대 자산 관리 업체에 속하는 뱅가드Vanguard는 이와 유사한 서비스인 뱅가드 퍼스널 어드바이저 서비스Vanguard Personal Advisor Services를 개발하였다.[09]

기존 금융 기관들은 브랜드 네임, 고객 기반, 판매 채널이 있기 때문에 이들의 새로운 서비스는 협력 관계에 있는 핀테크 스타트업의 서비스보다 훨씬 더 빠른 성장세를 보였다. 2018년 3분기 기준, 핀테크 기업인 웰스프론트와 베터먼트는 각각 111억 달러와 141억 달러의 운용 자산을 확보한 반면에 슈왑 인텔리전트 포트폴리오는 333억 달러, 뱅가드 퍼스널 어드바이저 서비스는 1,120억 달러의 운용 자산을 확보했다.[10] 결과적으로 로보어드바이저 스타트업들의 가치는 하방 압박을 받고 있으며, 일부 스타트업의 가치는 이전보다 3분의 1 수준으로 줄어들었다.[11]

물론 자체 핀테크 솔루션을 구축하려는 금융 기관으로 자산 관리사만 있는 것은 아니다. 일례로, HSBC는 페이미PayMe라는 결제 도구를 출시하였으며, 단기간에 백만 명의 사용자를 확보했다.[12] 기존 금융 기관들이 핀테크 아이디어를 활용하는 주된 목적은 고객에게 더 좋은 서비스를 제공하고 내부의 업무 효율성을 개선하기 위해서였다. 가령, 뱅크오프아메리카가 최근에 개발한 챗봇인 에

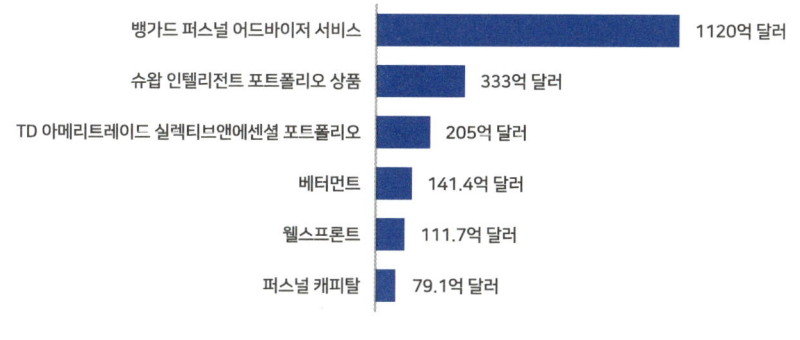

그림 4.3 　관리 중인 로보어드바이저 자산(2017년 3분기 기준, 단위 미국 달러); 로보어드바이저 상품을 이용한 자산 증식에 있어 기존 자산 관리 기업이 핀테크 혁신 기업보다 더 성공을 거두었다. 출처: Brittney Grimes, "10 Largest Robo-Advisers by AUM," InvestmentNews, 최종 접속일: 2019년 1월 30일, 2019, https://www.investmentnews.com/gallery/20181107/FREE/110709999/PH/10-largest-robo-advisers-by-aum

리카Erica의 주된 용도는 결제, 잔액 확인, 돈 절약, 부채 상환 등 고객들의 일상적인 금융 활동을 돕는 것이었다.[13] 또 다른 예로 제이피모간의 코인COIN 시스템이 있는데, 이 시스템은 기계 학습을 활용하여 문서 및 상용 계약서 검토 같은 중복 작업을 자동으로 처리한다. 변호사가 36만 시간 동안 해야 하는 작업을 몇 초 만에 처리하는 것으로 알려져 있다.[14]

　　어떤 경우에, 핀테크 서비스를 모방하려는 노력의 일환으로 기존 금융 기관들 간에 인상적인 수준의 협업이 이루어지기도 했다. P2P 결제 앱인 벤모에 대응하기 위해 미국의 기존 은행 90여 곳(뱅크오브아메리카, 제이피모간체이스, 웰스파고Wells Fargo, 캐피털 원Capital One 포함)이 제휴하여 경쟁 서비스인 젤Zelle을 만들었으며,[15] 일부에서는 2018년이 되면 젤 사용자가 벤모 사용자를 상회할 것으로 예측했다.[16]

　　새롭게 떠오르고 있는 은행과의 경쟁을 염두에 두고 전혀 새로운 은행을

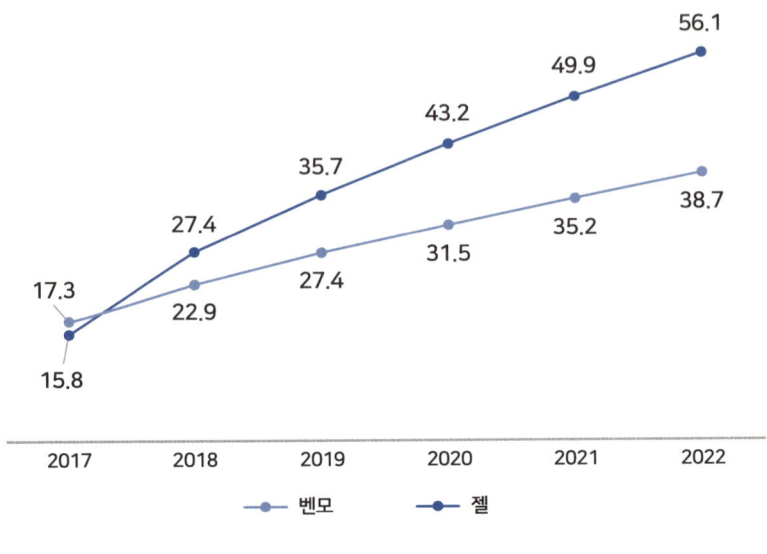

그림 4.4 플랫폼별 모바일 P2P 결제 사용자; 일부 예상에 따르면 기존 금융 기관이 지원하는 P2P 결제 서비스인 젤이 벤모를 능가할 것이라고 한다. 출처: Sarah Perez, "Zelle Forecast to Overtake Venmo This Year," TechCrunch, 2018년 6월, https://techcrunch.com/2018/06/15/zelle-forecast-to-overtake-venmo-this-year/

아예 새로 만들려는 노력도 진행되고 있다. 2016년에 골드만삭스Goldman Sachs 는 마커스Marcus라는 디지털 소비자 은행을 설립했다. 마커스는 '사람들의 금융 복지 달성 지원'을 모토로, 수수료 무료, 고정 금리의 개인 대출, 고수익 온라인 저축 계좌, 양도성예금증서를 제공한다.[17] 마커스는 모 은행인 골드만삭스와 독립적으로 운영되며 간소한 조직을 자랑하고 있다. 게다가 마커스라는 전혀 다른 브랜드를 허용함으로써 모 은행의 기존 평판 및 브랜드와 마커스라는 브랜드를 분리하려는 전략적인 노력을 기울이고 있다. 마커스는 서비스 시작 후 150만 명의 고객을 유치하였고, 30억 달러의 대출을 실행하였으며, 220억 달러의 예금을 확보하였다.[18]

그러나 성공으로 가는 길이 항상 보장되지 않는다. 대부분의 경우에 금융 기관에서 핀테크 서비스를 구축하려면 내부적으로 별도의 보고 라인을 구축해야 한다. 그리고 물리적인 사무실 공간도 따로 마련하여 기존에 형성된 조직 문화와 다른 문화에서 새로운 아이디어를 마음껏 펼칠 수 있도록 해야 한다. 이러한 용도의 사무실 공간에는 세련된 디자인과 유연한 작업 환경이 조성되는데, 이는 기존의 금융 기관 문화에서 일하는 것에 매력을 느끼지 못하는 우수한 기술 인재를 유치하기 위해서다. 그러나 가장 중요한 것은 고위 경영진의 확실하고도 지속적인 지원인데, 이것이 항상 쉬운 일은 아니다. 도이체방크Deutsche Bank는 자체 디지털 은행을 구축하려는 장기 계획을 세운 바 있지만 2018년 5월 신임 CEO 취임 후 그 계획을 조용히 보류하였다.[19] 금융 기관은 이와 같이 세간의 이목을 끄는 전략을 발표했다가 그 전략에서 의도했던 사용자에게 실제로 선을 보이기도 전에 원래 계획을 철회하는 경우가 많다.

4.3 기존 금융 기관이 핀테크 스타트업에 투자

많은 금융 기관이 핀테크 스타트업에 버금가는 역량을 내부적으로 구축하기도 하지만 핀테크 스타트업에 투자하거나 직접 인수하기도 한다. 가령, 찰스슈왑과 베터먼트가 로보어드바이저 서비스를 내부적으로 구축한 것에 반해 두 기업과 같은 업계에 있는 세계 최대 자산 운용사인 블랙록BlackRock의 경우 2015년에 샌프란시스코에 있는 로보어드바이저 기업인 퓨처어드바이저FutureAdvisor를 인수하였고, 2017년에는 유럽의 로보어드바이저 기업인 스케일러블Scalable에 투자했다.[20]

많은 금융 기관은 투자를 효율적으로 진행하기 위한 수단으로써 기업형 벤처캐피탈CVC: Corporate Venture Capital을 만든다. 2013년~2017년에 골드만삭스와 씨티는 핀테크 투자에 있어서 가장 활발하게 움직인 벌지 브래킷bulge bracket

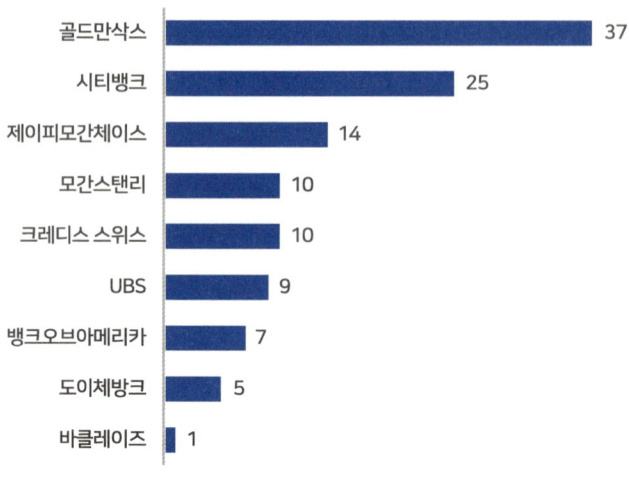

그림 4.5   기관별 핀테크 투자 건수(2013~2017년); 많은 대형 은행이 신흥 핀테크 투자에 적극적으로 움직이고 있다. 출처: "JPMorgan Chase Competitive Strategy Teardown: How the Bank Stacks Up on Fintech and Innovation," CB Insights Research, 2018년 1월 11일, https://www.cbinsights.com/ research/jpmorgan-chase-competitive-strategy-teardown-expert-intelligence/

은행으로, 각각 37건과 25건의 굵직한 핀테크 투자를 진행했다.[21] 골드만의 투자는 주로 대출에 중점을 둔 반면, 씨티의 투자는 데이터베이스와 보안에 초점이 맞추어졌다.[22] 유럽의 경우, 방코산탄데르_Banco Santander_가 벤처 부문 산탄데르이노벤처_Santander InnoVentures_를 통해서 19개의 핀테크 스타트업에 23건의 직접 투자를 진행했다.[23] 산탄데르이노벤처의 포트폴리오에는 캐비지_Kabbage_와 트레이드시프트_Tradeshift_ 같은 유니콘이 포함되어 있다.[24] 심지어 보수적인 보험 회사들도 벤처 부문을 통해 보험 기술 관련 기업에 적극적으로 투자하고 있다.[25]

물론 벤처캐피탈 세계에서 성공하는 일이 간단치는 않다. 핀테크에 집중하고 있는 명망 있는 벤처캐피탈 기업들이 많이 있으며, 이들 중 많은 기업은 새롭게 떠오르는 최고의 핀테크 스타트업을 찾아서 빠르게 투자하는 데 필수적인 네트워크도 갖추고 있다. 금융 기관의 기업형 벤처 펀드는 기존 벤처캐피탈에 비해 상대적으로 신생 기업에 속하기 때문에 자신들의 투자가 역선택에 의해 결정되는 것을 좋아하지 않는다. 즉 유력 벤처캐피탈 기업에서 투자를 포기한 스타트업에만 투자할지도 모른다는 두려움을 안고 있다.

다행히, 핀테크 벤처캐피탈 펀드와 금융 기관의 기업형 벤처캐피탈 펀드의 이해관계가 같지 않다. 핀테크 벤처캐피탈 펀드는 잠재적인 투자 회수율에 관심이 있는 반면에 기업형 벤처캐피탈에게 투자 회수는 두 번째 고려사항이다. 기업형 벤처캐피탈의 주된 목적은 일반적으로 전략적인 성격을 가진다. 즉, 통찰력 얻기, 지적 재산권 확보, 잠재적인 파트너 연계가 첫 번째 고려사항이다.

한편, 스타트업 입장에서 기존 금융 기관의 투자를 받는 것이 양날의 검일 수 있다. 핀테크 스타트업 창업자는 한 금융 기관이 얼마 되지 않은 금액을 투자하고 자신이 확보한 핵심 지식을 가져가서 경쟁 제품을 만들지도 모른다는 걱정을 할 수 있다. 또한 한곳의 금융 기관으로부터 벤처 투자를 받고 난 후 이곳과 경쟁 관계에 있는 다른 금융 기관들과의 투자 및 전략적 제휴가 성사되지 않을 수도 있다고 생각할 수 있다.

4.4 기존 금융 기관이 핀테크 스타트업과 제휴

기존 금융 기관이 핀테크 스타트업에 투자하고 핀테크 역량을 자체적으로 구축하는 것이 필수로 해야 하는 일이라기보다는 추가로 해야 하는 일에 더 가까운 반면에 핀테크 스타트업과 협력적인 파트너십을 구축하는 일에 힘을 쏟는 것은 투자나 자체 개발보다 훨씬 더 보편적인 일이다. 사실, PwC의 2017 글로벌 핀테크 보고서 2017 Global FinTech Report에서 강조된 바와 같이 기존 금융 기관

82퍼센트 이상은 향후 3년~5년 사이에 핀테크 파트너십을 확대할 것이다.[26]

핀테크와 기존 금융 기관의 파트너십에서 공통으로 관심을 가질 수 있는 것은 중소기업 대출 부문이다. 기존의 대형 금융 기관들 입장에서 소액 대출의 경우 보증 비용이 상대적으로 높아서 수익율 목표 달성이 어려웠다. 이에, 여러 금융 기관은 중소기업을 주력으로 하는 핀테크 대출 기업들과 파트너 관계를 맺었으며, 이 파트너 관계에서 기존 금융 기관은 규모와 낮은 비용의 자본을 대고, 스타트업은 간소화된 고객 온보딩과 대출 보증 능력을 담당한다. 2016년에 제이피모간체이스는 핀테크 대출 기업인 온덱캐피탈On Deck Capital과의 파트너십을 발표했다. 이때 제이피모간의 CEO인 제이미 다이먼Jamie Dimon은 "이 파트너십을 통해 우리가 하고 싶지 않거나 할 수 없는 것을 이제 할 수 있게 되었다"고 말했다.[27] 또한 2016년에 유럽 은행인 산탄데르Santander는 영국의 핀테크 대출 업체인 캐비지와의 파트너십을 발표했다. 이 파트너십의 목적 역시 제이피모간체이스와 비슷했다.[28]

흥미로운 파트너십 사례들을 다른 부문의 금융 서비스에서도 찾을 수 있다. 가령, 독일의 재보험 회사인 뮤닉리Munich Re는 인슈어테크 기업들에 많은 투자를 하지만 이외에도 여러 인슈어테크 스타트업과 파트너십을 맺고 있다. 이들 파트너십에서 뮤닉리는 서비스 개발에 필요한 기본 자본을 대고 가격 책정 및 글로벌 운용에 대한 전문 지식을 지원한다.[29]

그러나 신생 핀테크 기업은 기존 금융 기관과 근본적으로 전혀 다른 존재다. 즉, 문화와 가치가 완전히 다르다. 그런 이유로, 핀테크 스타트업을 기존의 전통적인 조직 내부로 편입시켜서 파트너십을 구축하려는 시도는 잦은 실패로 끝났다. 이에, 많은 금융 기관은 핀테크 기업과의 효과적인 협업 방법을 배울 목적으로 사내 혁신 팀이나 랩을 만들었다. 이 랩이나 팀에는 기존 조직과 다른 새로운 종류의 물리적 환경이 갖춰지며, 혁신 프로그램, 연구, 디자인 활동이 중점적으로 추진된다. 그리고 시장에서 신기술이나 스타트업을 찾고, 새로운 컨셉이 적용된 기술을 테스트한다. 최종 목표는 스타트업이나 신기술을 기존 시스템에 통합하는 것이다.

인기가 많기는 하지만 이런 랩이나 팀은 많은 문제에 직면해 있다. 일단, 랩을 만드는 일에 경영진의 명확한 비전이 접목되어서 조직의 전폭적인 지원이 뒷받침되는 일이 별로 없다. 그리고 이런 혁신 랩은 단순히 마케팅 및 일반 고객에 대한 홍보를 위해 만들어지거나, 핀테크에 대응하기 위한 전략이 무엇인지를 묻는 주주들에게 무언가를 보여주기 위한 용도로 만들어질 수 있다. 이렇게 만들어진 랩에는 충분한 예산이 제공되지 못하며 권한도 제한적이어서 조직의 프로덕트 오너PO: product owner나 중간 관리자들의 관심을 확실하게 끌 만한 성과를 내기 어렵다. 이런 상황에서, 금융 기관과의 협업에 참여한 핀테크 스타트업은 기존 조직에 적용되지도 못할 컨셉을 증명하기 위해 많은 시간과 자원을 허비하고, 조직 내부에 만들어진 혁신 팀이나 랩은 권한도 없다는 좌절을 맛보게 된다. 이런 점에서, 기존 금융 기관 내부에 만들어진 혁신 팀의 높은 이직률은 놀라운 일이 아니다.

사실, 경영진이 혁신 랩이나 팀을 강력하게 지원하고 명확한 방향성이 있더라도 혁신 랩이나 팀은 조직 내부로부터 강한 저항에 직면할 수 있다. 랩의 목표는 장기적으로는 조직의 경쟁 우위를 확보할 능력을 개발하는 것이며, 랩에서 진행하는 많은 프로젝트의 경제적 영향력을 바로 측정할 수 없는 경우가 대부분이다. 따라서 랩이나 팀에 소속된 담당자와 임원진은 평상시와 같은 실적을 내야 한다는 압박감에 시달릴 수 밖에 없으며 프로젝트가 성공을 거두려면 이들이 이러한 불리한 상황을 인지하고 동의해야 한다. 그럼에도 불구하고 조직은 이들의 성과를 분기마다 혹은 매년 측정할 것이다.

5장

테크핀의 출현

최근까지 나온 대부분의 분석에 따르면 핀테크에 신규로 진입하는 기업들로 인해 금융 생태계 구조가 변화할 것이라고 한다. 그리고 시간이 갈수록 신규 진입 기업들에 대한 관심이 점점 더 높아지고 있다. 일부 기업은 막대한 자본과 매우 수준 높은 기술적 역량을 쏟아부을 것이고, 또 다른 기업은 일상화되어 있는 디지털 채널을 통해 기존에 확보되어 있는 두터운 고객층을 활용할 것이다. 신규 진입 기업들이 금융 서비스에 직접적인 경쟁자로 진입하는 것은 단순히 시간 문제라고 염려하는 금융 전문가들이 점점 더 많아지고 있다.

5.1 테크핀으로 전환하는 기술 기업

금융 서비스 재편에 있어 대규모 기술 기업들의 위치는 가히 독보적이다. 이들 기업의 금융 서비스 재편 방법은 핀테크나 기존 금융 기관들과 전혀 다르다. 새로 자리 잡은 핀테크 스타트업과 달리 대규모 기술 기업은 고객층을 확보할 필요가 없다. 왜냐하면 이들에게는 이미 어떤 핀테크나 은행보다 더 두터운 고객층이 있기 때문이다. 레볼루트의 사용자는 2백만 명이고[01] 제이피모간의 고객은 8천만 명인데, 이 수치는 구글 지메일 10억 사용자나[02] 페이스북 20억 계정에 비해 왜소하다.[03]

이들 회사는 사용자와 자주 접촉하며, 금융 서비스 상품의 개인화를 지원하기 위한 수년 간의 데이터를 보유하고 있다. 그리고 금융 서비스의 가장 중요한 요소인 사용자 신뢰도 확보하고 있다. 기술을 기반으로 하는 대규모 기업에서 문제가 전혀 없을 수는 없지만 이들 기업에서 매우 민감한 데이터를 공유하는 것에 있어서 사용자들은 비교적 편안하게 생각한다. 아기 엄마가 페이스북에 아기 사진을 올리는 것에는 거부감이 없는데, 돈을 주고받기 위한 결제 채널로 페이스북을 활용하는 것에 왜 거부감을 가지겠는가? 어떤 커플이 일상 생활에 사용되는 모든 생활용품을 아마존에서 사는데, 아마존에서 보험 상품도 사지 않을까?

베인앤컴퍼니Bain & Co에서 실시한 설문조사에 따르면[04] 미국 은행 고객 중 약 60퍼센트는 이미 사용 중인 기술 기업에서 금융 상품이 나오면 그 상품을 사용할 의향이 있는 것으로 나타났다. 더 젊은 응답자들의 비율은 더 높아서 73퍼센트가 기술 기업 금융 상품의 테스트에 참여하겠다고 했다. 이러한 추세는 전 세계적으로 비슷한데, 가령 아시아 고객들은 이러한 유형의 서비스에 가장 많이 열려 있었다. 중국과 인도의 경우 응답자의 80퍼센트 이상이 기술 기업의 금융 상품을 구매할 의향이 있다고 했다.

5.2 테크핀 성장의 템플릿, 중국

기술 기업이 소매 고객에게 금융 서비스를 적극적으로 제공하는 것 자체가 단순히 아이디어 차원에 머물러 있지는 않고 많은 아시아 시장에서 현실로 다가오고 있다. 가장 선도적인 곳으로 중국이 있으며, 중국의 기술 기업인 텐센트와 알리바바는 소비자 결제, 대출, 투자 서비스를 자사의 디지털 제품에 성공적으로 통합시켰다.

5.2.1 중국 알리바바와 텐센트의 결제 혁신

전자상거래 공룡 기업인 알리바바는 온라인 결제를 촉진하기 위해 2004년에 알리페이Alipay를 출시했다. 텐센트는 자사의 모바일 전용 메시징 앱인 위챗WeChat을 2011년에 출시하면서 온라인 결제 분야로 진입하였다. 여러 해가 지나면서 두 앱과 두 회사가 제공하는 서비스는 계속 발전하였으며, 사용자 기반도 빠르게 성장하였으며, 중국의 결제 환경을 바꾸었다. 현재 전 세계적으로 위챗의 사용자는 10억 명이 넘고(이 중에서 7천만 명은 중국 외 다른 나라 사용자이다), 8억 명이 위챗 페이를 사용하고 있다. 그리고 알리페이 사용자도 6억 2천만 명에 이른다.[05] 위챗에서의 일일 결제 건수는 6억 건에 이르며, 2016년 기준으로 중국 소비자가 휴대전화에서 지출한 58.8조 위안(미화로 8조 8천억 달러)의 90퍼센트가 이 두 거대 기업을 통해 처리되었다.[06,07,08]

중국의 이 수치는 미국에 비해 월등하게 높다. 뱅크오브아메리카 모바일 앱의 실제 사용자 수가 2천 5백만 명인 것에 비해 위챗과 알리페이의 사용자 수는 월등히 많다.[09] 그리고 포레스터 리서치Forrester Research가 추정한 바에 따르면 미국 소비자의 모바일 결제 거래 규모는 중국에 비해 아주 작은 1천 1백 20억 달러에 불과하다.

5.2.2 알리바바와 텐센트, 결제를 넘어선 확장

결제 부문에서 우위를 점한 알리바바와 텐센트는 금융 서비스 상품군을 확대하여 대출, 신용 평가, 자산 관리 같은 다양한 서비스를 제공한다.

알리바바의 금융 부문으로 알리페이를 맡고 있는 앤트파이낸셜은 세계에서 가장 큰 머니 마켓 펀드인 위바오Yu'e Bao를 운용하고 있으며, 위바오는

2018년 3월 기준으로 2천 6백 60억 달러 규모의 자산을 관리하고 있다.[10] 이는 제이피모간의 프라임 머니 마켓 펀드 Prime Money Market Fund의 약 여섯 배 규모에 이른다. 또한 텐센트는 중국의 가장 큰 뮤추얼펀드 매니저들 중 한 곳의 제품에 앱으로 직접 접근할 수 있는 자산 관리 제품들을 제공하고 있다.[11]

알리바바와 텐센트는 빠르게 적응하는 기술력을 갖추고 있으며 고객의 결제 데이터를 최대한 활용하는 능력을 확보하고 있다. 이에 매우 특화된 시장에 서비스를 제공하고 미래의 확장 기회를 창출할 수 있도록 설계된 특별한 제품을 시장에 선보이면서 빠르게 확장할 수 있었다. 가령 2015년에 알리바바가 출시한 마이뱅크 MyBank는 이전에 은행 거래를 못했거나 거의 하지 않은 개인이나 중소 기업을 위한 포괄적이고 혁신적인 금융 솔루션을 제공하도록 설계되었다. 마이뱅크의 회장인 에릭 징 Eric Jing은 이 제품이 '약자를 위한 것'이라고 말했다.

사람이 개입하지 않고 3분 내로 대출을 처리하는 온라인 전용 비즈니스 모델과 관련 역량을 갖춘 마이뱅크는[12] 기존 은행보다 훨씬 더 작은 규모의 대출을 실행할 수 있으며, 이는 마이뱅크가 기존 은행보다 경제적 타당성을 더 확대할 수 있다는 의미이기도 하다.[13] 알리바바의 기존 사용자 기반과 알리페이에 축적된 고객 데이터가 있었기 때문에 이 새로운 금융 상품은 서방 은행 상품보다 훨씬 더 빠르게 성장할 수 있었다. 2017년 10월 기준으로 마이뱅크의 대출 규모는 약 6백 5십억 달러였으며, 서비스를 받은 중소기업 수는 7백만 곳에 이른다.

중국에서 테크핀을 선택한 소비자들에게서 나타나는 한 가지 흥미로운 사실은 중국 소비자들의 금융 생활은 그들의 다른 디지털 생활과 매우 밀접하게 연결되어 있으며, 그 정도는 기술에 더 친화적인 북미나 유럽 소비자들보다 훨씬 더 높다. 특히 위챗은 메시징 앱 또는 모바일 결제 솔루션에서 사용자를 위한 라이프스타일 플랫폼으로 발전하였다. 위챗 사용자는 연락처에 있는 사람에게 돈을 송금하고, 청구서에 청구된 돈을 지불하고, 금융 상품을 구매하고, 호텔과 택시를 예약하는 등, 한 플랫폼에서 다른 모든 서비스를 이용할 수 있다.

위챗은 공휴일 중에 개인들을 연결하는 데에도 중요한 역할을 한다. 2018년 구정 연휴 동안 6억 8천 8백만 명의 위챗 사용자가 디지털 빨간 봉투를 보내거나 받았다(중국에서는 친구, 가족, 동료들 사이에서 돈이 든 빨간 봉투를 주고 받는 전통이 있음).[14]

사용자들은 위챗이 제공하는 다양한 서비스를 활용하여 다른 플랫폼에서 하는 것보다 위챗에서 더 많은 시간을 보낼 수 있다. 위챗 사용자 3분의 1 이상이 하루 4시간 이상을 위챗에 있는 서비스를 이용하고 있으며, 매우 성공한 디지털 서비스로 인정받고 있는 페이스북의 사용자들이 하루 평균 22분 동안 페이스북에 머무는 것에 비하면 위챗의 이 수치는 엄청난 것이다.[15]

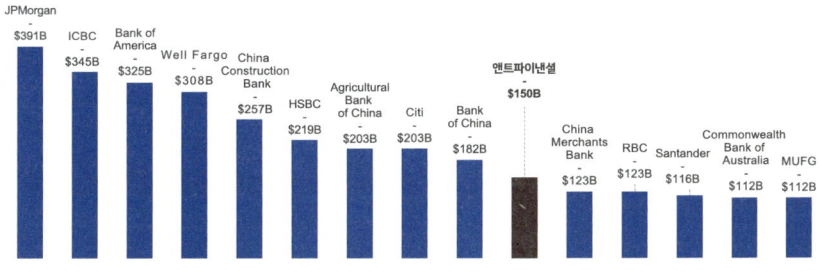

그림 5.1 금융 기관들의 시가총액(2018년); 앤트파이낸셜은 이제 세계 최대 금융 서비스 기업 중 하나다. 출처: "What The Largest Global Fintech Can Teach Us About What's Next In Financial Services," CB Insights Research, 2018년 10월 4일, https://www.cbinsights.com/research/ant-financial-alipay-fintech/

5.2.3 알리바바와 텐센트의 국제적인 확장

자국 시장을 장악한 중국의 테크핀은 국제적인 확장을 모색하기 시작했다. 현재 중국 외부에서 위챗을 사용하는 이는 7천만 명 이상이다(이 중에서 많은 이는 중국에 있는 사용자가 이용할 수 있는 서비스에 모두 접근하지는 못한다). 그리고 위챗 페이를 25개 나라에서 사용할 수 있으며, 위챗 페이는 아세안 국가를 중심으로 13개 통화를 지원한다.[16]

알리바바와 알리바바의 금융 서비스 중심 자회사인 앤트파이낸셜은 인도의 전자상거래 및 결제 기업인 페이티엠Paytm의 지분 62퍼센트를 보유하고 있는데,[17] 페이티엠의 분기당 처리 건수는 10억 건 이상이고 사용자 수는 1억 명 이상이다(그림 5.1 참고).[18]

현재 알리바바와 텐센트의 노력은 아시아에 중점을 두고 있는 것처럼 보이지만 중국 관광객을 위하여 호놀룰루에 알리페이 단말이 설치되었으며,[19] 런던 지하철에서 위챗 광고를 볼 수 있다.[20] 이런 점에서 볼 때 알리바바와 텐센트의 야심은 전 세계를 대상으로 하고 있는 것처럼 보인다.

5.3 중국 외부에서의 초기 테크핀 개발

대규모 기술 기업이 금융 서비스 영역으로 진출하는 사례로 볼 때 중국은 단연 전 세계에서 가장 앞서 있지만 중국이 유일하지는 않다. 전 세계의 기술 기반 대규모 기업은 알리바바와 텐센트의 모델을 모방하면서 그들이 앞서 간 경로를 세밀하게 살펴보고 있다.

가령 페이스북은 위챗과 같이 페이스북 사용자가 페이스북에서 결제를 하게 만드는 방법을 찾을 수 있다. 이 서비스가 미국과 영국에서 이미 시행 중에 있으며, 유럽과 인도로 확대할 계획이다.[21] 한국에서 가장 큰 모바일 메시징 앱 플랫폼인 카카오는 이 방법에 잠재력이 있다는 것을 보여주고 있다. 2017년 여름, 카카오는 디지털 뱅크를 오픈하였으며, 1주일 만에 백만 개의 계정이 만들어지고 10억 달러가 넘는 예금을 유치하였다.[22]

아마존이 금융 서비스 사업으로 진출할 가능성이 있다고 주장하는 사람들이 점점 더 많아지고 있다. 사실 아마존은 중소기업 대출 부문으로 이미 상당 부분 진출을 했다. 아마존은 2011년부터 자사 플랫폼에서 판매자들에게 1,000달러~750,000달러의 대출 서비스를 제공하고 있다.[23] 아마존은 아마존 플랫폼 판매자들의 대출 연장에 있어 이점이 될 데이터를 가지고 있다. 왜냐하면 아마존은 대출을 받으려는 회사뿐만 아니라 경쟁사의 과거 이력을 알 수 있으며, 더 나아가서 해당 기업이 속한 산업의 계절적 특징 같이 더 다양한 요소들도 파악할 수 있기 때문이다.

2017년 중반 기준으로 아마존의 이 서비스는 2만 곳 이상의 기업에게 30억 달러의 대출을 실행하였으며, 불과 1년 전에 10억 달러였던 것에 비해 크게 늘어난 수치다.[24] 게다가 이 서비스를 받은 사용자들의 만족도가 높았는데, 반 이상이 아마존에서 추가 대출을 받았다.

아마존은 대출 이외에 결제 영역에서의 혁신 기회를 모색하기 위해 다양한 시도를 반복해서 추진하고 있는데 아마존페이Amazon Pay나 아마존캐시Amazon Cash 같은 상품을 출시하였으며, 최근에 선보인 아마존고Amazon Go 서비스를 이용하면 개인이 계산대에서 비용을 지불하지 않고도 물건 구매에 필요한 결제를 진행할 수 있다.[25] 또한 아마존은 핀테크 투자를 많이 진행하고 있으며, 주된 대상은 신흥 시장의 핀테크 스타트업이다. 이 투자의 주된 목표는 소비자와 판매자가 아마존 플랫폼에 더 쉽게 접근할 수 있게 만드는 것이다.[26]

아마존 같은 기업이 금융 서비스로 진입할 때 기존 은행을 인수하거나 기존 은행과 같은 서비스를 만드는 방식을 취할 수 있으며, 이는 사람들에게 놀라운 소식이 될 것이다. 사실 2017년 초, 아마존이 미국 은행으로 신용카드 부문까지 있는 캐피탈원Capital One을 인수할 계획이라는 소문이 돌았다. 그러나 서구 국가들 중 많은 곳에서는 이러한 방식으로 금융 서비스에 직접 진입하는 일은 매우 어렵다. 특히 미국의 경우 이를 막는 법안이 여러 개 있다. 1956년에 만들어진 은행지주회사법Bank Holding Company Act과 1999년에 만들어진 그램-리치-블라일리법Gramm-Leach-Bliley Act은 은행과 산업 간 장벽을 강력하게 만들었다.[27]

위에서 언급한 방식과 같이 기술 기업이 금융권으로 공격적으로 진입하는 방식은 서구의 테크핀과는 무관한 방식이 될 것이다. 애플, 아마존, 구글, 페이스북 같은 기업은 조직 특성상 금융 상품의 특징과 금융 가치 사슬에서의 위치를 선택하는 데 있어 우월적인 특권을 가지고 있다. 따라서 이들 조직은 가장 큰 부담이 되는 금융 규제를 피할 수 있으며, 새로운 인프라를 아예 처음부터 만들어야 하는 과제를 떠안지 않아도 된다. 또한 기존 금융 기관이 보유하고 있는 핵심 상품을 판매함에 있어 가장 중요하다고 볼 수 있는 고객 신뢰와 역량 수립에 있어서도 좋은 위치를 점하고 있다.

6장
금융 생태계 구조의 변화

벤처에 대한 광범위한 지원과 함께 새로운 핀테크 기업이 나오고 있으며, 은행은 자체적으로 새롭게 변화할 방법을 찾고 있으며, 기술 기업은 핀테크가 되기 위한 노력을 기울이고 있다. 이런 전반적인 상황 속에서 금융 서비스 비즈니스가 빠르고 혁신적인 변화로 나가고 있는 것은 확실해 보인다. 그러나 이 변화가 어떻게 진행될 것이며, 내일의 금융 생태계는 어떤 모습을 보일 것인가? 이에 대한 답이 간단해 보이지는 않는다. 그리고 경쟁자들 중 어느 한 곳이 승부 없는 승자가 될 가능성도 희박하다. 세 유형의 조직은 지금보다 더 경쟁적인 지형에서 각자 고유한 역할을 할 가능성이 있다.

파트 2의 앞 장들에서 핀테크 기업들이 서로 어떻게 협력할 수 있는지(예: N26과 트랜스퍼와이즈 사례), 그리고 기존 금융 기관이 핀테크 기업과 어떻게 협력 관계를 모색하는지(예: 제이피모간체이스와 온덱캐피탈 사례)를 살펴보았다. 그런데 은행과 테크핀, 혹은 테크핀과 핀테크 사이의 파트너십은 어떻게 될까?

6.1 테크핀과 기존 금융 기관의 협업

대규모 기술 기업과 기존 금융 기관이 협업한 사례를 이미 많이 보고 있다. 이러한 협업에서 기술 기업이 중심 역할을 맡고 금융 기관이 핵심 벤더가 된다. 뒤에서 살펴보겠지만 대규모 기술 기업의 클라우드 컴퓨팅 서비스는 기존 금융 기관의 기술 전략에 있어 중심이 되고 있다. 특히 인공지능을 활용하는 전략을 앞세우려는 금융 기관에게 있어 클라우드 컴퓨팅은 매우 중요하다.

다른 경우에 기술 회사의 물리적 디바이스가 전 세계 모든 곳으로 확산되면서 협업이 이루어지기도 한다. 가령, 많은 금융 기관은 아마존의 에코*Echo* 스마트 스피커용 스킬 팩을 구축하였으며, 이 기기에서 잔액 확인 및 포트폴리오 업데이트를 처리할 수 있게 하였다. 또한 이러한 파트너십의 또 다른 예로 애플 페이를 들 수 있다. 애플은 자사의 모바일 결제 시스템을 배포함에 있어서, 기존 결제 시스템을 완전히 배제하기 보다는 현재 구축되어 있는 결제 인프라를 활용하고 은행과 수수료 수익을 공유하는 방식으로 협업 모델을 수립하였다.

마지막으로, 더 야심 찬 파트너십 사례로써 아마존, 제이피모간, 버크셔 해서웨이*Berkshire Hathaway*가 2018년에 발표한 파트너십이 있는데, 이의 주된 방향은 미국 근로자의 의료 서비스 개선 및 의료 비용 절감이었다.[01] 물론 파트너십의 목적이 분명하지는 않지만 이 세 업체의 관심은 미국의 거대한 건강 보험 시장을 와해하기 위한 실험에 있다.

6.2 테크핀과 핀테크의 협업

핀테크와 대규모 기술 기업 사이에 협업 사례는 거의 없지만 두 유형의 기업이 보완 관계에 있는 것은 명확하다. 핀테크가 직면한 난관을 조사한 결과에 따르면 고객을 확보하고 규모성을 달성하는 것이 핀테크의 성공에 있어서 큰 장벽이라는 점을 기억하기 바란다. 핀테크 기업이 금융 상품을 유통하기 위한 플랫폼을 확보하려면 고객층과 기술력이 탄탄해야 하며, 이를 갖춘다면 기존 금융 기관의 상품을 유통할 수 있는 역할을 맡을 수도 있다.

이것이 어떻게 작동하는지 상상하려면 오늘날 아마존이 어떻게 운용되는지 생각하면 된다. 아마존은 수많은 상품을 판매하지만 그 상품들을 제조하지 않는다. 그 대신 아마존은 다른 제조업체에서 만든 상품을 판매하고 배송하는 플랫폼으로서의 역할을 담당한다. 또한 아마존은 개인 성향 및 리뷰를 활용하여 개인에게 맞는 상품을 권고하고 추천함으로써 고객이 광활한 제품 세계를 잘 돌아다닐 수 있도록 지원한다. 아마존의 이 플랫폼 모델을 테크핀에서 활용하면 어떻게 될까? 엄격한 규제를 받는 금융 기관이 만든 금융 상품을 유통시키는 플랫폼을 만들 수 있고, 고객의 니즈에 가장 부합되는 금융 상품을 찾는 데 도움이 되는 권고안을 고객에게 제공할 수 있지 않을까?

이러한 예가 중국에서 이미 운용되고 있다. 텐센트의 자산 관리 상품 플랫폼에서 사용자들은 수많은 기존 펀드 매니저가 운용하는 100개 이상의 상품을 접할 수 있다.[02] 이와 관련해서 위챗은 자산 관리 상품 유통에 있어 핵심이 될 수 있다. 즉 위챗을 이용하면 백오피스 자산 관리 기능을 구축하거나 전문 인력을 고용하지 않아도 된다.

많은 사람들은 기존 금융 기관, 핀테크 기업, 테크핀 기업 사이에서 일어나고 있는 경쟁의 다음 영역은 이러한 플랫폼을 구축하고 통제하는 것이라고 주장하고 있다. 북미와 유럽의 기존 일반 은행들은 기술 기업이 이러한 플랫폼을 구축할 경우 자신들의 개인 및 기업 고객을 기술 기업에게 빼앗기고 가격 통제 기능도 넘어가지 않을까 우려하고 있다.[03] 결과적으로, 자사 및 다른 곳의 금융 서비스를 공급할 수 있는 플랫폼으로 은행 조직을 발전시키는 것이 은행의 핵심 우선순위라고 적시하고 있는 은행이 점점 더 많아지고 있다.[04, 05]

플랫폼 우위를 점하기 위한 경쟁이 향후 몇 년 안에 어떻게 진행될지 명확하지 않다. 기술 기업과 기존 금융 기관은 각기 다른 장점과 단점을 안고 있다. 결과가 어떻게 되든 플랫폼이 발전한다면 상품을 최종 소비자 손에 전달하는 것이 원활해지므로, 그 자체가 핀테크에게는 좋은 소식이 될 것이다. 또한 플랫폼 안에서 가용 제품의 범위가 넓어지고, 가치 있는 권고안이 제공되며, 가격 및 고객 맞춤에 있어 더 큰 경쟁이 이루어질 것이므로 최종 승자는 고객 자신이 될 것이다.

7장

금융 혁신과 금용 포용

신기술 및 핀테크 혁신 기업은 금융 포용이라는 심각한 문제 해결에 있어 중요한 역할을 하고 있다. 전 세계 성인 인구 중 상당수인 약 30억 명은 은행 서비스를 이용하지 못한다.[01] 이는 이들에게 은행 계좌가 없거나 어떠한 뱅킹 서비스에도 접근하지 못한다는 것을 의미한다.

이것이 개발도상국에 국한된 문제로 생각하고 싶겠지만 선진국에 살고 있는 사람들도 직면하고 있는 심각한 이슈라는 점을 깨닫는 것이 중요하다. 마이애미나 디트로이트 같은 도시의 가구 중 20퍼센트는 은행 계좌 없이 살고 있다.[02] 미국의 경우 최대 1억 3천만 명이 은행 거래를 하지 못하거나 언더뱅크 상태인 것으로 추정되고 있으며, 이들은 금융 시스템에 편입되지 못한 채 높은 비용의 금융 상품에 의존하고 있다.[03]

7.1 금융 포용을 이끄는 핀테크

지난 10여 년 동안 핀테크 혁신은 금융 포용 추구에 크게 기여했다. 이와 관련하여 가장 유명한 예는 모바일 송금 및 뱅킹 서비스인 엠페사*M-Pesa*일 것이다.

엠페사는 모바일 네트워크 사업자인 사파리콤Safaricom이 2007년에 시작한 서비스이며, 사용자는 은행 계좌 없이 모바일 폰으로 돈을 입금, 송금, 출금할 수 있다.[04] 이 서비스는 케냐의 금융 지형을 바꾸었다. 2000년에 케냐 인구 중 27퍼센트만 은행을 이용했지만 이제 그 비율은 80퍼센트가 되었으며,[05] 케냐 GDP 중 최소 40퍼센트가 엠페사를 통해 전송되고 있는 것으로 추정된다.[06]

유비쿼터스 디지털 결제 출현으로 인해 케냐 국민들은 일상적인 거래에서 현금을 사용할 필요성이 크게 줄었다. 현금이 필요할 때는 케냐 전역에 깔려 있는 130,000개 이상의 실제 에이전트에서 출금할 수 있다.[07] 액센츄어Accenture와 스탠다드뱅크Standard Bank의 연구에 따르면 아프리카 대륙에 살고 있으면서 은행을 이용하지 못하는 인구의 70퍼센트가 은행에 가기 위해서만 한달치 이상의 월급을 지출해야 한다는 사실이 밝혀졌다는 점에서 이러한 새로운 움직임은 중요하다.[08]

또한 도시에 살고 있는 사람이 시골 고향으로 돈을 저렴한 비용으로 송금함으로써 케냐인의 삶에 긍정적인 영향을 미친다. 더불어, 현금을 들고 가다가 잃어버리는 위험도 줄일 수 있다.[09] 2016년 MIT 연구에서 엠페사가 케냐 가구 중 2퍼센트를 빈곤 가구에서 벗어나게 할 것으로 보았으며, 이러한 점에서 볼 때 엠페사가 케냐인의 일상적인 삶에 큰 영향을 미친 것은 사실이다.[10] 케냐의 이러한 성공 사례는 다른 나라에서도 나타나고 있다. 엠페사 자체는 서비스를 확대해 왔으며 지금은 10개 이상의 나라에서 3천만 명 이상의 사용자를 확보하고 있다.[11] 비캐시bKash 같은 다른 핀테크 혁신 기업도 등장했는데, 비캐시는 2011년에 출범한 방글라데시 모바일 머니 서비스로써 현재 2천 4백만 명 이상의 개인이 사용하고 있다.[12] 이는 방글라데시 전체 인구인 1억 6천만 명의 15퍼센트에 해당하는 수치이다.[13] 게다가 인터미디어 방글라데시 금융 포용 인사이트InterMedia Bangladesh Financial Inclusion Insights 서베이에 따르면 2016년 9월 기준으로 방글라데시 국민 중 약 39퍼센트가 비캐시를 통해 모바일 머니를 사용하는 것으로 나

타났다.[14]

국내 결제 네트워크가 이렇게 개선되는 것 외에, 해외 송금 비용 절감 및 접근성 개선도 금융 포용에 큰 영향을 미쳤다. 해외에서 일하는 개인이 개발도상국에 있는 개인에게 송금하려면 높은 수수료를 내야 한다. 특히 아프리카로 돈을 보내려면 수수료가 더 높다. 세계은행의 이민 및 송금 연보*Migration and Remittance Factbook*에 따르면 사하라 사막 이남 아프리카의 평균 송금 비용은 19퍼센트에 달할 수 있다.[15] 해외 결제가 핵심인 월드레밋*WorldRemit*과 아지모*Azimo* 같은 서비스는 송금 비용을 줄이며, 개발도상국에서 광범위하고도 유익한 사회적 영향을 미칠 수 있다. 그러나 신기술로 금융 포용을 지원하는 것은 사회적으로 긍정적인 영향력을 이끌어 내는 기회에 머물지 않고 그 이상의 결과를 낸다. 여기에는 중요한 비즈니스 기회가 있으며, 기존 은행과 중국 테크핀 거대 기업 모두 이것에 점점 더 많은 관심을 기울이고 있다. 일례로, 2018년에 스탠다드차타드*Standard Chartered*는 나이지리아에 디지털 은행을 설립하고, 곧 바로 가나와 코드디부아

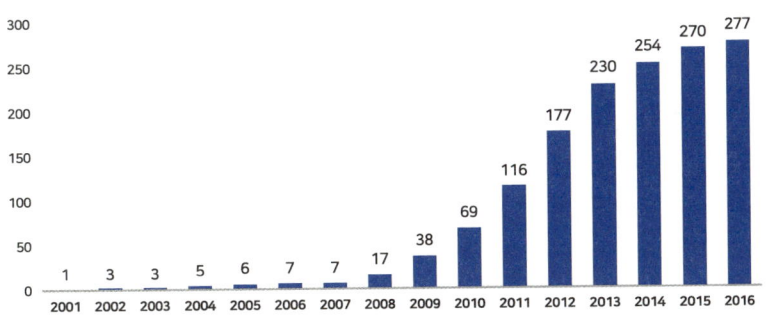

그림 7.1 전 세계적으로 운용되고 있는 모바일 머니 서비스 개수; 엠페사의 성공에 힘입어 2008년 이후 전 세계적으로 모바일 머니 서비스 수가 폭발적으로 증가했다. 출처: "State of the Industry Report on Mobile Money" (GSMA, 2017), https://www.gsma.com/mobilefordevelopment/wp-content/uploads/2017/03/GSMA_State-of-the- Industry-Report-on-Mobile-Money_2016.pdf

르에도 설립할 것이라고 발표했다.[16] 한편, 같은 해 4월에 알리바바의 자회사로 알리바바의 여러 서비스들 중 알리페이를 운영하는 앤트파이낸셜은 비캐시 지분 10퍼센트를 인수하고[17] 방글라데시의 금융 소외 계층을 위한 금융 포용을 추진하겠다고 발표했다.[18]

7.2 핀테크 솔루션 활성의 원동력, 정부

금융 포용을 이끄는 핀테크 혁신의 활성화에 있어 국가 이니셔티브와 정부 정책이 중요한 역할을 할 수 있다. 국제금융공사IFC: International Finance Corporation의 한 사례 연구에 따르면 정부 규제 지원에 의해 엠페사가 촉진되었다고 한다. 특히 케냐 중앙은행은 사파리콤과 협력하여 엠페사 서비스 활성화에 긍정적인 역할을 담당했다.[19]

지난 10여 년 동안 금융 포용 지원과 관련해서 가장 영향력 있는 정부 프로그램은 인도의 아드하르Aadhaar 이니셔티브로, 이의 목표는 10억 명이 넘는 전체 인구에게 디지털 ID를 제공하는 것이다.

2009년에 인도 정부는 국민 개인에게 12자리 '고유한 식별 번호'를 중앙 정부에서 발급할 계획을 세웠으며, 이를 위한 생체 인식 시스템을 구축하기 위해 UIDAIUnique Identification Authority of India를 만들었다.[20] 이 프로그램은 12억 명의 인도 국민이 등록할 정도로 대성공이었으며,[21] 이는 인도 인구의 90퍼센트에 해당하는 수치다.

인도 정부의 여러 부처는 아드하르을 통한 온라인 결제 채널, 고객 및 문서 검증 절차, 기타 디지털 플랫폼의 생성 및 사용을 장려했다.[22] 이러한 이니셔티브를 지원하기 위해 인도 스택India Stack이라는 오픈형 APIapplication programming *interface*를 개발했다. 이 API는 네 개의 핵심 계층과 이를 지원하는 소프트웨어로 구성되어 있으며, 네 계층은 무서류 계층*paperless layer*, 무참석 계층*presenceless layer*, 무현금 계층*cashless layer*, 합의 계층*consent layer*이다.

이 시스템에서 디지털 검증은 아드하르를 통해 이루어진다. 이 시스템의 주된 목표는 현금 없는 온라인 결제 시스템이며, 사용자는 이 시스템을 통해 일

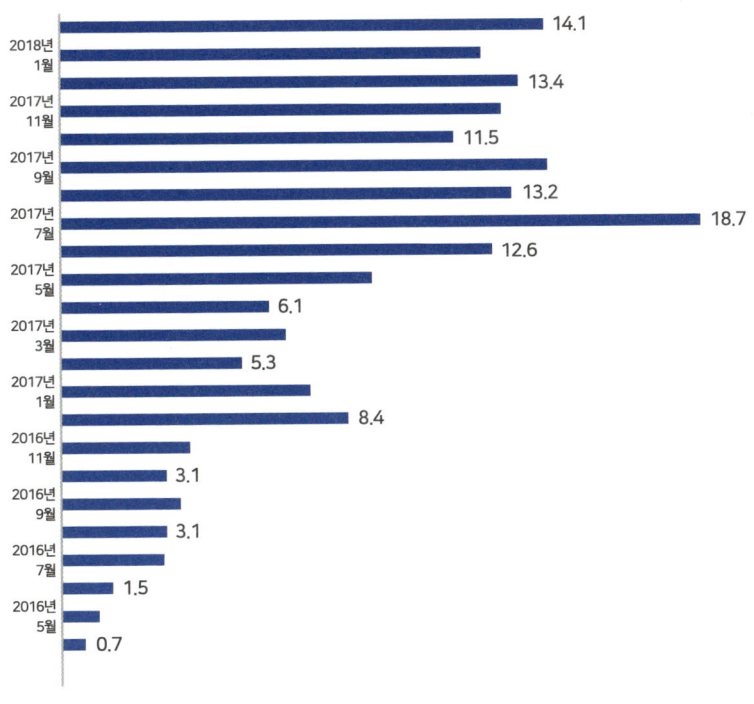

그림 7.2   아드하르 전자 고객확인절차 월별 인증 성공 횟수; 인도의 아드하르 ID 프로그램을 통해 고객확인절차에 더 빠르고 쉽게 접근할 수 있으며, 이를 통해 금융 포용을 촉진하였다. 출처: Ronald Abraham et al., "State of Aadhar Report 2017–18" (ID Insight, 2018년 5월), https://stateofaadhaar.in/wp-content/uploads/State-of-Aadhaar- Report_2017-18.pdf

상에서 이루어지는 다양한 거래를 처리한다.[23] 가령, 인도 최고의 모바일 지갑인 페이티엠의 2억 8천만 사용자는 자신의 아드하르 카드 정보를 페이티엠과 공유하여 '고객확인절차'를 온라인상에서 처리할지 여부를 선택할 수 있다.[24]

이런 시스템에서 개인정보보호 관련 이슈가 계속 제기되는 것은 어쩔 수 없다.[25] 2018년 9월, 인도 대법원은 전환점이 되는 판결을 내렸는데, 아드하르법 Aadhaar Act이 유효하지만 통신 회사, 전자상거래 기업, 은행을 포함한 민간 기업이 고객에게 서비스를 제공하기 위해 아드하르가 가진 고객 정보를 획득할 필요가 없다는 것이었다. 이와 동시에 인도 대법원은 강력한 데이터 보호의 중요성을 강조했다.[26]

결론적으로, 인도 정부는 고객이 자신의 데이터를 선택하고 공유하는 방법과 대상을 자유롭게 정할 수 있도록 하였으며, 이렇게 함으로써 인도는 금융 포용 과정에 국민이 참여할 수 있는 권한을 부여했다. 게다가, 아드하르와 인도 스택India Stack 이니셔티브의 성공 모델은 국민들의 금융 포용을 장려하고 싶은 다른 나라 정부가 면밀히 검토할 수 있는 흥미로운 템플릿이 되었다.

파트 3

가상자산 기초

최근 몇 년 동안 놀랍고 흥미로운 주제인 가상자산에 대한 대중과 미디어의 관심은 폭발적으로 증가했다. 가상자산이 복잡한 수학을 탐닉하면서 스스로를 사이퍼펑크라고 부르는 공동체에서 처음 나왔음에도 불구하고 비트코인, 블록체인, ICO, 돈의 본질에 대한 논의는 저녁 뉴스와 가족의 저녁 식탁에 흔히 올라오는 주제가 되었다.

이 기술이 금융 서비스에 미칠 잠재적 영향을 평가하려면 우선 금융 서비스의 기본 사항을 이해해야 한다. 파트 3의 장들에서는 비트코인의 기본 작동 원리를 살펴보고, 다양한 가상자산을 어떻게 분류하는지 설명한다. 또한 가상자산 경제에 필수적인 서비스를 제공하는 이해관계자들의 생태계가 어떻게 진화하고 있는지를 알아보고, 금융 시스템 재편과 관련해서 가상자산이 마주하고 있는 수많은 규제, 조직, 기술적인 과제들을 살펴본다.

가상자산 세계에 대한 논의가 진행될 때 종종 비트코인 같은 주요 자산에 초점이 맞춰지거나 일반적으로 가상자산*cryptocurrency*이라는 용어가 사용된다. 그러나 뒤에 나오는 장들에서 논의하겠지만 이 혁신 생태계는 비트코인에 머물러 있지 않고, 디지털 통화*digital currency*라는 개념도 뛰어넘는 광범위한 사용 사례로 가득 차 있다. 이에 우리는 현재 일어나고 있는 혁신적인 스펙트럼을 담기 위해 가상자산*crypto-asset*이라는 단어를 사용한다.

8장

암호기술과 암호화의 기본

가상자산crypto-asset에 관한 관심이 높아지는 이유와 가상자산이 금융 시스템을 변화시킬 잠재력을 가지고 있다는 견해를 정확히 이해하기 위해 '가상자산'이라는 용어에서 먼저 크립토crypto 부분, 즉 가상자산을 가능케 하는 '암호기술'이 무엇인지 알 필요가 있다.

이 책에서 암호기술의 세부 특징과 각종 암호화 기법을 기술적으로 다룰 생각은 없다. 그러나 암호기술과 암호화가 '가상자산'의 근간이 되므로 기본 개념 정도는 다룰 필요가 충분히 있다(더 자세히 알고 싶으면 온라인 블로그와 학술 문헌이 많으므로 참고하기 바란다).[01] 이번 장에서는 암호기술의 기본 개념을 살펴본다. 그리고 암호기술을 활용하여 디지털 결제 시스템을 어떻게 만들 수 있는지를 살펴본다.

8.1 초기의 암호화

고대 그리스어 단어인 kryptos(숨겨진 비밀)와 graphein(쓰기)에서 유래한 암호기술cryptography의 연구와 실전 기법의 주된 목적은 '안전한 통신'이다.[02]

가장 잘 알려진 암호기술은 암호화encryption다. 암호화에서는 먼저 메시

지나 정보를 코드화encoding한다. 그리고 인가받은 상대방만 코드화된 메시지나 정보에 접근할 수 있고, 인가받지 않은 사람은 접근할 수 없다.[03]

암호화 기법은 수 세기 동안 사용되었다. 줄리어스 시저는 기본적인 암호화 기법을 사용하여 장군들에게 자신의 계획을 알렸다. 시저는 원래 표현하려는 알파벳 다음의 세 번째 알파벳으로 편지를 썼다.[04] 가령, ABC를 쓰고 싶으면 DEF라고 쓰는 식이었다. 나치 독일도 에니그마Enigma를 사용하여 메시지를 암호화하였는데, 앨런 튜링Alan Turing과 그의 팀이 에니그마 암호를 해독하여 연합군의 2차 세계대전 승리에 도움을 주었다.[05]

암호화 종류는 다양하다. 가령, 가장 기본적인 유형으로 대칭 암호화symmetric encryption가 있다. 대칭 암호화에서는 발신자와 수신자가 동일한 키를 공유한다.

줄리어스 시저가 사용한 암호화 기법을 가지고 간단한 예를 하나 들어보자. 앨리스와 밥이 비밀 메시지를 주고 받고 싶어한다고 가정하자. 둘은 사전에 만나서 앨리스가 a라고 쓰면 밥이 d라고 읽고, 앨리스가 b라고 쓰면 밥은 이것을 e로 읽는다고 약속한다. 즉, 둘 사이의 모든 통신에서 기본적으로 플러스 3plus 3 규칙을 적용하기로 한다. 이 경우에 이 둘은 동일한 키key를 사용한 것이 된다. 즉, 플러스 3 규칙이 동일한 키가 되는 셈이다.

물론 이 암호화 방법은 지금 나와 있는 기술로 쉽게 해독될 수 있기 때문에 요즘에는 사용되지 않는다. (가령, 플러스 3 규칙을 찾을 때까지 시나리오들을 계속 만드는 식으로 해서 키를 찾고 암호를 해독할 수 있다.) 더 나아가서 키 관리key management 방식을 활용할 수도 있다. 앨리스가 밥 외에 다른 친구들과 비밀리에 연락하고 싶을 경우 다른 친구들과 각각 별도의 키를 공유할 수 있으며, 이렇게 되면 앨리스가 다른 친구들에게 보낸 비밀 메시지를 밥은 읽을 수 없다. 그런데 앨리스와 밥 이외에 비밀 메시지를 주고받을 대상이 많아지면 키 관리 시스템은 매우 복잡해져서 관리가 어려워질 수 있다. 또한 플러스 3이 마법의 키라는 것을 서로 약속하기 위해 처음에 한번은 소통을 해야 한다. 이 첫 번째 소통을 비밀스럽게 하는 방법을 찾는 것도 해결해야 할 문제가 된다. 여기서 아주 단순화해서 설명했으며, 대칭 암호화의 해결 과제로 이런 것들이 있다는 정도로, 그리고 대칭 암호화 방법이 1976년 전까지 주요 암호화 방법들 중 하나였다는 것 정도만 이해하기 바란다.[06]

8.2 비대칭(공개 키) 암호화

1976년에 획기적인 논문이 나왔다. 암호학자인 휫필드 디피Whitfield Diffie와 마틴 헬만Martin Hellman은 비대칭asymmetric 암호화 개념을 제안했다(비대칭을 공개 키public key라고도 한다). 이 암호화 기법에서는 다르지만 수학적으로 관련이 있는 두 개의 키를 사용한다. 즉, 하나는 공개 키public key이고 다른 하나는 개인 키private key이다. 이름에서 알 수 있듯이 공개 키는 모든 사람이 보고 사용할 수 있는 공개된 키이다. 이에 반해 개인 키는 다른 사람들이 볼 수 없는 키이다. 공개 키는 수학적으로 개인 키에서 파생되며, 누군가가 여러분에게 메시지를 보낼 때 사용하며, 개인 키를 가지고 있는 여러분만 그 메시지를 해독할 수 있다. 제 3의 누군가가 암호화된 메시지를 중간에 가로채더라도 암호화된 메시지에 붙어 있는 공개 키와 수학적으로 관련이 있는 개인 키를 가지고 있지 않는 한 암호화된 메시지를 해독할 수 없다.

위의 설명처럼 되려면 개인 키에서 공개 키를 생성하는 수학 알고리즘이 있어야 한다. 그런데 위의 설명과 정반대처럼 하는 것, 즉 공개 키를 가지고 개인 키를 추론하는 것은 수학적으로 불가능하다는 점이 중요하며, 이것이 핵심이다. 다행스럽게도 위의 설명과 같이 할 수 있는 수학 알고리즘이 많이 있다. 가장 널리 사용되는 수학 알고리즘으로 RSA가 있다. RSA라는 이름은 1978년에 이 알고리즘을 처음 공개한 Rivest, Shamir, Adleman의 이름 첫 알파벳을 따서 만들어졌다.[07]

비트코인이 사용하는 알고리즘은 ECDSA*Elliptic Curve Digital Signature Algorithm*이며, 이 알고리즘에서는 개인 키를 사용해서 공개 키를 만들 수 있다.[08] 그리고 공개 키를 활용해서 여러분 자신의 비트코인 주소를 만들 수 있다. 그러나 여러분의 공개 키를 가진 누군가가 여러분의 개인 키를 추정하는 일은 불가능하다. 이에 대해서는 뒤에서 더 자세히 설명한다.

8.3 가상자산에 대한 초기 실험

암호기술은 주로 군사용으로 개발되었지만 1970년대에 들어서면서 암호기술의 활용 사례가 다른 분야로 점점 더 넓어졌다.[09] 1985년에 미국의 컴퓨터 과학자이자 암호학자인 데이비드 차움*David Chaum*은 논문, Security without identification: Transaction systems to make big brother obsolete에서 사용자 익명성을 보장하기 위해 암호기술을 사용한 전자 현금 시스템을 발표했다.[10] 4년 후 전자 결제 회사인 디지캐시*Digicash*를 설립했으며, 이 회사의 이용자들은 보안성과 익명성이 완전히 확보된 방법으로 온라인 거래를 할 수 있게 되었으며, 여기에는 최신 공개/개인 키 암호기술이 사용되었다. 그의 회사가 결과적으로 성공하지는 못했지만 그의 노력은 지금의 블록체인과 가상자산의 토대가 되었다. 흥미롭게도 차움은 2018년에 엘릭서*Elixxir*라는 새로운 프로젝트를 가지고 컴백하였다.[11]

1990년대에 사이퍼펑크*cypherpunk* 운동이 일어났고 가상자산이 공식적으로 처음 만들어지는 단계로 접어들었다. 차움이 진행한 작업은 은퇴한 세 명의 전문가, 즉 에릭 휴즈Eric Hughes, 티모시 시. 메이Timothy C. May, 존 길모어John Gilmore에게 큰 영감을 주었는데 이 세 사람은 컴퓨터 과학, 수학, 암호기술 분야의 전문가였다. 이들은 차움의 연구 결과를 시작점으로 해서 샌프란시스코에서 정기적으로 토론 모임을 가졌으며, 이 모임은 사이퍼펑크라는 온전한 이름을 가진 운동으로 빠르게 진화하였다. 사이퍼펑크는 본질적으로 사이버 공간의 자유를 옹호하였으며, 1997년에 사이퍼펑크 메일링 리스트Cypherpunks Mailing List 구독자가 약 2,000명에 이르렀다.[12] 1993년 3월, 에릭 휴즈가 발행한 사이퍼펑크 선언문A Cypherpunk's Manifesto에 설명된 것처럼[13] 사이퍼펑크의 목표는 개인에게 프라이버시와 자유를 되돌려주는 것이었다. 휴즈는 개인과 기관 사이의 용이한 대화를 위해 익명 트랜잭션을 허용하는 시스템을 만들 것을 제안하였다.

> 정부, 기업, 기타 익명의 거대 조직은 우리의 프라이버시를 완전히 지켜주지 않는다. 그들의 주된 관심은 그들 자신의 이익이며, 우리에게 말하는 것도 그들 자신의 이익을 위해서이며, 우리는 그저 그들이 말해 줄 것을 기대하고 있어야 한다(사이퍼펑크 선언문 중에서).

시간이 지나면서 사이퍼펑크는 여러 개의 프로젝트로 발전하였으며, 이들 프로젝트는 비트코인과 다른 가상자산의 전신이라고 쉽게 인식할 수 있는 특징을 띠었다. 가장 주목할 만한 두 예로 1997년 아담 백Adam Back이 제안한 해시캐시Hashcash[14]와 1998년 웨이 다이Wei Dai가 제안한 비머니B-money[15]가 있다. 해시캐시는 이메일마다 디지털 스탬프를 첨부해서 이메일 스팸을 줄이기 위해 설계되었다. 디지털 스탬프는 스팸을 보내는 사람의 컴퓨터 CPU가 스팸을 성공적으로 보내기 위해 무언가를 하게 만든다. 스팸을 보내는 사람은 매우 적은 비용 혹은 비용을 전혀 들이지 않고 방대한 양의 이메일을 보내야 하는데 디지털 스탬프로 인해 자신의 컴퓨터 CPU가 많은 일을 하게 되어 스팸을 보내는 일이 비경제적이라는 판단이 들면 결과적으로 스팸을 보내지 않게 된다는 것이 해시캐시의 원리다. 비머니는 원래 익명성과 분산성을 확보한 추적할 수 없는 디지털 가

명 그룹이 외부 도움 없이 서로 돈을 지불하고 거래할 수 있게 만든다는 계획에 대한 두 가지 제안서가 있던 짧은 문서였다.[16] 이 두 프로젝트의 성공은 제한적이었지만 비트코인 오리지널 백서에 둘 다 참고문헌으로 들어갔으며, 상세한 내용은 뒤에서 자세히 설명한다.

9장

비트코인의 태동

비트코인이 만들어진 것을 이해하는 데 있어 맥락이 중요하다. 2008년, 전 세계는 대공황 이후 가장 큰 금융 위기를 겪고 있었다. 164년의 명문 투자은행인 리먼브라더스*Lehman Brothers*가 파산 보호를 신청했고, 미국 최대 보험회사인 AIG*American International Group*는 뉴욕연방준비은행*New York Federal Reserve Bank*에서 850억 달러 규모의 구제 금융을 받았다. 혼란이 금융 시스템에서 경제 전반으로 퍼져 나가면서 일부는 직장을 잃었고 어떤 이들은 평생 모은 재산을 잃기도 했다. 이러한 위기를 촉발시킨 것으로 보이는 금융 부문에서 일하는 이들을 향한 항의와 비난이 쏟아졌다. 그리고 금융 시스템의 구조를 완전히 다시 생각해야 할지 의구심을 품기 시작하는 사람들이 많이 생겼다. 이번 장에서는 익명의 백서에서 다른 방식의 결제 및 가치 저장 시스템을 가정한 비트코인이라는 새로운 기술이 어떻게 제안되었는지를 살펴본다. 백서의 내용과 비트코인 프로토콜의 기본 작동 원리를 살펴볼 것이다. 또한 비트코인 커뮤니티가 직면한 과제와 성장 과정을 설명한다.

9.1 비트코인 백서

리먼브라더스가 파산한지 두 달이 채 되지 않은 2008년 10월 31일, 사토시 나카모토*Satoshi Nakamoto*는 Bitcoin: A Peer-to-Peer Electronic Cash System(비트코인: P2P 전자 화폐 시스템)이라는 제목의 백서를 전 세계에 발표했다. 흥미롭게도 bitcoin.org 도메인은 불과 몇 주 전 anonymousspeech.com에 등록된 상태였는데, 이 사이트는 도메인 이름을 익명으로 등록할 수 있는 곳이다.[01]

나카모토가 백서에서 소개한 시스템은 신뢰trust 대신 암호학적 증명cryptographic proof을 기반으로 하는데, 신뢰받는 3자 없이도 두 당사자가 직접 거래할 수 있게 한다.[02] 이것은 혁명적이었다. 불과 9페이지 밖에 되지 않는 백서에는 금융 기관을 거치지 않고도 한쪽에서 다른 쪽으로의 직접적인 온라인 결제가 가능한 순수한 P2P 전자 화폐의 실현 방안이 설명되어 있었다. 이것이 나카모토의 백서가 암호 커뮤니티에서 신성한 문서가 된 이유이다.

백서의 요약본은 다음과 같다.

순수한 P2P 버전의 전자 화폐를 이용하면 금융 기관을 통하지 않고도 온라인 결제를 한쪽에서 다른 쪽으로 직접 전송할 수 있다. 디지털 서명이 해결책의 일부가 되지만 이중 지불double-spending 방지에 신뢰받는 3자가 필요하다면 주된 이점을 잃게 된다. 우리는 이중 지불 문제의 해결책으로 P2P 네트워크 사용을 제안한다. 해시를 기반으로 한 작업 증명의 연속 체인으로 트랜잭션을 해시함으로써 트랜잭션에 네트워크 타임스탬프를 찍으며, 이렇게 하면 작업 증명을 재연하지 않고는 레코드를 변경할 수 없게 된다. 가장 긴 체인은 목격된 이벤트의 순서를 증명할뿐만 아니라 CPU 성능이 가장 크다는 것을 증명한다. 대부분의 CPU 성능이 네트워크 공격에 협력하지 않는 노드들에 의해 제어되는 한 가장 긴 체인이 생성될 것이고 공격자들을 능가할 것이다. 네트워크 자체는 최소한의 구조를 필요로 한다. 메시지는 최선의 방식으로 브로드캐스팅되며, 노드들은 의지에 따라 네트워크를 떠났다가 다시 참여할 수도 있다. 이 경우 작업 증명 체인은 길어질 것이며, 네트워크를 떠난 동안 무엇이 있었는

지를 입증하는 수단이 된다.03

비트코인이 가져온 혁신을 논하기 전에 주된 해결 과제였던 '금융 기관에 대한 의존성' 문제를 이해하는 것이 중요하다. 사토시는 비트코인 백서의 첫 줄에서 다음 내용을 재확인한다. "금융 기관이 전자 결제를 처리하기 위한 신뢰받는 3자로서의 기능을 수행하는 상황에서 인터넷에서의 상거래는 거의 전적으로 금융 기관에 의존해 왔다."04

박스 9.1 사토시 나카모토는 누구인가?

나카모토 사토시는 비트코인 백서의 저자다. 우리는 아직도 그가 남자인지, 여자인지, 여러 명으로 구성된 그룹인지 알지 못한다.

사토시는 비트코인톡Bitcointalk을 포함하여 여러 블로그와 포럼에서 활동하였으며, 첫 글을 올리면서 활동을 시작할 때 사토시satoshi라는 필명을 이용했다.05 그는 "다른 일을 해야 한다"며 활동을 갑자기 중단하기 전까지 비트코인 생태계에서 활발하게 활동했다.06

진짜 사토시를 찾기 위한 수많은 시도가 있었다. 많은 사람은 사토시가 올린 게시물의 시간을 분석하여 그가 어디에 사는지(GMT 오전 5시에서 오전 11시 사이에 올린 게시물이 거의 없음) 또는 그의 언어 스타일(optimise나 colour 같은 단어에서 영국 철자 사용)을 추정하려고 했지만 이러한 것들은 쉽게 오해를 불러일으킬 여지가 있었다.07 온라인에서 사토시와 교류한 몇몇 사람들은 사토시가 "이상하고 편집증적이며 거만하다"는 경험담을 공유했다.08

할 피니Hal Finney나 닉 사보Nick Szabo 같이 사토시일 가능성이 있는 것으로 자주 회자되는 여러 사람들은 암호 분야 초기 개척자다. 호주의 컴퓨터 과학자인 크레이그 라이트Craig Wright 박사처럼 사토시라고 주장하는 또 다른 사람들은 암호학계에서 회의적인 시선을 받고 있다. 또한 뉴스위크처럼 진짜 사토시의 위치를 알아냈다고 주장하는 일부 언론이 밝힌 사토시의 신원은 정확하지 않다.[09] 우리는 현실을 알지 못하며, 영원히 알지 못할 수도 있다.

사토시가 100만 개 안팎으로 추정되는 비트코인을 대거 보유하고 있다는 점도 기억해야 한다. 비트코인의 가치가 더 높아지면 사토시는 전 세계에서 최고 부자 중 한 명이 될 것이다.[10] 사토시가 본명을 드러내지 않은 이유가 여럿 있겠지만 그중 하나는 신변 보장을 바라는 마음일 것이다.

많은 이들은 사토시가 발견되지 않는 것이 더 좋을 것이라고 믿고 있다. 사토시가 말하는 모든 의견은 비트코인과 더 넓은 가상자산 세계에 매우 심각한 영향을 미칠 것이며, 이는 비트코인이 처음에 구축될 때의 아이디어인 탈중앙화에 반할 수 있다.

이 문제는 디지털 자산에 내재되어 있다. 실제 세계에서 앨리스가 밥을 직접 만나서 그에게 5달러 지폐를 주면 밥은 그 지폐가 위조 지폐인지 살펴볼 것이며, 그 이후 앨리스의 지폐였던 그 5달러의 소유자는 밥이 된다. 이것은 완전한 P2P이다. 즉, 앨리스의 지폐가 밥에게 건네 진 이후 앨리스는 이제 그 지폐를 다른 곳에서 쓸 수 없을 것이며, 밥에게 줄 5달러 지폐를 가지고 있지 않을 것이다.

디지털 세계에서는 모든 종류의 디지털 자산을 비용 없이 혹은 아주 적은 비용으로 쉽게 복사할 수 있으므로 이중 지불 문제를 해결하는 일은 매우 어렵다. 앞선 예에서, 앨리스가 5달러 지폐를 무제한으로 쉽게 인쇄할 수 있다면 밥은 앨리스에게 받은 5달러 지폐를 신뢰하지 않을 것이다. 이렇게 되면 이중 지불 문제가 생기는 것이다.

사토시는 디지털 P2P 결제 시스템을 만들기 위한 예전의 노력들을 가로막은 주요 장애물이 바로 이중 지불 문제였다는 것을 인식했다. 그의 백서에서 다음과 같이 언급하고 있다.

우리는 전자 코인을 디지털 서명 체인으로 정의한다. 각 소유자는 코인을 다음 소유자에게 전송하며, 전송할 때 앞선 거래의 해시와 다음 소유자의 공개 키를 디지털 서명하고, 이를 코인의 끝에 추가한다. 코인 수취인은 소유권 체인을 검증하기 위해 서명을 확인할 수 있다. 이 과정에서 특정 수취인은 소유자들 중 한 명이 코인을 이중 지불하지 않았다는 것을 검증할 수 없다는 문제가 있다.

이중 지불 문제는 암호 커뮤니티에서 오랫동안 해결하기 위해 노력했던 주제였다. 한 가지 예를 비유를 들어 설명하자면, 내가 누군가에게 이메일을 하나 보내면 같은 버전의 이메일이 나의 보낸메일함과 수신자의 받은메일함에 있게 된다. 다른 사람이 그 이메일을 복사하면 같은 이메일은 다른 사람의 메일함에도 있게 된다. 이것이 이메일이니까 이렇게 잘 작동되지만 해당 이메일에 어떤 종류의 금전적인 가치가 있다면 이메일처럼 잘 작동되지 않는다. 누군가가 돈을 끝없이 공급할 수 있는 시스템을 만든다면 그 돈의 가치는 없어질 것이다.

이 문제를 처리하기 위해 은행이나 다른 신뢰받는 중앙 정부 기관을 활용했으며, 이들 기관이 신뢰받는 중개자 혹은 장부 기록 담당자 역할을 했다. 물론 일정 수수료를 받았다. 위의 예에서 이런 중개자를 활용하면 앨리스는 자신의 계정에 있는 5달러를 밥에게 보내고, 밥에게 보내자마자 그녀의 계정에는 5달러가 없어서 이제 더 이상 다른 누군가에게 5달러를 보낼 수 없다.

그러나 이와 같은 신뢰받는 중앙 정부 기관은 과다한 영향력을 발휘한다. 비용이 추가되는 것 뿐만 아니라 중앙 정부 기관의 서비스를 이용하는 상대방을 통제하며, 힘이 소수에게 집중된다. 비트코인은 예전에 연결되지 않았던 많은 기술을 혁신적으로 조합하여, 신뢰받는 제 3자에 대한 필요성을 없애고자 했다.

9.2 비트코인의 기술적 기반

신뢰받는 중앙 기관이 없어도 되는 시스템을 만들려는 비트코인의 목표는 네 가지 개념, 즉 암호기술cryptography, 탈중앙화decentralization, 불변성immutability, 작업 증명proof-of-work의 융합을 기반으로 한다. 이들 개념은 뒤에서 하나씩 살펴볼 것이다.[11]

9.2.1 비트코인에서 암호기술의 역할

사토시가 백서에서 쓴 내용을 다시 살펴보자.

> 우리는 전자 코인을 디지털 서명 체인으로 정의한다. 각 소유자는 코인을 다음 소유주에게 전송하며, 전송할 때 앞선 거래의 해시와 다음 소유주의 공개 키를 디지털 서명하고, 이를 코인의 끝에 추가한다. 코인 수취인은 소유권 체인을 검증하기 위해 서명을 확인할 수 있다. 이 과정에서 특정 수취인은 소유자들 중 한 명이 코인을 이중 지불하지 않았다는 것을 검증할 수 없다는 문제가 있다.

공개 키에 대해 먼저 알아보자. 앞서 살펴본 것처럼 개인 키를 이용하면 공개 키를 만들 수 있다. 이것은 일방통행 도로라는 것을 기억하자. 개인 키를 이용하면 공개 키를 만들 수 있지만 공개 키를 사용해서 개인 키를 추론하지는 못한다. 우리가 좋아하는 비유는 블록체인 해설자인 돈 탭스콧Don Tapscott이 한 인터뷰에서 사용한 것인데, 미국의 토크쇼 진행자인 존 올리버John Oliver가 나중에 (코믹하게) 찾아낸 것이다. 탭스콧은 치킨 너겟을 비유로 들어 설명했다. "닭을 맥너겟으로 만드는 것은 쉽지만 맥너겟을 닭으로 되돌리는 일은 매우 어렵다!"[12] 이 특징은 비트코인 거래의 보안을 확보하는 데 중요하다.

디지털 서명은 무엇인가? 기존에는 수표나 영수증에 서명을 해서 유효성을 부여할 수 있다. 그런데 손으로 쓴 서명을 위조하는 것이 매우 쉽다는 사실을 우리 모두 알고 있다. 왜냐하면 우리의 서명은 항상 동일하기 때문이다. 아직까지 손으로 쓴 서명을 요구하는 것이 다소 우습기도 하다.

암호기술 세계에서 여러분의 공개 키를 볼 수 있는 사람이라면 누구나 개인 키 자체를 모르더라도 특정 서명이 공개 키와 연관된 개인 키의 소유자에 의해 만들어졌는지를 검증할 수 있다. 맥너겟 예로 조금 더 설명하자면, 특정 맥너겟이 특정 닭으로 만들어졌다는 것을 알 수 있는데, 이를 위해 해당 닭의 비밀 이름을 몰라도 된다. 이 예가 좀 코믹하지만 핵심 내용이 설명되기를 바란다.

특정 서명이 특정 거래에 유효할 경우 해당 서명이 무효화되지 않고는 또 다른 데이터에 복사되거나 붙여넣기될 수 없다. 맥너겟 예로 설명하면, 누군가가 위에 나온 맥너겟에 서명을 했다면 그 서명을 다른 닭으로 만들어진 다른 맥너겟에 부여할 수는 없으며, 그렇게 되면 그 서명은 유효하지 않게 된다. 이것이 주관적인 판단에 의해 이루어지는 것은 아니고 순수 수학에 의해 처리된다. 디지털 서명에 대해 더 자세히 알고 싶은 사람은 인터넷에 다양한 정보를 쉽게 구할 수 있으므로 참고하기 바란다.

해시hash로 가 보자. 사토시가 언급했듯이 거래 자체가 아니라 거래의 해시에 서명된다. 그럼, 해시는 무엇인가?

해시는 암호기술에 사용되는 알고리즘으로써 크기에 상관 없이 입력 데이터를 받은 후 고정된 길이의 수열을 반환한다. 데이터의 길이나 크기에 상관 없이 고정된 크기의 해시를 확보한다는 점에서 해시의 이 특징은 중요하다. 데이터의 종류에 상관 없이 해시를 생성할 수 있지만 해시로부터 데이터를 생성할 수는 없다. 기본적으로 한 방향으로만 작동하며, 해시를 보고 입력 데이터를 추측할 수 없다. 또한 데이터가 아주 조금만 변하더라도 해시는 달라진다.

해시 함수의 좋은 예로 업계 표준인 SHA-256*Secure Hash Algorithm-256*이 있다. 원래는 미국의 국가안보국*NSA: National Security Agency*에서 설계한 것으로, 비트코인 네트워크의 여러 곳에서 사용된다.

비트코인 거래 시 개인 키를 사용하여 거래 자체가 아닌 거래 해시에 서명한다. 따라서 해시 뒤의 데이터가 크더라도 서명을 할 수 있다. 이 방법으로 네트워크에 있는 다른 사람들에게 소유권을 증명하며, 사람들은 올바른 개인 키를 가진 사람이 특정 거래에 서명했다는 것을 알게 된다. 해시와 해시의 역사에 대한 논문과 문헌이 인터넷에 많이 있으므로 관심 있는 분들은 참고하기 바란다.

위의 방식으로 소유권 문제는 해결하지만 이중 지불 문제를 해결하지는 못한다. 이와 관련해서 사토시는 자신의 백서에 다음과 같이 기술하였다.

> 소유자들 중 한 명이 코인을 이중 지불하지 않았다는 것을 수취인이 검증할 수 없다는 문제점이 있다. 일반적인 해결책은 신뢰받는 중앙 정부 기관, 즉 '화폐 주조소'를 두어서 모든 거래의 이중 지불을 점검하는 것이다. 거래 후 코인은 화폐 주조소로 반환되고 새로운 코인이 발행된다. 화폐 주조소에서 직접 발행된 코인만이 이중 지불되지 않은 것으로 간주된다. 이 방법에서 문제점은 모든 거래가 은행처럼 화폐 주조소를 거쳐야 한다는 점에서 전체 화폐 시스템이 화폐 주조소를 운영하는 주체에 의존한다는 점이다. 우리에게 필요한 것은 이전 소유자들이 앞선 거래들에 서명하지 않았다는 것을 수취인이 알 수 있는 방법이 있으면 된다. 이 목적과 관련해서 가장 빨리 일어난 거래가 중요하지, 그 다음에 이중 지불이 일어나는지 어떤지는 상관이 없다. 거래가 없었다는 것을 확인하는 유일한 방법은 모든 거래를 인식하는 것이다.[13]

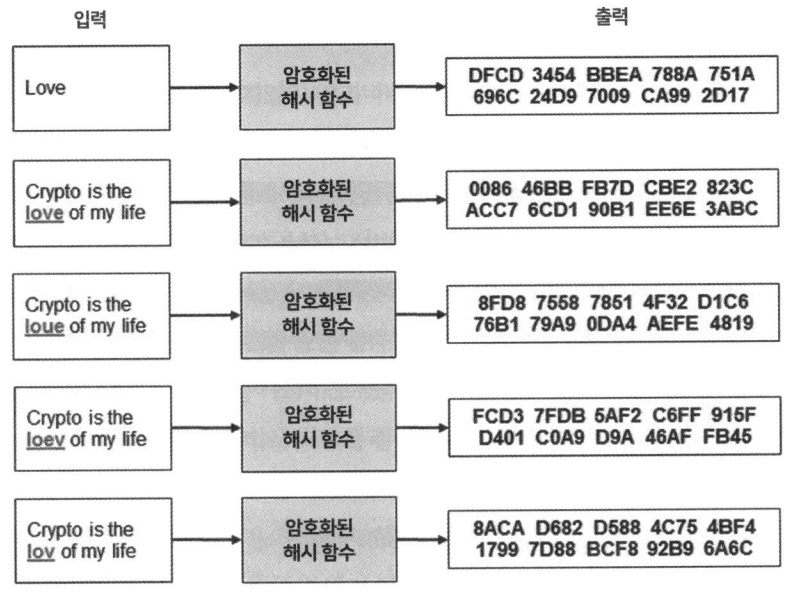

그림 9.1 해시 함수의 작동 원리; 해시 함수는 크기에 상관 없이 입력을 받아들이고 크기가 일정하고 입력과 아무런 관계가 없는 임의의 출력을 생성한다; 입력이 매우 비슷하더라도 해시 출력이 완전히 다르다. 출처: 'File:Hash Function Long. Svg—Wikimedia Commons,' Wikimedia Commons, 최종 접속일: 2019년 1월 30일, https://commons.wikimedia.org/wiki/File:Hash_function_long.svg

앞서 언급했듯이 지금은 이중 지불 문제를 처리하기 위해 은행이나 기타 신뢰받는 중앙 기관을 둔다. 그러나 탈중앙화된 세상에서는 이를 어떻게 처리할 수 있는가?

9.2.2 비트코인에서 탈중앙화의 역할

장부 관리망을 구축하여 이중 지불 문제를 처리할 수 있다. 그러나 이렇게 되면 '마스터 장부 관리자'나 일종의 게이트키퍼gatekeeper가 필요할 수도 있다. 비유를 들자면 회계 전문 그룹이나 변호사 협회의 표준 규범 제정자standard setter와 같은 역할을 하는 사람이나 집단이 필요하다. 그러나 이렇게 되면 시스템은 중앙집중화될 수밖에 없다.

비트코인 네트워크에서 해결책은 모든 사람이 마스터 장부 관리자가 되게 해서 모든 사람이 동일한 장부와 기록을 가질 수 있게 하는 것이다. 이러한 마스터 장부 관리자를 노드node라고 한다. 모든 거래는 비트코인 블록체인에 있는 여러 노드로 브로드캐스팅되어서, 모든 사람이 노드를 보고 자신의 장부books를 업데이트한다.

그러나 거래 순서를 어떻게 확신할 수 있는가? 모든 사람이 모든 거래를 볼 수 있지만 거래의 특정 순서에 동의해야 한다. 이와 관련해서 사토시는 다음과 같이 설명한다.

> 신뢰받는 기관이 없는 상태에서 이를 이루기 위해 거래는 공개적으로 발표되어야 하며, 참가자들은 수신했던 순서 히스토리에 동의하는 시스템을 갖추어야 한다.[14]

비트코인 네트워크는 블록을 통해 이 작업을 처리한다. 비트코인 네트워크가 하나의 거대한 장부라면 각 블록은 하나의 페이지가 되는 셈이다. 모든 사람이 '동일한 페이지'에 있을 수 있고, 마스터 장부 관리자는 마지막 페이지가 무엇이며 그 페이지가 어떻게 읽혀지는지 알아야 한다. 이는 하나의 큰 북클럽이 있고, 북클럽 그룹에 속한 모든 사람이 마지막 페이지가 말하는 것에 동의하기 전까지 어느 누구도 다음 페이지로 넘어가지 못한다는 규칙이 있는 것과 같다. 이를 비트코인 블록체인에 대입하면 페이지는 블록이 된다. 즉 각 블록이 말하는 것에 모든 사람이 동의하기 전까지는 어느 누구도 다음 블록으로 넘어가지 못한다.

9.2.3 비트코인에서 불변성의 역할

어느 누구도 뒤로 돌아가서 책의 페이지를 변경할 수 없게 보장하려면 어떻게 해야 하는가? 사토시는 앞의 모든 페이지의 해시를 새로운 페이지에 둘 것을 제안한다.

> 우리가 제안하는 해결책은 타임스탬프 서버를 이용하는 것이다. 타임스탬프 서버*timestamp server*는 타임스팸프가 찍힌 아이템 블록의 해시를 받고 그 해시를 공개 게시한다. 타임스탬프는 해당 데이터가 특정 시점에 존재했었다는 것을 증명하며, 이를 통해 타임스탬프가 해시에 들어간다. 각 타임스탬프에는 해시 안에 있는 이전 타임스탬프들이 들어 있으며, 이것들이 하나의 체인을 형성한다. 체인에 타임스탬프가 추가될 때 이전에 있던 타임스탬프들과 함께 재구성된다.

앞에서 보았듯이 데이터 중 아주 작은 것 하나만 변경되더라도 데이터의 해시는 달라진다. 따라서 이전에 만들어진 모든 페이지의 해시를 하나의 페이지에 두면 기록을 수정하기 어려워진다. 왜냐하면 누군가가 이전 페이지를 변경하기 위해 그 페이지 이전의 모든 페이지를 변경해야 하기 때문이다. 비트코인 블록체인에서 새로운 블록(혹은 앞에서 든 비유에서 책의 한 페이지)은 약 10분마다 만들어지고 체인에 추가된다. 따라서 블록체인에 새로운 정보가 추가될 때 블록체인은 변경 불가능해진다.

그러나 모든 사람이 같은 책을 사용하고 마지막 페이지 내용에 모두가 동의하기 전까지 아무도 앞으로 나가지 않는다면 마지막 페이지에 포함될 내용을 누가 결정하는가? 마스터 에디터나 마스터 장부 관리자를 둘 수 있지만 그렇게 되면 시스템은 중앙집중화되며, 이는 비트코인의 목적에 반하는 것이다.

다음 절에서는 작업 증명을 살펴본다.

9.2.4 비트코인에서 작업 증명의 역할

작업 증명 메커니즘은 실제로 비트코인 네트워크의 비밀 소스다. 사토시는 백서에서 작업 증명을 다음과 같이 설명한다.

> 작업 증명 시 값 스캔 과정이 진행된다. SHA-256처럼 해시가 0 비트로 시작하는 값을 찾는다. 필요한 0 비트 개수에 따라 평균적으로 꼭 처리해야 할 작업의 양이 결정되며, 단일 해시를 실행해서 이를 확인할 수 있다. 타임스탬프 네트워크의 경우 블록의 해시에 필요한 0 비트를 주는 값이 발견될 때까지 블록에서 논스nonce를 증가시켜서 작업 증명을 구현한다. 작업 증명을 충족시키기 위해 CPU 자원이 사용된 이후에는 작업을 다시 하지 않고는 블록이 변경될 수 없다. 마지막 블록이 체인으로 연결되고 난 이후에 블록을 변경하려면 해당 시점 이후의 모든 블록을 다시 처리해야 한다.[15]

이 과정을 일반적으로 채굴mining이라고 부른다. 여기에는 네 개의 데이터가 관여하는데, 해당 블록의 거래 해시, 이전 블록의 해시, 시간, 논스가 그것이다. 논스nonce는 난수로써, 해당 블록에 설정된 거래와는 별개다. 채굴자miner는 이 네 개의 변수를 가질 것이고, 해시 출력hash output은 0 비트 개수에 대한 필수 요구사항을 충족해야 한다. 여기서 해시 출력을 골든 해시golden hash라고 한다. 채굴자는 논스 0에서 시작하고, 그 다음에 논스 1로 시도하고, 그 다음에 논스 2로 시도하는 식으로 계속 진행할 것이다. 채굴자가 테스트할 수 있는 논스가 많을 수록 채굴자는 요구사항을 충족시키고 해당 블록을 비트코인 블록체인에 추가할 수 있게 하는 골든 해시를 발견할 가능성이 더 높아진다.[16]

이것이 의미하는 바는 적절한 해시를 찾는 것이 순전히 우연이라는 것이다. 이론상, 누구나 채굴자가 되어서 다음 골든 해시를 찾을 수 있다. 채굴자가 테스트할 수 있는 다른 논스가 더 많을 수록 골든 해시를 찾아서 그 보상으로 새로운 비트코인을 획득할 기회가 더 높아진다. 새로운 논스가 테스트될 수 있는 속도를 해시 속도hash rate라고 하며, 이는 컴퓨터가 해시 함수에서 네 개 변수를 실행하고 새로운 해시를 파생시킬 수 있는 초당 횟수를 의미한다.[17]

채굴자들은 힘든 작업을 하고, 이에 대한 보상으로 비트코인이 주어진다. 이 거래를 코인베이스 거래coinbase transaction라고 하며, 각 블록의 첫 번째 거래가 된다. 이 글을 쓸 당시 블록당 12.5비트코인이지만 210,000블록마다 보상은 반으로 줄어든다. 예를 들어 다음 반감기는 2020년 5월이며, 이때 보상은 6.25코인으로 감소한다.[18]

마스터 장부 관리자 비유로 설명해 보자. 채굴자는 감사자가 되며, 감사자는 거래에서 사용될 정확한 마지막 페이지(블록)가 무엇인지를 결정하고, 마스터 장부 관리자는 이를 활용하여 새로운 거래를 추가할 것이다. 이는 감사자가 또 다른 페이지를 확인할 때까지 계속 된다. 그러나 자신의 페이지가 공식 장부의 일부가 될 것이라는 점을 결정할 수 있기 위해 감사자는 한 쌍의 주사위를 던져야 하고, 더블 식스를 받은 누군가가 자신의 페이지를 장부에 추가할 수 있다. 물론 감사자가 더블 식스를 받을 목적으로 6면이 있는 두 개의 주사위를 던지면 더블 식스가 나올 확률이 상대적으로 높아진다. 그러나 실제 비트코인 채굴에 있어서 더블 식스를 받을 확률은 훨씬 더 적다.

이 보상의 목적은 채굴자에게 보상하는 것뿐만 아니라 새로운 비트코인을 생성하는 것이다. 이 글을 쓸 당시 매달 약 1,800개의 새로운 비트코인이 만들어지고 있다(시간당 약 6개의 새로운 블록 × 새로운 블록당 12.5 비트코인 × 24 시간 = 1,800개의 새로운 비트코인).

그러나 여기서 문제가 생긴다. 새로운 비트코인을 얻는 비결이 우연의 게임에서 이기는 것이라면 문제를 푸는 데 많은 수의 컴퓨터를 동원해서 채굴 해시 속도를 높이면 되지 않는가? 이 말이 맞는 것처럼 들릴 수 있지만 이렇게 하면 비트코인 공급이 크게 증가하여 화폐적 인플레이션monetary inflation이 일어난다. 사토시가 비트코인 블록체인에 '자율 규제' 규칙을 추가한 이유가 바로 이것 때문인데, 네트워크에 더 많은 컴퓨팅 파워가 추가되면 네트워크는 필수로 들어가는 해시에 0을 추가하여 골든 해시를 찾기 더 어렵게 만든다. 이것을 난이도 difficulty라고 부른다. 난이도 조정 작업은 대략 2주마다 이루어지는데, 채굴자가 골든 해시를 10분 안에 찾는 것을 목표로 한다.[19]

따라서 약 10분마다 새로운 블록이 체인에 추가된다. 그래서 블록체인이라는 이름이 만들어진 것이기도 하다. 그러나 사토시는 비트코인 백서에 블록체인blockchain이라는 단어를 한번도 사용한 적이 없다는 점은 눈여겨볼 만하다(이에 대해서는 뒤에서 더 자세히 설명한다). 보다시피 "구조화되지 않은 단순성을 갖춘 네트워크는 견고하다. 그리고 조정 작업이 거의 없음에도 불구하고 노드들은 제 기능을 수행한다."[20]

이론상으로 아무나 비트코인 네트워크에 연결하여 과거의 블록을 다운로드하고 새로운 거래를 추적하고 골든 해시를 찾기 위해 데이터를 처리할 수 있다. 이것은 비트코인 네트워크의 핵심 이점들 중 하나다.[21] 그러나 골든 해시를 좇아 비트코인을 채굴하는 것은 이제 매우 어려워졌다. 단순히 노트북을 연결해서 골든 해시를 찾을 수 있기를 바라는 것은 거의 실현 불가능하다. 컴퓨터 CPU나 그래픽 카드의 GPUGraphical Processing Units부터 ASICApplication Specific Integrated Circuits에 이르기까지 채굴에 사용되는 기술은 매우 빠르게 발전하였다. 이 글을 쓸 당시 시장에서 구할 수 있는 고사양 ASIC 장비들 중 일부의 해시 속도는 13TH/s 이상이었으며, 이는 초당 13조번 데이터를 처리하고 해시를 출력할 수 있는 성능이다.[22] (주사위를 이 속도로 던진다고 상상해 보아라!) 오늘날 채굴 연산은 막대한 전력을 소비하므로 많은 채굴 연산은 전기료가 저렴한 곳에서 이루어진다.

9.3 비트코인의 성장

비트코인으로 상품을 구매한 것과 관련된 문서가 최초로 나온 날은 2010년 5월 22일이었다. 비트코인 애호가인 라스즐로 핸예츠*Laszlo Hanyecz*는 비트코인 거래가 성공했다는 영수증을 2010년 5월 22일에 온라인에 올렸다. 10,000비트코인으로 피자 2판을 결제한 영수증으로, 그 당시 미화 41달러에 해당하는 금액이었다.[23] 2017년에 이르러 10,000비트코인은 수백만 달러의 가치가 있었으므로 가장 비싼 피자 주문이었던 셈이다. 전 세계 암호 커뮤니티들 중 많은 곳에서는 5월 22일을 '비트코인 피자 데이'로 기념하고 있다.

지난 10여 년 동안 비트코인은 꾸준히 탄력을 받기 시작했으며, 2013년 말 가격이 약 1,000달러까지 올랐을 때 커다란 붐이 일었다.[24] 그러나 일이 시작되는 것처럼 보이던 시점에 가격이 떨어지기 시작했다. 가격 하락세는 지속되었고 이후 2년이 지나면서 약 200달러로 떨어졌다. 이미 공개되어 있는 많은 사건들, 가령 마운트곡스*Mt. Gox*라는 비트코인 거래소 해킹 사건이나 실크로드 마켓플레이스 사건 등으로 인해 비트코인 업계에게 이 시기는 어려운 때였다.[25] 그러나 이 기간 동안 비트코인 사용량이 증가하여 확인된 일일 비트코인 거래 수는 매년 거의 두 배로 증가하였으며, 2015년에는 100,000개를 넘었다.[26]

박스 9.2 실크로드가 무엇이며, 비트코인과 어떤 관계가 있는가?

2011년에 만들어졌다가 2년 뒤 FBI에 의해 폐쇄된 실크로드Silk Road 마켓플레이스는 로스 울브리히트Ross Ulbricht가 설립한 온라인 플랫폼이다.[27] 이 웹 사이트는 기본적으로 자금 세탁, 마약 판매, 불법 활동 등에 비트코인을 이용했다. 무료이면서 개방적인 마켓플레이스로 설계된 울브리히트의 플랫폼은 사용자 데이터의 익명성을 보장하는 네트워크인 토르Tor를 사용했다. 비트코인은 이러한 거래를 촉진하는 주요 통화였는데, 그 이유는 최종 소유자를 추적하는 것이 매우 어려운 결제 형태였기 때문이다(예: 신용 카드를 사용하는 것과 전혀 달랐다). 결국 FBI가 실크로드를 기소했고 설립자에게 무기징역이 선고되면서 사이트도 폐쇄됐다.

비트코인 커뮤니티는 실크로드와 아무런 관련이 없었다(마약 딜러가 현금을 사용한다고 해서 미 연방준비제도이사회가 마약 딜러의 범죄와 관련이 없다는 것과 같은 의미에서 그렇다). 그러나 언론과 일반 대중이 볼 때 비트코인의 주요 용도가 범죄와 관련되어 있다고 여겨졌으며, 많은 사람들이 초기에 비트코인과 다른 가상자산을 부정적으로 바라보게 되었다.

비트코인을 사용해서 불법 거래를 하는 것은 현명하지 못하다. 사용자를 찾고 거래를 추적하는 것이 어려울 수 있지만 현금과 달리 모든 거래는 비트코인 원장에 기록된다. 학계나 사법 당국에서 불법 용도로 비트코인을 보낸 개인을 찾아내는 데 성공한 사례가 매우 많았다.[28] 비트코인을 다크 웹dark web에서 거래하는 비율은 1퍼센트 미만이다(비트코인 초기인 2012년의 30퍼센트보다 감소).[29]

박스 9.3 마운트곡스 사건

비트코인을 현금으로 바꿀 수 있는 도쿄 소재 비트코인 거래소였던 마운트곡스Mt. Gox는 2010년경에 문을 열었고 4년 동안 영업을 했는데, 해킹 후 폐쇄되었다가 파산 보호를 신청했으며 결국 청산 절차에 들어갔다. 마운트곡스는 원래 매직 판타지 기반 게임 카드를 교환하기 위해 만들어졌으며, Magic: The Gathering Online eXchange 라는 이름에서 Mt. Gox라는 약칭이 생겼다.

2013년 기준으로 전 세계 비트코인 거래의 약 70%를 처리하던 마운트곡스는 해킹으로 4억 7천 3백만 달러를 잃었다.[30] 이 사건은 비트코인이 치고 올라가려던 기세에 큰 영향을 미쳤다. 그리고 해킹은 비트코인 가격에 부정적인 영향을 미쳤으며, 넓은 가상자산 생태계에도 광범위한 영향을 미쳤다.

마운트곡스에는 많은 문제가 있었으며, 그 당시에 마운트곡스가 최고의 보안 및 거버넌스 프레임워크를 염두에 두고 구축되지는 않았다. 2014년경, 마운트곡스는 모든 출금을 중단하고 파산보호를 신청했다.[31] 마운트곡스 사건은 지금도 완전히 끝나지 않고 처리가 진행 중에 있다.

그러나 일련의 사건들 이후 조류는 비트코인과 더 넓은 가상자산 생태계를 선호하는 쪽으로 서서히 바뀌기 시작했다.

초기에는 가상자산의 구매자, 판매자, 사용자는 개인들로 구성된 틈새 그룹이었다. 이들 개인은 경험이 풍부한 암호학자에서부터 괴짜, 개발자, 자유의지를 주장하는 사람들까지 다양했다. 비트코인 환경이 빠르게 바뀌기 시작한 시점은 2015년과 2016년으로 더 많은 개인들이 가상자산에 관심을 가지기 시작하면서부터였다. 이 당시에 대학생들이 기숙사방에서 데이트레이딩을 했으며, 얼리어답터들은 이 새로운 유형의 자산을 투자 포트폴리오 중 한 부분으로 택해서 투자하였다.

2017년은 비트코인과 더 넓은 가상자산 생태계의 판도가 바뀐 해로 기억될 것이다.[32] 비트코인의 가격은 2017년 11월에 10,000달러를 기록했다. 이는 불과 몇 년 전만 하더라도 상상할 수 없을 정도로 높은 것이었다. 2017년 12월말쯤에 비트코인의 가격은 20,000달러에 육박할 정도로 열풍이 계속되었다. 갑자기 블룸버그나 CNBC 같은 미디어 플랫폼에서 비트코인을 정기적으로 언급했으며, 이로 인해 전 세계적으로 가상자산이 화제로 떠올랐다.

많은 소액 투자자와 기관 투자자들도 가상자산에 관심을 기울이고 진지하게 참여하기 시작했다. 사람들은 저녁 식사 자리와 가족 모임에서 비트코인을 이야기하기 시작했다. 가령 미국 거래소인 코인베이스Coinbase는 2017년 추수감사절 연휴 기간 동안 100,000개 이상의 새 계정을 열었다.[33] 수요가 너무 높아서 많은 거래소는 신규 고객 유치를 중단하거나 언제 신규 가입을 할 수 있는지를 묻는 문의가 넘쳐났다. 가령, 홍콩 거래소인 바이낸스Binance가 2017년에 플랫폼을 새로 연 후 불과 1시간 만에 약 250,000개의 새 계정이 열릴 정도였다.[34]

비트코인과 다른 많은 가상자산의 가격은 2018년에 떨어졌다. 비트코인은 4,000달러를 약간 넘는 가격으로 2018년을 마무리했으며, 이는 2017년에 보여주었던 최고치와는 먼 수준이었다. 이를 통해 비트코인 신봉자들과 비트코인 회의론자들 사이에 논쟁이 되살아났다. 가령, 노벨상 수상자인 누리엘 루비니Nouriel Roubini는 미국 상원위원회에서 진행된 한 프레젠테이션에서 비트코인을 '모든 사기의 어머니'라고 지칭했다.[35]

다른 사람들은 미묘한 시각으로 비트코인을 바라보기 시작했다. 국제통화기금IMF: International Monetary Fund 총재인 크리스틴 라가르드Christine Lagarde는 비트코인이 사람들의 저축 및 투자 방법을 바꿀 것이라고 이야기했다.[36] 또 어떤 이들은 가상자산을 더 적극적으로 받아들였다. 예를 들어 몇몇 명망 있는 글로벌 조직이 비트코인을 받아들이기 시작했다. PwC의 홍콩 사무소는 2017년에 자문 서비스 사용료로 비트코인을 받기로 했다.[37] 그리고 온라인 여행 예약 플랫폼인 익스피디아Expedia도 일부 호텔을 비트코인으로 예약할 수 있게 했으며,[38]

마이크로소프트는 윈도우 및 엑스박스 스토어에 있는 콘텐트를 비트코인으로 구매할 수 있게 했다.

많은 사람들은 비트코인뿐만 아니라 다른 가상자산에 투자하여 수익을 내지 못하는 지점을 이미 지났으며, 그래서 현재 이 자리에 머물러 있다고 믿고 있다. 그러나 다른 사람들은 뒤에서 논의할 문제들 중 일부는 심각한 장애물이며, 비트코인과 다른 가상자산이 주류가 되려면 가야 할 길이 아직 멀다고 믿고 있다.

9.4 비트코인이 직면한 문제들

많은 혁신에도 불구하고 비트코인이 완전하지는 않다. 일부 비평가는 포드 자동차가 1908년에 설계한 자동차 모델 T's 엔진과 비트코인을 비교한다. 이 엔진이 당시에는 혁신적이었지만 말이 달리는 속도보다 훨씬 더 빠르지 않은 시간당 약 40마일로 상대적으로 느렸다.[39] 또한 이 엔진은 매우 효율적이지 않았으며 에너지를 너무 많이 사용했다. 그러나 지금은 테슬라 전기차가 나올 정도로 이미 먼 길을 왔다. 많은 이들은 가상자산이 이와 같은 진화 과정을 거칠 것으로 생각하고 있다.

현재 비트코인은 많은 도전에 직면해 있다. 예를 들어 비트코인의 가격은 여전히 오르락내리락한다. 이러한 변동성이 투기꾼이나 트레이더에게는 좋지만 가치를 보관하는 수단으로 사용될 수 있는 자산으로서는 좋지 않다. 사람들은 블루칩 주식이나 금을 사는데 그 이유는 안정성 때문이다. 많은 사람들은 비트코인 거래량이 증가하고 기관 투자자 수도 늘어나면서 변동성이 감소하기를 원하지만 아직 실현되지 않은 상태다. 또한 변동성은 사람들에게 더 폭넓은 지지를 받는 데 장애물이 되기도 한다.

법적인 불명확성과 규제도 또 다른 이슈이며, 특히 세금 문제가 명확하게 정리되지 않았다. 투자자 입장에서 수익이나 손실로 인해 세금이 어떻게 될지 모른다면 그 자산이 주류가 되기란 매우 어렵다. 또한 사람들이 어떤 자산에 돈을 넣으려면 법과 규제 틀이 명확하게 규정되어 있어야 한다. 이번 장의 뒤에서 다루겠지만 좋은 소식들도 있다. 많은 정부와 규제 당국과 세무 당국은 이러한 이슈들을 해결하기 위해 노력하고 있다는 점이다. 물론 하룻밤 사이에 모든 일이 해결되지 않겠지만 다양한 시도가 이루어지고 있다.

비트코인의 확장성과 같은 일부 문제는 기술적인 사안이다. 현재 비트코인 네트워크는 초당 6개 또는 7개 미만의 트랜잭션을 처리할 수 있다. 비교하자면, 비자의 네트워크는 초당 약 24,000번의 트랜잭션을 처리할 수 있다.[40] 비트코인 네트워크에서 하드 포크(예: 비트코인 캐시)나 소프트 포크(예: 세그윗 SegWit: Segregated Witness)로 이 이슈를 해결하기 위한 시도가 있었지만 아직은 해결되지 않았다. 하드 포크와 소프트 포크는 이 책의 뒤에서 설명할 것이다.

또한 비트코인은 채굴에 엄청난 양의 에너지를 사용하기 때문에 생태적으로도 심각한 문제에 봉착했다. 2018년 기준으로 비트코인 네트워크는 연간 2.55기가와트GW: gigawatt의 전력을 사용할 것으로 예상되었다. 아일랜드 국가 전체의 연간 평균 전력 소모량이 3.1GW인 점과 비교하면 그 수준을 알 수 있다. 또한 2018년 기준으로 비트코인 네트워크가 연간 사용한 테라와트시TWh: terawatt hours가 400퍼센트 정도 증가한 것으로 추측된다.[41]

작업 증명 메커니즘에 필요한 전력 소비량을 지속가능한 방식으로 확실하게 확장할 수 없다. 다른 많은 가상자산이 작업 증명 같이 에너지를 많이 쓰지 않는 방법을 사용하지만 비트코인의 경우 이것은 여전히 문제로 남아 있다.

박스 9.4 지분 증명이 무엇인가?

앞에서 논의한 바와 같이 작업 증명proof-of-work은 비트코인 네트워크를 운영하기 위한 독창적인 방법이지만 에너지 효율성 면에서는 그렇지 않다. 가상자산 커뮤니티에서는 거래 검증 및 확인에 사용할 수 있는 다른 합의 메커니즘이 있는지에 대해 수많은 논쟁이 있다. 가장 많이 논의되는 것 중 하나가 지분 증명proof-of-stake이다.

작업 증명과 지분 증명 외에 새로운 합의 메커니즘이 계속 개발되고 있다는 것을 이해하는 것이 중요하다(예: 가중치 증명proof-of-weight, 위임 지분 증명delegated proof-of-stake, 활동 증명proof of activity, BFTByzantine Fault Tolerance). 이들 메커니즘을 언급하는 것은 이 책의 저술 범위를 벗어나지만 합의 메커니즘이 끊임없이 변화하는 영역이라는 점을 이해하는 것이 중요하다.

앞에서 보았듯이 작업 증명 시스템에서 채굴자는 다음 블록의 모든 거래를 검증할 기회를 얻기 위해 경쟁한다. 경쟁에서 이긴 채굴자는 일정량의 비트코인을 보상으로 받고, 블록은 모든 사람과 공유되며, 채굴자들은 다음 블록을 해결하기 위해 움직인다.[42]

작업 증명 메커니즘에서는 해싱 파워가 클수록 게임에서 승리하고 다음 블록을 채굴할 기회를 더 많이 갖는다.

지분 증명은 작업 증명과 완전히 다르다. 즉 다음 블록을 채굴할 수 있는 권리는 현재 게임에서 이기는 것에 의해 결정되는 것이 아니라 해당 가상자산의 지분에 의해 결정된다. 작업 증명의 채굴자와 같은 역할을 하는 검사자forger는 통화에 대한 지분 보유 개수와 블록체인 네트워크 내 지분 보유 기간을 기반으로 블록을 구축하도록 선택된다. 예를 들어 100,000개의 지분을 보유한 사람은 1,000개의 지분을 보유한 사람보다 후보 블록을 생성할 가능성이 더 높다. 또한 1년 동안 지분을 보유한 사람이 한 달밖에 보유하지 않은 사람보다 선택받을 기회가 더 많아진다.[43]

지분 증명을 복권에 비유하면 쉽게 이해할 수 있다. 복권을 얼마나 많이 구매했는지와 복권을 얼마나 오랫동안 구매했는지에 따라 복권에 당첨될 가능성이 높은 것과 같다.

또 다른 중요한 차이점은 일부 지분 증명 자산의 경우 모든 코인이 자산이 출시될 때 생성되고 발행 개수가 고정되어 있다는 것이다. 따라서 비트코인 채굴자에 해당하는 검사자는 새로운 코인을 보상하는 것이 것이 아니라 거래 수수료를 받는다.[44] 검사자는 거래 검증 및 블록 생성을 위해 먼저 자신의 코인 및 평판을 사용해야 한다. 검사자가 부정 거래를 검증하면 검사자로 참여할 수 있는 미래의 권리뿐만 아니라 보유 자산도 잃게 된다. 따라서 검사자는 올바른 거래만 검증해야 한다.[45]

각 합의 메커니즘의 장단점에 대해 가상자산 관계자들 사이에서 엄청난 논쟁이 벌어지고 있다. 지분 증명이 작업 증명만큼 많은 전기를 소비하지 않는다는 점에서 환경 측면에서는 지분 증명이 분명히 장점을 가지고 있다. 그러나 자산을 많이 보유하고 있거나 오랫동안 보유한 사람에게 지분 증명이 더 유리하다는 측면에서 지분 증명이 작업 증명보다 덜 민주적이라는 주장이 있다. 물론 비트코인 같은 가상자산을 채굴하려면 자본이 많아야 한다는 점에서 작업 증명 그 자체가 비민주적이라는 의견도 있다.

가상자산 커뮤니티에서는 작업 증명과 지분 증명을 개선하거나 수정하는 것에 대한 토론이 항상 있었다.[46] 예를 들어 투표자, 증인, 대리인 시스템이 사용되는 위임 지분 증명 모델이 최근에 주목을 받고 있다.

10장

블록체인, 활용 가능한 기술

금융 생태계에서 가상자산이 새롭게 맡게 된 역할을 더 자세히 살펴보기 전에 비트코인 백서에 들어 있는 기술적 혁신이 광범위하게 미치는 영향을 살펴보는 것도 중요하다. 이번 장에서는 블록체인 기술이 광범위하게 적용될 경우 금융 거래를 처리하는 시스템의 기본 구조에 관해 금융 서비스 업계와 기관에서 생각하는 방법이 어떻게 변할지를 살펴본다. 그리고 블록체인 적용에 있어 해결해야 할 문제와 특성을 알아보고, 몇 가지 사용 사례도 살펴본다.

10.1 블록체인 특성 정의

매우 놀랍게도 블록체인이라는 용어가 사토시의 백서에는 한번도 언급된 적이 없다. 사토시가 블록은 체인으로 연결되어 있다blocks are chained, 혹은 블록의 체인chains of blocks이라고 말한 적이 있는데 이것이 사토시가 블록체인과 관련해서 가장 근접해서 언급한 것이다.[01] 그러나 블록들이 있고 암호화 기능을 사용해서 이들 블록을 하나의 체인으로 연결하겠다는 아이디어는 비트코인 네트워크의 토대이므로 블록체인의 탄생이 사토시에게서 기인한다고 볼 수 있다.

박스 10.1 분산 원장 기술과 블록체인이 어떻게 다른가?

분산 원장 기술DLT: Distributed Ledger Technology은 다양한 참여자가 관리하는 분산형 데이터베이스다.[02] 블록체인도 분산 원장 기술에 해당되며, 블록이 체인을 구성하는 특별한 기능이 있을뿐이다. 분산 원장 기술이 상위의 포괄적인 용어이고, 블록체인이 하위 범주라는 시각도 있다. 예를 들어 자동차가 차량의 한 유형인 것처럼 블록체인도 분산 원장 기술의 한 유형이라는 설명이다.[03]

사실 현재 블록체인을 사용하지 않는 분산 원장 기술 네트워크가 많이 있다(예: IOTA, Hashgraph).[04]

박스 10.2 블록체인이라는 용어가 어디서 유래하는가?

사토시가 비트코인 백서에서 블록체인blockchain이라는 용어를 사용한 적이 없다면 이 용어는 어디서 왔는가?

어떤 사람들은 블록 체인(block chain; 두 단어가 떨어져 있었음)이라는 용어가 2008년 일부 암호학 관련 메일링 리스트에서 발견된다고 하지만[05] 이 용어가 주류로 사용되기 시작한 시점은 2015년경이다.

일부 연구원들에 따르면 2015년 말 일부 언론 기사에서 '블록체인'이라는 용어를 사용하면서 그 이후 널리 사용되었다고 한다.[06] 하나는 블룸버그마켓Bloomberg Markets에 실린 Blythe Masters Tells Banks the Blockchain Changes Everything이라는 제목의 기사였다.[07] 이 기사는 신용부도스왑 시장 개발에 도움을 준 존경 받는 금융 혁신가였던 블라이스 마스터스를 조명하는 기사였다. 다른 하나는 2015년 10월 31일자 이코노미스트Economist에 실린 The Trust Machine이었다. 이 기사에서는 블록체인을 특집으로 다루면서 기사 본문에서 블록체인이라는 용어를 계속 사용했다.[08] 해당 기사가 나

> 온 이후 며칠 만에 구글에서의 blockchain 단어 검색이 70퍼센트 이상 늘었다.[09] 그 이후 이 용어가 널리 사용되었다.

블록체인의 종류가 하나만 있지 않다는 것을 명확히 하는 것도 중요하다. 가령, 비트코인 블록체인과 이더리움 블록체인은 완전히 다르다. 또한 NEO 블록체인이나 EOS 블록체인과도 완전히 다르다(이들 블록체인에 대해서는 뒤에서 다시 논의할 것이다). 이들 블록체인은 모두 얼마간 차이는 있지만 동일한 목표를 달성할 수 있다. 그러나 각 블록체인에는 자체 규칙, 코딩 언어, 목적 등이 있다. 적절한 비유로 (나이가 좀 든 독자들을 위한) VHS와 Betamax 카세트 형식이나 (나이가 좀 덜 든 독자들을 위한) HD DVD와 Blu-ray 카세트 형식을 들 수 있다. 이들 형식 모두에서 영화를 볼 수 있지만 각 형식의 작동 방식이 다르다. 좀 더 현대적인 비유로 iOS 운영체제와 구글 안드로이드 운영체제를 들 수 있다. 두 운영체제 모두 스마트폰에 사용되는 새롭고도 혁신적인 방법이지만 두 운영체제는 조금 다르게 작동한다. 그러나 두세 개의 경쟁 시스템만 있는 운영체제나 카세트 형식과 달리 블록체인 네트워크는 이제 수십 개에 이른다. 물론 시간이 조금 더 지나면 규모가 큰 개발자 커뮤니티, 애플리케이션, 사용자가 널리 채택한 소수의 블록체인만 남게 될 것이다.

대다수의 블록체인이 일반적으로 가지고 있는 특징들이 있으며, 정리하면 다음과 같다.[10]

- **탈중앙화와 투명성** Decentralized and transparent: 중앙 데이터베이스나 중앙 정부 기관은 없으며, 각 참가자가 원장 사본을 가진다. 사용자들은 블록체인에서 아무

때나 일어난 모든 거래를 확인할 수 있다. 탈중앙화 정도는 블록체인마다 다르다.

- **합의 기반**Consensus-driven: 모든 참가자가 합의에 도달하고 발생한 거래의 유효성에 동의한 후에 원장을 공유하고 업데이트한다. 대다수의 주요 블록체인에 해당되는데, 앞에서 보았던 것처럼 합의에 도달하는 방법이 매우 다양하다.

- **불변성**Immutable: 데이터가 블록체인에 추가되고 나면 변경될 수 없다. 이 작업에는 앞에서 논의한 암호 기법이 사용된다.

예외가 항상 있지만 탈중앙화, 합의 기반, 불변성은 대다수 블록체인의 공통 특징이다. 다른 블록체인들에서 가장 큰 근본적인 차이점은 블록체인이 개방형public인지 전용private인지 여부다.

박스 10.3 개방형 블록체인과 전용 블록체인의 차이점은 무엇인가?

블록체인 지지자들 사이에서 열띤 토론을 시작하고 싶으면 전용 블록체인과 개방형 블록체인을 꺼내면 확실한 반응이 있을 것이다.

개방형 블록체인과 전용 블록체인의 주요 차이점은 네트워크에 참여할 수 있는 사용자다(개방형을 비퍼미션permissionless으로, 전용을 퍼미션permissioned이라고 부르기도 한다). 좋은 비유로 인터넷(많은 사람에게 개방되어 있음)과 인트라넷(회사에서 지정한 사람에게만 개방되어 있음)을 들 수 있다.

개방형 블록체인 네트워크는 완전히 열려 있어서 누구나 가입하고 참여할 수 있다. 누구나 원장에 기록할 수 있으며, 블록체인에 블록을 추가하고, 거래를 진행할 수 있다. 비트코인, 이더리움, 라이트코인이 개방형 블록체인 네트워크의 좋은 예다.

전용 블록체인 네트워크의 경우 초대가 필요하며, 무분별한 참여에 제약이 있다.[11] 리눅스 재단의 Hyperledger Fabric, R3의 Corda, 제이피모간의 Quorum이 전용 블록체인의 좋은 예다.

특정 기업이 비트코인의 블록체인을 활용하고 싶지만 분산 원장에 올라간 정보가 공개되는 것이 불편하거나 어떤 경우에 법으로 허용되지 않는다는 것을 알면서 전용 블록체인이 생기게 되었다.[12]

장단점을 이야기하자면 몇 시간이 걸려도 부족하다(관심 있는 독자라면 인터넷에서 관련 논문을 많이 찾을 수 있다). 그리고 현실적으로 개방형 블록체인과 전용 블록체인은 모두 고유한 사용 사례가 있으며, 가까운 미래에 공존할 가능성이 있다.

10.2 해결해야 할 문제들

블록체인 기술이 이 세상의 모든 문제를 해결하는 만병통치약은 아니다. 블록체인에는 고유한 장점이 많이 있지만 단점도 꽤 있다.

- **익명성**Anonymity: 비트코인 블록체인 같은 개방형 블록체인public blockchain을 지금처럼 독특하게 만드는 특징 중 하나는 이 시스템에 누구나 가입해서 거래를 수행할 수 있다는 점이다. 그러나 모든 거래를 추적할 수 있지만 특정 자금 이동을 누가 주관하는지 알기가 어렵다. 이 특징이 긍정적인 요인들을 많이 이끌어냈다. 가령, 불합리한 검열을 없앨 수 있다. 그러나 KYC, AML, 다른 거래 모니터링 요건 준수와 관련해서 이 특징이 장애물이 될 수 있다. 이에 일부 산업에서는 참가자 신원을 확인할 수 있는 전용 블록체인private blockchain을 사용하기도 한다.

- **정보의 품질**Quality of Information: 블록체인에 있는 데이터가 불변성을 갖추고 있지만 그렇다고 해서 데이터가 무조건 정확하다고 볼 수는 없다. 다른 데이터베

이스에 적용되는 것처럼 블록체인에도 가비지 인 가비지 아웃garbage in, garbage out 원칙이 동일하게 적용된다.

- **상호 운용성**Interoperability: 블록체인은 초기 단계에 있으며 블록체인 기술 인프라에 대한 업계 표준이 확립되어 있지 않다. 오늘날 대부분의 블록체인은 다른 블록체인과의 상호 운용성이 거의 없이 독립적으로 운용된다.

- **대량 채택**Mass Adoption: 블록체인은 여전히 새로운 기술이며, 대부분의 사람과 기업들은 이제 막 블록체인이 무엇인지 배우는 초기 단계에 머물러 있다. 그리고 대기업들이 기업의 모든 데이터베이스를 블록체인으로 이른 시일 내에 옮길 가능성도 거의 없으며, 이렇게 되려면 시간이 좀 더 필요하다. 아마도 사람들이 거래를 더 빠르고 더 효율적으로 하는데 시스템 뒷단에서 돌아가는 데이터베이스가 블록체인이라는 것을 눈치채지 못하는 날이 올 것이다. 비유를 들자면, 지금 우리가 와이파이를 켜고 웹을 서핑하지만 백그라운드에서 돌아가는 다양한 인터넷 프로토콜을 실제로 알지 못하는 상황과 비슷해 지는 날이 올 것이다.

- **법적인 불확실성**Legal Uncertainty: 기존의 규제 프레임워크와 요구사항이 블록체인 기술을 염두에 두고 만들어져 있지 않다. 특히 금융 서비스나 헬스케어처럼 규제가 심한 산업의 경우 더욱 그렇다. 고객 데이터 보호부터 최근에 나온 '잊혀질 권리' 같은 개인정보보호에 이르기까지 기본적인 법적 개념을 블록체인 맥락에서 자세히 검토할 필요가 있다.

전 세계적으로 많은 개인과 그룹이 위에서 언급된 문제들을 해결하기 위해 노력하고 있다. 블록체인 생태계는 놀라운 속도로 성장하고 있으며, 최근 몇 년 사이에 대기업과 금융 기관의 관심이 크게 높아지고 있다.

2012년부터 2017년까지 블록체인 기업들은 650건의 주식 거래를 통해 기존의 벤처캐피탈 펀드에서 21억 달러 이상을 확보했다. 게다가 같은 기간 동안 기업들은 140건 이상의 주식 투자에 약 12억 달러를 투자했다.[13] 또한 많은 기업이 분산형 원장 기술을 비즈니스에 적용할 수 있는지를 테스트하기 위해 개념 증명proofs of concept(개념이 실제 사용 가능한지 검증하기 위해 통제된 환경에서 기술을 테스트하거나 실행하는 것)을 수행할 사내 역량을 구축했다. 상당한 진척이 있었지만 블록체인은 여전히 초기 단계에 있으며, 기업들이 블록체인 기술의 잠재력을 최대한으로 활용하려면 아직 멀었다.

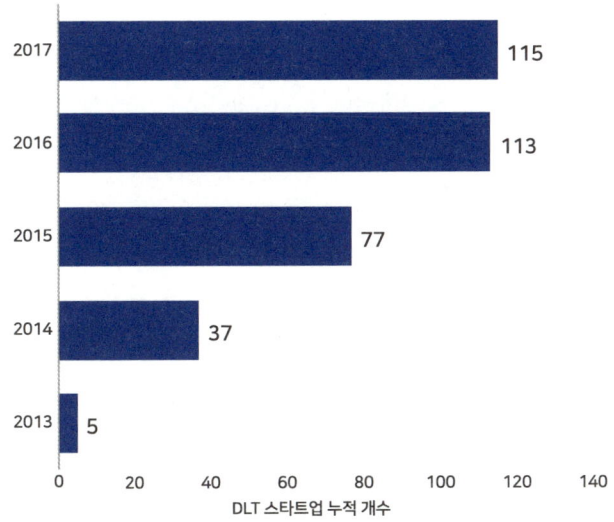

참고: 가상자산에 집중하는 기업, 탈중앙화 애플리케이션 개발 기업, 개발 서비스를 제공하지 않는 소수한 컨설팅 기업은 제외.

그림 10.1 　엔터프라이즈 DLT 스타트업 누계. 2013년부터 엔터프라이즈 블록체인 애플리케이션 개발에 주력하는 스타트업이 크게 증가하였다. 출처: Garrick Hileman and Michel Rauchs, 'Global Blockchain Benchmarking Study' (University of Cambridge Judge Business School, 2017), https://www.jbs.cam.ac.uk/fileadmin/user_upload/research/centres/alternative-finance/downloads/2017-09-27-ccaf-globalbchain.pdf

10장 · 블록체인, 활용 가능한 기술　**161**

금융 서비스 산업은 블록체인 도입에 적극적인 움직임을 보이고 있으며, 다양한 컨소시움을 통해 퍼미션 블록체인permissioned blockchains과 전용 블록체인을 실험해 왔다. 금융 기관들은 이들 컨소시움을 통해 전용 환경에서 운용되는 블록체인을 실험했다. 그런 컨소시움으로 리눅스 재단Linux Foundation의 Hyper-ledger Fabric,[14] R3의 Corda,[15] 제이피모간의 Quorum,[16] EEAEthereum Enterprise Alliance[17]가 있으며, 각 컨소시움에는 고유한 특징이 있다.

10.3 블록체인 사용 사례

기존 금융 시스템이 신뢰받는 제3자 및 허브앤스포크 시스템hub and spoke system으로 구성된 복잡한 네트워크에 구축되어 있다는 점을 감안할 때 블록체인의 잠재적인 사용 사례에 대한 논의들에서 수많은 아이디어가 나왔다는 것은 놀랄 일이 아니다. 그중 자주 나오는 아이디어로 청산 결제clearing and settlement,[18] 무역 금융trade finance,[19] 고객확인절차KYC: Know Your Customer,[20] 국외 대금 지급cross-border payments[21]이 있다.

또한 단발성 보험 스마트 계약에서부터 기본적인 보상 청구 처리에 이르기까지 보험 업계에 특화된 사용 사례가 많이 있다. 예를 들어 AXA 보험은 '항공편이 지연된 보험 계약자에게 직접/자동 보상'을 제공하기 위한 블록체인 스마트 계약을 구축하기 시작했다.[22] 보험 계약자가 AXA의 신규 플랫폼인 피지Fizzy에서 항공편 지연 보험을 구매하면 해당 거래, 즉 보험 계약은 이더리움 블록체인에 기록된다. 스마트 계약은 글로벌 항공 교통 데이터베이스에 직접 연결되어 있어서, 항공 교통 시스템에 2시간 이상의 지연이 기록되면 보험 계약자는 자동으로 보상을 받게 된다.

또 다른 예로, 블록체인 기반 토지 등록에서 스마트 계약 기술을 활용하여 토지 명의를 설정할뿐만 아니라 토지 소유권 이전 및 사기 거래 제한을 자동으로 처리하는 방법에 대한 연구가 많이 이루어졌다.[23] 이 기술을 활용하면 토지 구매자와 판매자 사이에 소요되는 거래 시간을 크게 줄일 수 있다.[24]

게다가 유엔개발계획UNDP: United Nations Development Programme의 한 보고서에 따르면 부패, 정보 부족, 거래 검증 불능 같은 요인들로 인해 시스템에 대한 신뢰가 없어진 인도 같은 나라에서 이 기술을 활용하면 토지 인정의 신뢰성을 획기적으로 높일 수 있을 것이라고 한다.[25] 스웨덴의 토지 등록 기관인 랑트마트리엇Lantmäteriet은 조만간 이 기술을 사용하여 스웨덴 최초의 블록체인 기술 자산

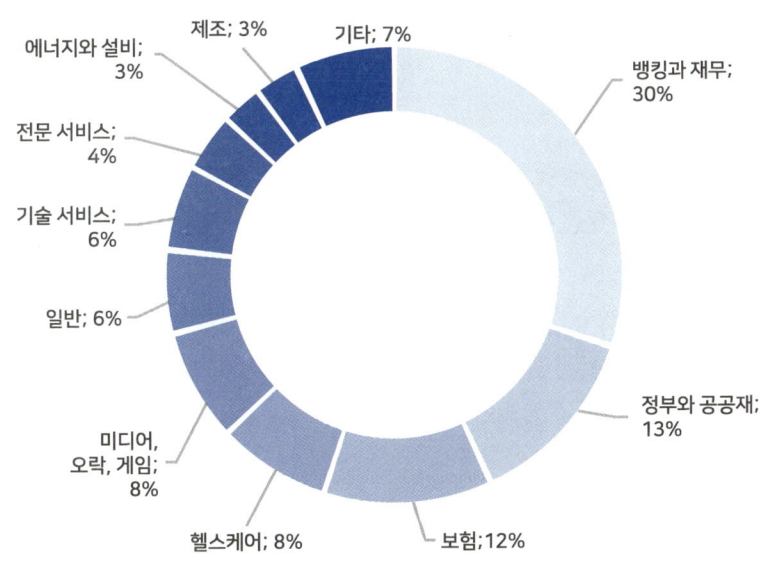

그림 10.2 산업별로 자주 인용되는 블록체인 사용 사례. 블록체인 기술의 잠재적 적용 분야는 거의 모든 산업에 걸쳐 있지만, 은행과 재무가 가장 주목 받는 분야이다. 출처: https://www.jbs.cam.ac.uk/fileadmin/user_upload/research/centres/alternative-finance/downloads/2017-09-27-ccaf-globalbchain.pdf

거래를 처리할 것이다.[26]

중앙은행 같은 금융 기관들도 블록체인 활용 방안을 진지하게 고려하고 있다. 여러 은행들과 중앙은행 사이에서 실시간으로 매일 이루어지는 개별적이고 즉각적인 지급을 처리하는 차세대 실시간 총액 결제*RTGS: Real-Time Gross Settlement* 시스템 개발에 블록체인을 사용하기 위한 실험적인 시도가 수차례 있었다. 이들 프로젝트 중에서 특히 주목할 만한 예로써 캐나다은행*Bank of Canada*의 재스퍼 프로젝트*Project Jasper*[27]와 싱가포르통화청*Monetary Authority of Singapore* 우빈 프로젝트*Project Ubin*가 있다.[28]

이 두 프로젝트에서 분산 원장 시스템을 사용하여 즉시 결제를 처리할 수 있다는 점이 확실하게 입증되었다. 그러나 캐나다 사례에서 프로젝트에 참가한 은행은 "독립형 DLT 도매 시스템이 중앙집중식 시스템의 효율성 및 순수 이점보다 더 뛰어나지는 않을 것이다"라고 결론지었다.[29]

이러한 결과들에도 불구하고 캐나다은행은 싱가포르통화청과의 직접적인 협력을 포함하여 블록체인 시스템에 대한 실험을 계속했으며,[30] 중요한 점을 확인할 수 있었다. 블록체인 기반 솔루션이 실현 가능하기에는 아직 충분치 않았다. 블록체인 기반 솔루션이 기존 중앙집중식 솔루션보다 더 좋아야 하는데 그렇지 못했다. 기존 시스템을 버리고 새로운 시스템을 개발하는 데 들어가는 비용이 매우 큰데 그 비용을 정당화할 수 있을 정도로 블록체인 기반 시스템의 성능이 충분히 좋지 않았다.

블록체인의 잠재력에 대한 관심이 계속 높아지고 있으며, 기업들 입장에서 블록체인 기술을 포용하는 모습을 보여주어야 한다는 압박감이 증가하고 있다. 이에, 기업들은 장기적으로 가치를 확보하거나 생산적인 규모성을 담보할 가능성이 없는 파일럿 프로젝트나 개념 증명성 프로젝트를 진행할 위험을 안고 있다. 사실 2017년 11월에 딜로이트가 발표한 보고서에 따르면 2016년에 깃허브에 기여된 26,000개의 블록체인 프로젝트 중에서 8퍼센트만 지속해서 진행되었다고 한다.[31] 블록체인 기술에 대한 약속이 크기는 하지만 장기적으로 성공하려면 블록체인 산업에 속한 구성원들이 혁신에 함몰되지 않고 강력한 잠재력을 가진 사용 사례를 확보하는 일에 집중해야 한다. 이를 통해 블록체인 기술을 활용한 실제 제품을 개발하는 방향으로 나가야 한다.

11장

가상자산의 확산

비트코인이 최초의 가상자산이라는 타이틀을 가졌지만 비트코인이 마지막 가상자산은 결코 아니었다. 이번 장에서는 비트코인이 처음 나온 후 수년 동안 비트코인이 성공하면서 개방형 블록체인에서 새로운 유형의 서비스를 만들려는 열망이 높아졌고, 이로 인해 가상자산의 개수와 가치가 얼마나 폭발적으로 일어났는지를 살펴본다. 이 글을 쓸 당시에 가상자산의 상태를 개략적으로 살펴보고, 새로운 가상자산이 생기는 다양한 방법을 설명한다. 특히 가상화폐공개 ICO, Initial Coin Offering라고 하는 새로운 가상자산의 판매에 대해서도 자세히 살펴본다.

11.1 새로운 가상자산의 출현

비트코인에 대한 인식과 관심 수준이 높아짐에 따라 새로운 가치 제안 value proposition을 이루기 위해 비트코인의 핵심 혁신 중 많은 부분(특히 비트코인의 암호기술과 탈중앙화의 고유한 조합)을 이용한 새로운 시스템을 실험적으로 만들려는 욕구도 덩달아 올라간 것은 놀라운 일이 아니다.

알트코인 alt-coins으로 불리는 초기 가상자산으로 2011년에 출시된 라이트코인 Litecoin은 거래 속도를 더 빠르게 했으며, 2015년에 나온 이더리움은 스마트 계약smart contract 기능을 확장하려고 했다. 스마트 계약은 비트코인이 도입한 것으로, 사용자들이 조건부의 자가 실행 트랜잭션에 동의하고 조건에 맞으면 계약이 반드시 실행되게 만든 것이다. 다른 초기 자산으로 네임코인Namecoin 같이 특수한 기능, 즉 인터넷 도메인 네임에 대한 분산 시스템을 만드는 것을 목적으로 한 자산도 있었다. 심지어 도지코인Dogecoin처럼 농담처럼 만들어진 초기 코인도 있으며, 도지코인의 로고는 인터넷에서 큰 인기를 얻은 시바견과 비슷하다.

2019년에 이르러 2,000개 이상의 가상자산이 만들어졌으며, 이들 가상자산은 다양한 기본 기술 프로토콜을 사용하며, 광범위한 목표를 추구한다. 그리고 추구하는 목표가 같아서 서로 경쟁하기도 한다. 이들 가상자산은 정확하게 어떻게 존재하게 되었는가?

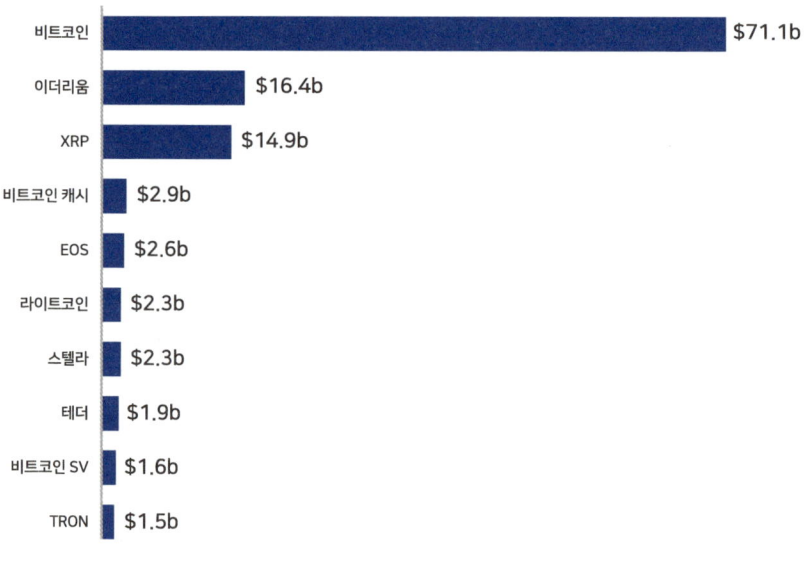

그림 11.1   시가 총액 기준 10대 가상자산 및 유틸리티 토큰(2019년 1월 1일 기준); 가상자산 총 개수가 급증했지만 비트코인은 여전히 시가총액 1위 자리를 지키고 있다. 출처: 'Top 100 Cryptocurrencies by Market Capitalization,' CoinMarketCap, 최종 접속일: 2019년 1월 31일, https://coinmarket-cap.com/

가상자산이 다른 전통적인 금융 상품과 다른 매력들 중 하나는 누구나 가상자산을 만들 수 있다는 점이다(이렇게 하는 것이 합법적인지 여부는 또 다른 질문으로, 이에 대해서는 이번 장의 뒷 부분이나 이어지는 다른 장들에서 논의할 것이다). 약간의 기술적인 노하우와 여러분이 만들 가상자산에 약간의 가치가 있거나 아니면 가치가 있을 수 있다고 믿는 커뮤니티만 있으면 누구나 가상자산을 만들 수 있다. 여기서 핵심은 커뮤니티에 속한 사람들의 손에 가상자산(이것을 일반적으로 토큰token이라고 함)을 어떻게 넘겨줄 수 있는가이다.

박스 11.1 이더리움은 무엇인가?

이더리움Ethereum과 그 화폐인 이더Ether, ETH는 전 세계 가상자산 생태계에서 매우 중요한 요소가 되었다. 이더리움은 전 세계 모든 컴퓨터가 탈중앙화되는 것을 원하며, 이렇게 되면 모든 노드는 이더리움 가상머신EVM: Ethereum Virtual Machine의 복사본을 실행할 수 있다.[01] 이더리움은 2013년 비탈릭 부테린Vitalik Buterin에 의해 발명되었다. 러시아에서 태어났지만 캐나다에서 자란 부테린은 워털루대학교University of Waterloo에 다니던 중 티엘 펠로우십Thiel Fellowship을 받고 학교를 중퇴한 후 이더리움에 집중하였다. 이더리움은 2014년 초 마이애미에서 열린 비트코인 컨퍼런스에서 대중에게 공식 발표되었으며 2014년 여름 이더 사전 판매를 통해 자금을 조달하였는데 약 1,800만 달러(초기 가격은 1BTC에 2000ETH; 1BTC 가치는 약 500달러)를 모금하였다. 그리고 2015년 여름에 플랫폼이 가동되었다.[02]

이더리움 플랫폼은 여러 면에서 비트코인과 유사하지만 가장 눈에 띄는 것은 블록체인 기반으로 비퍼미션permissionless이라는 점이다. 물론 기술적으로도 몇 가지 중요한 차이점이 있다. 예를 들어 비트코인 블록체인에서는 10분마다 새로운 블록이 생성되지만 이더리움 블록체인에서는 14초~15초마다 새로운 블록이 생성된다. 또한 비트코인은 블록마다 채굴자에게 보상하는 거래 수수료라는 개념이 있는데 반해 이더리움은 가스gas라는 개념을 사용한다. 가스는 특정 거래를 수행하기 위해 지불해야 하는 수수료이며, 거래 특징에 따라 달라진다. 또한 비트코인과 이더리움 모두 현재 작업 증명 방식을 사용하고 있지만 이더리움 네트워크는 조만간 지분 증명 방식으로 전환할 것으로 예상된다.[03] 그러나 가장 중요한 차이점들 중 하나는 이더리움 네트워크가 스마트 계약smart contract 및 탈중앙화된 애플리케이션dApps: decentralized applications도 실행할 수 있다는 점이다.[04,05]

스마트 계약은 코드 라인에 직접 작성되어 있는 계약 조건에 따라 계약이 자동으로 실행된다.[06] 이더리움 세계에서 좋은 예로 ERC-20 스마트 계약 표준이 있다. 이 표준에는 이더리움 생태계에서 계약이 어떻게 작동할 것인지에 대한 공통적인 특징이 들어 있다.[07] 적절한 비유로 변호사가 계약서 초안을 작성할 때 사용하는 템플릿이 포함된 규제 핸드북을 들 수 있다. ERC-20 표준은 ICOInitial Coin Offering를 수행하는 대부분의 기업에서 사용했으며, 최근 몇 년 동안 이더리움 네트워크와 ETH의 성장에 크게 기여하고 있다.

일반적으로 이더리움 커뮤니티는 확장성에서 새로운 스마트 계약 표준에 이르기까지 기능 향상을 위해 강력하고도 지속적인 노력을 기울이고 있는 것으로 평가받고 있다.

11.2 새로운 가상자산의 배포 메커니즘

매우 다양한 가상자산은 토큰 보유 및 사용에 관심이 있는 개인과 집단에게 새로운 토큰을 배포하기 위해 아주 다양한 방법을 사용해 왔다. 이번 절에서는 세 가지 주된 방법인 채굴, 포크, 판매를 자세히 다룰 것이다.

11.2.1 채굴로 새로운 토큰 생성

비트코인 예에서 새로운 토큰을 배포하는 과정 한 가지를 논의했으며, 채굴mining을 통해 새로운 비트코인을 시스템에 추가할 수 있다는 것을 배웠다. 8장에서 논의했듯이 채굴자miner는 어려운 수학 퍼즐의 정답을 알아내려고 시도함으로써 비트코인 블록체인 내에서 합의를 유지하는 데 필요한 처리 능력을 제공한다. 채굴자가 퍼즐의 정답을 풀 때마다 미리 정해진 수의 비트코인이 새로 만들어져서 보상으로 주어진다. 비트코인 네트워크의 경우에 프로토콜에 명시되어 있는 채굴 가능 비트코인 상한선은 2천 1백만 개로 고정되어 있다. 이론상으로 2140년에 이 수에 도달한 이후, 비트코인 채굴자는 다음 블록에 거래를 추가하기 위해 사용자들이 지불하는 수수료를 통해서만 보상을 받는다. 그러나 이것이 비트코인 프로토콜에서 선택한 특수한 특징이라는 점을 아는 것이 중요하다. 다른 가상자산은 채굴할 수 있는 새로운 토큰의 수를 지정해서 명시하지 않았으며, 채굴자가 새로운 토큰을 생성할 수 있는 비율만 정의했다.

11.2.2 하드 포크로 새로운 토큰 생성

가상자산 세계에서 의견의 일치를 보는 일은 극히 드물며, 극심한 의견 불일치의 결과로 하드 포크hard fork라는 방식이 나왔다(하드 포크와 소프트 포크의 차이점을 알고 싶으면 박스 11.2를 참고한다). 가령 비트코인 커뮤니티에서는 프로토콜 개선 방법과 관련해서 격렬한 논쟁이 있었으며, 논쟁의 주된 주제는 트랜잭션 처리 속도의 향상 방법으로, 흔히 블록 크기 논쟁block size debate으로 알려져 있다.

이 논쟁의 기술적 세부 사항은 이 책의 범위를 벗어나지만 비트코인 커뮤니티의 일부는 비트코인 블록체인의 각 블록에서 트랜잭션 수가 늘어나서 트랜잭션 처리 속도가 증가하는 것을 선호하는 반면 또 다른 그룹은 블록 크기와 트랜잭션 처리가 변경되지 않고 그대로 유지되는 것을 선호했다. 이와 관련된 논쟁이 교착 상태에 빠져 있던 중 2017년 8월, 한 그룹의 채굴자들은 비트코인 프로토콜의 수정 버전을 구현하기로 했고, 또 다른 그룹의 채굴자들은 기존 시스템을 유지하고 하드 포크를 만들기로 했다.

박스 11.2 소프트 포크와 하드 포크의 차이점은 무엇인가?

지금까지의 경험상, 소프트 포크soft fork는 프로토콜 규칙이 더 엄격해질 때 일어났고 하드 포크hard fork는 프로토콜 규칙이 더 완화될 때 일어났다.[08]

소프트 포크는 더 엄격한 규칙이 도입될 때 프로토콜을 변경하는 것이다. 예를 들어 이전에 모든 블록의 블록 크기가 5MB였는데 블록 크기를 1MB로 제한한다고 할 경우 이는 소프트 포크에 해당된다. 소프트 포크에서 생성된 블록은 이전 버전과 호환되므로 이전 버전에서도 계속 작동한다.[09] 이러한 이유로 인해 채굴자는 자신의 소프트웨어를 업데이트해야 하지만 노드는 업데이트 없이 네트워크의 일부로 유지될 수 있다.[10] SegWitSegregated Witness는 2017년 여름 비트코인 블록체인에서 일어난 소프트 포크의 한 예다.[11]

하드 포크는 프로토콜을 변경하는 것이다. 이전에 유효하지 않은 블록이 이제 유효해질 수 있도록 규칙을 완화한다. 예를 들어 이전에 모든 블록의 블록 크기가 5MB였는데 블록 크기 제한을 10MB로 하면 이는 하드 포크가 된다. 하드 포크는 유효하지 않았던 블록을 유효하게 만드는 것이므로 네트워크의 모든 참가자, 즉 노드(장부 관리자)뿐만 아니라 채굴자도 시스템을 업데이트해야 한다. 그렇지 않으면 새로 유효해진 블록은 거부되어 네트워크에서 격리된다.[12] 하드 포크에 성공한 예로 비트코인 캐시와 이더리움 클래식을 들 수 있다.

장부 관리자와 감사자를 비유로 설명할 것이다. 이 비유가 다소 불완전하지만 유용한 면도 있을 것이다. 장부 관리자(노드)가 페이지 당 5달러의 거래가 있는 원장을 가지고 있고, 감사자(채굴자)는 한 번에 최대 5달러의 거래를 감사할 수 있다고 가정하자. 규칙이 바뀌어서 이제, 감사자가 한 번에 최대 1달러까지만 감사하기로 결정했다고 가정하자. 이렇게 되면 감사 규칙이 엄격해진 것이 되며, 이는 소프트 포크에 해당한다. 이 경우 감사자(채굴자)가 한 번에 1달러의 거래만 감사하더라도 이것이 페이지 당 5달러의 거래 원장을 가지고 있는 장부 관리자에게 여전히 적합하다. 감사 규칙의 이러한 변경은 장부 관리자에게 영향을 미치지 않는다. 이것은 소프트 포크에 해당한다.

이제 장부 관리자(노드)가 페이지 당 5달러 거래가 있는 원장을 가지고 있으며 감사자(채굴자)가 한 번에 최대 5달러의 거래를 감사할 수 있다고 가정하자. 그러나 어느 날 감사자(채굴자)는 한 번에 최대 10달러까지 감사하기로 결정한다. 즉 감사 규칙이 더 완화되었다. 이 경우 감사자(채굴자)가 한 번에 10달러의 거래를 감사하면 이것은 페이지 당 5달러의 거래 원장을 가지고 있는 장부 관리자(노드)에게는 맞지 않다. 그래서 장부 관리자는 원장을 업그레이드하여 페이지 당 최대 10달러의 거래를 유지할 수 있도록 결정할 수 있다. 혹은 이러한 변경에 동의하지 않고 페이지 당 5달러의 이전 거래 규정을 준수하려는 감사자와만 협력하기로 결정할 수 있다. 이것은 하드 포크 시나리오에 해당한다.

위에서 설명한 하드 포크와 소프트 포크는 가상자산의 코드를 가져와서 수정한 후 새로운 가상자산으로 출시하는 경우와는 차이가 있다는 점에 유의해야 한다. 예를 들어 라이트코인은 비트코인을 기반으로 하지만 고유한 개정 사항이 있다(예: 비트코인은 총 발행 수량이 2,100만 개지만 라이트코인은 8,400만 개이며, 비트코인은 10분마다 검증하지만 라이트코인은 2.5분마다 검증하고, 비트코인이 SHA-256 알고리즘을 사용하지만 라이트코인은 Scrypto 알고리즘을 사용한다). 단순히 새로운 블록체인에서 코인을 처음 출시한다고 해서 그것이 포크는 아니다.

하드 포크는 비트코인 블록체인을 두 개로 나누는데, 하나는 계속해서 비트코인이라고 불리는 원래의 프로토콜에서 작동하고, 다른 하나는 비트코인 캐시*Bitcoin Cash*라고 하는 더 큰 블록을 사용한다. 하드 포크 당시, 한 단위의 비트코인 소유자는 이제 두 개의 토큰(비트코인 1개와 비트코인 캐시 1개)을 소유하게 되었다. 이러한 방법으로, 전혀 새로운 가상자산이 기존 토큰의 파생물로 존재하게 되었고, 많은 사람들이 즉시 보유하게 되었다. 채굴자들이 활동하면서 새로운 비트코인 캐시 유닛들이 계속 추가될 것이다.

11.2.3 판매로 새로운 토큰 배포

토큰을 배포하는 세 번째 방법은 프로토콜 자체를 시작하기 전에 토큰 일부나 모두를 미리 생성하는 (혹은 주조하는) 프로토콜을 만드는 것이다. 물론 이렇게 하려면 이런 방식으로 토큰을 생성하는 메커니즘이 있어야 한다. 이렇게 만들어진 토큰은 이 프로토콜에 관심이 있는 개인들에게 판매되거나 어떤 경우에 무료로 배포된다.

판매된 토큰들은 가상자산 관련 프로토콜과 주변 생태계를 더 잘 개발하는 데 사용될 수 있으며, 이러한 것을 흔히 ICO라고 하는데 이에 대해서는 뒤에서 더 자세히 설명한다. 초기 토큰 수는 채굴에 의해 더 늘어날 수 있다. 한편, 채굴이 더 이상 일어나지 않는 방식으로 프로토콜을 설계할 수도 있다. 이러한 경우에 화폐가 처음 만들어질 때 총 가용 공급량을 정하고, 일부는 시장에 풀리고, 나머지는 발행 주체가 예비로 가지고 있게 된다. 이의 좋은 예로 리플_{Ripple}이 있다. 이는 샌프란시스코에 있는 회사로 1,000억 개의 Ripple 토큰(XRP라고 함)을 발행하였고, 이 중 약 400억 개는 유통된다. 나머지는 리플에서 관리하며, 매달 최대 10억 개의 XRP를 풀 수 있다. XRP를 획득하는 유일한 방법은 기존의 가상자산 교환을 통해서이다.

11.3 ICO 자세히 살펴보기

ICO*Initial Coin Offering*는 새로 개발되어 공개되는 서비스의 자금을 모으는 새로운 방법을 제시하고 있으며, 약간의 탐색도 보장한다. 주목할 만한 최초의 ICO는 2013년에 이루어진 마스터코인*Mastercoin*이었으며,[13] 곧 이어서 이더리움이 1,500만 달러의 자금을 모집했다. 그러나 크게 눈여겨볼 만한 ICO 활동이 2017년 초반까지는 일어나지 않았으며, 그나마 성공한 대규모 ICO는 파일코인

Filecoin, 테조스*Tezos*, 블랙닷원*Block.one*으로, 각각 2억 5천 7백만 달러, 2억 3천만 달러, 1억 8천 5백만 달러를 모았다.[14] PwC의 한 보고서에 따르면 2017년에 500개 이상의 ICO가 70억 달러 이상의 자금을 모집할 것이고, 2018년 상반기에만 이 규모는 두 배로 늘어날 것이라고 한다.[15] 이와 같이 눈에 띄는 가치 평가로 인해 ICO가 금융 언론의 관심을 끌고 일반 투자자들의 상상력을 사로잡은 것은 놀라운 일이 아니다.

11.3.1 ICO의 기술 구조

기술적 관점에서 볼때 ICO에서 새로운 토큰 출시가 복잡할 필요는 없다. 이더리움, NEO, EOS, 스텔라, 카르다노 등을 포함하여 기존의 많은 암호 프로토콜은 혁신을 추구하는 이들이 새로운 가상자산을 만들 수 있도록 하고 있으며, 새로운 가상자산은 기존에 만들어진 프로토콜과 생태계를 활용한다.

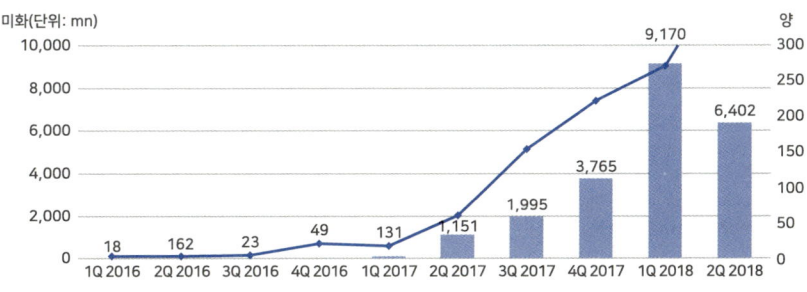

그림 11.2 분기별 ICO 개수와 양. ICO는 유통되는 가상자산의 수와 시가총액을 크게 증가시켰다. 출처: 'Coin-Desk ICO Tracker–CoinDesk,' Coindesk, 최종 접속일: 2019년 1월 31일, https://www.coindesk.com/ico-tracker

예를 들어 2017년에 이루어진 대다수의 ICO는 ERC20*Ethereum Request for Comment 20*이라고 하는 이더리움 블록체인의 기술 표준을 사용했다. ERC20에는 새로운 토큰 생성에 필요한 오픈소스 표준이 있다. 이런 시스템이 왜 유용한지 알려면 모든 사람이 와서 가게를 열 수 있는 현실 세계의 쇼핑몰을 생각하면 된다. 가게에 관련된 모든 것이 표준화되어 있는데, 면적, 전기 소켓의 위치, 보안 장치, 고객이 물건과 서비스 비용에 지불하는 방법 등도 모두 포함되어 있다. 여러분에게 사업 아이디어만 있으면 쇼핑몰에 가서 시작하기만 하면 된다.

박스 11.3 가장 인기 있는 가상자산과 토큰은 무엇인가?

앞에서 언급했듯이, 이 글을 쓰고 있는 당시 2,000개가 넘는 다양한 유형의 가상자산과 토큰이 나와 있으며, 이것들은 모두 다른 기능과 특징을 가지고 있다. 언론에 자주 오르내리면서 유효성까지 갖춘 가상자산을 몇 가지 살펴보겠다.

- **비트코인 캐시***Bitcoin Cash, BCH*: 비트코인 캐시는 비트코인 하드 포크의 산물로, 2017년 8월 만들어졌다. 비트코인 캐시가 만들어진 목적은 블록 크기가 1MB인 비트코인의 확장성 문제를 해결하기 위해서였다. 이를 위해 비트코인 캐시의 블록 크기를 8MB로 높였으며, 이로 인해 거래를 더 빠르고 더 저렴하게 처리할 수 있었다. 이렇게 한 것은 비트코인 캐시를 결제 시스템으로 사용할 의도였으며, 비트코인 캐시를 지지하는 많은 사람들은 이것이 사토시가 이루고자 했던 이념과 더 비슷하다고 믿고 있다. 작업 증명 합의 메커니즘을 사용하며, 비트코인과 비슷하게 총 공급량은 2,100만 개이며, 이 중에서 약 80퍼센트가 유통되고 있다. 이 글을 쓰는 시점에 비트코인 ABC*Bitcoin ABC*와 비트코인 SV*Bitcoin SV*라는 두 진영 사이에서 BCH가 추가로 분할되고 있으며, 네트워크 업그레이드 유형에 대해 다양한 견해가 나오고 있다.

- **카르다노 에이다**Cardano, ADA: 카르다노는 이더리움 플랫폼의 경쟁 가상 자산으로 간주되고 있으며, 사용자는 자체 플랫폼에서 스마트 계약을 개발할 수 있다. 카르다노는 계층형 블록체인으로 첫 번째 세틀먼트 계층settlement layer과 컴퓨팅 계층computational layer이 결합되어 있다. (이더리움의 경우 두 계층들이 모두 결합되어 있다.) 카르다노는 지분 증명을 사용하며, 총 공급량은 450억 ADA이며, 이 중에서 약 60퍼센트가 유통되고 있다.

- **대시**Dash, DASH: 대시(디지털Digital과 캐시Cash의 합성어)는 2014년 엑스코인Xcoin이라는 이름으로 출시되었다가, 그 다음에 다크코인Darkcoin이라는 이름을 거쳐 현재 이름이 되었다. 이의 주된 목적은 결제 시스템으로 사용하기 위한 것이었다. 대시는 탈중앙화된 자율 조직이라는 점에서 독특한데, 네트워크로 연결된 마스터 노드들이 네트워크 개선에 대해 투표한다. 또한 개인정보보호 옵션이 있으며, PrivateSend 옵션을 사용하여 DASH를 익명으로 전송할 수 있다.[16] 대시는 작업 증명(마스터 노드에서 추가로 수행하는 서비스 증명서 포함)를 사용하며, 총 공급량은 약 1,800만 개이며, 이 중에서 약 45퍼센트가 유통되고 있다.[17]

- **IOTA**, IOT: IOTA는 블록체인을 사용하지 않고 탱글Tangle이라는 다른 분산 원장 기술을 사용하는데, 이전에 거래를 요청했던 두 개의 임의의 노드에 의해 새로운 거래가 검증된다. 거래 수수료는 없고 네트워크가 커질수록 거래가 더 빠르게 처리된다.[18] IOTA의 핵심은 거래 정산 계층과 데이터 계층이다. 총 공급량은 28억 IOTA이며, 모두가 유통되고 있다.[19]

- **라이트코인**Litecoin, LTC: 라이트코인의 많은 기능은 비트코인과 비슷하며, 비트코인을 금이라고 하면 라이트코인은 은으로 간주된다. 그 주된 이유는 더 많은 공급량(8,400만 라이트코인)과 더 빠른 블록 생성 속도(비트코인보다 4배 빠른 속도) 때문이다. 비트코인캐시와 마찬가지로 결제 시스템으로 활용하기 위해 만들어졌다. 작업 증명을 사용하며, 총 공급량은 약 8,400만 LTC이며, 이 중 약 70퍼센트가 유통되고 있다.

- **모네로**Monero, XMR: 모네로는 사설 가상자산으로써, 링ring의 서명, RingCTRing Confidential Transaction, 스텔스 주소stealth address를 포함해서 각 거래의 발신자, 수량, 수신자를 숨긴다. 이를 위해 다양한 개인 정보 보호 기술을 사용한다. 또한 하드 블록 크기 제한이 없으며, 필요에 따라 시간에 따라 블록 크기가 증가하거나 감소할 수 있다.[20] 이는 다크웹 거래를 위한 가상자산으로 자리를 잡았다.[21] 작업 증명을 사용하며 초기 총 공급량은 약 1,800만 XMR이며, 이 중 약 85퍼센트가 유통되고 있다.[22]

- **네오**NEO: 네오는 창립 팀의 기원 상, 중국 이더리움Chinese Ethereum으로 불린다. 네오는 BFTByzantine Fault Tolerance라는 일종의 지분 증명 메커니즘을 사용하며, 이 메커니즘은 초당 최대 10,000개의 트랜잭션을 지원할 수 있다. 이더리움과 비슷하게 사용자는 스마트 계약을 맺을 수 있고, 가스 시스템을 사용하여 거래 수수료를 결제할 수 있다. 총 공급량은 1억 NEO이며, 이 중 약 65퍼센트가 유통되고 있다.[23]

- **리플**Ripple, XRP: 리플은 결제 시스템, 송금 네트워크, 환전소와 비슷한 기능을 하는 결제 프로토콜이다. 주요 용도 중 하나는 은행 간 거래다. 리플 프로토콜 합의 알고리즘Ripple Protocol Consensus Algorithm이라는 합의 메커니즘을 사용하며, 이는 많이 사용되고 있는 작업 증명과 이해 증명 메커니즘과는 다르다. 총 공급량은 1000억 XRP이며, 이 중 40퍼센트 정도가 유통되고 있다.

- **스텔라**Stellar, XML: 스텔라는 은행, 결제 시스템, 사람을 연결하는 플랫폼이 되는 것을 목표로 한다. 자체 스텔라 합의 프로토콜과 루멘스Lumens라는 통화를 사용한다. 그리고 (특히 신흥 시장) 사람들이 기존 통화로 결제할 수 있도록 하는 동시에, 가상자산 네트워크의 효율성을 활용하여 비용을 낮추고 처리 속도를 높이기를 원한다.[24] 초기의 총 공급량은 1,000억 루멘스로 1퍼센트의 인플레이션율이 내장되어 있으며, 매년 1퍼센트의 비율로 새로운 루멘스가 네트워크에 추가된다.[25]

- **지캐시**Zcash, ZEC: 지캐시는 zk-SNAK라는 영지식 증명zero-knowledge proof 형식을 사용하며, 개인 정보 보호 옵션을 제공한다. 지캐시는 거래를 보여주는 개방형 블록체인을 가지고 있지만 금액, 발신자 주소, 수신자 주소는 숨긴다. 이를 위해 비트코인처럼 거래 메타데이터를 공개하지 않고 이를 암호화한다.[26] 지정된 주소에 대한 모든 거래를 공개하는 열람 키viewing key를 제공할 수 있다.[27] 다른 프로젝트들과 달리 지캐시는 영리를 목적으로 하는 민간 기업이 운영하고 있으며, 자금의 10퍼센트가 설립자에게 돌아간다. 총 공급량은 2,100만 ZEC이며, 이 중 약 25퍼센트가 유통된다.

11.3.2 ICO의 규제 처리

미디어 해설자들은 ICO를 IPOInitial Public Offering에 자주 비교한다(IPO는 거래소에 회사의 주식을 공개하는 것이다). 그러나 이 둘은 기본적인 방식에 있어서 몇 가지 다른 점이 있다.[28] 가장 중요한 것은 IPO의 규제 처리regulatory treatment는 규제 프레임워크에 의해 엄격하게 정의되며, 상장 전에 미리 규정된 단계들이 진행되어야 하고, 승인을 받아야 한다는 점이다. IPO 프로세스를 통해 기업들에게 방향을 제시하는 투자 은행, 거래소, 로펌들은 이들 규칙을 잘 이해하고 있다. 그리고 규제 기관들이 이들 규칙을 엄격하게 시행하고 있다.

반대로, ICO들, 특히 2018년 이전에 발행된 ICO들은 '황량한 서부' 환경에서 만들어진 것처럼 보인다. 즉, 규제 범위가 명확하지 않았고, 새로운 가상자산을 만드는 곳들이 수백 만 달러의 토큰을 판매하는 데도 최소한의 법적 요건만 요구하였다. 이와 같이 규제가 불분명하다는 것은 토큰 보유자가 IPO 투자자만큼의 투명한 정보나 자산 보호를 받지 못할 수 있다는 것을 의미한다. IPO의 경우 주식을 구매하려는 사람에게는 명확하게 정의된 권리가 보장되며 IPO 전에 매우 투명한 정보가 제공된다. 이에 반해 ICO의 경우 토큰을 보유하려는 사람에게는 IPO와 같은 수준의 권리나 투명한 정보 공개가 보장되지 않는다. 그런 점에서 IPO와 ICO에는 상당한 차이가 있다. ICO와 IPO 사이에 중요한 차이점을 표 11.1에 정리해 두었다.

규제 당국은 이러한 불확실성이 무기한으로 지속되는 상황을 당연히 허용하지 않았다. 2018년에 SEC는 ICO에 참여한 일부 기업들에 대해 여러 가지 단속 조치를 취하였다. 대상 기업으로 보스턴에 있는 스타트업으로 약 1,500만 달러를 모은 에어폭스*Airfox*와 자신들의 토큰 판매가 무면허 증권 발행을 구성한다고 주장하면서 1,200만 달러를 모은 파라곤*Paragon*이 있다.[29] 이러한 단속 조치에서는 발행된 토큰이 사실상의 증권을 구성하며, 이러한 발행은 IPO에서와 같이 엄격한 규제 대상이라는 주장을 펼쳤다. 또 다른 주목할 만한 사건이 있다. 복서인 플로이드 메이웨더*Floyd Mayweather*와 음악 프로듀서로 DJ 할레드로 알려진 할

표 11.1 ICO와 IPO의 차이점

ICO	IPO
특정 규제 프레임워크가 없다.	특정된, 잘 정의된 규제 프레임워크가 있다.
일반적으로 창업 후 초기 회사다.	최소 실적과 수익 요건을 갖춰야 한다.
일반적으로 특정 목적을 위해 자금을 모은다.	회사의 장기 발전을 위해 자금을 모은다.
토큰 보유자에게 부여하는 권리가 제한적이다.	주주는 매우 잘 정의되고 규제된 권리를 갖는다.
일반적으로 발행 주체에 대한 경제적 노출이 없다.	발행사에 경제적 노출을 제공한다.
투명성 수준이 다양하다.	규정되고 명확하게 정의된 수준의 투명성이 확보된다.

출처: PricewaterhouseCoopers, 'Introduction to Token Sales (ICO) Best Practices' (PwC), 최종 접속일: 2019년 1월 13일, https://www.pwchk.com/en/industries/financial-services/publications/introduction-to-token-sales-ico-best-practices.html

레드 할레드*Khaled Khaled*가 한 ICO의 프로모션에 관련된 지급액을 공개하지 않았고, 미국 증권거래위원회가 이를 기소했고, 법정으로 넘어갔다.[30]

박스 11.4 토큰은 언제 증권이 되는가?

일반적으로 모든 나라에는 '무엇이 증권인지'와 관련해서 잘 정의된 규칙이 있다. 증권이 무엇으로 구성되어야 하는지에 대한 내용이 법률로 명시되는 경우도 있고, 법원에서 결정되는 경우도 있다. 여기서는 홍콩과 미국 사례를 가지고 이번 질문에 대한 법적 이슈를 살펴보고자 한다.

홍콩의 경우 ICO에서 제공되는 디지털 토큰은 기업의 지분 또는 소유권을 나타내며, 이러한 토큰은 주식으로 간주될 수 있다. 예를 들어 토큰 보유자는 배당금 수령권, 청산 시 기업의 잉여 자산 분배에 참여할 권리 같은 주주의 권리를 부여받을 수 있다.

발행자의 채무나 부채를 발행하거나 승인하기 위해 디지털 토큰을 사용하면 해당 토큰은 채권으로 간주될 수 있다. 예를 들어 발행자는 토큰 보유자에게 정해진 날짜에 투자 원금을 이자와 함께 상환할 수 있다. 토큰 보유자가 프로젝트에서 제공하는 수익 지분에 참여할 수 있게 할 목적으로 ICO 조직 운영자가 프로젝트에 투자하기 위해 토큰 수익을 일괄 관리할 경우 해당 디지털 토큰은 집합투자조직*CIS: Collective Investment Scheme*의 이익으로 간주될 수 있다.

홍콩에서는 CIS의 주식, 사채, 지분을 모두 증권으로 간주한다. ICO가 홍콩 국민에게 증권을 취득하거나 CIS에 참여하도록 제안할 경우 면제 조항이 적용되지 않는 한 법에 따른 등록 또는 승인 요건이 발동될 수 있다.[31]

미국의 경우 증권거래위원회가 규제하는 증권 여부에 대한 문제는 하위테스트*Howey Test*에 의해 결정되는데, 이는 1946년 대법원 판례인 SEC v. W. J. Howey Co에서 기인한다.

이 사건은 플로리다 오렌지 농장과 관련된 복잡한 부동산 거래와 관련해서 전개되었다. 이 농장의 소유자인 하위씨*Mr. Howey*는 개인이 토지의 일부를 구입한 다음에 그 토지를 자신에게 다시 임대할 수 있게 했다. 이와 관련된 서비스 계약에는 토지의 유지와 토지에서 나온 생산물의 판매 주체는 임대인에게 있으며 토지 소유자는 임대한 땅에 들어올 수 없다는 조항이 있었다. 구매자는 다른 임대 계약을 할 수 있었으며, 판매자료에는 이익이 좋고 서비스 품질도 우수하다고 적혀 있었다. 토지를 구매한 대다수의 사람은 농부가 아니며, 많은 경우 플로리다 주민도 아니고, 농사를 지은 경험이 거의 없거나 아예 없는 전문직 종사자들이었다.

SEC는 이러한 재임대 계약이 투자 계약에 해당하므로 이것은 증권이라는 주장과 함께 하위의 회사에 대해 가처분신청을 제출했다. 이 사건은 종국에 가서 미국 연방대법원에서 결정되었는데, 다수 의견의 작성자인 프랭크 머피_{Frank Murphy} 대법관은 어떤 계약이 증권법 목적상 '투자 계약'의 요건을 갖추었는지를 확인할 수 있는 법원의 가장 초기의 기준들 중 하나를 만들었다. 머피 대법관은 이렇게 썼다.

증권법의 목적상 투자 계약이란 개인이 공동 기업에 자신의 돈을 투자하고 발기인이나 제 3자의 노력만으로 이익을 기대하는 계약, 거래, 계획을 의미한다. 기업의 주식이 공식 증서에 의해 입증되는지 아니면 기업이 확보한 물리적 자산에 대한 명목상 지분에 의해 입증되는지는 중요하지 않다.

다시 말해서 하위테스트에서 다음의 요건이 갖춰지면 투자 계약은 증권이 된다.

1. 돈을 투자한다.
2. 투자 대상이 공동 기업이다.
3. 이익을 기대한다.
4. 다른 사람들만의 노력이 투입된다.

하위테스트는 기업가와 투자자 모두에게 매우 중요한 기준이다. 기업가와 투자자는 판매하려는 토큰을 미국 내에서 합법적으로 판매하기 위해 토큰이 위의 네 가지 기준을 모두 충족하는지 여부를 살펴보고, SEC에 등록해야 하는지를 고려해야 한다.

이러한 단속 조치에도 불구하고 ICO와 관련된 규제 중 많은 것이 명확하지 않으며, 기관들의 규제 처리는 나라마다 크게 다르다. 중국[32]이나 한국[33] 같은 일부 나라는 ICO를 완전히 금지하는 강경한 입장을 보이고 있다. 이에 반해 스위스, 싱가포르, 홍콩, 지브롤터, 몰타 같은 나라는 규제를 다양한 수준으로 시행하고 있다. 전 세계의 규제 기관들이 단기 혹은 중기적으로 규제를 더 명확하게 할 것으로 기대되며, 이는 ICO뿐만 아니라 넓게는 가상자산 전체에 대해서도 이렇게 될 것으로 예상된다.

11.3.3 ICO의 장점과 과제

토큰 판매에 대한 규제 환경이 유동적이지만 이것은 새로운 제품이나 서비스를 개발하기 위한 자금을 모을 수 있는 흥미롭고 새로운 모델이다. 이론상으로 ICO가 성공하면 아이디어를 개발하는 팀이 아이디어를 빠르게 실행할 수 있으며, 이와 동시에 사용자 커뮤니티를 구성하기 위한 초기 단계를 진척시킬 수 있다. 이상적으로는, 자금이 조달되는 과정을 일반인에게도 개방하여, 기업가들이 벤처캐피탈 네트워크에 연계되어 있지 않더라도 자금을 조달할 수 있으며, 소규모 투자자도 크게 성공할 가능성이 있는 초기 단계 투자를 도모할 수 있다.

그러나 실제로 간과할 수 없는 문제도 있다. 초기 ICO의 자금 조달 과정은 민주적이었으며 매우 많은 대중이 참여할 수 있게 했다. 그러나 ICO 생태계에서 기존 벤처캐피탈과 대규모 펀드의 역할이 크게 증가하였으며, 이들이 사전에 판매되는 크게 할인된 토큰을 확보하는 경우가 자주 있었다.[34]

투명성을 강화할 수 있는 규제가 부족함으로 인해 투자자들은 해결해야 할 과제가 생겼다. 2017년 5월, 월스트리트 저널은 1,450건의 토큰을 판매하여 10억 달러 이상을 모금한 271개 프로젝트를 조사한 결과 위험한 징후를 발견했다. 대표적으로 투자자 문서를 표절하거나 수익 보장을 약속하거나 경영진을 누락하거나 허위로 넣은 문제가 있었다.[35]

어떤 경우에 이들 위험 징후가 플렉스코인 PlexCoin 같은 사기를 감지하는 신호가 될 수 있다. SEC의 사이버 유닛Cyber Unit에 따르면 플렉스코인의 설립자는 투자자들에게 한 달 안에 투자 금액의 13배를 돌려주겠다고 약속했다. 그러나 실제로는 모금된 자금을 '홈 데코 프로젝트'를 포함하여 자체 사업 비용으로 충당할 생각이었다.[36] 또 다른 경우에, 설립자를 포함하여 토큰 발행에 관여한 이들이 소위 펌프 앤 덤프pump and dump 계획으로 토큰 가격을 조작하기 위한 음모를 꾸미기도 했다.[37] 또 다른 경우에 가상자산에 열광한 나머지 성공 가능성이 적음에도 불구하고 많은 자금을 조달할 수 있었다. 또 어떤 경우에 프로젝트를 맡은 팀에 팀의 비전을 달성하는 데 필수적인 기술 전문가가 부족하였으며, 또 다른 경우에 공략할 시장 규모가 충분하지 않거나 타깃으로 삼으려는 시장의 복잡성을 제대로 이해하지 못한 경우도 있었다. 게다가 벤처캐피탈이 자금을 지원하는 스타트업의 경우 스타트업의 지속적인 성과를 장려하기 위해 자금을 단계적으로 조금씩 나누어 투입하는데 반해, ICO는 조달할 모든 자금을 프로젝트 초기에

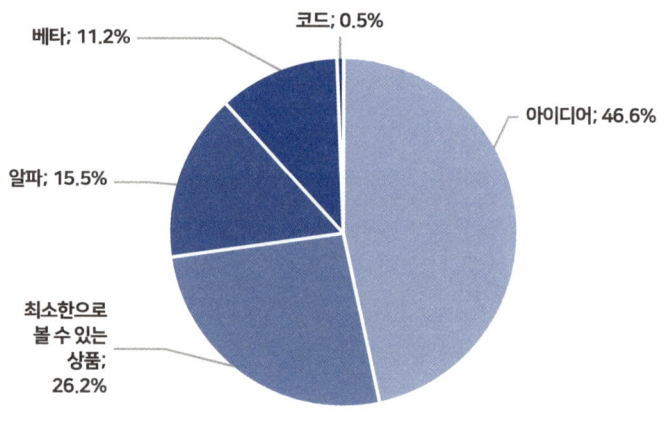

그림 11.3   ICO 개입 단계에서 스타트업 성숙도 수준. 많은 ICO는 아이디어만으로도 상당한 자금을 조달했다. 출처: Mikhail Mironov and Steven Campbell, 'ICO Market Research Q1 2018,' ICORATING, 2018, 23페이지

투입한다. 이에 투자자가 창립 팀을 통제할 수 있는 여지가 줄어든다.

이러한 것들이 주된 이유가 되어 2018년 7월 기준으로 ICO를 진행하거나 그렇게 하려고 준비하는 800개 이상의 가상자산 프로젝트가 0에 가까운 가치 평가를 받아서 활동하지 못하고 있다.[38]

이렇게 초기 장애물이 많음에도 불구하고 ICO는 블록체인을 기반으로 하는 많은 기업들에게 새로운 자본 조달 메커니즘이 될 수 있다. ICO 환경이 계속 발전하고 제도화와 규제가 더 잘 정착됨에 따라 이 안에서 어떤 종류의 혁신적인 비즈니스가 이루어질지 보는 것은 흥미로울 것이다.

12장

가상자산 분류

비트코인과 뒤이어 확산된 가상자산으로 인해 새로운 금융 환경이 조성되었으며, 이 금융 환경에서는 가치를 교환하기 위한 새로운 디지털 네트워크를 비교적 낮은 비용으로 빠르게 조성할 수 있게 되었다. 이로 인해 새로운 자산군을 만들고, 기존 시장의 유동성과 투명성을 개선하고, 새로운 커뮤니티를 조성할 잠재적인 기회가 생겼다. 그러나 이와 같이 진입 장벽이 낮다는 것은 가상자산 세계가 끊임없이 변화할 수 있다는 것을 의미하며, 이는 가상자산 세계에 있는 자산을 추적하거나 가상자산의 가치를 어떻게 이해해야 하는지 매우 어렵게 만들기도 한다.

가상자산을 분류함에 있어 보편적으로 용인된 시스템은 없으며, 다양한 분류 방식이 사용되고 있다. 이번 장에서는 가상자산을 분류하기 위한 몇 가지 관점을 살펴보고, 의도된 용도에 따른 가상자산들 사이의 주요 차이점을 이해하기 위한 프레임워크를 제시한 다음에 가상자산의 각 범주를 설명한다.

12.1 가상자산의 분류법 설정

혁신가들이 현재 추구하고 있는 가상자산 프로젝트들이 다양하게 진행되고 있고, 이 분야 생태계가 새롭게 만들어짐으로 인해 가상자산을 정확하게 분류하는 일은 매우 어렵다. 명료한 상호배타적인 분류를 수립하거나 모든 토큰을 완벽하게 범주화할 수 있는 유용하면서도 충분히 세밀한 프레임워크가 현재는 나와 있지 않다.

분류를 위한 믿을 만한 방법이 몇 가지 있다. 가장 간단한 방법은 쉽게 측정할 수 있는 요소, 즉 가상자산의 기본 기술 프로토콜 명세, 활동하는 사용자 커뮤니티의 규모, 시가 총액 등을 기반으로 가상자산을 분류하는 것이다. 그러나 이런 분류는 특정 토큰의 법적 처리를 이해하거나 적절한 가치 평가 방법을 고려하고 싶어하는 사람들에게 별 다른 가치가 없다.

조금 더 복잡한 방법은 기존 산업 분류 시스템을 사용하고 가장 일치하는 산업을 기반으로 토큰의 범주를 정하는 것이다. 이런 시스템에서는 공급망 출처의 추적 기능을 지원하도록 설계된 토큰이 예술 콘텐트의 수익화를 위한 네트워크를 구축하도록 설계된 토큰과 별도로 분류된다.

가상자산을 분류하는 또 다른 방법으로 토큰 보유자가 해당 토큰을 소유하게 된 이유를 고려하고, 그 이유에 따라 가상자산을 분류하는 방법이 있다. 예를 들어 클라우드 컴퓨팅 서비스의 접근 대가로 교환될 목적으로 만들어진 토큰을 로열티 보상용 토큰이나 신규 사업 투자용 토큰과 다르게 분류할 수 있다.

이 책에서 소개될 내용은 주로 토큰의 의도된 용도와 기능을 토대로, 단순화된 가상자산 분류법을 제시하기 위해 여러 출처를 참고했다. 먼저, 토큰이 대체 가능한지를 고려한다. 다시 말해서 가상자산의 특정 토큰이 다른 토큰과 기능상 동일하고 상호 교환할 수 있는지를 살펴본다. 예를 들어 미국 달러와 제너럴 일렉트릭 보통주 주식을 다른 것과 상호 교환할 수 있는 것과 같은 방식으로, 한 단위의 비트코인이 특성, 유용성, 가치에 있어 동일한지를 고려한다. 대체 가능한 토큰 범주 내에서 세 가지 하위 범주를 정의한다. 즉 결제를 쉽게 할 수 있는 토큰(흔히 가상자산이라고 한다), 금융 자산과 증권에서 투자 역할을 할 수 있는 토큰(투자 토큰), 소비성 서비스로 교환할 수 있는 토큰(유틸리티 토큰)으로 나눈다.

각각 고유한 속성 세트를 가질 수 있는 대체 불가능한 토큰 범주 안에서 두 개의 넓은 하위 범주를 정의한다. 거래 가능한 토큰의 속성은 양도 가능 *alienable*이 되며 새로운 소유자에게 양도될 수 있다. 거래 불가능한 토큰의 속성은 양도 불가능 *inalienable*이 되며 소유자들끼리 양도할 수 없다.

이어서, 각 토큰 범주를 간략하게 설명하고 현존하는 혹은 이론적인 예를 제시한다. 그러나 가상자산 세계가 초기 단계라는 점을 명심하는 것이 중요하다. 가상자산의 저변이 크게 확대되면 각 범주도 확장되고 변경될 수 있으며, 새로운 차원의 범주화가 고려되어야 할 것이다.

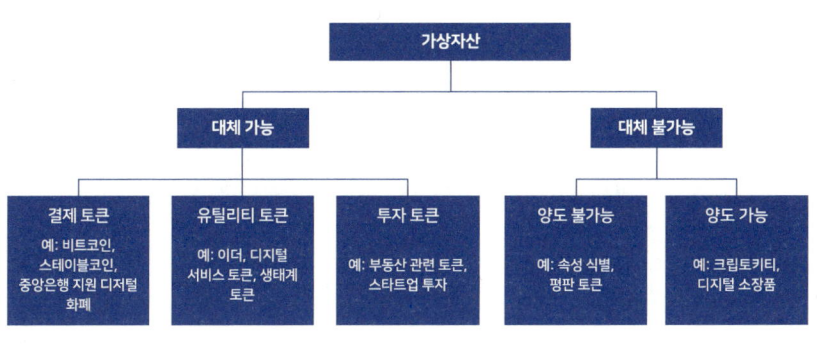

그림 12.1 이 책에서 제안하는 가상자산 분류. 여기서는 대체 가능성과 사용 용도에 따라 토큰을 분류한다.

12.2 결제 토큰

결제 토큰payment token은 거래 수단, 가치 저장소, 광범위한 거래를 위한 계정으로 사용할 목적으로 만들어진 가상자산이다. 다시 말해서 결제 토큰은 거래를 보호하고 화폐 단위 생성을 제어하기 위해 블록체인 기술을 사용하는 암호화 토큰이다. 결제 토큰의 목적은 전통적인 법정 화폐 및 이와 연계된 결제 네트워크(예: 직불/신용 네트워크, 페이팔, 벤모, 송금망)와 비슷한 기능을 제공하는 것이다. 이러한 이유로 인해, 사람들은 이러한 암호화 토큰을 가상자산cryptocurrencies이라고 부른다. 그러나 가상자산이 더 많아지고 많은 나라에서 가상자산을 법적으로 통화로 인정할 것인지에 대한 논란이 생기면서 가상자산에 대한 혼란이 자주 일어났으며, 일반적인 용어인 결제 토큰을 사용하기로 했다. 결제 토큰에 해당하는 가상자산으로 가장 잘 알려진 예로 비트코인이 있다.

분류 목적상 이 장의 뒤에서 논의할 스테이블 코인stable coin이 결제 토큰에 포함된다. 일부 스테이블 코인이 매우 중앙집중화되어 있기는 하지만 가상자산 유동성을 촉진시키는 목적을 가지고 있으므로 스테이블 코인을 결제 토큰으로 분류하는 것이 더 적절하다.

12.2.1 결제 토큰의 특징

결제 토큰마다 구조가 다르지만 몇 가지 일반적인 특징이 있다.[01]

- **되돌릴 수 없음**irreversible: 거래가 실행되면 이를 무효화할 수 있는 중앙 권한이 없기 때문에 거래를 되돌릴 수 없다. 거래를 기능적으로 되돌릴 수 있는데, 첫 번째 거래를 미러링한 양 당사자가 상호 동의한 두 번째 거래를 통해서는 가능하다. 이런 점에서 이 시스템은 실제 현금을 사용하는 것과 매우 비슷하다.

- **의사-익명성 혹은 익명성**pseudo-anonymous or anonymous: 오늘날 운용되는 대부분의 결제 토큰에는 일정 수준의 사용자 익명성이 있다(실제 현금을 사용할 때와 비슷함). 비트코인 및 비트코인과 비슷한 많은 시스템의 경우에 사용자는 의사-익명성pseudo-anonymity을 갖는다. 의사-익명성을 갖는다는 것은 거래가 공개적이고 추적 가능하지만 결제 거래에 참여하는 양 당사자는 숫자나 문자로 된 고유한 문자열(공개 키)로만 식별되기 때문에 특정 토큰의 실제 소유자를 파악하는 것이 어렵다는 의미다. Z-Cash나 Monero 같은 가상자산은 진정한 익명성을 확보하기 위해 거래 히스토리 데이터 자체를 숨기는 기능을 추가했다.

- **글로벌 사용 및 항상 사용 가능**global and always available: 1년 365일, 1주 7일, 1일 24시간 가상자산을 보내거나 받을 수 있다. 가상자산 시장은 잠들지 않는다.

- **암호화 보안**cryptographically secure: 블록체인 네트워크는 공개 키와 개인 키 암호 조합을 사용한다. 오늘날 사용 가능한 기술로는 깰 수 없고 안전하다. 13장에서 논의하겠지만 악의적인 사람이 토큰의 개인 키를 훔쳐서 가상자산을 가져갈 위험이 있다.

- **빠름**fast: 비트코인 같은 일부 결제 토큰은 국내 결제 시스템(예: 직불카드나 신용카드 네트워크)보다 처리 속도가 더 느릴 수 있지만 대부분의 국가간 거래보다는 처리 속도가 훨씬 더 빠르다.

- **저렴**inexpensive: 블록체인의 설계 방법이나 부과되는 거래 수수료나 가스 유형에 따라 다르지만 가상자산 전송 비용은 (거의) 무료다. 그러나 네트워크 수요가 높은 기간 중에는 수수료가 크게 증가할 수도 있다.

12.2.2 결제 토큰이 직면한 문제

고유한 특징에도 불구하고 암호화 결제 토큰은 소비자의 선택을 받는 데 있어 몇 가지 문제를 안고 있다. 핀테크 결제 혁신가들의 광범위한 평가에서 지적되었듯이 선진국의 많은 소비자는 현재의 결제 방법을 변경할 필요성을 별로 느끼지 못한다. 널리 인정 받는 결제 수단으로 사용될 목적으로 만들어진 가상자산은 이러한 모든 문제에 직면해 있다. 그리고 주목해야 할 몇 가지 고유한 이슈들이 있는데, 다음과 같다.

- **빈약한 사용성**poor usability: 다소 개선되기는 했지만 가상자산을 보내고 받는 과정이 아직까지는 전혀 사용자 친화적이지 않으며, 일반인들이 공개 키와 크립토 월릿crypto wallet의 사용법을 이해하는 것이 어렵다. 사용성을 개선하는 일이나 일반인에게 가상자산을 이해시키는 일이 계속되겠지만 하루아침에 되지는 않을 것이다. 인터넷 같은 혁신적인 기술의 경우에도 일반인이 이를 광범위하게 채택하기까지 수십 년은 아니지만 그래도 몇 년이 걸렸다.

- **높은 변동성**high volatility: 법정 화폐에 비해 가상자산의 변동성은 높다. 이것이 투기를 하는 사람이나 트레이더에게는 좋다. 그러나 가상자산을 교환 수단이나 거래 단위로 사용해야 하는 고객이나 물건을 파는 주체에게 이것은 풀어야 할 과제이다.

- **비가역성**irreversibility: 가상자산의 비가역성이 어떤 경우에는 괜찮을 수 있지만 고객 입장에서 관심을 기울여야 할 부분이기도 하다. 은행 PIN을 잃어버리거나 잘못된 거래를 할 경우 언제든지 은행에 연락해서 도움을 받을 수 있다. 그러나 개인 키를 잃어버리거나 정확하지 않은 암호 주소로 보낸 경우 해당 가상자산을 영원히 찾을 수 있다. 가상자산의 경우 우리가 일반적으로 생각하는 고객센터는 없다!

12.2.3　결제 토큰의 규제

새로 떠오르고 있는 가상자산 생태계의 대부분 영역과 마찬가지로 토큰을 결제 목적으로 사용하는 것에 대해 명확한 규제가 정립되어 있지 않으며, 규제 처리 방식도 나라마다 크게 다르다. 그럼에도 불구하고 국제자금세탁방지기구Financial Action Task Force의 견해를 지지하는 규제 당국들 간의 합의가 늘어나고 있다. 국제자금세탁방지기구는 자금 세탁 방지를 위해 1989년에 결성된 정부간 조직으로써 가상자산 기반 결제 서비스 제공업체는 비가상자산 기반 결제 서비스 제공업체와 동일한 의무를 져야 한다는 견해를 가지고 있다.[02]

이는 결제 토큰 교환을 주관하는 모든 조직은 AML, KYC, CTFCombating Terrorist Financing를 준수해야 할 의무가 있다는 것을 의미한다. 게다가 이 문제에 대한 판결이나 지침을 발표한 많은 나라에서는 암호 기반 결제 토큰을 법정 화폐로 교환할 때 AML 요구사항을 준수해야 한다고 명시했다.

이러한 규제들은 결제 토큰 사용자와 기존 금융 기관들 간에 원활한 인터페이스를 만드는 데 있어 중요한 요소다. 많은 은행들은 가상자산 생태계의 비즈니스에서 AML, KYC, CTF 규제를 효과적으로 시행할 수 있을지에 대해 심각한 의구심을 보이고 있다. 특히 가상자산과 법정 화폐 거래를 원활하게 하는 거래소 기능을 제대로 할 수 있을지에 관심이 많다.

기존 은행들이 우려하는 근본적인 원인은 식별 및 모니터링 요구사항을 준수하는 것이 매우 어려울 수 있다는 점에 있다(특히 많은 암호 결제 토큰의 익명성을 고려할 때 우려 수준이 더 높아진다). 또한 명목 화폐와 교환될 수 있는 결제 토큰이 실크로드Silk Road 같은 시장에서 불법 상품을 매매하는 것과 같은 금융 범죄에 사용되고 있거나, 해킹, 신원 도용, 랜섬웨어, 기타 불법적인 방법을 통해 결제 토큰이 취득되고 있다는 점에서 위험성이 증가하는 것으로 인식되고 있

다.[03]

결과적으로, 규제 당국이 결제 토큰을 사용하는 것이 기술적으로 합법적이라고 명확하게 공표하더라도 많은 금융 기관들은 결제 토큰 사용을 조장하는 조직들에게 은행 서비스를 절대로 제공하지 않을 것이다. 그 근거로, 이들 조직이 실수로 AML, KYC, CTF 규정 위반을 조장함으로써 상당한 벌금 부과 문제가 발생할 수 있다는 점을 들고 있다.[04]

그러나 전 세계 자금 세탁 거래 규모가 연간 총 1조~2조 달러이며[05] 이는 모든 가상자산의 시가총액의 몇 배로 추정되며, 글로벌 자금 세탁 거래에서 가상자산이 상당 부분을 차지하고 있는 것은 확실해 보인다. 게다가 9년 동안 에스토니아 지점에서 2천 억 달러 이상의 의심스러운 거래를 한 것과 관련해서 27억 달러의 벌금을 적립하고 있는 단스케방크Danske Bank는[06, 07] 종류를 가리지 않고 지급 업무를 진행하면 벌금을 내야 하는 위기에 직면할 수 있다는 유익한 교훈을 주고 있다.

12.2.4 스테이블 코인

결제 토큰을 법정 화폐로 교환하는 데 있어 몇 가지 방해되는 것들이 있음으로 인해 가상자산 생태계의 일부 이해 당사자들 입장에서 스테이블 코인 stable coin이라고 하는 고유한 형태의 결제 토큰이 필요해졌다.

스테이블 코인 같은 수단의 주된 목적은 가상자산의 가치가 가상자산 생태계 외부에 있는 미국 달러나 금 같은 참조 자산의 가치와 연결되도록 만드는 것이다. 전통적으로 스테이블 코인 토큰을 참조 자산으로 전체적으로 혹은 부분적으로 교환할 수 있으며, 여기에는 해당 토큰이 언제든지 참조 자산으로 교환될 수 있다는 스테이블 코인 토큰 발행자의 약속이 뒷받침되어 있다.

완전히 똑같지는 않지만 유사한 비유로 초기에 사용되었던 종이로 된 증서가 있다. 은행이나 중앙은행이 발행한 이 종이 증서를 금과 교환할 수 있었다. 종이 증서를 가진 사람이 증서를 은행에 제시하면 동일한 금액의 금을 받을 수 있었다. 명시된 양의 금과 같은 가치를 가진 종이를 가지고 다니는 것이 금 자체를 가지고 다니는 것보다 더 실용적이었다. 증서 보유자가 증서를 은행에 제시하면 언제든지 금을 받을 수 있는 것과 동일한 원리가 스테이블 코인에도 적용된다.

이러한 수단의 주요 목적 중 하나는 변동성이 낮은 자산을 대신하게 함으로써 가상자산 거래자가 가상자산 생태계를 떠나지 않고도 변동성이 있는 가상자산에서 스테이블 코인으로 이동할 수 있도록 하는 것이다. 이것은 시장이 크게 변동될 때 주식이나 채권 거래자가 시장이 안정될 때까지 보유하고 있는 주식이나 채권을 처분하는 것과 다르지 않다. 가상자산의 변동성이 높고 가상자산 생태계에 속한 이들이 전통적인 금융 기관을 통해 명목 화폐에 접근하는 것이 어려운 상황에서(이에 대해서는 앞에서 논의하였음) 스테이블 코인은 안전한 자산이 될 수 있다.[08]

게다가 비트코인 같은 많은 결제 토큰은 변동성이 높기 때문에 현재로서는 일상적인 구매에 적합하지 않다. 이러한 문제 해결에 스테이블 코인이 유용하다. 즉, 개인은 명목 화폐로 표시된 상품을 가상자산으로 구매할 수 있으며, 변동성에 대한 염려 없이 해외 송금도 할 수 있다.

이와 관련해서 가장 눈에 띄는 예로 테더Tether라는 암호화 토큰이 있다. 이 암호화 토큰은 1테더가 미화 1달러에 상응하는 가치를 유지하는 것을 목표로 하고 있다. 이 회사의 문서에 따르면, 2018년 12월 기준으로 21억 유닛의 테더가

있는데 1달러의 은행 예금을 1유닛의 결제 토큰으로 지원한다고 한다.[09]

스테이블 코인의 환금성이 확실한지 여부는 스테이블 코인의 유용성에 있어 중요한 요소다. 테더의 경우에 준비금이 충분치 않으며 준비금이 비트코인 가격 조작에 사용되었다는 주장이 강하게 제기되었다.[10] 현재 시장에는 미국 달러로 바꿀 수 있다는 스테이블 코인이 여럿 나와 있으며(예: True USD, Paxos, Gemini) 이들 코인은 모두 다소 비슷한 방식으로 운영된다. 이들 자산의 역할이 지속적으로 증가할 경우 투명성을 높이고 일관되고 신뢰할 수 있는 감사 및 보증 프레임워크가 제시되어야 투자자들의 확신을 이끌어낼 수 있을 것이다.

모든 스테이블 코인 토큰이 참조 자산으로써 명목 화폐를 사용하는 것은 아니다. 일부 스테이블 코인 토큰은 금 같은 실물 상품을 사용하기도 한다. 이와 같이 실물 상품에 연계된 스테이블 코인은 명목 화폐에 연계된 코인에 비해 일반성이 떨어지며, 분류에 있어서도 더 복잡하다. 그 이유는 이러한 코인은 두 가지 용도로 사용될 수 있기 때문이다. 즉, 결제 수단으로 사용되기도 하고 투자 수단으로 사용되기도 해서 두 범주에 모두 들어간다. 결과적으로 다른 결제 토큰과

코인명	가격	시가총액	시가총액 비율 (%)	거래량(24시간)	화폐유통속도(%)	거래량 비율(%)
Tether (USDT)	$1.00	$1,774,299,364.15	78.34%	$2,204,901,634.72	124.27%	96.52%
Paxos Standard Token (PAX)	$1.01	$107,400,948.54	4.74%	$39,546,774.30	36.82%	1.73%
TrueUSD (TUSD)	$1.01	$174,193,464.74	7.69%	$27,097,371.95	15.56%	1.19%
Gemini Dollar (GUSD)	$1.01	$11,049,010.22	0.49%	$7,375,036.84	66.75%	0.32%
Dai (DAI)	$1.02	$68,911,842.66	3.04%	$4,086,861.22	5.93%	0.18%
USD Coin (USDC)	$1.00	$127,871,637.67	5.65%	$1,087,015.21	0.85%	0.05%
bitUSD (BITUSD)	$1.01	$10,688,635.43	0.47%	$165,425.33	1.55%	0.01%
nUSD (NUSD)	$1.00	$1,498,086.42	0.07%	$92,283.96	6.16%	0.00%
		$2,264,863,980.10	100.00%	$2,284,352,403.52	6.16%	100.00%

그림 12.2 미국 달러 시가총액 기준 상위 스테이블 코인(2019년 기준). 최근 몇 년 동안 다양한 참조 자산과 기술적 접근 방식을 사용하는 스테이블 코인이 크게 늘어나고 있다. 출처: 'Stablecoin Index,' 최종 접속일: 2019년 1월 31일, https://stable-coinindex.com/marketcap

달리 규제 당국의 제한을 받을 수도 있다.

또한 탈집중화 정도가 더 높은 방식을 채택한 범주의 스테이블 코인이 있으며, 이들 코인은 명목 화폐를 직접 지원하지 않는다. 이들 방식에 대해 자세히 설명하고, 강점과 약점을 살펴보는 것은 이 책의 범주를 벗어나지만 스테이블 코인 자산에 대한 강한 수요가 있고 실험적 활동이 활발하게 진행되고 있다는 것을 알 수 있다.

박스 12.1 스테이블 토큰은 증권인가?

유동 자산(예: 미국 달러)을 배경으로 하는 토큰을 증권으로 보아야 하는지에 대한 논란이 지속되고 있다. 좋은 예로 미국 달러 가치와 연동되어 있는 테더*Tether*가 있다. 이론적으로 각 테더에는 미국 달러 준비금이 1:1로 뒷받침되며, 가격은 미화 1달러 또는 1달러에 매우 근접해야 한다.[11]

스테이블 코인은 각각 다른 특징과 그 특징에 관련된 위험성을 안고 있으며, 이로 인해 특징을 규정하는 것도 복잡하다. 예를 들어 채택 구조가 시장 합의만을 기반으로 할 수 있고, 자산을 담보로 할 수 있고, 구조화된 상품이나 자금 시장 펀드로 운용될 수 있고, 부채 상품이나 가치 저장 설비를 반영할 수 있고, 제 3자의 가격 안정화 활동을 이용할 수도 있다. 일부 코인은 탈중앙화될 수도 있다.

스테이블 코인을 사용할 때 각별한 주의가 필요하다. 일부 국가에서는 가치 있는 목적으로 사용될 수 있지만, 다른 국가에서는 증권으로 간주될 수 있으며, 상당수 국가에서는 일정 수준의 규제를 받을 가능성도 있다. 일부 나라에서는 가격 안정화 활동이 자산 가격을 불법으로 조작하는 행위에 해당할 수도 있다. 또한 이름이 비슷할 경우 보유 자산(명목화폐 대 스테이블 코인)에 대해 혼란스러울 수 있다. 즉, 스테이블 코인은 더 광범위한 가상자산 생태계에서 나름의 역할을 하고 있으며 향후 몇 년 동안 그 사용량이 증가할 것이다.[12]

12.3 유틸리티 토큰

유틸리티 토큰utility token은 소비를 위해, 그리고 해당 토큰의 사용자에게 특별한 유틸리티를 제공하도록 설계된 가상자산이다. 가령, 어떤 소비자 토큰은 특정 블록체인이 제공하는 서비스에 접근하기 위해 사용될 수 있다. 서비스가 클라우드 스토리지일 수 있고, 커피 같은 실제 상품의 교환권일 수 있고, 온라인 멀티플레이어 비디오 게임 같은 특정 콘텐츠에 대한 접근 권한일 수 있다. 이론상으로 이들 자산은 소비자에게 다양한 혜택을 줄 수 있으며, 소비할 수 있는 권리와 관련하여 더 큰 유연성을 제공할 수 있다.[13]

오늘날 사용되는 유틸리티 토큰 중 가장 잘 알려진 예로 이더리움 블록체인의 기본 토큰인 이더Ether가 있다. 앞에서 자세히 논의했듯이 이더리움은 전 세계에서 탈중앙화되고 공유된 컴퓨터를 제공하며, 이곳에서 모든 사람이 가스gas라고도 알려진 이더 토큰을 사용하여 스마트 계약이라고 하는 코드 세그먼트를 실행할 수 있다. NEO와 이더리움 클래식Ethereum Classic 같은 다른 블록체인도 비슷한 특징을 보인다.

유틸리티 토큰의 잠재적인 사용 사례는 매우 방대하며, 사용자가 소비하는 상품, 서비스, 미디어를 관리하는 소비자 보호 규정이 무엇이든 간에 그 규정에 의해 규제될 것이다. 현재 소비재, 서비스, 미디어에 대한 접근을 제공하는 플랫폼의 경우 지금 나와 있는 규정이 적용 가능하지만 운용 계획만 있고 실제로 운영되고 있지 않는 플랫폼의 경우 상황이 조금 더 복잡할 수 있다.

이렇게 되는 이유는 개인 클럽 비유에서 가장 잘 설명된다. 골프 코스, 레스토랑, 사우나가 있는 시설을 이용할 수 있는 개인 클럽에서 회비를 지불하기 위해 사용할 수 있는 고객 토큰이 있다고 가정하자. 이 토큰이 있으면 클럽에 접근할 수 있지만 클럽 수익이나 클럽 자산에 대한 청구권에 대한 권리는 부여받지 못한다. 이 토큰이 분명 증권은 아니다. 그러나 일부 지역에서, 특히 미국의 경우 해당 클럽이 이미 만들어졌는지 여부에 따라 달라질 수 있다.

1961년의 한 유명한 사건으로 캘리포니아 실버힐스 컨트리 클럽 대 소비에스키 사건 California Silver Hills Country Club v. Sobieski이 있다. 캘리포니아주 법원의 한 판사는 영리 목적의 컨트리 클럽 건설에 자금을 조달하기 위해 회원제를 도입한 것은 투자 위험성이 있는 자본을 권유한 것이므로 증권으로 발행되어야 한다고 판결했다. 판사는 위험성이 있는 자본을 다른 회원들과 함께 그 위험을 감수한 회원만이 클럽 회원으로서의 이익을 누릴 수 있다는 점을 판시했다. 흥미롭게도 이 사건의 결론은 이전에 논의한 하위테스트 Howey Test(미국 대법원에서 4가지 기준에 해당할 경우 투자로 보아 증권법을 적용하도록 하는 테스트)와 다르다. 왜냐하면 설립 중인 클럽의 예비 회원들은 해당 클럽의 성공으로부터 직접적인 이익을 얻을 수는 없지만 모금 계획 자체는 여전히 증권 발행으로 간주되기 때문이다.[14]

미국에서 소비자 토큰을 발행함에 있어서 위에서 언급한 것은 분명 해결해야 할 과제임에 틀림이 없다. 기존에 서비스되고 있는 것을 위해 소비자 토큰을 판매하는 행위는 증권 판매로 인정받지 못할 가능성이 있지만 향후에 제공될 서비스를 만들 자금을 모으기 위해 토큰을 판매하는 것은 증권 발행 대상에 해당될 수 있으며, 훨씬 더 광범위한 규제 조사를 받아야 한다.

미국과 해외에서 유틸리티 토큰 관련 규제 환경을 명확하게 하려는 노력이 진행 중에 있지만 많은 나라에서 언제까지 규제 지침을 만들겠다는 명확한 일정은 아직 없다. 따라서 조치가 지역마다 다를 것이며, 여러 나라에서 유틸리티 토큰에 대한 규제 불확실성은 당분간 지속될 것으로 보인다.

12.4 투자 토큰

투자 토큰의 주요 기능은 토큰을 보유한 사람의 금융 투자 역할을 하는 것이므로 대부분의 규제 체제에서 하나의 증권(혹은 금융 상품)으로 간주된다. 이것에는 기존에 존재하고 있는 물리적 자산 혹은 법적인 권리(채권이나 주식 지분)가 블록체인으로 토큰화된 경우와 가상자산 생태계에서 새로 만들어진 투자 기회(많은 ICO가 포함)가 해당된다. 이 둘에 대해 하나씩 살펴볼 것이다.

12.4.1 새로운 투자 수단의 토큰화

결제를 용이하게 하거나 유틸리티 기능을 제공하는 것도 있지만 새로운 벤처의 자본 형성을 위한 투자 수단으로써 가상자산을 활용할 수도 있다. 가령, 투자자들로부터 자금을 조달하려는 유망한 스타트업은 투자 토큰 형태로 주식을 판매할 수 있다. 이론상으로, 이렇게 하면 기업은 자본을 조달할 때 중간에 개입하는 중개인을 줄일 수 있고, 초기 단계 투자자는 더 높은 유동성을 확보할 수 있으며, 배당금 같은 기업 활동을 간소화할 수 있으며, 스타트업에 대한 투자 기회를 공평하게 확대할 수 있다. 그리고 한때는 벤처캐피탈이나 매우 부자인 사람만 투자할 수 있었지만 보통 사람들도 소액으로 주식을 구매할 수 있다.

이런 것들이 괜찮게 들리지만 안타깝게도 이를 실현하는 것은 훨씬 더 복잡하다. 지역마다 좀 다르지만 대부분의 지역에서 증권을 일반인에게 판매할 수 있으려면 관련 규제 기관에 해당 증권을 등록해야 한다. 이 과정은 매우 오래 걸리고, 비용이 많이 들고, 복잡한데, 은퇴에 대비하여 저축하는 일반 투자자를 보호하기 위해 설계되었기 때문이다. 투자에 대한 전문 훈련도 받지 않았고, 큰 손실 발생 시 재정적 어려움 없이 손실을 견딜 수 있을 정도로 자금이 충분하지 않은 일반 사람들이 위험성이 높고 실적이 검증되지 않은 벤처 기업에 투자해서 막

대한 수익을 보장받을 수 있다는 약속에 현혹될 수 있다는 것을 규제 기관은 우려하고 있다.

다행히, 새로 만들어진 투자 토큰을 판매하여 자본을 늘리고 싶은 기업을 위해 대부분의 지역에서는 사모 발행private placement을 허용하고 있다. 이에, 증권 발행에 적용되는 것과 동일한 등록 요구사항에 구애받지 않고 정해진 요건을 충족하면 일부 유형의 투자자와 일반 대중에게 증권을 판매할 수 있다.

이러한 요구사항 중 가장 일반적인 것으로 증권을 공인 투자자accredited investor에게만 발행하게 하는 것이 있다. (공인 투자자를 전문 투자자professional investor라고도 한다.) 이들은 매우 섬세하고 부유해서 그들이 결정한 투자의 위험성을 이해하고 평가할 수 있으며, 투자가 기대에 미치지 못할 경우 일어날 결과를 충분히 감당할 수 있다. 공인 투자자로 인정 받을 수 있는 요건은 지역마다 다른데, 어떤 경우에는 소득에 따라 결정되고 다른 경우에는 유동 순자산에 의해 정해진다. 토큰 상품을 이런 사람들에게만 판매하는 것으로 제한을 둔다면 등록에서 면제되거나 훨씬 더 완화된 요건이 적용될 것이다.

이런 면제 조항 때문에 많은 가상자산 기업들은 토큰을 전문/공인 투자자에게만 판매하는 것으로 결정했으며, 이들 투자자가 토큰을 증권으로 간주하지 않더라도 그렇게 했다. 기존 규제의 불확실성이 있는 상태에서 규제 당국이 다른 결론에 이르더라도 규제 조치에 노출되는 정도를 최소화할 수 있다. 이 전략이 특히 미국에서 많이 통용되고 있는데 SEC 의장은 위원회가 대부분의 ICO를 증권으로 간주한다고 공개적으로 입장을 표명했다.[15] 예를 들어 모바일 메신저 앱인 텔레그램은 초기에 자사의 토큰 상품을 일반 대중에게 판매할 계획이었지만 얼마 가지 않아 그 계획을 포기했다. 그 대신 사모 발행을 통해서만 자금을 확보하기로 했다.[16]

이 방식이 몇 가지 문제를 해결하지만 새로운 문제도 일으킨다. 예를 들어 대다수의 토큰 생태계가 지속 가능성을 확보하려면 열성적인 사용자가 많이 있어야 한다. 소매 투자자가 있는 저변이 넓은 커뮤니티에서 자금을 모으면 사용자를 참여시킬 수 있는 기본적인 기반이 만들어진다. 반대로 최종 사용자 없이 전문 투자자들만으로는 지속 가능성이 확보된 생태계를 구축하기가 어렵다. 공공 소유권을 제한하면 토큰의 가치가 전문 투자자로 제한되어, 2차 시장에서 토큰을 구매하는 잠재적 구매자의 범위가 제한될 수 있다.

12.4.2 기존 투자 상품의 토큰화

블록체인 기술을 활용하면 새로운 투자 도구 역할을 하는 토큰을 쉽게 생성할 수 있는 것 외에 기존 투자 상품을 토큰화할 수 있다. 이를 다른 말로 표현하면, 기존 상품에 대한 법적 권리는 블록체인 네트워크의 분산 원장에 있는 항목에 의해 표현된다는 것이다. 분산 원장을 업데이트하여 네트워크 참가자들이 자산을 자유롭게 거래할 수 있으며, 어떤 경우에는 배당금 분배나 의결권 같은 것도 블록체인을 통해 처리할 수 있다. 이 상품은 기존의 중앙집중식 거래소에서, 또한 P2P OTC*over-the-counter* 방식으로 거래되었던 것과 동일한 특징을 여전히 가지고 있다.

이론상으로 토큰화할 수 있는 자산에 제한은 없다. 주식, 채권, 파생 상품 같은 금융 상품은 물론이고 금, 은, 밀, 오렌지 주스 같은 상품도 토큰화할 수 있다. 그러나 실제로 이들 상품은 이미 전 세계에 있는 기존에 오랫동안 유지되어 온 거래소에서 활발하게 거래되고 있으므로 (최소한 가까운 장래에는) 블록체인 기반 솔루션이 기존에 구축되어 있는 네트워크 효과를 대체하기 어렵다.

블록체인이 잠재적으로 더 파괴적일 수 있는 곳은 비공식적이고 연결되어 있지 않고 비효율적인 자산 시장이다. 금이나 기름은 고도로 표준화된 상품으로 활발하게 거래되고 있고 글로벌 가격도 정해져 있지만 미술이나 다이아몬드 같이 덜 표준화된 자산은 그렇지 않다. 결과적으로 이들 자산의 가격은 쉽게 사고 팔 수 없기 때문에 부정적인 영향을 받는 비유동성 할인illiquidity discount에 직면할 수 있다. 이들 자산을 토큰화하면 자산 투명성을 증가시키고 가격 예시price discovery 비용을 줄일 수 있으므로 유동성을 크게 개선할 수 있다.[17]

예를 들어 전통적으로 비유동성을 크게 겪은 자산인 부동산을 소유하고 있는 지주 회사의 지분을 토큰화할 수 있다. 이러한 것이 전통적인 시장에 이미 존재하는데, 자산 일부를 투자자에게 노출시켜서 투자하게 하는 리츠REITs: Real Estate Investment Trusts가 있다. 그러나 이러한 조직을 구성하려면 비용이 많이 들고 대개는 매우 큰 규모의 재산에만 사용된다. 토큰화된 부동산의 부분 소유권을 위한 블록체인 네트워크가 저렴하면서도 충분한 규모로 사람들에게 제시할 수 있다면 개인 주택 같이 훨씬 더 적은 규모의 자산에 대한 부분 소유권 판매도 가능할 수 있다.[18] 부동산 토큰화를 진행하고 있는 예로 아스펠 디지털 시큐리티 토큰Aspen Digital Security Token을 들 수 있다. 이 토큰의 투자자는 콜로라도에 있는 세인트레지스 아스펜리조트St. Regis Aspen Resort의 간접 지분을 소유할 수 있다.[19]

특정 종류의 펀드의 경우에 토큰화를 하나의 목적으로 이용할 수 있다. 전문 투자자나 기관 투자자는 전통적으로 주식과 채권에 주로 투자하지만 벤처캐피탈이나 사모 펀드에 자금을 넣기도 한다. 사모 펀드와 벤처캐피탈 펀드가 투자하는 기본 자산의 비유동성이 높기 때문에 펀드는 한번에 몇 년 동안 보장된 수익 할당을 요구한다. 오늘날 최종 투자자들의 자본 판매는 소위 2차 시장에서 가능하며, 2차 시장의 유동성은 떨어지는 편이다. 그리고 거래에서 많은 서류 작업도 요구된다.

토큰된 2차 판매 시장이 확보되면 투자자는 펀드를 단위별로 더 쉽게 사고 팔 수 있다. 또한 할당 받은 개인 주식을 많이 보유하고 있는 개인(예: 빠르게 성장하고 있는 스타트업의 창립 팀)은 IPO*initial public offering* 이전에 본인 주식을 더 효율적으로 판매할 수 있다. 사실 나스닥은 나스닥 프라이빗 마켓*NASDAQ Private Market* 서비스에서 이미 이런 상품을 시범 운영하고 있는데, 이 서비스에서 비상장 기업의 주식을 발행하고 양도할 수 있다.[20]

또한 물리적 자산을 토큰화하면 물리적인 세계에서는 대체할 수 없던 자산을 대체하는 것이 가능해진다. 가령, 물리적인 세계에서 고가의 그림을 소유하는 사람은 대개 한 사람이다. 그러나 이 그림이 토큰화되면 소유권을 많은 개인에게 쉽게 분배할 수 있다. 예를 들어 2018년 6월, 앤디 워홀*Andy Warhol*의 그림인 14 Small Electric Chairs의 부분 소유권이 블록체인 플랫폼을 통해 판매되었으며, 구매자들은 각자가 이 그림의 일부를 소유하게 되었다.[21]

그러나 이런 솔루션에 대해 너무 흥분할 필요는 없다. 기존 투자 수단을 단순히 블록체인으로 토큰화한다고 해서 더 많은 유동성이나 투자자 관심이 그 자체적으로 자동으로 생기지는 않을 것이다. 지금까지 많은 전통 시장에서 이런 개선 사항을 성공적으로 실현하지 못한 예가 많이 있었다. 다만 이런 시스템에 찬성하는 쪽에서는 여러 가지 불확실한 가정에 의존하고 있다. 가령, 특정 자산을 블록체인으로 토큰화하면 투자자 풀이 확대될 것인데, 주된 근거로 자산투명성이 높아지고, 여러 지역을 연결할 수 있고, 구매자와 판매자 사이의 불신 문제를 해결할 수 있다는 점을 든다. 또한 이런 토큰을 성공적으로 설계하는 것이 매우 복잡할 수 있다는 점도 반드시 기억해야 한다. 어떤 경우에 공시 의무, 양도나 소유권 제한, 기업 활동 등과 같은 것도 필수적으로 포함되어야 할 수 있다.

이러한 장벽들이 중요하지만 여전히 관심이 높다. 자본 시장의 주요 플레이어들 중 점점 더 많은 곳이 블록체인을 가지고 실험을 진행하고 있다. 나스닥의 블록체인 상품 관리*Blockchain Product Management*를 이끌고 있는 존 톨*Jon Toll*은 블록체인 기반 솔루션으로 움직이고 있는 외부 시장을 지원하고 나스닥 거래를 활성화하기 위해 블록체인을 사용하는 것에 사활을 걸고 있다고 말했다.[22]

박스 12.2 가상자산에는 어떻게 가치가 부여되는가?

가상자산의 특징은 매우 다양하다. 이에 각 토큰은 해당 토큰에 어떤 가치가 있는지 판단하는 적당한 기법도 제시한다. 그러나 각 토큰에 어떤 가치가 있는지 판단하기란 쉽지가 않다. 가상자산의 가치를 평가하는 방법론과 어려움만 이야기해도 책 한 권을 쓸 수 있을 정도다. 일단 이 박스에서는 일반화된 높은 수준의 프레임워크를 제시하고자 한다.

- 일반적으로 결제 토큰은 통화 가치에 사용되는 전통적인 공급 및 수요 기준에 따라 가격이 책정된다. 예를 들어 유통되는 비트코인의 수가 제한되어 있고 수요가 더 많으면 비트코인의 가격이 올라가야 한다.

- 전통적인 금융 기법을 사용하여 투자 토큰의 가치를 평가할 수 있다. 토큰으로 표현되는 기본 자산이나 금융 상품에 따라 기법이 다를 것이다. 예를 들어 가치 평가 기법이나 부동산 일부에 대한 기법과 금괴나 주식 지분에 대한 기법은 다를 것이다.

- 유틸리티 토큰의 가격을 책정하는 것이 가장 복잡한데 그 이유는 이를 처리할 프레임워크가 확립되어 있지 않기 때문이다. 그래서 많은 이들이 유틸리티 토큰의 경제성을 평가하는 프레임워크를 개발하고 있다.[23] 개발 중인 프레임워크들에는 전통적인 가치 평가 방법들이 혼합되어 있으며, 플랫폼의 네트워크 효과와 특수한 블록체인 기술을 통합하려는 시도를 하고 있다. 소비자 토큰의 인기가 가속화된다면 이러한 자산에 대한 가치 평가 방법론이 크게 발전할 가능성이 높다.

12.5 대체 불가능하고 거래 가능한 토큰

대체 불가능하고 거래 가능한 가상자산은 고유하면서 대체 불가능한 토큰이다. 이에 해당하는 토큰은 블록체인 기술 특징을 활용하여 디지털 자산의 투명하고 실현 가능한 희소성을 확보하며, 이렇게 확보된 희소성의 검증 및 소유권 양도가 더 용이하게 이루어지게 한다.[24] 예를 들어 한 비트코인은 다른 모든 비트코인과 동일하다. 그러나 대체 불가능하고 거래 가능한 토큰은 고유하면서 수학적으로 증명될 수 있으며, 여기에는 블록체인 기술이 사용된다.

좋은 예로, 이더리움 블록체인을 기반으로 만들어진 크립토키티*Crypto-Kitties*라고 하는 대체 불가능하고 거래 가능한 토큰 시스템에 의해 만들어진 버즈*buzz*가 있다. 이 게임에서 사용자는 고유한 특징을 가진 가상 캣을 사고 키울 수 있다. 이 게임이 출시되었을 때 매우 인기가 높아서 이더리움 네트워크의 트래픽이 25퍼센트를 차지했으며 이에 네트워크가 느려지기까지 했다.[25]

여러 면에서 크립토키티는 매직더개더링*Magic the Gathering* 카드, 포켓몬 *Pokémon* 카드, 심지어 야구 카드 같은 다른 전통적인 실물 혹은 디지털 카드 세트와 다르지 않다. 각 경우에, 카드 소유자는 카드의 가치를 가지며, 다른 카드 수집가와 교환할 수 있다. 불행하게도 전통적인 중앙집중식 시스템에서는 카드 발행자가 카드 가치를 떨어뜨릴 수도 있다. 가령, 가치가 높은 카드를 많이 찍어서 팔수 있으며, 이렇게 되면 카드의 희소성이 낮아져서 가치가 떨어질 수 있다. 아니면 기존 카드 가치를 떨어뜨리고 새로운 카드의 수요를 높이기 위해 게임 규칙을 일방적으로 바꿀 수도 있다.

크립토키티는 블록체인을 활용하여 카드 발행을 확실하게 제한함으로써 이 문제를 해결하고자 한다. 또한 ERC-721이라고 하는 대체 불가능한 토큰 프로토콜을 사용하여 각 키티의 고유성을 입증하고자 한다.[26] 이 게임 제작사의 마케팅 자료에는 "이 게임은 크립토키티라고 부르는 번식 가능하고, 수집할 가치가 있으며, 매우 사랑스러운 생명체를 중심에 두고 있다! 여러분이 소유하고 있는 고양이는 여러분만이 온전하게 소유한 유일한 생명체이며, 다른 누군가가 복제하거나 데려가거나 죽일 수 없다"라는 설명이 있다.[27]

각 키티는 이더리움 블록체인의 스마트 계약에 저장되어 있는 불변의 '유전자'에 의해 정해진 고유한 외모를 갖는다. 플레이어는 자신이 가진 고양이를 번식시켜서 새로운 고양이를 얻을 수 있는데, 이렇게 태어난 고양이의 신체적 외모(표현형)는 부모 고양이의 결합된 유전자(유전형)에 의해 정해진다. 이 게임을 처음에 만든 팀은 '사용자들이 새로운 수집품을 만들고 거래할 수 있는 흥미롭고 스스로 움직이는 커뮤니티'를 만드는 것을 목표로 한다고 했다.[28]

이론상으로는 이러한 대체 불가능한 토큰이 모든 유형의 디지털 수집품에 대해 만들어질 수 있으며, 이 글을 쓸 당시에 대체 불가능하고 거래 가능한 토큰을 사용한 프로젝트가 많이 진행되고 있다.

한 예로 디센트럴랜드 Decentraland를 들 수 있다. 이것에는 LAND라고 하는 한정되고 횡단 가능한 3D 가상 공간이 있는데, 이것은 이더리움 스마트 계약으로 관리되는 대체 불가능한 디지털 자산이다. LAND는 데카르트 좌표(x, y)로 식별되는 구획으로 나뉜다. 커뮤니티의 각 구성원은 10m X 10m의 구획을 영구적으로 소유하며, 디센트럴랜드의 암호 토큰인 마나 MANA로 구매할 수 있다. 이곳에서 사용자는 자신이 만든 환경과 애플리케이션을 완전하게 통제할 수 있으며, 그 범위는 정적인 3D 장면 같은 것에서부터 대화형의 애플리케이션이나 게임에 이르기까지 다양하다. 각 LAND 토큰에는 속성 레코드, 소유자, 콘텐트 설명 파일 혹은 구획 명세에 대한 레퍼런스가 들어 있다. 소유자는 레퍼런스에서 자신의 땅에서 하고 싶은 것을 설명할 수 있다.[29]

대체 불가능하고 거래 가능한 토큰을 적용할 수 있는 범위는 다양해서, 게임, 예술, 미디어 등에서 활용할 수 있다. 이런 유형의 토큰은 이제 초기 실험 단계를 거치고 있으며, 혁신을 위한 여지가 많이 남아 있다.

12.6 대체 불가능하고 거래 불가능한 토큰

가상자산 분류의 마지막 범주는 대체 불가능하고 거래 불가능한 토큰이다. 블록체인의 핵심이 사용자들 사이의 용이한 자산 전송인데 왜 이런 토큰이 존재하는지 의아할 것이다.

모든 블록체인의 불변성에서 가치를 확보할 수 있지만 토큰을 전송할 수 있게 될 경우 그 가치가 의미 없게 될 수 있다. 어떤 토큰이 개인이나 기업의 평판을 입증할 수 있도록 설계되었다고 가정하자. 이 토큰은 소규모 기업의 리뷰를 모을 것이고, 이 리뷰는 해당 기업의 서비스를 실제로 이용한 것으로 입증된 사용자들로부터 수집된 것이다. 이렇게 되면 잠재 고객들은 이 기업에 대한 가짜 리뷰에 관한 의심을 떨칠 수 있을 것이다. 그러나 평판이 좋지 않은 다른 기업이 평판이 좋은 기업으로부터 평판 토큰을 구매할 수 있다면 이 토큰의 신뢰성은 훼손될 것이다.

현재 DREP가 개발 중인 프로젝트인 Decentralized Reputation System가 이런 유형의 자산에 해당된다. DREP의 목적은 '탈집중화된 평판 생태계를 만드는 것'으로, 공개 체인, 평판 기반 프로토콜, 기능 향상을 위한 인터넷 플랫폼용 툴로 구성된다. DREP는 이를 통해 가짜 리뷰가 판을 치는 것과 같이 기존의 평판 기반 온라인 시스템을 고사시키고 있는 수많은 문제를 해결하고 싶어한다.[30]

대체 불가능하고 거래 불가능한 토큰의 또 다른 잠재적 사용 사례로 아이덴티티identity가 있다. 블록체인 기반 토큰을 활용하면 자신의 신원 속성을 보다 더 효과적으로 입증할 수 있다. 가령, 자신의 나이, 거주 국가, 특정 자격증의 보유 여부를 온라인 환경에서 증명할 수 있다. 이론상으로 이런 시스템을 활용하면 사용자는 자신의 개인 데이터를 더 잘 제어할 수 있으며, 어떤 상대방과 자신의 신원을 공유하기로 결정했을 때 신원 속성에 대한 재량권을 더 많이 행사할 수 있다.

이런 시스템들 중 현재 개발 중인 것으로 Sovrin이 있다. Sovrin은 새로운 온라인 신원 시스템을 구축하는 것을 목적으로 설립된 비영리 재단이다. 설립 취지문에 "운전면허증이나 주민등록증 같은 아날로그 ID를 인터넷에서 쉽게 사용할 수 있게 하고, 개인이 통제할 수 있게 하고, 신뢰성을 확보하고자 한다"라는 내용이 있다. 이 시스템은 셀프 소버린self-sovereign을 기조로 설계되었다. 이와 관련해서 "개인 ID 보유자는 자신이 원하는 시기와 방법에 따라 자신의 자격 증명에 접근하고 이를 사용할 수 있다"라는 문구가 있다.[31]

대체 불가능하고 거래 불가능한 토큰은 흥미로운 사용 사례를 많이 만들 수 있는 잠재력을 가지고 있다. 그러나 현재 진행되고 있는 많은 프로젝트들은 초기 단계에 머물러 있다. 이 중에서 어떤 프로젝트가 확장성 및 대중화에 성공할 수 있는지는 시간만이 답해 줄 것이다.

13장

가상자산 생태계

　블록체인 기술을 이용하면 금융 생태계에 속한 기관 수를 대폭 줄일 수 있다. 그리고 거래 당사자들이 P2P 거래를 직접 할 수 있다. 그러나 이렇다고 해서 가상자산의 복잡하고 야심찬 목표를 달성함에 있어 전문가 수를 대폭 줄일 수 있는 것은 아니다. 다른 금융 시스템에서와 같이 가상자산 역시 생태계가 활발하게 성장해야 한다. 이번 장에서는 떠오르고 있는 가상자산 생태계의 중요한 모습들을 몇 가지 살펴볼 것이다.

　이 책에서 설명을 위해 단순화한 가상자산 생태계의 핵심 이해관계자는 6곳, 즉 발행자, 채굴자, 투자자/사용자, 플랫폼/지갑/관리인, 자문 및 고객 서비스, 정부/정책 입안자/규제 당국이다. 10장에서 발행자와 채굴자 사이의 관계를 다루었다. 11장과 12장에서 발행자와 투자자/사용자 사이의 관계를, 그리고 발행자와 정부/정책 입안자/규제 당국 사이의 관계를 집중적으로 설명했다.

　따라서 이번 장에서는 플랫폼(주로 거래소)이 맡은 역할을, 이어서 지갑과 관리자가 맡은 역할을 살펴볼 것이다. 그런 다음에 가상자산 생태계에서 초기 단계지만 빠르게 진화하고 있는 자문 서비스와 고객 서비스를 간략하게 설명한다.

13.1 가상자산 거래소

가상자산을 포함하여 모든 자산군asset class은 시장을 필요로 하며, 이 시장에서 가상자산을 사고 팔 수 있다. 주식은 뉴욕증권거래소나 런던증권거래소 같은 증권거래소에서 판매되는데 가상자산 생태계에도 주식 증권거래소 같은 자체 서비스 제공업체가 있다. 이들 거래소의 규모와 형태가 다양하지만 크게 두 가지 범주로 나눌 수 있다. 하나는 중앙집중식 거래소이고 다른 하나는 탈중앙화 거래소이다.

13.1.1 중앙집중식 가상자산 거래소

중앙집중식 거래소가 운영되는 방식은 증권거래소와 다르다. 중앙집중식 거래소는 가상자산의 구매자와 판매자를 연결하는데, 모든 거래의 중개자 역할을 하며 이때 구매자나 판매자의 신원을 밝히지 않는다. 많은 경우에 중앙집중식 거래소는 자산을 관리하는 역할도 하며, 이에 대해서는 이번 장의 뒤에서 더 자세히 논의한다.

중앙집중식 거래소는 크게 두 가지 유형으로 나뉜다. 하나는 법정화폐-가상자산F2C: Fiat to Crypto 거래소이고, 다른 하나는 가상자산-가상자산C2C: Crypto to Crypto 거래소다. 법정화폐-가상자산 거래소에서 사용자는 자신의 계정(예: 미국달러, 유로화, 일본엔화)에 법정화폐 자금을 입금하고 이를 원하는 가상자산으로 바꿀 수 있다(그림 13.1).

반대로 가상자산-가상자산 거래소는 법정화폐를 취급하지 않고 어떤 가상자산을 또 다른 가상자산으로만 교환할 수 있다. 이 서비스를 위해 사용자는 법정화폐-가상자산 거래소에서 구매하거나 채굴을 통해 얻은 비트코인이나 이더리움 같은 가상자산을 거래소로 보내야 하며, 그 가상자산으로 다른 가상자산을 구매할 수 있다.

현재까지 가상자산 거래소에 대한 규제가 제한적이라서 사용자들이 많은 위험에 직면할 수 있다. 뉴욕 법무장관이 2018년 9월 발표한 가상자산 거래소 관련 보고서에 따르면 많은 가상자산 거래소의 경우 이해 충돌, 시장 조작, 고객 자금 보호와 관련하여 충분한 내부 통제가 부족한 것으로 나타났다.[01]

이와 관련된 문제들을 해결하기 위해 업계를 이끄는 많은 주체들이 가상자산 거래소에 대한 모범 사례를 만들기 위한 노력을 기울이고 있다. 가령, 아시아 중심의 독립된 무역협회인 ASIFMA*Asia Securities Industry & Financial Markets*

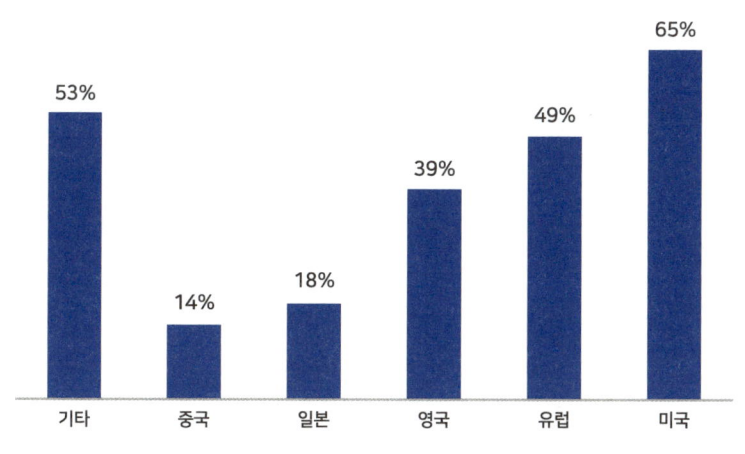

그림 13.1   국가 통화를 지원하는 가상자산 거래소 비율. 미국 달러는 법정화폐-가상자산 거래소에서 가장 많이 지원되는 통화다. 다른 많은 통화들에서는 옵션이 있다. 출처: Garrick Hileman and Michel Rauchs, 'Global Cryptocurrency Benchmarking Study' (Cambridge Centre for Alternative Finance, 2017), https://www.jbs.cam.ac.uk/fileadmin/user_upload/research/centres/ alternative-finance/downloads/2017-04-20 -global-cryptocurrency-benchmarking- study.pdf, 32페이지

Association은 가상자산 거래소가 채택할 수 있는 모범 사례가 수록된 보고서를 발표했다. 이 보고서에는 거래소 상장과 규제 권고 사항이 있으며, KYC/AML 및 관리 사례에 대한 내용이 들어 있다.[02] 이것은 기존의 금융 서비스 산업의 모범 사례가 가상자산 생태계에 어떻게 점점 더 많이 적용되고 있는지를 보여주는 좋은 예이다. 또한 이것은 계속 변화하는 영역이기 때문에 이 책이 나올 때쯤에 가상자산 거래소에 대한 규제가 더 명확해져 있을 것이다.

박스 13.1 가상자산 거래소에서 KYC를 해야 하는가?

고객 신원을 확인하기 위한 일정 수준의 KYC가 법정화폐를 가상자산으로 교환하는 거래소들에서 표준 규범이 되었다. 특히 기관급 비즈니스를 장기간에 걸쳐 구축하려는 곳에서 이러한 경향이 뚜렷하다. 그러나 가상자산을 가상자산으로 교환하는 거래소나 탈중앙화된 거래소들 중 일부는 아직도 공식적인 KYC 메커니즘 없이 운용되고 있다.

현재, KYC 절차를 수행하기 위해 가상자산을 가상자산으로 거래해야 하는 엄격한 규제 요건은 없다. 그러나 거래소들은 결국 이런 관행을 자발적으로 채택할 가능성이 높으며 부분적으로 규모가 큰 기관 투자자를 끌어들이기 위해서다. 대형 고객은 거래하는 곳의 규정 준수 수준이 만족스러운 수준이기를 바란다.

AML 및 CTF 요구사항을 준수하는 것은 금융 서비스 산업 전반에서 집중적으로 관심을 기울이고 있는 영역이다. 그리고 다음에 제시된 이유들로 인해 가상자산이 불법적인 금융 흐름을 촉진하는 데 활용될 수 있다는 심각한 우려가 있다.

- 가상자산은 기존의 비현금 지불 수단에 비해 익명성이 더 높다.

- 가상자산이 전 세계에서 유통된다는 것은 자금세탁방지AML: Anti-Money-Laundering와 테러자금조달방지CTF: Counter-Terrorism Financing 준수 및 감독/집행에 대한 책임이 명확하지 않을 수 있다는 것을 의미한다.

- 가상자산 시스템의 구성요소가 적절한 AML/CTF 통제 기능이 없는 곳에 있을 수 있다.[03]

이러한 이유로 인해 AML/CTF 프레임워크, 정책, 절차를 개발하고 유지하라는 압력이 전 세계 가상자산 거래소에 많이 가해지고 있으며, 최근에 개발된 FATF가 좋은 선례가 되었다.[04] 미국, 일본, 호주를 비롯해서 전 세계 여러 나라에서 가상자산 거래소에 대한 필수 등록 및 규제 준수 의무를 도입했으며, 여기에는 AML/CTF의 상세 의무가 포함된다. 최근에 KYC를 시행하지 않고 자금 세탁을 한 것으로 의심되는 거래소들의 관련자가 체포되고 거래소들은 폐쇄되었다(예: BTC-e).[05]

디지털 자산 교환을 금지하거나 이러한 교환을 규제하기 위한 특별법을 도입하지 않은 나라에서도 금융 서비스, 세금, 데이터 보호 규제 기관 및 법 집행 기관은 규제 기능을 수행하기 위해 고객 및 거래 기록에 접근하는 방법을 모색해 왔다.[06]

자유주의 성향으로 가상자산을 옹호하는 일부 사람들은 가상자산의 목적 자체를 무효화한다는 주장을 내세우며 신원 확인 요구사항에 강력하게 반대할 수 있다. 그러나 현실적으로는 금융 범죄를 조장하는 것이 사회 전반과 가상자산에 대한 대중의 의견에 부정적인 영향을 미칠 수 있다. 또한 이러한 조치를 시행하면 가상자산이 주류가 되는 것에 도움이 될 것으로 보인다.

13.1.2 탈중앙화 가상자산 거래소

탈중앙화 가상자산 거래소는 중앙집중화된 거래소와는 다소 다르게 운영된다. 거래소가 중개자 역할을 하지 않고 거래는 구매자와 판매자 사이에서 직접 일어난다. 탈중앙화 거래소는 매수자와 매도자 사이의 직접 연결을 쉽게 하기 위해 존재한다. 거래소가 이러한 방식으로 운영되면 수수료가 낮아져서 그로 인한 이점이 생기며, 더 높은 익명성도 확보할 수 있다. 그러나 유동성 수준이 낮아서 어려울 수 있으며, 일반 개인 투자자가 사용하기에 복잡할 수 있다.

박스 13.2 가상자산 OTC 중개인의 역할은 무엇인가?

가상자산 생태계에서 OTC 중개인이 어떤 역할을 하는지 살펴보는 것이 중요하다. 구매자와 판매자가 거래소에서 수행하는 각 거래는 전 세계에 보여진다(물론 구매자와 판매자의 신원은 거래소에서만 알 수 있다). 이러한 특징은 규모가 큰 거래를 하려는 모든 사람에게 문제가 될 수 있다. 왜냐하면 그 큰 거래가 시장을 움직일 수 있기 때문이다.

이러한 이유로 대규모 거래(대량 거래라고도 함)를 수행하려는 개인이나 기관은 간혹 OTC 데스크를 사용한다. 이들 브로커는 대형 기관 투자 기관과 정기적으로 접촉하고, 구매자와 판매자를 연결시키거나(물론 수수료를 받음), 가까운 시일 내에 더 높은 가격에 재판매할 목적으로 판매자로부터 매입할 수 있다(자신의 대차대조표에 산입).

13.2 가상자산 관리인과 지갑

가상자산 구매자는 해당 자산을 안전하게 보관할 곳이 필요하다. 가상자산의 경우 이는 일반적으로 개인 키를 저장할 곳을 말한다. 개인 키는 특정 가상자산의 소유자가 해당 가상자산의 소유자라는 것을 입증하는 숫자 문자열이다. 블록체인에서 진행되는 거래의 불변성은 자산 소유자가 개인 키에 대한 통제를 잃을 경우 자산 손실을 거절하거나 뒤집을 수 있는 방법이 없다는 것을 의미한다. 이것은 전통적인 주식 시장과 다르다. 주식 시장에서 일반 투자자는 자신의 퇴직연금 계정에 있는 주식이 도난당할 것이라고 특별히 걱정하지 않는다. 반대로 투자자와 가상자산의 경우 해킹 취약성을 인식하고, 자산을 관리인에게 양도할지 지갑에 저장할지를 결정해야 한다.

13.2.1 가상자산 관리인

많은 중앙집중식 거래소는 고객에게 관리인 서비스를 제공한다. 거래소 고객은 이 서비스를 통해 높은 수준의 편의성을 제공받는데, 자산 매수 및 매도를 쉽게 할 수 있다. 그러나 세간의 주목을 끄는 사건들이 많이 있었으며, 이 사건들로 인해 중앙집중식 거래소가 해킹 위험에 직면하고 있다는 것이 알려졌다. 오늘날 많은 거래소가 해킹 사건들에서 많은 것을 배웠고 개선된 보안 조치를 도입하였다. 그리고 기본적인 수준의 보험 장치도 마련했지만 위험 수준은 여전히 높은 상태다.

박스 13.3 중앙집중식 가상자산 거래소는 왜 해킹되는가?

중앙집중화되어 있는 많은 가상자산 거래소는 고객의 가상자산을 관리하며, 가상자산을 거래하려면 가상자산을 거래소로 보내야 한다. 많은 고객은 편의상 자신의 가상자산을 거래소에 맡긴다.

이러한 이유로 가상자산 거래소는 해커들의 주요 표적이 된다. 또한 초기에 만들어진 가상자산 거래소들 중 상당수는 최첨단 사이버 보안을 적용하지 못하였는데 주된 이유는 최근 몇 년 동안 볼 수 있는 규모와 성장을 처리해야 할 것이라고 예상하지 못했기 때문이다. 이런 이유로 인해 최근 몇 년간 많은 거래소가 해킹당하였으며, 더 많은 거래소가 해커의 표적이 될 것으로 예상할 수밖에 없다.[07]

한때 전 세계 비트코인 거래의 약 70퍼센트를 처리하던 마운트 곡스는 2013년에 해킹을 당하였으며, 이로 인해 약 4억 7천 3백만 달러의 비트코인을 도난당하였다. 이 사건은 전 세계 가상자산 생태계를 크게 후퇴시켰다. 그 이후 수십 건의 유사한 해킹 사건이 발생하였다. 2016년에는 홍콩의 비트파이넥스*Bitfinex*가 7천 2백만 달러 상당의 비트코인을 강탈당하였고, 2018년에는 일본의 코인체크*Coincheck*가 약 4억 2천만 달러를 해킹당하였다.[08]

이것은 가상자산 투자에 관심이 높은 헤지 펀드나 패밀리 오피스family office(초고액 자산가들의 자산 배분, 상속, 증여, 세금 등을 처리하는 업체) 같이 규모가 큰 기관 투자자들이 풀어야 할 문제다. 기관 투자자들은 엄격한 수탁 요구사항과 규제 감시 대상이며, 어떤 경우에 수백 만 달러를 넣고 싶어할 수 있다. 따라서 이들 기관은 그러한 투자가 안전하게 관리될 수 있다는 것을 확신해야 한다. 최근에 흥미로운 일이 있었는데, 피델리티 인베스트먼트Fidelity Investments가 가상자산 자산 관리 분야로 진출했다. 이 기관은 7조 2천억 달러 이상의 고객 자금을 운용하는 자산 관리 회사이다. 2018년 10월, 피델리티는 피델리티 디지털 에셋 서비스Fidelity Digital Asset Services라는 별도의 회사를 출범시킨다고 발표했으며, 이 회사는 다양한 가상자산 관리인 서비스를 제공하고 헤지 펀드와 패밀리 오피스를 위해 여러 거래소에서의 거래 실행을 지원한다.[09]

13.2.2 가상자산 지갑

가상자산을 제 3자에게 맡기는 것을 원하는 않는 이들은 가상자산을 개인 지갑, 즉 월릿wallet으로 보낼 수 있다. 개인이 가상자산 지갑을 이용하여 자신의 개인 키의 보안 스토리지를 관리할 수 있는데, 이는 돈을 은행에 예치하지 않고 개인 금고에 보관하는 것과 비슷하다. 다양한 유형의 지갑이 있지만 크게 두 가지 유형으로 나눌 수 있다. 하나는 핫 월릿hot wallet이고 다른 하나는 콜드 월릿cold wallet이다.[10] 두 유형의 기본적인 세부 사항을 표 13.1에 정리해 두었다.

13.3 가상자산 생태계를 위한 자문 서비스와 고객 서비스

자문 및 고객 서비스 부문에는 많은 조직들이 관여하며, 이들 조직은 광범위한 가상자산 생태계의 원활한 기능을 돕는다. 여기에는 코인센터Coin Centre

표 13.1 가상자산 스토리지, 핫 & 콜드 메커니즘의 특징

지갑의 유형	특징
핫 월릿/ 핫 스토리지	• 인터넷에 연결되어 있다. • 인터넷을 통해 접근하거나 인터넷 접근이 가능한 플랫폼에 있다. • 장점: 인터넷에 연결되어 있으므로 자산을 빠르게 이동시킬 수 있다. 빈번한 거래 처리에 유용하다. • 단점: 기존 인터넷에 연결되어 있으므로 해킹 위험이 더 높다.
콜드 월릿/ 콜드 스토리지	• 인터넷에 연결되어 있지 않다. • 월릿에 물리적으로 접근하지 않는 한 접근이 불가능하다. • 장점: 인터넷에 연결되어 있지 않으므로 해킹 위험이 매우 낮다. • 단점: 거래를 위해 인터넷에 다시 연결해야 하므로 거래 처리에 시간이 더 많이 소요된다.

핫 월릿과 콜드 월릿에는 뚜렷한 특징이 있으며, 각각에는 고유한 장점과 단점이 있다.

나 월스트리트 블록체인 연합*Wall Street Blockchain Alliance* 같은 트레이드 혹은 지원 조직이 있으며, 코인데스크*CoinDesk*나 코인텔레그래프*CoinTelegraph* 같은 전문 매스컴이 있다. 새로운 블록체인 프로젝트에 관한 높은 수준의 통찰력과 분석 정보 제공에 초점을 맞춘 리서치 회사뿐만 아니라 가상자산 전문 법률 회사와 컨설팅 회사의 수가 크게 늘고 있다. 시간이 지나면 특정 토큰의 실패 가능성을 전문으로 추적하는 평가 기관과 스마트 계약 세부 사항을 전문으로 평가하거나 스테이블 코인의 보유량을 전문으로 증명하는 전문 감사자가 출현할 것이다.

이들 주체가 자신들의 일상 활동에서 블록체인을 사용하지 않을 수 있지만 전문 서비스를 제공하는 그들의 능력은 가상자산 프로젝트를 광범위하게 채택해야 하는 기업가와 이들 프로젝트의 잠재적인 사용자 및 투자자 모두에게 중요하다.

파트 4

인공지능 기초

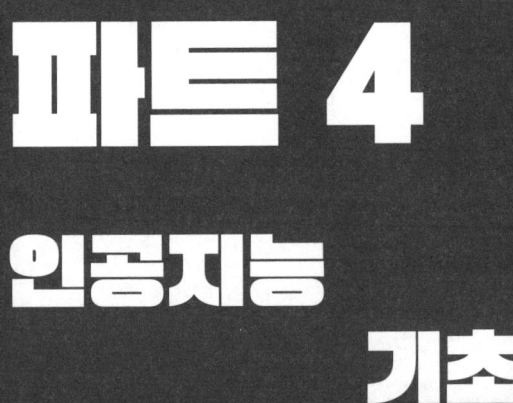

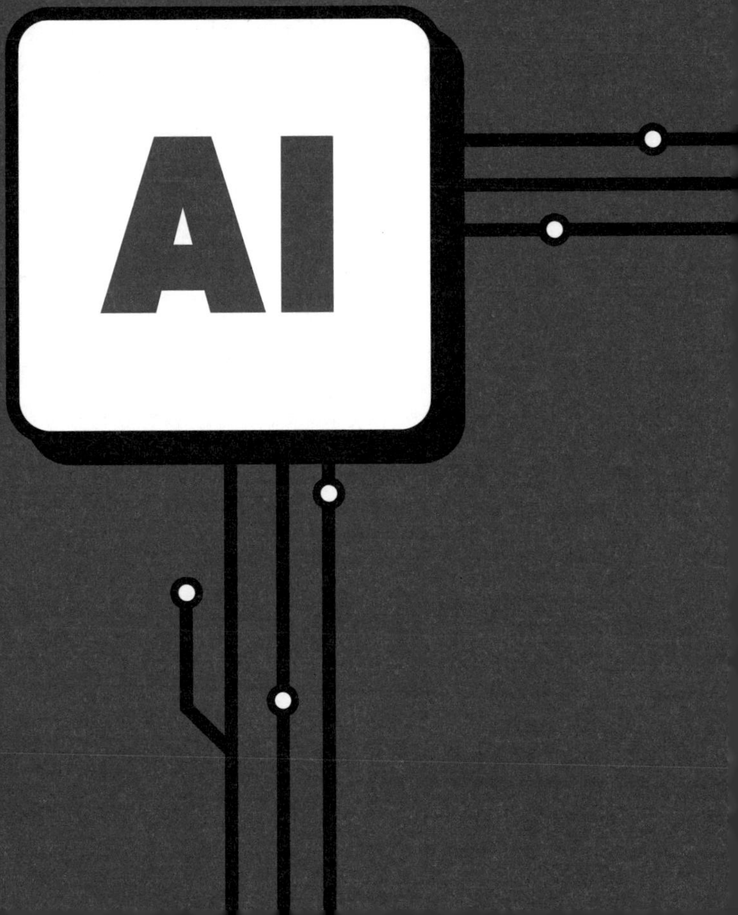

인간이 생각할 수 있는 기계라는 개념에 매력을 느낀지는 꽤 오래 되었다. 인공지능AI: artificial intelligence이라는 용어를 처음 만든 사람은 미국의 컴퓨터 과학자인 존 맥카시John McCarthy이다. 그가 1956년에 열린 인공지능 관련 최초의 학술 회의에서 이 용어를 사용했지만[01] 인공지능이라는 아이디어에 대한 인류의 집착은 몇 세기 더 거슬러 올라간다. 1770년경, 유럽 전역의 왕실은 체스 두는 투르크인the Turk이라는 장치에 빠져 있었다. 체스 게임기인 이 장치는 많은 사람들을 물리쳤는데, 그 중에는 나폴레옹과 벤자민 프랭클린 같이 역사적으로 유명한 인물들도 포함되었다.[02]

체스 두는 투르크인은 결국 정교한 사기라는 것이 밝혀졌으며, 기계 안에 체스 마스터가 숨어 있었다. 그러나 이 사건과 다른 많은 부정적인 일들이 있었지만 사람들은 기계가 생각을 할 수 있다는 아이디어에 대한 희망을 버리지 않았다. 인공지능에 대한 대중의 관심은 최근 몇 년 동안 크게 증가하였는데, 그 몇 년 동안 의학부터 교통과 금융 서비스에 이르기까지 다양한 영역에서 인공지능이 인간의 삶을 개선할 수 있다는 확신이 높아졌다. 하지만 그와 동시에 인공지능 분야에서의 기술 발전은 불확실성과 불신을 야기시켰다. 개인과 정책 입안자들 모두 향후 몇 년 안에 인공지능으로 인해 노동 시장이 큰 혼란에 빠질 가능성이 있다는 입장이다. 전문가들은 인공지능이 인간을 쓸모 없게 만들 것이라는 오래된 불안감을 다시 불러일으켰다. 가령, 테슬라의 CEO인 엘론 머스크Elon Musk는 인공지능을 '인간 문명의 존재에 대한 근본적인 위험'으로 보고 있다.[03]

다음 장들에서는 인공지능의 특징과 작동 방식, 인공지능 개발을 주도하는 주체들, 인공지능의 성공적인 안착에 필요한 것들, 이 모든 것이 금융 서비스 생태계에 미치는 영향을 알아볼 것이다. 먼저 14장에서는 정교한 질문에 답을 하면서 인공지능을 어떻게 정의할 것인지 설명한다. 그리고 인공지능 활성화에 사용되는 분석 기법과 이들 기법을 사용할 수 있게 하는 특수한 기능들을 자세히 살펴본다. 15장에서는 금융 기관들이 금융 서비스 산업에서 인공지능을 배치하는 방법을 살펴보고, 인공지능의 성공적인 배치를 방해하는 것들 중 중요한 몇 가지를 설명한다.

14장

인공지능과 인공지능의 능력 이해하기

인공지능만큼 많은 흥분, 공포, 혼란을 일으키는 주제는 거의 없다. 목소리가 큰 전문가들은 인공지능이 여유로운 유토피아 세상에서부터 인간 문명의 종말에 이르기까지 모든 것을 일으킬 것이라고 주장하고 있지만 사실 인공지능이라는 용어를 확실하게 정의하는 작업조차 제대로 되어 있지 않다. 이번 장에서는 인공지능을 둘러싼 몇 가지 혼란스러운 것들을 명확하게 할 것이며, 신화에 가까운 몇 가지 이야기를 확실하게 정리할 것이다. 인공지능을 정의하고, 높은 수준의 인공지능 기법들을 몇 가지 살펴보고, 이들 기법으로 최종적으로 무엇을 할 수 있는지를 설명한다. 그런 다음에 인공지능이 비즈니스 부문에서 전체적으로 어떤 영향을 미칠 것인지를 생각해 본다.

14.1 인공지능이란?

인공지능이 무엇인가? 간단한 질문이지만 답은 어렵다. 가장 단순한 컴퓨터는 연산이라는 형식으로 논리를 실행할 수 있다. 그러나 컴퓨터에서 연산된 논리가 인공지능이 되는 시점은 언제인가? 인공지능을 구성하는 것이 무엇인지를 이해하기 위해 먼저 지능을 구성하는 것이 무엇인지를 정의할 수 있어야 한다. 사실 이것은 몇 세기 동안 철학자들을 괴롭힌 질문이기도 하다.

이 혼란은 미국 철학자인 존 설John Searle이 소개한 중국어 방Chinese room 사고 실험에서 잘 설명되고 있다.[01] 문이 잠긴 방에 있다고 상상해 보자. 방 한 쪽 벽에 있는 슬롯을 통해 영어로 쓰여진 문장이 있는 카드가 전달되고, 여러분은 그 카드에 있는 문장을 중국어로 번역해서 방의 다른 쪽 벽에 있는 슬롯을 통해 전달해야 한다. 여기서 문제는 여러분이 영어만 할 수 있다는 것이다. 그러나 다행스럽게도 이 방에는 영어를 중국어로 정확하게 번역할 수 있게 하는 규칙과 조사표가 수록된 책들이 가득차 있다. 이것은 여러분이 카드를 번역할 수 있다는 것을 의미한다. 그러나 이것이 여러분이 중국어를 실제로 이해한다는 것을 의미하는가?

인간 지능의 모호한 철학적 생각과 컴퓨터 과학의 냉철한 실체를 조화시키는 것이 쉬운 작업은 아니었다. 이 작업의 결과 인공지능 효과AI effect라는 것이 나왔다. 인공지능 효과에서 관찰자는 예전에 인공지능이었던 것을 더 이상 인공지능이라고 생각하지 않게 된다. 그랜드 마스터 체스를 이기거나 외국어를 번역하는 것이 지능으로 간주되었지만 오늘날 체스를 두거나 외국어를 번역할 수 있는 컴퓨터가 보편화되면서 그런 능력은 이제 진정한 지능으로 인정 받지 못하고 있다.

인공지능 개념을 다소 명확하게 하기 위해 인공지능을 크게 두 가지 범주로 나눌 수 있다. 하나는 넓은 인공지능broad AI이며, 이를 일반 인공지능general AI 혹은 강한 인공지능strong AI이라고도 한다. 다른 하나는 좁은 인공지능narrow AI이며, 이를 약한 인공지능weak AI이라고도 한다. 일반 인공지능은 공상과학소설의 소재로, 인간의 능력을 가진 생각하는 기계로 묘사된다. 공상과학소설에서 인공지능 기계는 매우 다양한 임무를 수행하고, 고도로 일반화된 추론을 하고, 상식선에서 판단을 하고, 저장되어 있는 방대한 양의 데이터를 빠르게 계산할 수 있는 컴퓨팅 능력으로 문제를 창의적으로 해결한다. 일반 인공지능에 대한 이러한 아이디어가 다소 놀랍고 흥미롭기는 하지만 과거 수십 년 동안 대부분의 전문가들은 일반 인공지능이 영화나 소설 속에만 남아 있을 것으로 예상했다.

반대로 좁은 인공지능은 높은 수준으로 체스를 두거나 사진에 고양이가 있는지 인식하는 것 같이 매우 특정된 문제를 효과적으로 해결할 수 있다. 지난 50년 동안 이 분야에서 상당한 발전이 있었으며, 지난 10년 동안은 특히 주목할 만한 발전이 있었다. 이 책은 새로운 기술들이 금융 서비스에 어떤 영향을 미칠지에 관심을 가진 독자들에게 실질적인 해답을 주도록 기획되었으므로 이 책에서 넓은 인공지능의 이론적인 적용에 대해서는 깊이 다루지 않을 것이며, 좁은 인공지능과 이것의 응용 방법에 제한해서 중점적인 논의를 진행할 것이다.

그러나 좁은 인공지능에 대해서만 논의를 집중한다고 해서 인공지능을 정확하게 정의해야 하는 문제가 완벽하게 해결되지 않는다. 언론 매체에서 인공지능이라는 용어를 자주 사용하고 있으며 이 책에서 인공지능을 광범위하게 사용할 것이며, 그런 점에서 보면 인공지능이라는 용어가 특정 기술이나 연구 분야를 지칭하는 것이 아니라 오히려 다양한 특정 목표(예: 사진에서 얼굴 식별, 언어 번역 등)를 달성하기 위한 여러 가지 다른 방법(예: 머신러닝, 신경망 등)을 포함하는 포괄적인 용어라는 점에서 이 책에서 좁은 인공지능을 집중해서 논의하면 일부 독자들은 인공지능이라는 용어가 정확하게 무엇인지 혼란스러울 수 있다.

이를 염두에 두면서 이 책의 저술 목적도 충족시키기 위해서 우리는 인공지능을 다음과 같이 정의한다. '잘 정의된 문제를 적절하게 예측하고, 해당 문제를 해결함에 있어 어느 정도의 자율 학습 및 개선 능력을 갖춘 기술 조합'으로 인공지능을 정의한다. 이 정의가 완벽하지 않을 수 있지만 이 책은 컴퓨터 과학이 아닌 금융 서비스 분야 학생 및 실무자를 위한 책이므로 인공지능 기술이 금융 서비스에서 왜 중요한지와 관련된 문제에 집중할 수 있으면 충분하다.

14.2 인공지능이 왜 중요한가?

간단히 말해서 인공지능은 매일 만들어지고 있는 무수히 많은 데이터에서 패턴을 탐지하고, 통찰력을 끌어내고, 조치를 취할 수 있게 하는 유일한 수단이기 때문에 인공지능이 중요하다. 기존에 나와 있는 가장 강력한 컴퓨팅 기술을 이용하더라도 사람이나 팀은 이렇게 많은 데이터를 효과적으로 분석할 수 없다.

이것은 부분적으로는 데이터 규모가 크기 때문이지만 훨씬 더 중요한 것은 현재 생성되고 있는 무수히 많은 데이터가 원시 데이터로 정형화되어 있지 않다는 것이다. 정형화된 데이터는 고도로 구조화되어 있어서 부호화할 수 있고, 스프레드시트에 넣을 수 있고, 정렬할 수 있고, 검색도 할 수 있다. 거래 기록, 손익 계산서, 과거 온도는 모두 정형화된 데이터에 해당한다. 이들 데이터는 지난 수십 년 동안 사용된 컴퓨팅 기술로 쉽게 분석할 수 있으며, 지금 더 강력해진 기술로는 훨씬 더 쉽게 처리할 수 있다.

비정형 데이터는 그 반대다. 비정형 데이터는 사전에 정의된 모델이나 구조가 없다. 개별 데이터들은 서로 명확하게 정의된 관계를 갖지 못하므로 스프레드시트에서 정렬되거나 피봇 테이블에서 구조화되지 못한다. 매일 만들어지는 무수히 많은 사진, 증권 중개인들 사이에 오가는 대화, 기업 서버들 사이에서 왔다갔다하는 무수한 이메일 등이 모두 비정형 데이터에 해당한다.

기존의 컴퓨팅 방법에서 비정형 데이터를 효과적으로 사용할 수 있으려면 해당 데이터를 사람이 정형 데이터로 가공하거나 처리해야 한다. 이렇게 되면 데이터 분석 비용이 올라가고 반응 속도도 크게 떨어진다. 더 중요한 것은 데이터를 사람이 구조화하면 해당 데이터에 들어 있는 풍부함이 없어진다는 점이다. 즉, 예상치 못한 패턴이나 통찰력이 나오기 보다는 사람에 의해 사전에 정의된 프레임워크로 데이터가 들어가 버린다.

인공지능은 정형 데이터를 해석하는 거의 모든 과정에 사람보다는 기계를 개입시킨다. 이렇게 하는 목적은 수많은 양의 데이터를 수용하기 위한 확장성을 확보하고 처리 속도를 높이기 위해서다. 또한 사람이 생각하지 못한 새로운 패턴을 식별하기 위해서다. 이것이 가능한 이유는 과거의 컴퓨팅 방식이 정적인 것과 달리 인공지능은 과거 데이터와 현재 데이터를 사용하여 경험을 통해 학습하기 때문이다.

이와 같은 학습 개념은 인공지능이 무엇인지를 정의하는 데 있어 필수적인 요소다. 인공지능 모델에 적용된 데이터 반복이나 루프loop는 인공지능을 '훈련'시키며, 이를 통해 성능을 개선시킨다. 이러한 유형의 학습에 사용되는 기술이 많이 있다. 가령, 지도 학습supervised learning 기술이 적용된 모델은 사람이 구조화하고 라벨링한 데이터를 가지고 학습을 진행한다. 이 경우 명확한 목적도 명시된다. 반대로 비지도 학습unsupervised learning으로 훈련된 데이터에는 라벨이나 지침이 없으며, 간혹 목표도 제시되지 않는다. 그 대신 비지도 학습이 적용된 모델은 자체 구조, 패턴, 그룹화를 식별한다. 세 번째 방법으로 강화 학습reinforcement learning이 있다. 강화 학습은 성능 차이를 점수로 매기며, 주어진 데이터 세트에 대해 어떤 모델이 목적에 가장 적합한지를 판단한다. 주어진 문제에 대해 어떤 학습 모델이 가장 적합한지와 관련된 세부사항은 이 책의 범위를 벗어나지만 각 방법론마다 한 가지 확실한 것은 모델이 효과적으로 작동하려면 상당한 양의 데이터가 있어야 하고 반복 학습도 진행되어야 한다는 점이다.

이 모든 것이 중요하다. 왜냐하면 오늘날 급증하고 있는 데이터 중 가장 큰 비중을 차지하는 것이 비정형 데이터이기 때문이다. 세부 사항을 알 수는 없지만 비정형 데이터의 연평균 성장률이 거의 40퍼센트에 이르며, 사용 가능 데이터의 90퍼센트가 비정형 데이터라는 추정치가 있다.[02]

다시 말해서, 인공지능이 비정형 데이터에서 통찰력을 빠르고 정확하고 저렴하게 얻을 수 있는 수단을 기업들에게 제공한다면 빙산의 일각을 보고 의사결정하는 것과 전체 그림을 보고 의사결정하는 수준으로 큰 차이가 난다. 이 중심에 인공지능이 있는 셈이다. 이를 염두에 둔다면 인공지능이 금융 서비스를 포함하여 많은 산업 분야에서 가장 큰 관심을 끄는 주제라는 것이 놀랍지도 않다.

14.3 선택된 인공지능 기술

가장 널리 사용되는 인공지능 기술에 익숙해지는 것이 독자들에게도 유용할 것이다. 이번 절에서는 세 가지 기술, 머신러닝, 신경망(딥러닝 포함), 유전 및 진화 알고리즘을 살펴볼 것이다.

14.3.1 머신러닝

인공지능처럼 머신러닝이라는 용어도 1959년에 아더 사무엘*Arthur Samuel*에 의해 만들어졌다. 머신러닝에는 정의를 내릴 수 있는 많은 주제가 있으며, 다양한 기술도 통합되어 있다. 가령, 머신러닝에는 다양한 변형 기술이 있으며, 지도 학습, 비지도 학습, 강화 학습 등이 있다. 이들 기술은 각기 다른 작업에 적합하다.

가장 기본적인 수준에서 머신러닝은 기존 데이터를 파싱하고, 인사이트를 학습한 다음에, 학습한 결과를 토대로 예측을 한다. 물론 이것은 인간이 배우는 관점에서의 학습은 아니다. 그 대신 단순 회귀 모델의 최적선*line of best fit*은 새로운 데이터 포인트가 추가될 때마다 개선될 수 있는 방법을 생각할 수 있다. 새로운 데이터가 추가되어 최적선이 다시 계산될 때 이것을 '학습되었다'라고 말할 수 있으며, 이것은 이제 다음 데이터 포인트를 예측하기 위해 더 정확한 모델

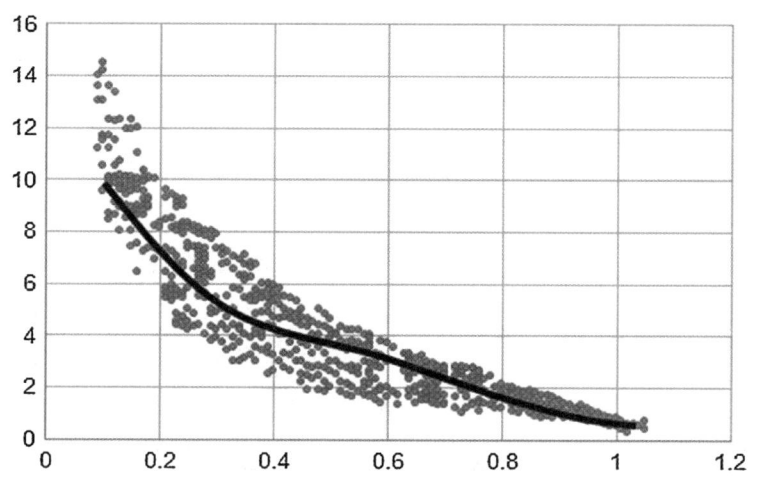

그림 14.1   선형 회귀 모델로 만들어진 예증 산점도와 '최적선'. 기계 학습 모델의 학습 방식은 인간 학습 방식과 다르다. 기계 학습 모델은 통계 모델과 거의 비슷한 방식으로 새로운 데이터에 반응해서 예측을 업데이트할 뿐이다.

이 되었다고 볼 수 있다. 머신러닝 모델 이면의 수학적 세부 사항은 훨씬 더 복잡하지만 학습 과정은 사실 동일하다.

실제로 머신러닝 모델은 데이터셋을 두 부분으로 나누어서 훈련된다. 데이터 한쪽 반은 알고리즘 훈련에 사용되고, 나머지 반은 알고리즘 성능 테스트에 사용된다. 몇 가지 예외가 있지만 모델의 학습 및 평가에 사용될 수 있는 데이터셋의 규모가 증가하면 모델 결과의 정확성과 정밀도가 증가한다.

14.3.2   신경망과 딥러닝

신경망 구조를 사용하는 인공지능 시스템은 인간 두뇌에서 아이디어를 얻었다. 인간 신경계의 기본 단위는 뉴런neuron인데, 이는 자극에 반응하여 전기 신호를 전송한다. 인간 두뇌의 뉴런은 시냅스synapse라고 하는 연결부를 통해 서로 연결된다. 개별 학습 과정은 시냅스들에서의 연결 강도를 변화시키는 것을 통해 진행된다. 신경망은 서로 강하게 연결되어 있는 뉴런 시스템의 특징뿐만 아니라 학습 과정도 복제하는데, 이를 위해 디지털 세계에서 서로 연결되어 있는 모든 것의 연결 강도를 조정한다.

전형적인 신경망에는 적게는 수십 개에서 수천 개, 혹은 수백만 개의 인공 뉴런이 있을 수 있다. 각각의 인공 뉴런은 세 범주 중 하나에 속한다. 첫 번째 범주는 입력 유닛input unit으로, 이번 장의 앞에서 논의했던 정형 데이터나 비정형 데이터 유형과 같은 다양한 데이터 입력을 수신하기 위해 설계되었다. 두 번째 범주는 출력 유닛output unit으로, 예측이나 결정 같은 결과를 제공한다. 마지막 유형의 뉴런으로 히든 유닛hidden unit이 있다. 이것은 신경망에서 대부분의 뉴

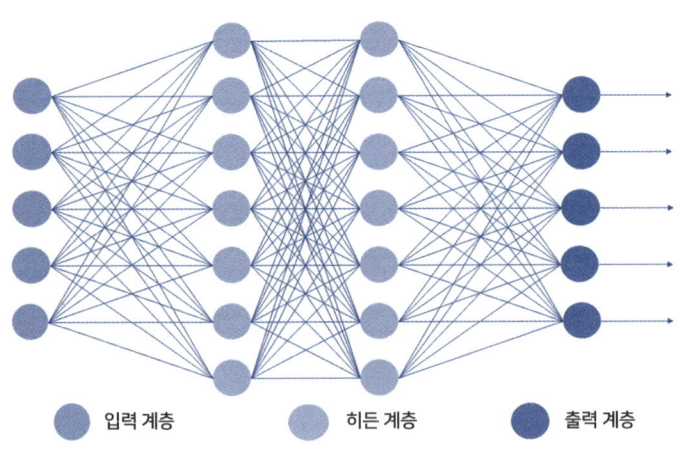

그림 14.2 신경망 토폴로지 예. 신경망은 인공 뉴런 간 연결에 가중치를 부여하여 학습한다.

런을 구성하고 입력 유닛과 출력 유닛 사이의 연결 계층을 제공한다.

신경망의 학습 과정은 인간 두뇌의 학습 과정과 유사하다. 두뇌에서 뉴런은 복잡한 네트워크에서 서로 연결되며, 연결 강도는 외부 자극에 반응하여 증가하거나 감소한다. 컴퓨터로 된 신경망에서 훈련 데이터는 시스템을 지나다니는

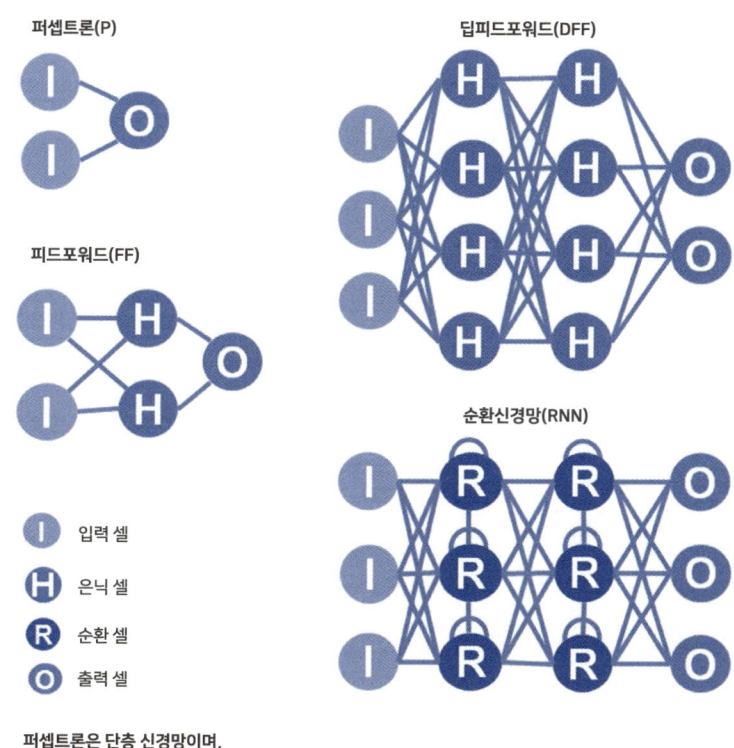

퍼셉트론은 단층 신경망이며,
다층 퍼센트론을 뉴럴 네트웍스*Neural Networks*라고 한다.

그림 14.3   신경망 예. 신경망 토폴로지와 학습 기법에 하위 범주가 많이 있으며, 각 범주에는 각각 자체 사용 사례들이 있다.

데, 이를 위해 입력 유닛과 히든 유닛 사이의 연결, 히든 유닛들 사이의 연결, 히든 유닛과 출력 유닛 사이의 연결의 강도, 즉 가중치를 조정한다.

뉴런들 사이의 연결에 가중치를 다시 부여하기 위해 훈련 데이터를 사용하는 방법들이 많이 있다. 그리고 입력 유닛, 히든 유닛, 출력 유닛 사이의 연결 계층에 관련된 다양한 토폴로지도 많이 있다. 이 여러 가지 토폴로지와 학습 방법은 다양한 신경망 하위 그룹을 만드는 데, 딥 러닝 모델이나 합성곱 신경망 CNN: Convolutional Neural Network이 해당된다.

14.3.3 유전 및 진화 알고리즘

마지막으로 살펴볼 인공지능 접근 방식은 유전 및 진화 알고리즘이다. 이 방식에서는 자연에서 발견된 진화 원칙을 인공지능 훈련 과정에 적용하는데, 다윈의 자연 도태 및 돌연변이의 우연성 같은 특징이 활용된다.

이 과정에서 여러 모델들로 구성된 모집단이 생성되고, 자연 도태를 통해 일부가 제거되어 결국 최상의 결과를 내는 모델들만 살아남는다. 생존한 모델들의 코드 부분에 우연의 변화가 일어나는 '변이'를 통해 생존한 모델들에서 새로운 세대의 알고리즘이 만들어진다. 그런 다음에 자연 도태 과정이 반복 실행되어서 최상의 알고리즘이 만들어진다.

14.3.4 이들 기술의 한계

앞에서 살펴본 기술들이 강력하지만 몇 가지 한계도 있다. 먼저, 뉴런의 수와 뉴런의 레이어가 증가하면서 최종적으로 만들어진 모델의 세분화도 증가한다. 모델의 복잡도가 증가하면서 이의 운영에 필요한 자원도 증가한다. 이러한 이유 때문에 모델을 설계할 때 예측된 결과 개선과 복잡도 달성에 들어가는 자원(전기, 인건비 등) 사이에 균형감이 있는지를 고려하는 것이 중요하다.

둘째, 모델의 복잡도가 증가하면서 모델에 들어간 특정 입력이 특정 결과로 이어지는 이유를 이해하는 것이 적어도 사람이 해석하는 방법에 있어서는 점점 더 어려워질 수 있다. 다시 말해서 딥러닝 모델 같은 복잡한 신경망이 블랙박스화(이에 대해서는 뒤에서 다시 논의)될 수 있으며, 이것이 일부 금융 규제 기관에게 이슈가 될 수 있다.

마지막으로 모든 인공지능 모델은 훈련에 사용된 데이터가 좋은 것만큼 좋아진다. 데이터가 부정확하거나 훈련 데이터 샘플링에 편향된 것이 들어 있으면 해당 모델의 결과는 부정확하거나 편향된다. 뒤의 장들에서 논의하겠지만 부정확 이슈와 편향 이슈는 금융 기관에게 매우 중요한 관심사다.

14.4 선택된 인공지능 기능

인공지능 모델 구축에 사용된 기술들을 살펴보았으므로 실용적이고 구체적인 목표를 이루는 기능을 만들기 위해 이들 기술을 어떻게 사용할 수 있는지 잠깐 살펴보자. 뒤이어 나오는 페이지에서 두 가지 기능, 즉 자연어 처리와 머신 비전을 살펴볼 것이다.

이들 기술이 현재 인공지능을 사용하는 유일한 응용 분야는 아니지만 중요하며, 최근 몇 년 동안 크게 개선되었다. 게다가 다음 장에서 살펴보겠지만 이 두 기술은 현재 금융 기관들이 인공지능을 활용하기 위해 진행하고 있는 여러 프로젝트의 핵심 요소이기도 하다.

14.4.1 머신 비전

머신 비전Machine Vision은 인공지능의 한 분야로, 이미지와 비디오 분석과 해석을 주로 처리한다. 디지털 사진에는 어느 정도의 정형 데이터가 포함되어 있다. 즉, 디지털 사진이 만들어진 장소와 시간에 관한 메타데이터가 포함되어 있다. 그러나 사진 자체에는 비정형 데이터 요소가 여전히 남아 있어서 전통적인 컴퓨팅 방법으로는 해석하기 어렵다.

머신 비전은 사진 픽셀을 분석하여 데이터 그룹화와 패턴을 식별하며, 이는 사람의 눈이 비정형 데이터를 해석 가능한 구조화된 형식으로 변환하기 위해 형상을 살펴보는 것과 같은 원리로 진행된다. 훈련된 데이터를 사용할 경우, 그룹화된 것은 그룹화된 것이 표현하는 개체와 연계될 수 있으며, 시스템이 식별한 그룹화 조합이 인간이 고양이라고 부르는 것과 일치하는 것을 인식하도록 시스템을 활성화할 수 있다.

훈련 데이터가 충분히 주어질 경우 머신 비전 모델은 광범위한 사용 사례를 만들어낼 수 있다. 예를 들어 이 기술을 광학 문자 인식에 활용할 수 있으며, 이렇게 하면 텍스트 그림을 기계가 읽을 수 있고 검색할 수 있는 텍스트로 변환할 수 있다. 또한 다양한 얼굴 인식 기술에도 적용할 수 있으며, 그 예로 아이폰 X의 Face ID 시스템과 알리페이의 Smile to Pay 기능이 있다. 향후 머신 비전은 자율 주행 시스템의 지속적인 개선에 도움을 주는 기술군의 일부가 될 것이다.

14.4.2 자연어 처리

자연어 처리NLP: Natural Language Processing는 인공지능의 일부로써 사람의 구어와 문어를 컴퓨터가 해석하고 처리하는 것에 초점을 맞춘 기술이다. 자연어 처리에서는 머신러닝과 딥러닝 같은 다양한 인공지능 모델의 능력을 언어 구조 원리와 결합하며, 문장을 문장 기본 요소로 나누고 의미론적인 관계를 파악한다.[03]

기계에서 이러한 작업을 처리하는 일은 매우 어려우며, 여기에는 많은 이유가 있다. 언어마다, 그리고 지역 방언마다 고유한 문법과 구문이 있으며, 이와 더불어 속어와 약어도 있다. 입력으로 들어간 문장에는 문법 오류, 철자 오류, 구두점 누락 등이 있을 수 있으며, 입력으로 들어간 음성의 경우 배경으로 들어간 소음과 실제 대화를 구별해야 하며, 그 다음에는 억양을 파악하거나 음조 변화에 어떤 의미가 함축되어 있는지도 알아야 하는 어려운 작업이 기다리고 있다.

최근 몇 년 동안 이 분야에서 우리의 능력은 크게 발전하였다. 특히 영어를 처리하는 기술은 더 많이 발전하였다. 가령, 2017년 기준으로 구글의 음성 기반 NLP 시스템은 95퍼센트 수준의 정확도를 자랑하며, 이는 사람의 정확도와 비슷하거나 초과하는 수준이다.[04]

이 기술의 잠재적인 응용 분야는 확실하다. 아마존의 알렉사에게 말을 걸어보거나 애플의 디지털 비서인 시리와 대화를 해 본 사람이라면 이미 이와 관련된 경험을 한 셈이다. 이 기술의 품질이 계속 개선되면서 점점 더 많은 조직에서 이 기술을 적용하여 고객 질문에 빠르게 응답하거나 많은 문서를 검토 및 분석할 기회를 모색하고 있다.

흥미롭게도 마지막 예는 인공지능 애플리케이션들을 결합하여 어떻게 성능을 높일 수 있는지를 보여주는 적절한 사례다. 대기업의 소송과 관련하여 수백 개의 상자에 서류가 가득 차 있다고 가정하자. 머신 비전의 광학 문자 인식 기능을 활용하면 이들 문서를 디지털 텍스트로 변환한 다음에 자연어 처리를 거쳐서 특정 프로젝트에 대한 레퍼런스들을 더 잘 걸러낼 수 있다.

14.5 비즈니스와 인공지능

이번 장에서는 많은 주제를 다루었다. 지능의 특징, 인공지능 모델을 설계하기 위한 높은 수준의 접근 방식, 인공지능 모델을 실제 세계에서 배치하는 몇 가지 방법 등을 살펴보았다. 그 결과 두 가지 중요한 결론에 이르렀다.

첫째, 언론에서 인공지능에 대해 간혹 자극적인 기사를 내보내기도 하지만 이렇게 회자된 인공지능 모델들 중 어떤 것도 인류에게 조만간 획기적인 변화를 일으키지 않는다는 점을 들 수 있다. 현재 개발된 인공지능 모델은 공상과학 소설에 나오는 넓은 의미의 인공지능은 아니다. 그보다는 대규모 데이터셋을 기반으로 특정된 문제에 집중해서 훈련되어야 하는 좁은 의미의 인공지능 시스템으로, 엄청난 계산 능력으로 이러한 문제에 대응할 수 있다.

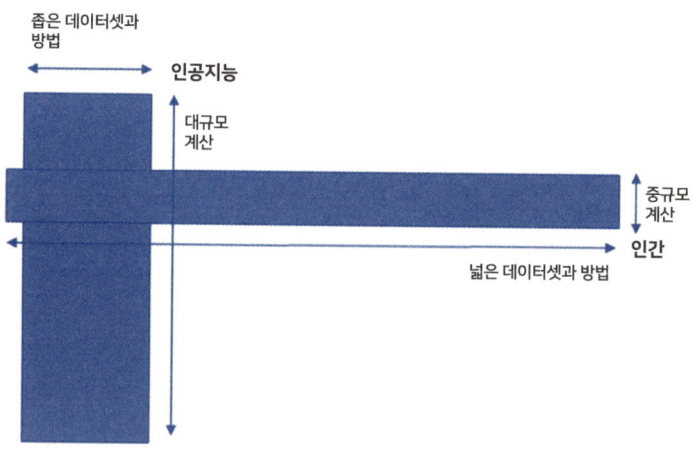

그림 14.4 인공지능 모델과 인간의 처리 능력 비교. 인공지능 모델과 인간이 가진 기술은 매우 보완적이다.

엄청난 계산 능력을 새로운 (특정화된) 비정형 데이터셋에 적용하기 위해 인공지능이 활용되고 있지만 방대한 데이터셋을 수집하고 다양한 분석 방법을 사용하는 것과 관련해서는 인공지능이 아직은 인간의 두뇌에 미치지 못한다. 이러한 이유로 인해, 인간의 강점과 기계의 장점을 서로 보완하여 함께 배치할 때 인공지능의 진정한 힘이 확보되며, 이를 이용하여 우리의 집단적 능력을 강화함으로써 기업과 사회가 직면한 보다 많은 문제를 해결할 수 있다.

두 번째로 확인된 것은 인공지능 모델을 개발하는 데 있어 데이터가 중심이 된다는 점이다. 인공지능 모델이 유용성을 갖춰 개발되려면 품질이 좋으면서 편향되지 않은 다양한 훈련 데이터가 있어야 한다. 뒤의 장들에서 살펴보겠지만 이러한 데이터셋을 획득하기 위한 경쟁은 모든 경제 부문에서 전략적으로 핵심적인 우선순위가 되었으며, 금융 서비스 부문도 예외는 아니다.

15장

금융 서비스에서 인공지능의 활용

지금까지 인공지능의 정의, 인공지능이 제공하는 핵심 기능, 인공지능의 역동적인 진화 과정을 살펴보았다. 이제 금융 서비스에서 인공지능을 어떻게 활용할 수 있는지에 대해 살펴본다. 일부 대형 기술 기업과 달리 인공지능으로 할 수 있는 경계를 넓히는 것에 직접 관여하는 금융 서비스 기업은 매우 드물다. 그 대신 대부분의 금융 기관은 경쟁 우위 차원에서 전략적인 핵심 문제에 대응하기 위해 기존의 인공지능 기술과 기능을 다양하게 사용하는 일에 중점을 두고 있다.

다시 말해서 금융 기관이 오늘날 수행하고 있는 대부분의 작업은 해당 금융 기관의 특정 요구를 해결하기 위해 기존 인공지능 기술을 필요한 곳에서 사용하는 것이다. 이에 이번 장에서는 금융 기관이 사용하는 인공지능 기술의 세부 사항에 초점을 맞추지 않고, 금융 기관이 인공지능 기능을 활용해서 목표를 얼마나 더 잘 달성할 수 있는지 그 방법을 중점적으로 설명한다.

이번 장에서는 대출, 보험, 자산 관리, 결제 같은 여러 금융 서비스 영역에서 사업 목표를 달성하기 위한 광범위한 전략의 일환으로 인공지능을 어떻게 사용하고 있는지 몇 가지 구체적인 예를 들어 설명한다. 그러나 그렇게 하기 전에 금융 기관이 인공지능을 통해 일반적으로 어떤 기회를 얻을 수 있는지를 먼저 살펴본다. 이번 장의 마지막에는 인공지능 기술들을 구현함에 있어 기존의 많은 금융 기관이 직면하는 심각한 장애물들을 자세히 살펴볼 것이다.

15.1 인공지능이 금융 기관에게 주는 기회

금융 기관이 사업 목표를 달성하기 위해 인공지능 기술을 아주 다양하게 활용할 수 있다. 이번 절에서는 금융 기관과 특별히 관련이 있는 네 가지 범주의 전략들, 즉 자동화, 개인맞춤화, 의사결정 개선, 새로운 가치 제안을 살펴볼 것이다.

15.1.1 인공지능과 자동화

자동화를 위해 인공지능 기술을 도입하면 금융 기관은 프로세스 처리에 인간 개입을 줄이거나 아예 제거함으로써 해당 프로세스의 완료 속도 및 효율성을 개선할 수 있다. 이렇게 되면 운영 비용을 대폭 줄일 수 있고 동시에 사용자 경험도 개선할 수 있다.

어떤 경우에 로봇프로세스자동화RPA: Robotic Process Automation 같이 그다지 정교하지 않은 기술로 자동화를 구현할 수 있다. 이 경우에 프로세스 처리 방법을 실제로 변경하지 않고 상대적으로 '간단한' 도구들을 이용하여 프로세스를 자동화할 수 있다. 물론 이렇게 하려면 입력 데이터가 정해진 대로 들어와야 한다. 입력이 다양하면서 복잡한 프로세스의 경우 머신 비전 같이 정교한 기술이나 자가 학습 기능을 갖춘 고급 패턴 인식 시스템을 사용할 수 있으며, 이 정도면 프로세스 처리에 필요한 입력과 구조를 완벽하게 변환할 수 있다.

2008년 금융 위기 이후 오랜 기간 동안 수익성이 낮아짐으로 인해 많은 금융 기관은 비용 절감에 중점을 두어야 했기 때문에 금융 서비스 자동화는 특히 중요해졌다. 이와 동시에 많은 핀테크 기업들은 보험 청구 처리에서부터 은행 신규 고객 온보딩에 이르기까지 모든 업무에 소요되는 기존의 처리 시간을 크게 단축시키는 자동 처리 시스템을 고객들에게 제공하고 있으며, 이에 기존 금융 기관들은 처리 프로세스를 간소화하고 고객들에게 개선된 경험을 제공해야 한다는 경쟁 차원에서의 압력을 크게 받고 있는 실정이다.

자동화를 가능케 하는 인공지능 기술에 집중하면 고객 당 수익은 비교적 낮지만 매우 많은 수의 고객에게 서비스를 제공할 수 있어서 최적의 가치를 확보할 가능성이 높아진다. 이와 더불어 금융 기관은 마진에 있어서 더 공격적으로 경쟁을 하거나 각 계정에서 가치를 점점 더 많이 끌어낼 수 있다. 또한 자동화가 되면 인건비 비중이 높은 금융 기관은 운영을 간소화하고 핵심 비즈니스 활동에 더 많이 집중할 수 있다.

자동화가 금융 서비스에서 인공지능을 적용할 수 있는 가장 흥미로운 예는 아니지만 광범위한 결과를 확보할 수 있는 전략이기는 하다. 자동화는 이 책에서 논의할 다른 어떤 전략보다 조직의 운영 구조와 직원에게 요구되는 재능에 영향을 미칠 가능성이 있으며, 조직의 특정 기능에 필요한 인력의 수를 대폭 줄일 수 있을 것이다.

15.1.2 인공지능과 의사결정 개선

금융 기관에서 인공지능 기술을 도입하면 훨씬 더 광범위하고 덜 정형화된 데이터를 분석 프로세스에 넣을 수 있으며, 이렇게 되면 이론상으로는 예측 능력을 크게 개선할 수 있다. 금융 기관의 핵심 기능이 위험을 효과적으로 관리하는 것이라고 할 때 불확실한 상황이 어떻게 전개될 것인지 더 잘 이해할 수 있다면 금융 기관이 대출을 하든, 자동차 보험을 취급하든, 미래 시장에 투자를 하든 개선된 예측능력은 상당한 이점이 된다.

의사결정을 중점적으로 개선하기 위해 인공지능을 활용하는 전략은 시장 대비 투자 수익과 같이 쉽게 측정할 수 있는 성과 지표에 민감한 조직에 특히 적합할 수 있다. 또한 인공지능을 활용하는 전략은 소비자 대출과 같이 상품화 수준이 높은 상품을 취급하는 사업에서 유용할 수 있는데 이렇게 되려면 의사결정 모델이 성숙하지 않아서 위험 수준이 높더라도 서비스를 사용하는 고객과 서비스 상품이 확장될 수 있어야 한다.

15.1.3 인공지능과 개인 맞춤형

다른 많은 산업과 같이 금융 서비스에서도 개인 맞춤형 서비스를 받으려면 비용 문제를 해결해야 한다. 특히 자산 관리와 도매 금융 분야에서 개인에게 완전히 특화된 금융 상품과 서비스를 받을 수 있다. 그러나 불행하게도 높은 비용을 지불할 수 있는, 특히 규모가 있고 중요한 고객만 이러한 서비스를 이용할 수 있다. 그 이유는 이와 같은 개인 맞춤형 서비스를 제공하려면 고도로 전문화된 전문가가 있어야 하기 때문이며, 이에 개인 맞춤형 상품 제공에 소요되는 비용은 개인 맞춤형 수준에 비례한다. 금융 기관에서 인공지능을 도입하면 이와 같은 제약을 뛰어넘을 수 있다. 이론상으로는 일단 인공지능 시스템이 구축되면 한계비용 제로 수준에서 완전히 개인화된 금융 상품 서비스를 제공할 수 있다.

개인 맞춤형 서비스를 지원하는 인공지능 기술에 집중할 경우 금융 기관은 고객 유치 및 유지 업무를 크게 개선할 수 있다. 즉, 예전에는 고객 니즈를 파악하기 위해 관련 전문가가 투입되어야 했지만 인공지능 시스템이 도입되면 사람이 하는 것보다 더 복잡한 금융 상품과 서비스를 고객에게 제공할 수 있다. 많은 경우에 일반 대중을 위한 서비스에 초점을 맞추고 있는 금융 기관은 차별화된 기술을 도입하여 고객의 경험과 성과를 개선할 수 있다. 또한 일부 금융 기관은 비슷한 기술을 활용하여 저소득층을 위한 시장을 확장할 수 있다.

15.1.4 인공지능과 새로운 가치 제안

금융 기관에서 활용할 수 있는 또 다른 인공지능 활용 전략으로 새로운 가치 제안 수립이 있다. 금융 기관은 고유한 데이터를 보유하고 있으며, 그 데이터를 가지고 이익을 낼 수 있다. 즉, 그 데이터를 활용하여 상세한 거시 경제 보고서를 만들어서 수익을 낼 수 있으며, 인공지능을 활용한 서비스를 구축하여 다른 금융 기관의 자동화, 개인화, 의사결정 시스템을 지원하여 수익을 낼 수도 있다.

본질적으로 금융 기관이 누릴 수 있는 기회는 매우 다양하다. 여러 부문에 걸쳐서, 심지어 개별 기업의 특별한 데이터 프로파일에 따라 다양한 기회를 얻을 수 있다. 인공지능을 활용하여 새로운 가치를 제안하는 전략은 기존 영업 종목들이 상당한 마진 압력을 받고 있는 금융 기관, 새로운 가치 제안이 성과에 대한 부정적인 영향을 상쇄할 수 있는 금융 기관에게 특히 적합할 수 있다. 또한 이 전략은 신규로 진입한 금융 기관에게 고객을 빼앗길 위협이 커지고 있는 금융 기관이나, 상품화된 핵심 제품과 관련이 있는 보조 제품과 서비스를 제공함으로써 고객을 유지하는 데 도움이 되는 금융 기관에게도 적합할 수 있다.

15.2 금융 서비스 하위 부문에서의 인공지능 활용

이번 절에서는 자동화, 의사결정 개선, 개인 맞춤형, 새로운 가치 제안 수립을 위해 인공지능을 활용하는 전략이 금융 기관에서 어떻게 진행되고 있는지를 살펴본다. 금융 시스템 전반에서 인공지능이 어떻게 사용되고 있는지를 살펴볼 수도 있지만 여기서는 네 가지 핵심 영역, 즉 대출, 재산/자산 관리, 보험, 결제에 국한해서 세부적인 분석을 진행한다.

15.2.1 대출 부문에서의 인공지능 활용

지금까지 대출 부문에서 인공지능을 활용하는 전략은 주로 소상공인이나 중소기업 대출을 개선하는 것에 초점이 맞춰져 있었다.

자동화 기술을 사용함으로써 대출 신청 처리 비용을 줄이고 대출 실행 속도를 개선할 수 있다. 자연어 처리와 머신 비전 같은 기술을 사용해서 고객이 제출한 문서를 검증하고, KYC 프로세스 속도를 높이고, 사기를 줄일 수 있다.[01] 또한 중소기업의 경우 회사 재무 문서가 표준화되어 있지 않은데, 자동화 기술을 활용해서 이러한 문서를 빠르게 수집하고 그 문서에 있는 데이터를 자동으로 처리 및 분석할 수 있음으로 인해 중소기업 대출에 자동화 기술이 적절하게 활용되고 있다.

또한 인공지능을 활용하면 다양한 대체 데이터 소스를 수집하고 모델링할 수 있으므로 대출 활동과 관련된 의사결정 개선에 도움이 된다. 가령, 다양한 대체 데이터 소스에서 만들어진 인수 모델을 이용하면 대출받으려는 주체의 상환 능력에 관한 미래 지표를 확보할 수 있으므로 부실 대출 건수를 줄일 수 있다. 또한 신용 점수가 아직 생성되지 않았거나 쉽게 접근할 수 없는 신규 이민자나 신용 평가 기관 데이터가 아예 없거나 명확하지 않은 신흥 시장에 속한 기업의 경우 전통적인 신용 점수 지표를 사용할 수 없으며, 이러한 경우에 대체 데이터를 활용하여 개인이나 기업의 신용도를 평가함으로써 잠재 대출자 고객 풀을 늘릴 수 있다.[02]

이러한 모델링에 넣을 수 있는 대체 데이터로는 요금 청구서, 쇼핑 행동 관련 데이터, 소셜 미디어 게시물 등이 있다. 어떤 경우에 금융 기관은 중국 대출 기관인 핑안Ping An과 같이 인수 프로세스에 완전히 새로운 데이터 소스를 넣을 수도 있다. 핑안의 경우 일부 대출 희망자와 화상 통화를 하면서 인공지능이 적용된 마이크로 제스처 안면 인식 기술을 사용해서 대출 받은 돈을 어떤 용도로 사용할 것인지를 묻는 질문에 대한 응답의 진실성을 평가한다.[03]

중소규모 대출 실행 시 대출받으려는 기업의 전사적 자원 관리, 회계, 공급망 관리 시스템 같은 IT 시스템에 직접 연결할 수 있다면 금융 기관의 예측 모델에 기업의 실시간 데이터를 넣을 수 있으며, 이렇게 되면 금융 기관은 의사결정을 더 정확하게 할 수 있으며, 고객의 대출 니즈를 사전에 예측하여 고객에게 더 특화된 맞춤형 대출 상품을 제공할 수 있다. 예를 들어 글로벌 은행인 HSBC는 디지털 송장 작성 플랫폼인 트레이드시프트Tradeshift와 제휴를 맺었는데,[04] 이 플랫폼은 공급망 대출 및 회계 소프트웨어 제공업체인 퀵북스QuickBooks가 개발한 것이며, 퀵북스는 퀵북스 사용자에게 대출을 실행하기 위해 퀵북스 캐피탈 QuickBooks Capital이라는 금융 부서를 만들었다.[05]

전략적 인공지능 투자를 바탕으로 새로운 비즈니스를 만들고 있는 대출 기관들이 있다. 일례로, 영국의 오크노스OakNorth는 특수한 클라우드 기반 플랫폼을 만들었는데, 이 플랫폼은 광범위한 데이터를 수집한 다음에 머신러닝을 사용해서 인수 모델 품질을 지속적으로 개선하도록 설계되었다. 이를 토대로 오크노스는 에이콘머신AcornMachine이라는 서비스를 출시하였는데, 영국이 아닌 다른 나라에 있는 대출 기관들도 이 플랫폼을 활용하여 인공지능 기반 툴에 쉽게 접근할 수 있다.[06]

15.2.2 재산/자산 관리 부문에서의 인공지능 활용

재산 관리와 자산 관리 분야에서 인공지능 기술은 매우 많은 일을 처리할 수 있다. 대출 사례에서 했던 것처럼 자연어 처리와 머신 비전을 이용하면 신규 고객 지원 업무를 빠르게 처리할 수 있다. 또한 레그테크regtech 기업에서 인공지능 기술들을 활용하여 금융 규제 준수 프로세스를 자동화하고 간소화할 수 있다.[07] 이와 같은 자동화된 솔루션을 활용하면 수백 곳 나라에서 수십 가지 언어로 된 규제 체제의 변경 내역 모니터링 비용을 대폭 줄일 수 있다.[08]

자산 및 투자 관리사를 위한 자동화가 고객 관리 및 규제 준수 프로세스의 단순 처리에만 국한되지는 않는다. 펀드 매니저의 투자 결정에 있어 중요한 정량적 모델링 프로세스의 상당 부분을 자동화하기 위한 노력이 진행되고 있다. 가령, 보스턴에 본사를 둔 켄쇼Kensho의 서명 플랫폼인 워렌Warren(전설적인 투자자 워렌 버핏Warren Buffet의 이름에서 따옴)은 다양한 인공지능 기술을 활용하여 자연어로 제시된 금융 관련 질문에 답을 준다. 2018년 포브스의 한 기사에서 이 플랫폼에 대해 다루었는데, 그 기사에 따르면 "워렌은 약품 승인, 경제 보고서, 통화 정책 변경 사항, 정치적인 사건 같은 액션을 9만 건 이상 조사하여 6천 5백만 개 이상의 질문 조합에 대한 답을 순식간에 제시한다"고 한다. 켄쇼 같은 플랫폼이 정량 분석 프로세스를 자동화하면 재능 있는 펀드 매니저에게 요구되는 역량은 정량 분석을 빠르게 수행할 수 있는 전문적인 개인이 아니라 인공지능과 협업하면서 적절한 질문을 하는 기능적인 개인으로 바뀔 가능성이 있다.[09]

투자 결정을 알려주는 분석을 자동화하는 것 이외에 많은 펀드 매니저는 인공지능을 활용한 전략으로 투자 의사결정 자체의 질을 개선하는데 이와 관련해서 두 가지 방법을 동원한다. 첫 번째 방법은 고유한 데이터 소스와 결합된 정교한 머신러닝과 딥러닝을 사용해서 시장을 공략할 실제 적용 가능한 포트폴리오를 구축하는 것이다. 가령, 2018년 봄에 뉴욕에 본사를 둔 헤지펀드로 관리 중인 자산이 5백억 달러에 달하는 투시그마Two Sigma는 알파벳 구글에서 선임 연구원으로 있던 과학자를 영입하여 인공지능을 확대 적용하려는 노력을 기울였다.[10]

투시그마 같은 헤지 펀드의 투자는 일반적으로 규모가 큰 투자자에게 제한되고 수수료도 높은 반면에 인공지능을 활용해서 투자 의사결정을 향상시키는 두 번째 방법은 수수료가 저렴한 수동적 투자 상품에서 실질적인 투자 수익을 내는 것을 주된 목표로 한다. 이 기법으로 인해 S&P 500 같은 지수를 단순히 추종하기 보다는 회사 규모나 산업 범주 같은 투자 요소에 가중치를 주어서 초과 수익을 내려는 스마트 베타smart beta ETFExchange Traded Funds의 인기가 점점 높아지고 있다.

방대한 대체 데이터 원천에서 요소들을 선택하고, 기본 알고리즘이 새로운 데이터를 학습해서 반응할 때 선택된 요소를 실시간으로 재조정하기 위해 인공지능 기술을 사용하는 제품이 점점 더 많아지고 있다. 이러한 방식으로 접근하는 예로 Aberdeen Global Artificial Intelligence Equity 펀드가 있는데, 이 펀드는 펀드 투자에 시간과 가중치를 부여하기 위해 머신러닝을 사용하며,[11] 블랙록 BlackRock의 China A-Share Opportunities Private Fund 1은 중국 시장의 펀더멘털, 시장 동향, 거시 경제 정책을 종합적으로 평가하고 위성 이미지와 기계가 해독할 수 있는 뉴스 같이 다양한 범주의 대체 데이터 원천을 사용하기 위해 머신러닝을 사용한다.[12]

초기 로보어드바이저robo-advisor가 각 투자자의 위험 프로필, 기존 투자, 인구통계에 맞춰서 자산 조언 및 자산 배분 전략 컨설팅을 제공하기도 했지만 고객 맞춤형으로 가공하는 일은 자산 관리사가 중점적으로 맡아서 해야 할 부분이다. 오늘날 클래러티 AIClarity AI 같이 맞춤형 포트폴리오를 제공하는 도구를 지원하는 서비스가 점점 더 많아지고 있다. 클레러티 AI는 투자에 영향을 미치는 요소가 되는 다양한 사회적 영향에 따라 투자자의 자금을 배분하는데,[13] 투자자는 이를 통해 사이버 보안, 재생 에너지, 물 부족 같은 여러 주제에 따라 포트폴리오를 평가할 수 있다.[14] 로보어드바이저라는 용어를 보면 의인화된 인공지능이 사람을 대신해서 투자 배분을 결정한다고 생각할 수 있지만 (적어도 지금까지는) 많은 시스템이 기존의 데이터 분석 프레임워크를 기반으로 만들어져 있을 뿐, 자체 학습 구성요소 같이 진짜 인공지능이라고 말할 수 있는 고급 기술은 들어 있지 않다는 점을 파악하고 있는 것이 중요하다.

마지막으로, 인공지능을 기반으로 완전히 새로운 가치 제안을 만드는 자산 관리사를 지금 당장 찾기는 어렵겠지만 기술 중심 서비스를 향상시키기 위해 인공지능을 더 많이 사용하려는 조직이 더 많아질 것을 확신할 수 있는 이유는 분명히 있다. 펀드 매니지먼트 분야의 거대 기업인 블랙록의 알라딘Aladdin 플랫폼을 눈여겨볼 만하다. 알라딘Aladdin: Asset Liability and Debt and Derivatives Investment Network 플랫폼은 자산 관리사를 위한 운용 시스템으로 현재 보험 및 자산 관리 산업 전반에서 사용되고 있다. 블랙록의 주요 경쟁사로 영국에 상장된 최대 펀드 매니저 기업인 슈로더Schroders도 알라딘 플랫폼을 사용하고 있다.[15]

현재, 이 플랫폼이 제공하는 인공지능형 인사이트 정도가 명확하지는 않지만 블랙록의 수석 엔지니어인 조디 코찬스키Jody Kochansky는 "인공지능을 떠받치고 있는 응용 수학과 데이터 과학이 알라딘 플랫폼에 깊이 관여하고 있으며, 이 플랫폼 전반에 걸쳐 새롭고 혁신적인 방법들이 적용되고 있다"고 말했다.[16] 블랙록의 CEO인 래리 핑크Larry Fink는 2017년에 알라딘이 회사 매출의 7퍼센트를 차지하지만 2022년이 되면 30퍼센트에 이를 것이라는 견해를 보이고 있으며, 심코프SimCorp의 디멘션Dimension 플랫폼과 비슷한 서비스들이 나오면서 경쟁 압력이 증가하고 있다는 점에서 인공지능을 지원하는 제품을 기반으로 한 차별화 노력이 가중될 것이라는 전망을 내놓을 수 있다.[17, 18]

15.2.3 보험 부문에서의 인공지능 활용

인공지능 시스템을 활용하는 전략이 보험 산업 전반에서도 확산되고 있다. 일례로, 비용을 절감하고 고객 경험을 개선하기 위해 보험금 청구 절차 분야에 다양한 자동화 기법을 적용하는 작업이 진행되고 있다. 중국 유수의 보험회사인 핑안보험은 스마트 패스트 클레임Smart Fast Claim 절차에 머신 비전, 즉 다양한 인공지능 기법을 활용하고 있으며, 이를 통해 자동차 손상을 자동으로 평가하고 보험 계약자가 올린 이미지를 토대로 수리 비용을 자동으로 산정한다. 핑안보험은 이 시스템이 보험금 청구 처리 효율성을 전반적으로 40퍼센트 이상 개선할 것으로 예상하며, 보험금 청구가 새는 것(청구된 보험금을 지출할 때 청구 대상 금액보다 더 많은 것을 지출할 위험성)을 줄이고 고객과의 분쟁도 획기적으로 줄일 수 있을 것으로 본다.[19]

북미와 유럽에서 보험회사는 에이지아스Ageas와 비슷한 전략을 추구하고 있다. 에이지아스는 인슈어테크 기업인 트렉터블Tractable과 협력 관계를 맺고 딥러닝 알고리즘을 이용하고 있다. 즉, 개인이나 자동차 보험금 청구에 대해 더 빠르고 더 정확한 손해 평가 작업을 진행한다.[20]

또한 보험 사기 조사 자동화에도 인공지능 기술이 활용되고 있다. 보험 사기는 부동산 보험과 상해 보험 부문에서 비용을 많이 잡아먹는 주요 원인이다. 인공지능이 적용된 분석을 진행하면 사기 가능성이 있는 복잡하고 새로운 패턴 활동을 잘 식별할 수 있다. 즉 사기에 연루될 만한 의사, 변호사, 개인이 중복 연결되어 보험금을 청구하는 것과 같은 활동을 파악한다. 사람이 해서 몇 주가 걸릴 수 있는 조사 작업을 인공지능 시스템은 매우 빠르게 조사하여 시각적으로 표현한다. 이러한 지원이 이루어질 경우 사람은 시스템이 처리할 수 없는 복잡한 조사에 집중할 수 있다.[21]

또한 챗봇은 보험 업무 처리 프로세스 자동화 및 간소화에 중요한 역할을 한다. 특히 고객 온보딩과 관련해서 그 역할이 커진다. 샌프란시스코의 인슈어테크인 레모네이드Lemonade는 마야Maya라는 챗봇으로 고객 문의를 지원한다. 2018년 6월 기준으로 고객 문의 중 19퍼센트를 챗봇이 처리하고 있으며, 고객 만

족도는 5점 만점에 4.53점으로 나타났다.[22]

미국 보험회사인 올스테이트Allstate도 챗봇인 ABIEAllstate Business Insurance Expert를 개발했는데, 이는 일반 소비자와의 대화를 위해 설계되었다기보다는 영리 보험 판매를 확대하기 위한 노력의 일환으로써 올스테이트의 가계 보험 대리인을 지원하기 위해 설계되었다. 이 시스템은 자연어 처리를 활용하여 대리인이 하는 질문의 맥락을 이해하며, 올스테이트의 기업 보험 상품의 견적 및 보급을 섬세하게 지원한다.[23]

보험회사는 인공지능형 자동화 시스템을 활용하여 더 간소하고 정확한 업무 절차를 고객에게 제공하는 것 이외에 보험 약정에 서명하여 보험을 인수하는 과정 같은 의사결정 개선에 인공지능 기술을 활용하고 있다. 이를 처리할 수 있는 한 가지 방법은 사용 가능한 데이터에서 더 좋은 통찰력을 확보하는 것이다. 예를 들어 2017년 12월에 호주의 가장 큰 국제 보험회사인 QBE는 런던에 있는 인슈어테크인 사이토라Cytora와 제휴했다. 이 제휴의 가장 큰 목적은 공개 데이터와 내부 데이터 활용에 머신러닝을 적용하여 보험 인수의 정확성을 개선하는 것이었다.[24]

또한 보험회사는 보험 인수를 개선할 수 있는 새로운 데이터 포인트를 찾고자 노력하고 있다. 이와 관련해서 유효한 예측력으로 새로운 위험 요소를 식별 및 추적하기 위해 머신 비전을 사용하기도 한다. 2016년에 미국 보험회사인 스테이트팜State Farm은 데이터 과학 경진 대회를 진행했다. 이 대회에서 참가자들은 대시보드 카메라에서 온 시각 입력 데이터를 사용하여 산만한 운전과 관련된 행동에 대한 예측 프레임워크를 만들었다.[25]

마지막으로 인공지능이 적용된 전략을 이용하여 개인 맞춤형 상품을 개발하려는 노력과 새로운 가치를 선보이려는 노력은 보험 업계에서 매우 긴밀하

게 연결되어 있다. 예를 들어 샌프란시스코의 인슈어테크인 젠드라이브Zendrive
는 운전자의 행위에 대한 상세 데이터를 확보해 두었다가 난폭한 운전이나 운전
중 전화기 사용 같은 위험한 행동과 연계된 패턴을 탐지한다. 이러한 유형의 텔
레메틱스 기술들 중 초기 버전은 보험료를 개인 맞춤형으로 조정하기 위해 사용
되었지만 젠드라이브는 운전 실력을 점차 개선하여 위험을 줄이는 것을 목표로
관련 정보를 운전자에게 계속 전달하는 것에 초점을 맞추었다. 이와 같이 젠드라
이브가 선보인 서비스는 사고 방지라는 공통된 목표에 보험회사와 고객을 끌어
들이고, 고객에게는 운전 코칭이라는 새로운 가치를 제안한다(이것이 성립되려
면 고객은 피드백으로 오는 코칭을 가치 있는 것으로 간주해야 한다).[26]

이와 비슷한 예들을 커머셜 보험 분야에서도 찾을 수 있다. 가령 미국의
보험회사인 RFM 글로벌RFM Global은 리스크마크RiskMark라는 플랫폼을 개발했
으며, 이 플랫폼은 10만 개 이상의 사이트에 있는 각 엔지니어들로부터 수집한
7백 개의 데이터 포인트를 매년 분석한다. 이 데이터에는 상세한 사진과 엔지니
어링 기록이 포함되며, 잠재적인 손실 대상과 심각성을 살펴볼 수 있는 유용한
분석 정보가 고객에게 제공된다. 이 플랫폼은 RFM 글로벌과 고객 모두에게 가
치가 있다. 즉 이 플랫폼을 활용하면 보험 계약자의 자본에 대한 위험을 줄이고
이를 더 효과적으로 할당할 수 있다는 점에서 의미가 있다.[27]

15.2.4 결제 부문에서의 인공지능 활용

인공지능 지원 전략 응용에 있어 결제 부문도 놀라운 일이 일어날 수 있
는 것처럼 보인다. 그러나 앞에서 여러 번 논의했듯이 자금 세탁 방지 및 금융 범
죄 관련 규제가 점점 엄격해지고 있기 때문에 결제 부문에서 혁신을 꾀하는 금융
기관이 직면하는 문제도 많아지고 있다. 이 문제에 대응하기 위해 머신러닝을 활
용하면 의심스러운 동작을 인식한 다음에 식별, 점수 부여, 분류, 경보 발령 같은

프로세스를 자동화하는 더 정교한 알고리즘을 만들 수 있다. 이렇게 되면 오탐 경보를 줄일 수 있으며, 고객은 거래 서비스를 빠르게 받을 수 있고, 회사는 전문 인력을 복잡한 문제에만 배치하여 효율성을 강화할 수 있다.[28]

2018년 11월, 세계에서 가장 큰 글로벌 은행들 중 하나인 HSBC는 구글 클라우드와의 파트너십을 발표하였으며, 이의 주된 목적은 머신러닝을 사용하여 3,800만 명에 이르는 고객들의 금융 활동에서 범죄 징후를 찾는 것이었다.[29]

금융 사기를 탐지하는 프로세스를 개선하기 위해 위와 비슷한 기술들을 활용할 수 있다. 2018년에 시티뱅크는 피드자이*Feedzai*와의 파트너십을 발표했다. 피드자이는 예전에 시티 벤처*Citi Venture*로부터 전략적 투자를 받은 핀테크 기업으로, 결제 사기에 대한 탐지 및 대응을 실시간으로 처리하는 기술을 가지고 있다.[30] 피드자이에 따르면 머신러닝을 활용하여 긍정 오류를 크게 증가시키지 않으면서 기존 모델에 비해 61퍼센트의 개선율을 보장한다고 한다.[31]

인공지능 기술과 결제가 접목된 새로운 비즈니스를 만들려는 흥미로운 노력들도 진행 중에 있다. 이 중에서 통합된 결제 데이터를 활용하여 인공지능 지원 모델을 훈련시키고, 이를 통해 고유하고 차별화된 통찰력을 확보하는 것이 가장 흥미롭다. 가장 주목할 만한 예로 마스터카드와 구글 간에 체결된 데이터 파트너십을 들 수 있다. 구글 광고주들은 구글이 확보한 결제 데이터를 가지고 온라인 광고가 물리적인 위치에서의 판매로 이어진 시점을 더 잘 추적할 수 있다.[32]

이 데이터를 확보하기 위해 구글이 수백만 달러를 지불하는 것으로 알려져 있으며, 이는 결제 마진에 대한 압박이 높아지고 있는 결제 서비스 제공업체에게는 관심을 가질 만한 잠재적인 수익원이 된다. 그러나 이중 암호화 도구를 활용하여 개인 식별 데이터를 보호하지만 많은 카드 소지자와 프라이버시 보호 관련 단체들은 문제를 제기하고 있으며, 이러한 유형의 계약이 미래에는 어떻게 될지 의문을 가지고 있다.[33]

15.3 금융 기관의 인공지능 도입 시 해결 대상 과제

금융 서비스에 인공지능을 활용하려는 전략의 잠재력은 확실히 크지만 이와 관련된 프로젝트를 성공적으로 이끄는 데 있어서 방해가 되는 것들도 만만치 않다. 이번 절에서는 인공지능 활용 전략을 효과적으로 진행함에 있어서 모든 금융 기관이 극복해야 하는 네 가지 핵심 장애물을 살펴볼 것이다. 네 가지 중 첫 번째 장애물은 데이터의 효과적인 사용에 대한 것이고, 두 번째는 조직의 기존 기술 아키텍처로 인한 제약 요인이고, 세 번째는 조직의 인적 재능을 전환하는 것과 관련된 과제들이고, 마지막으로 네 번째 장애물은 규제 기관과 규제의 불확실성으로 인한 제약 요인이다.

15.3.1 데이터 관련 해결 과제

14장에서 논의한 바와 같이 인공지능 애플리케이션 개발에서 데이터는 필수 입력 요소다. 그러나 불행하게도 금융 기관이 고객 및 금융 시장과 관련하여 방대한 양의 데이터를 가지고 있지만 인공지능 모델에서 이들 데이터를 효과적으로 활용하는 것이 매우 어려울 수 있다.

여기에는 몇 가지 이유가 있으며, 그중 가장 주된 이유는 금융 기관이 보유하고 있는 데이터가 금융 기관의 매우 다양한 금융 상품 중심의 시스템에서 과도하게 나누어져 있다는 점이다. 이렇게 되면 어떤 문제가 생기냐 하면 한 명의 고객을 하나의 시각으로 보는 것이 어려워진다. 특히 합병이나 인수를 통해 성장

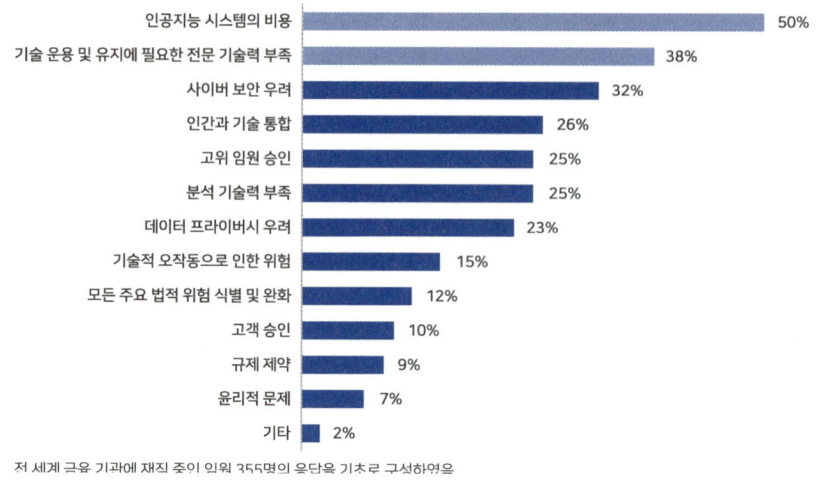

그림 15.1   새로운 영역에서 인공지능을 도입할 때 조직이 직면하는 가장 힘든 장애물. 인공지능 시스템을 구현할 때 여러 가지 장애물이 있으며, 그중에서 가장 큰 것은 비용과 적절한 인재를 확보하는 것이다. 출처: David Budworth, "Ghosts in the Machine: Revisited" (Baker McKenzie, Thought Leadership, 2018), http://www.euromoneythoughtleadership.com/ghosts2

해 온 조직에게 있어 이는 더 큰 문제가 되는데, 이러한 조직에는 다양한 레거시 기술이 적용되어 있어서 이들 기술로 만들어진 시스템들을 하나로 통합 운영하기가 극도로 어렵다.

또한 금융 기관은 심각한 데이터 품질 문제로 인해 어려움을 겪기도 하는데, 이는 다양한 요인들로 인해 발생한다. 사람이 입력을 실수로 잘못하거나 조직 전체에 적용되는 데이터 온톨로지 표준이 불완전하거나 일관성이 없어서이기도 하다. 어떤 경우에 데이터 처리가 완전히 디지털화되지 않은 경우도 있으며, 인공지능 솔루션이 효과적으로 운용되려면 종이 기반 데이터 입력 양식을 기계가 읽을 수 있게 만들어야 하는데 이것 자체가 문제가 되기도 한다. 또한 이러한 난관들로 인해 인공지능 기반 프로젝트의 구축 비용이 크게 올라간다. 이로 인해 개발자들이 인공지능 활용 전략을 실험적으로 수행할 수 있는 정도가 제한되며, 개발자들은 비용이 많이 들어가는 데이터 디지털화, 통합, 강화가 정당화될 수 있을 만큼 확신 정도가 높은 프로젝트에만 선별해서 집중하게 된다.

불행하게도 금융 기관들의 데이터 문제는 내부 데이터에만 국한되어 있지도 않다. 인공지능 지원 시스템이 최고의 가치를 확보하려면 시스템에 제공되는 데이터의 폭이 넓고 데이터의 깊이가 깊어야 한다. 금융 기관의 데이터는 충분히 깊으며 제3의 데이터를 확보해서 폭을 넓힌다면 추가 이점을 확보할 수 있다. 비전통적인 데이터를 통합하여 의사결정을 개선하려는 전략을 지향하고 있다면 제3의 데이터를 확보하는 것은 특히 중요하다. 또한 비금융 부문의 개인 데이터로 개인화가 강화된 제품이나 서비스를 설계하려는 전략을 준비하고 있는 경우에도 제3의 데이터로 폭을 넓히는 것이 중요하다.

이러한 추세가 계속 이어질 경우 기존 금융 기관은 핀테크와 향후 출현할 대규모 기술 기업에 비해 상당히 불리한 위치에 있게 된다. 왜냐하면 핀테크나 기술 기업은 보다 더 최신 데이터 방법론을 동원하여 실험적인 인공지능 지원 금융 서비스를 빠르게 반복해서 제공할 것이고 규모성 있는 실험 서비스를 보다 더 빠른 시간 안에 성공적으로 선보일 것이기 때문이다.

기존의 금융 기관들 중 일부는 현재 내부 데이터 아키텍처를 현대화하는 과정을 진행 중에 있으며, 이를 위한 구체적인 방안으로써 개선된 데이터 온톨로지를 개발하고, 제3의 데이터 수집을 간소화하기 위한 새로운 API를 개발하고, 머신러닝 같은 인공지능 기술을 더 잘 활용할 수 있는 중앙 집중화된 데이터 레이크data lake를 개발하고 있다. 이런 프로젝트가 간단한 일은 아니다. 왜냐하면 완성되기까지 여러 해가 걸리기 때문에 경영진의 지속적인 지원과 대규모 투자가 뒤따라야하기 때문이다.

15.3.2 기술 관련 해결 과제

위에서 설명한 것과 같은 데이터 아키텍처를 구축하려면 금융 기관 운용의 핵심인 복잡한 레거시 기술 시스템을 대폭 변경해야 한다. 많은 금융 기관들이 이러한 시스템에 기능을 추가하는 것에 매우 능숙하지만 완전한 감동을 줄 수 있는 인공지능 전략을 적용하려면 훨씬 더 심도 있는 변경 작업이 필요하다.

인공지능 기술을 성공적으로 구현하려면 상당한 양의 프로세싱 능력과 스토리지에 쉽게 접근하는 유연한 기술 환경이 요구된다. 이러한 것을 온프레미스on-premise 메인프레임 시스템에서는 구현하기가 어려울 수 있으며, 퍼블릭이나 프라이빗 클라우드 환경에서 구현하기가 훨씬 더 적합하다. 따라서 인공지능 전략은 기술 이전을 클라우드 기반 아키텍처로 시작한 조직에서 더 쉽게 실현된다. 그리고 이런 조직들은 인공지능을 실험하기에 훨씬 더 적합한 조건을 이미 갖추고 있다.

15.3.3 인적 자원 관련 해결 과제

모든 환경에서 인공지능을 성공적으로 구축하는 데 있어 인적 재능은 중요하며, 기존 금융 기관 내부에서 인적 재능과 관련해서 해결해야 할 문제는 여러 가지 방식으로 나타난다.

먼저, 성공을 위해서 인공지능 지원 전략은 조직의 장기 전략과 통합되고 지원되어야 한다. 이렇게 되려면 고위층 의사결정자들이 조직의 미래에 대해 강한 비전을 가지고 있어야 하며, 인공지능을 포함하여 다양한 기술들이 그 비전을 달성하는 데 역할을 해야 한다는 믿음도 가지고 있어야 한다. 게다가 실험적으로 진행되는 인공지능 전략에 대한 가치가 여러 분기 동안 불확실할 수 있으며, 이

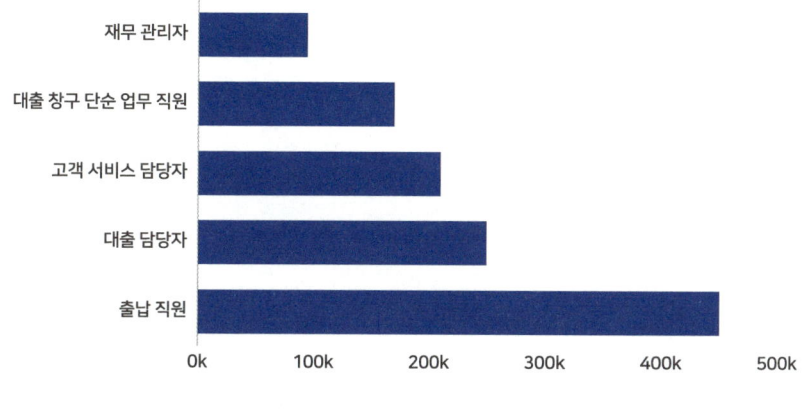

그림 15.2 2030년까지 뱅킹 및 대출 업무 중 인공지능이 대체할 것으로 예상되는 규모. 금융 서비스 근로자, 특히 숙련도가 높지 않은 근로자의 상당 부분을 인공지능이 대체할 것으로 예상된다. 출처: Penny Crosman, "How Artificial Intelligence Is Reshaping Jobs in Banking | American Banker," American Banker, 2018년 5월 7일, https://www.americanbanker.com/news/how-artificial-intelli- gence-is-reshaping-jobs-in-banking

러한 불확실성을 딛고 기반을 다질 수 있도록 장기 투자를 할 의지가 있어야 한다(물론 잠재적인 가치가 더 쉽게 확인될 수 있는 일부 자동화 전략은 예외이다). 기존 금융 기관에 있는 리더들 중 이러한 비전과 투자 의향에 긍정적인 사람들이 분명이 있기는 하지만 기존 금융 기관에 만연해 있는 위험 회피 및 관료적 기업 문화를 상정할 때 이 리더들은 우리가 원하는 만큼 많이 있지는 않을 것이다.

미래가 보장되고 야심찬 인공지능 프로젝트가 경영진의 승인을 받더라도 프로젝트가 실현되려면 인적 재능 문제에 직면할 수 있다. 인공지능 전략을 구현할 수 있는 기술과 경험을 갖춘 인적 자원에 대한 수요는 매우 높으며, 다양한 산업, 특히 대규모 기술 기업들로부터 구애를 자주 받는다. 이러한 기술을 가진 많은 전문가들 입장에서 대규모 금융 서비스 기업은 선호할 만한 고용주가 아닐 수 있다. 이것이 부분적으로는 문화적 불일치 문제 때문이지만 더 중요한 것은 앞에서 논의했던 레거시 데이터 구조와 기술 시스템이 안고 있는 제한과 더 많이 관련된다. 그러한 제한으로 인해 인공지능 프로젝트가 좌절될 수 있으며, 결과적으로 많은 금융 기관은 인공지능 인재를 채용하고 일단 채용된 인재를 계속 머물게 하기 위해 힘을 쏟고 있다. 내부적으로 일부 인공지능 기술을 개발할 수 있지만 이는 장기 투자가 요구되며 조직이 추구할 수 있는 인공지능 전략 유형에 제한을 가할 수 있다.

마지막으로 어떤 프로젝트가 경영진의 지원을 확보하고 프로젝트를 진행할 필수 인재도 확보했더라도 해당 프로젝트는 인공지능 전략에 의해 역할과 책임이 바뀔 수 있는 직원들로부터 심각한 저항에 부딪힐 수 있다. 해당 전략의 목적이 기존 인재의 역량을 강화하는 것이라고 하더라도 해당 프로젝트를 재배치의 첫 단계로 보는 직원이나 단순히 역할이 바뀌는 것을 싫어하는 직원의 반대에 직면할 수 있다. 게다가 기존 업무 활동이 자동화되어 있고 인력 감축을 전혀 원하지 않는 환경에서는 직원의 재배치가 심각한 도전에 직면할 수 있고 재훈련에 소요되는 비용도 매우 커질 수 있다.

15.3.4 규제 관련 해결 과제

금융 서비스 영역에서 진행되는 모든 혁신에는 규제 조사 및 조치에 대한 위험 증가가 수반된다. 인공지능이라는 주제와 관련된 혼란과 우려가 큰 상황에서 금융 서비스에서 인공지능을 도입할 때 상당한 규제가 가해지고 그 규제의 불확실성이 지속된다는 것이 놀라운 일은 아니다.

인공지능 지원 전략에 대해 글로벌 규제 기관들이 현재 가하고 있는 규제를 전반적으로 평가하는 것은 이 장의 저술 범위를 벗어나지만 높은 수준에서 다루어야 할 몇 가지 중요한 문제들이 있다.

인공지능 지원 시스템의 독립된 학습 프로세스나 프로그래머의 의도치 않은 편향으로 인해 인공지능 지원 시스템이 원래 의도와 다른 방향으로 만들어질 수도 있으며, 금융 기관은 이를 크게 우려하고 있다. 이러한 우려는 영국과 같이 소수 집단이 금융 의사결정 시스템에 의해 차별받지 않도록 보장하는 법이 엄격한 곳에서 특히 민감하다. 그러나 편향된 의사결정이 가져올 수 있는 평판이나 브랜드 손상을 고려할 때 이것이 어느 한 곳에서만 민감하지 않고 전반적으로 모든 금융 기관에게 신경쓰이는 사안이다.

또 다른 관심 영역으로 일부 인공지능 지원 시스템의 감사 가능성과 해석 가능성을 들 수 있다. 딥러닝 같은 일부 인공지능 기술은 목표를 매우 효과적으로 달성하는 모델을 만들지만 기본 모델의 작동 방식이 너무 복잡해서 모델을 만든 사람도 결과에 대한 추론을 해석할 수 없다. 현재 금융 서비스 부문에 구축되어 있는 인공지능 시스템들 중 해석 가능성이 부족한 것은 소수에 불과하지만 규제 당국 입장에서는 소위 블랙박스에 해당하는 이런 것에 관심을 가질 가능성이 있다.

해석 불가능한 시스템은 신중한 구현과 지속적인 감독을 모두 필요로 하지만 시스템의 해석 가능성 요구 사항이 사용 사례마다 다를 수 있다는 것을 알아야 한다. 가령, 딥러닝에 의해 지원되는 머신 비전의 경우 시스템이 어떤 사진에 고양이 한 마리가 있다는 결론을 내린 방법을 알 수 없다. 이 모델의 결정이 인간에 의해 맞는지 틀린지 쉽게 검증될 수 있다는 점에서 그 모델이 특정 사례에서 옳았는지 혹은 틀렸는지 그 이유를 확실하게 할 수 없다는 것은 중요하지 않을 수 있다. 이 주제에 대해서는 19장에서 더 자세히 논의한다.

자주 논의되고 있는 규제 불확실성 영역 이외에 인공지능 지원 전략의 실행에 심각한 방해 요인으로 작용하지만 자주 논의되고 있지 않은 몇 가지 이슈가 있다. 이러한 모델에 개인 데이터를 입력 데이터로 넣는 것에 대해서 점점 더 많은 조사가 이루어지고 있다. 주된 이유는 개인 데이터 사용을 통제하는 규제가 전 세계적으로 점점 더 세분화되고 있으며, 개인 데이터 교환과 관련된 새로운 파트너십을 둘러싸고 어떻게 책임질 것인지에 대한 프레임워크가 불확실하기 때문이다.

또한 상품의 개인 맞춤 및 추천에 인공지능 사용이 증가하는 상황에서 소비자 금융 보호가 어떻게 발전할 것인지에 대한 질문도 나오고 있다. 기존 프레임워크에서는 소비자에게 적절한 상품을 추천하는 에이전트가 사람이라는 가정을 전제로 한다. 그런데 인공지능 지원 시스템이 상품 중개인이나 개인의 수탁 대리인으로 직접적인 영업 행위를 수행한다는 관점을 전제로 소비자 금융 보호 문제를 재고해야 한다.

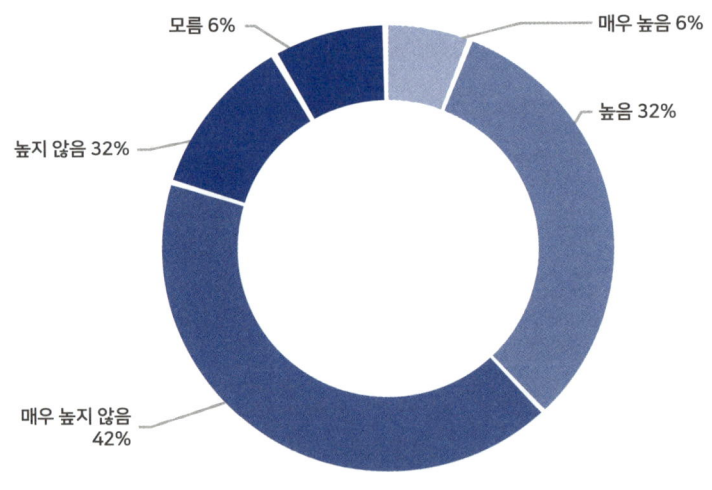

전 세계 금융 기관에 재직 중인 임원 355명의 응답을 기초로 구성하였음

그림 15.3 조직이 새로운 금융 기술과 관련된 모든 물적 및 법적 위험을 이해하고 있다는 확신 정도. 금융 서비스 경영진은 인공지능 사용과 관련된 법적 및 규제 요건을 완전히 이해하고 있다는 확신 정도가 낮다. 출처: David Budworth, "Ghosts in the Machine: Revisited" (Baker McKenzie, Thought Leadership, 2018), http://www.euromoneythoughtleader-ship.com/ghosts2

파트 5

핀테크, 가상자산, 인공지능의 미래 트렌드

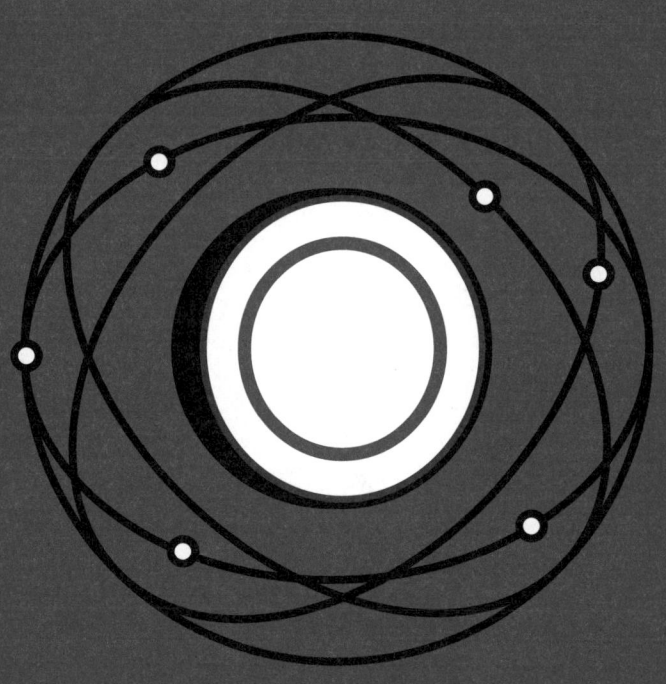

미래를 예측하는 것은 어려운 일이다. 특히 기술에 대한 장기적인 예측은 상당히 어렵다. 인스티튜트 오브 퓨처Institute of Future의 대표이자 미국의 연구자인 로이 아마라Roy Amara는 "사람들은 단기적으로는 기술의 효과를 과대평가하고 장기적으로는 과소평가한다"라는 내용의 아마라의 법칙Amara's law으로 유명하다.

개인용 컴퓨터, 인터넷을 포함한 새로운 기술의 등장에 대한 일반적인 반응은 가트너 하이프 사이클Gartner hype cycle에 따른다. 초기에는 빠르고 파괴적인 변화를 기대하다가, 해당 기술에 대한 관심이 시들어지고, 십 년 정도 지나면 사람들의 일상 어디에서나 볼 수 있게 된다.

이와 동시에, 특정 기술에만 집중한 회사들은 다양한 기술과 혁신이 이루어 내는 복잡한 상관관계를 간과하여 실패하게 된다. 예를 들어, 컴퓨팅 연산 능력의 향상, 적정 수준의 저장 장치 가격, 브로드밴드의 연결성 확장이 어떻게 융합되어 오늘날 많은 이들이 매일 사용하는 클라우드 컴퓨팅 기술의 핵심 역할을 할지 예측한 회사들은 몇 없었다.

파이낸셜 타임즈의 컬럼리스트인 팀 하포드Tim Hardford는 헐리우드가 어떻게 미래를 예측했는지 재미있는 일화를 이야기했다. 하포드는 1982년에 제작된 2019년 미래 세상을 배경으로 한 영화인 블레이드 러너Blade Runner를 예로 들었다. 영화의 주인공인 릭 데카드Ricj Deckard는 하늘을 나는 자동차를 운전하며 레이첼Rachel이라는 이름의 인간인지 아닌지 육안으로 구별되지 않는 로봇과 소통하였다. 그런데 영화에서 데카드는 레이첼과 연락하기 위해 동전을 넣고 공중전화를 사용하였다.

16장에서 우리는 이러한 곤란한 상황을 피하면서 새롭게 등장하는 핀테크, 가상자산, 인공지능 트렌드에 대한 전망을 제공하기 위해 노력할 것이다. 지나친 기대에 대한 위험을 인지하고 다양한 전략과 기술적 맥락 가운데 미래를 예측할 것이다. 17장에서는 계속해서 진화하는 핀테크가 경쟁적인 금융 시스템에 어떠한 변화를 가져올 것인지, 그리고 기존의 금융 회사, 핀테크, 기술 기업, 정책 입안자를 포함한 다양한 이해관계자에게 어떠한 영향을 줄 것인지 살펴볼 것이다. 18장에서는 가상자산에 대한 전망을 살펴볼 것이다. 블록체인 기술의 적용과 현재 개발 중인 가상자산의 잠재적 영향에 대해 전망한다. 그리고 이러한 가상자산에 대한 정책 입안자들의 다양한 시나리오 대해서도 살핀다. 마지막으로 19장에서는 미래의 인공지능이 금융 서비스에 어떠한 영향을 줄지 살필 것이다. 기관들이 어떻게 인공지능 기술을 활용하여 지속가능한 경쟁력을 확보할 것인지, 그리고 인공지능 기술의 보편화가 인재 집약적인 금융 기관에 어떠한 잠재적 영향을 줄지 살핀다.

반드시 주목해야 할 점은 앞 장들에서는 구축된 데이터 소스와 과거 성과 지표를 관찰한 것에 반해서, 다음에 이어질 장들의 내용은 본질적으로 추측과 예측의 영역에 있다. 집단 지성을 최대한 활용하고 광범위한 전문가 네트워크를 활용하겠지만, 이는 본질적으로 오류의 대상이며 최소한 몇 가지 내용은 언젠가 잘못되었다고 증명될 것이다.

16장
핀테크와 금융 시스템의 미래

기존 금융 기관의 임원들에게 있어 세상의 변화 속도는 너무 빠르다. 기존 금융 기관들은 한때 핀테크 스타트업은 자신과 경쟁이 안된다며 무시했지만 현재의 핀테크 스타트업은 금융 혁신의 방향성과 속도를 이끌고, 기존 금융 기관의 연구소 및 기업 벤처 펀드들은 핀테크 기업과 협업할 기회를 얻기 위해 경쟁하고 있다. 서양의 거대 기술 기업들의 금융 서비스 영역 진입은 피할 수 없는 현실이 되었다. 단지 몇 년 전만 하더라도 거대 금융 기관의 입지는 상당히 견고해 보였다. 하지만 오늘날 생존을 위해서는 기존 비즈니스 모델을 바꾸어야 하는 상황에 놓이게 되었다.[01]

이러한 변화를 단순히 기존 금융 기관과 새롭게 진입한 핀테크 기업 및 테크핀 기업 간의 격렬한 싸움 정도로 생각한다면 현재 진행되고 있는 거대한 변화의 핵심을 놓친 것이다. 필자들과 최근 많은 논평가의 관점은 금융 시스템 구조 자체의 근본적인 변화가 시작되었다는 것이다. 이러한 변화는 단순히 사람들이 어떤 금융 회사를 통해 상품을 구입하냐는 것을 넘어 어떻게 금융 상품이 디자인되고, 조성되고, 판매되고, 전달되는지에 관한 것이다.

이번 장에서는 세 가지 측면에서 금융 시스템의 변화를 다룬다. 고객 경험의 플랫폼화, 플랫폼에서의 금융 상품 판매로 인한 시장 역학 관계의 변화, 백 오피스 back office의 혁신과 전체 금융 시스템이 연동된 금융 기관 간의 인프라의 필요성에 대해 다룬다. 각각의 사례에서 몇 가지 거버넌스 문제에 대한 해결책을 살펴보고 유례 없는 변화가 진행되는 과정에서 금융 시스템이 해결해야 할 사회적 문제에 대해서도 다룰 것이다.

16.1 금융 시스템의 변화

최근까지 은행의 성공 방식은 단순했다. 더 많은 지점을 개설하는 것이 그들의 방식이었다. 기존 은행들은 지점 네트워크를 확장하면서 새로운 예금을 확보할 수 있었고 대출 고객 및 금융 상품 판매 고객을 확보할 수 있었다. 지점은 단순히 대면 서비스를 제공하기 위한 장소를 넘어 고객과의 깊은 유대감을 형성할 기회의 장이 되었고, 고객들에 대한 정보를 모으고 관계성이 강화되면서 여러 상품을 판매하는 채널이 되었다.

하지만 오늘날은 다르다. 고객은 지점을 방문하기보다 디지털 채널을 선호한다. 영국의 최근 연구 결과에 따르면 2017년부터 2022년까지 소매 은행 지점 방문 고객 수는 36퍼센트 낮아지고 고객들은 평균적으로 일년에 네 번만 은행 지점에 방문할 것이라고 한다. 이러한 방문자 수의 하락은 젊은 고객에게서 더욱 두드러질 것이다. 2022년에 이르면 영국의 밀레니얼 세대들은 평균적으로 일년에 두 번만 은행에 방문할 것으로 예상된다.[02]

16.1.1 직접 대면에서 디지털 채널로의 변화

은행 지점이 없어지는 주요 요인 중 하나는 고객이 그들의 금융 서비스에 대한 필요를 해결하는 데 있어서 대부분의 경우 지점이 필요 없게 된 것이다. ATM의 등장으로 인해 고객들은 은행 운영 시간이 아니어도 금융 거래를 할 수 있게 되었고, 이후 텔레뱅킹, 온라인뱅킹, 모바일뱅킹 등의 채널 혁신들이 계속 나타나면서 고객들은 특정한 물리적 장소에서 뱅킹 업무를 보는 것에서 자유로워졌다.

현재 고객 참여를 위한 더 새롭고 다양한 채널에 대한 개발이 진행 중에 있다. 여러 금융 기관들은 음성 채널을 통한 고객과의 상호 작용 방식을 개발 중에 있다. 최근에는 아마존 에코Amazon Echo, 구글 홈Google Home 같은 스마트 스피커smart speaker 장치가 개발되어 고객들이 잔액 조회와 같은 단순한 금융 업무를 할 수 있게 되었다. 이와 동시에, 모바일 디바이스의 정교화와 센서의 결합으로 고객의 위치 정보, 접근성, 날씨 등을 기반으로 고객과 더 빈번하고 활성화된 상호 작용의 기회를 만들어 고객 경험을 다른 차원으로 개선할 가능성을 갖게 되었다. 몇몇 기관들은 이러한 기술들을 이미 활용하고 있다.

고객 참여를 위한 미래의 금융 전쟁은 물리적 장소가 아닌 디지털 세상에서 일어날 것이 분명하다. 실제로, 북미의 TD 은행은 가까운 시기에 모든 금융 거래의 90퍼센트를 디지털 상의 셀프 서비스 방식으로 진행하겠다는 목표를 세웠다.[03]

불행하게도 기존의 금융 기관은 과거와 같은 가치를 만들지 못하는 값비싼 지점 네트워크와 인적 자원을 보유하고 있어 체질 전환에 어려움을 겪고 있다. 지점 네트워크의 폐쇄는 이미 진행 중에 있다. 2017년 7월까지 1년 동안 미국 전역에서 1,700개 이상의 지점이 없어졌으며, 미국의 가장 큰 은행인 캐피탈원 Capital One과 씨티그룹CitiGroup의 경우 2012년부터 2017년까지 30퍼센트 이상의 지점을 줄였다.[04]

물론 단순히 지점을 닫는 것만으로는 충분하지 않다. 기존의 금융 기관은 디지털 세상에서 금융 상품과 서비스 제공을 주도하기 위한 도전을 해야 할 필요

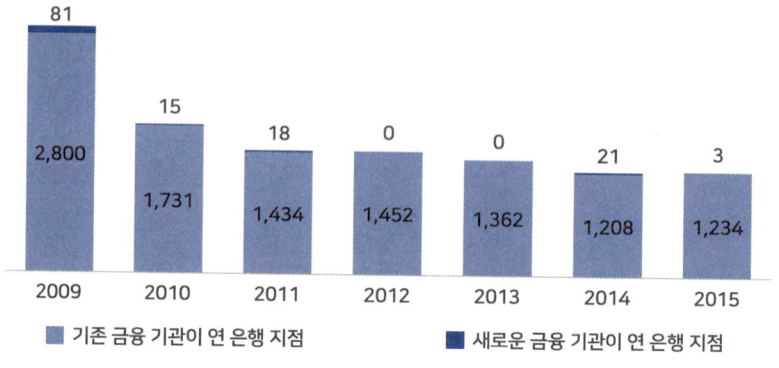

그림 16.1 미국에 새롭게 연 은행 지점 총 개수. 고객들이 디지털 채널로 옮겨 가면서 새로운 지점이 개설되는 빈도가 현저히 줄어들고 있다. 출처: "Wiley: Bankruption Companion Site Content." 2016년 11월, https://www.wiley.com/WileyCDA/Section/id-829480.html

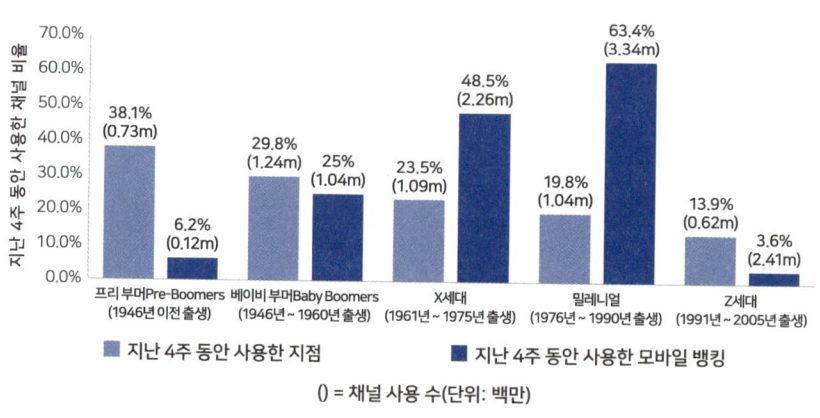

그림 16.2 지난 4주 동안 세대별로 사용한 금융 서비스 채널. 젊은 세대일수록 지점 기반의 금융 서비스보다 모바일 기반의 상호 작용을 선호한다. 출처: "Big Decline in Usage of Bank Branches," Roy Morgan, 2018년 11월 30일, http://www.roymorgan.com/findings/7817-big-decline-in-usage-of-bank-branches-201811300632

가 있다. 캡제미니Capgemini가 발표한 2018년 연구에 따르면 전 세계에서 50퍼센트의 금융 고객만이 현재의 금융 경험에 만족하고 있으며,[05] 같은 해에 JD파워앤드어소시에이츠J.D. Power and Associates의 보고서에 따르면 디지털 금융 서비스를 사용하는 북미 고객의 만족도는 매우 낮았다.[06]

기존 금융기관은 디지털 세상으로 전환하는 것에 어려움을 겪고 있다. 디지털 세상에서 금융의 성공적 모습은 어떠해야 할까? 미래의 고객은 기존 금융기관, 핀테크, 테크핀 기업이 단순히 기존의 뱅킹 구조를 디지털 환경으로 옮기는 것만으로 만족할까? 아니면 새로운 무엇인가가 더 필요할까?

16.1.2 금융 시스템 지평선의 거대한 변화

현재의 금융 서비스 시스템은 지난 수십 년 간 변화가 없었고 다른 구조가 가능할 것이라고 생각하기 어려웠다. 고객은 자신이 사용하는 주요 금융 기관의 서비스에 대해 불만족하는 경우가 빈번했음에도 불구하고 이상할 정도로 충성도가 높았다. 영국의 경우 개인과 은행은 평균 17년 동안 거래한다.[07]

이러한 충성심에도 불구하고, 현재의 금융 시스템 구조가 재무적 건정성과 금융 목표에 대한 고객의 노력을 돕는 데 충분한 역할을 하고 있다고 보기 어렵다. 대다수 고객의 금융 활동은 하나의 금융 회사에 의존하는데, 금융 회사는 자사의 상품을 중심으로 하기 때문에 고객이 종합적인 관점에서 재무적 건정성을 파악하기 어렵다. 많은 경우 금융 자문은 비용이 비싸고 서로 충돌이 일어나기도 하며 은행이 받는 비용은 고객의 자금을 잘못 관리한 경우에도 지급되게 되어 있다. 지난 몇 십년 간 고객이 은행에 지급해야 할 지나친 수수료는 계속 증가했다.[08]

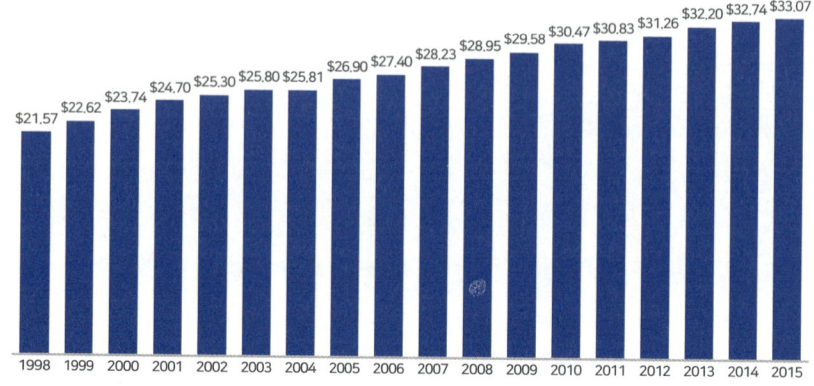

그림 16.3 미국에서 과지급 되는 평균 수수료. 여러 금융 기관의 비용 구조는 은행과 고객 간의 이해관계가 맞지 않는 경우가 많다. "Average Overdraft Fee | Increase in Average Overdraft Fees, over Time in the United States," Wiley, 2016, https://media.wiley.com/assets/7349/04/web-Accounts-Average_Overdraft_Fee_US.png

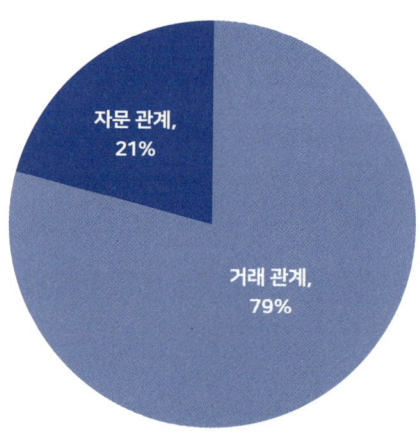

그림 16.4 고객의 주요 금융 기관과의 관계를 기반으로 뱅킹 고객 분류화. 적은 수의 미국 내 뱅킹 고객만이 그들의 주요 금융 기관과의 관계를 자문으로 간주한다. Wiley, 2016, https://media.wiley.com/assets/7350/52/web-Trust-Banking_Relationship_In_2015_US.png

여러 뱅커들이 고객과의 관계에 있어 그들의 포지션을 신뢰할 수 있는 자문가trusted advisor로 구축하려고 노력하는 것은 놀랍지 않다. 하지만 대부분의 리테일 뱅킹 고객이 느끼는 은행과의 관계는 신뢰에 기반한 자문 관계가 아닌 기본적인 거래 관계에 가깝다.[09]

새로운 금융 시스템을 만들 수 있는 방법이 있다면 어떨까? 고객들이 사용하는 금융 상품 및 거래와 관련한 고객과의 상호 작용에서 고객을 가장 핵심에 두고 인공지능, 가상자산 등과 같은 혁신 기술을 금융 상품에 적용해 더 낮은 선입견과 더 넓은 선택권의 금융 자문을 고객에게 제공할 수 있다면 어떨까? 다음 절에서는 새로운 시스템이 제공하는 고객 경험이 어떤 모습일지 살펴보고자 한다.

16.2 고객 경험에 대한 새로운 접근

금융 상품이 아닌 물건 구매를 생각해 보자. 온라인 쇼핑을 한다면 하나의 소매점을 통해서만 쇼핑하지 않을 것이다. 플랫폼이 제공하는 연결성을 활용하여 여러 소매점을 비교하여 구매할 것이다. 이들 소매점은 플랫폼 생태계에서 서로 경쟁한다. 플랫폼은 고객과 소매점 모두에게 가치를 제공한다. 고객은 가격을 비교하고, 이전 고객들이 남긴 리뷰를 살펴보고, 심지어 과거의 쇼핑 행동을 기반으로 개인에게 최적화된 추천을 받을 수도 있다. 소매점은 수많은 잠재 고객에게 접근할 수 있으며 통합된 결제 시스템, 웹 개발 도구, 주문/배달 서비스 등을 활용할 수도 있다.

16.2.1 오픈 뱅킹, 플랫폼화의 고객 경험

왜 금융 서비스는 변하게 될 것인가? 주요 금융 기관에서 만든 5개의 신용카드 상품 중에서 선택하는 것과 다양한 금융 기관에서 제공하는 5천 개의 신용카드 중에서 구입 패턴과 선호도를 기반으로 최적의 카드를 추천해 주는 것이 있으면 아마도 후자를 선택할 것이다.

금융 서비스의 몇 분야에서는 이미 어느 정도 이런 방식으로 진행되고 있다. 예를 들어 대부분의 자산 매니저는 여러 기관의 펀드 가운데 선택할 수 있는 기회를 제공한다. (비록 그들이 해당 상품 판매를 통해서 수수료를 받지만 말이다.) 그러나 개인과 소상공인의 핵심적인 뱅킹 활동에 있어서 모든 금융 상품을

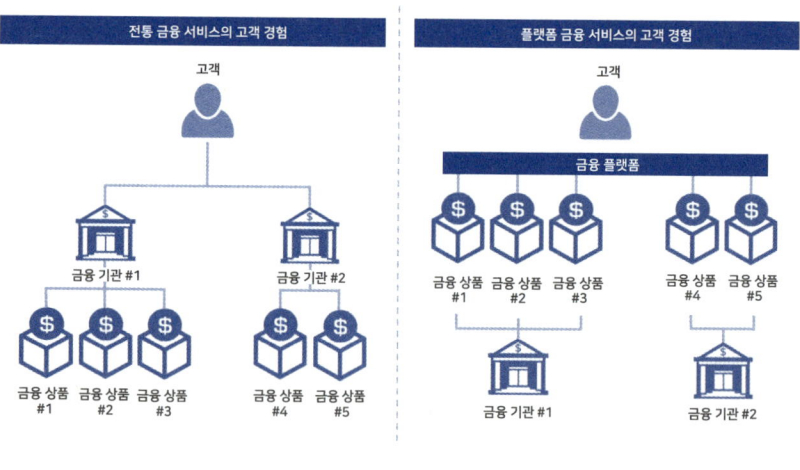

그림 16.5 전통적인 금융 서비스와 플랫폼 기반 금융 서비스 간의 고객 경험 차이. 금융 서비스의 '플랫폼화'는 고객 경험에 상당한 변화를 가져온다.

한데 모아 보는 것은 어려운 일이다. 제3의 기관에서 제공하는 금융 상품을 접하기 위해서는 개별 금융 회사의 고객으로 해당 회사에 별도로 가입해야 한다. 이는 고객 경험의 파편화를 가져온다.

여기서 플랫폼 기반 금융 서비스의 개념이 나온다. 고객 경험 제공자는 모든 상품을 직접 만들 필요가 없다. 금융 플랫폼은 고객 중심의 경험을 제공하는 데 집중하고 다양한 금융 기관으로부터 다양한 상품을 큐레이팅하고 고객 데이터를 활용하여 고객에게 최적화된 높은 수준의 개인화된 금융 상품을 추천할 수 있다.

이러한 아이디어가 이상적으로 들리고, 기존 은행이 이러한 시스템에 왜 참여할지 의구심이 들 것이다. 기존 금융 기관은 오늘날 금융 가치사슬의 상당 부분을 차지하고 있으며 예금 등을 기초로 고객과 상호 작용하며 대출 상품과 같은 금융 상품을 만든다. 은행이 이러한 지위를 포기할 이유가 있을까?

장기적 관점에서 기존의 금융 기관은 선택권이 없을 것이다. 금융 제도가 오픈 뱅킹open banking 개념을 옹호하는 방향으로 빠르게 변화하고 있기 때문이다. 오픈 뱅킹은 금융 기관이 제3의 기관에게 그들이 가진 고객의 금융 데이터 채널을 공유하는 것을 제도적으로 의무화하는 포괄적 용어다. 어떤 경우에는 금융 기관이 조성한 펀드 상품을 제3의 기관에게 제공하게 한다. 국가 별 사법권에 따라 제도의 구조는 상이하다. 유럽 연합, 영국, 캐나다, 일본, 호주는 이러한 제도가 시행 중이거나 적극적으로 고려하고 있다. 2010년 도드-프랭크법Dodd-Frank Act의 제정을 통해 미국의 금융 기관에게 일종의 오픈 뱅킹 서비스를 고객에게 제공하게 한 것도 이러한 사례에 해당한다. (2018년 7월 미국 재무부는 오픈 뱅킹 개념의 금융 혁신을 지지하는 보고서를 발간했다. 하지만 언제 어떻게 미국에서 오픈 뱅킹이 실행될지는 아직 정해진 바가 없다.[10])

오픈 뱅킹이 금융 기관의 상품을 제 3의 플랫폼에서 팔아야 함을 의무화하지는 않지만 고객과의 관계성에 대한 금융 기관의 통제권에 상당한 리스크가 된다. 특히 고객이 금융 기관을 직접 통하지 않고 플랫폼을 통해서 금융 기관의 상품에 쉽게 접근할 수 있게 한다. 이는 새롭게 진입하는 플랫폼에 개인이 기존에 가지고 있는 금융 상품을 포기하지 않고, 기존 그대로 제 3의 기관 상품에 접근할 수 있게 한다. 플랫폼은 오픈 데이터를 활용하여 개인이 현재 보유한 상품에 대한 정보와 새롭게 투자한 상품에 대한 정보를 결합할 수 있다.

16.2.2   누가 미래의 금융 플랫폼을 차지할 것인가?

이러한 플랫폼을 구축하는 데 있어 누가 최적의 포지션에 있는가? 성공적인 플랫폼은 최첨단의 고객 중심의 경험을 디지털 환경에서 만들 수 있어야 한다. 플랫폼은 파트너 기관들의 다양한 금융 시스템의 상품을 한데 모아서 큐레이션하고 관리해야 한다. 더불어 상당한 수준의 자동화된 자문 서비스를 제공하고 고객에게 맞는 상품을 추천해야 한다. 마지막으로 금융 상품 중개와 관련한 금융법 상에서 방향을 찾아야 한다. 하지만 흥미롭게도 상품을 직접적으로 제공하지 않는다면 자금을 보유하거나 금융 상품을 만드는 것과 관련된 보수적인 금융 규제를 받을 필요가 없을 수도 있다.

이는 오늘날 거대 기술 기업에게 상당히 잘 맞는다. 다른 말로, 아마존, 애플, 구글, 페이스북은 자신들이 직접 은행이 될 필요 없이 금융 서비스를 파괴할 수 있다. 그들은 금융 서비스를 배포할 수 있는 플랫폼만 되면 되는 것이다. 실제로 거대 기술 기업이 기존의 금융 기관의 구조를 복제하여 모든 금융 서비스를 온라인으로 제공하는 네오뱅크를 자체적으로 설립하는 것보다 플랫폼 기능을 통해서 금융 시스템을 파괴하는 것이 효과적일 수 있다. 이러한 혁신은 중국의 기술 기업인 알리바바와 텐센트가 중국의 개인 금융 서비스를 잠식할 때 사용한 방식이다. 레볼트Revolt, 몬조Monzo, N26 같은 핀테크 네오뱅크(네오뱅크란 오프라인 지점 없이 온라인으로 금융 서비스를 제공하는 은행을 의미함. 역자 설명)는 이러한 규제를 활용해서 고객에 대한 통찰력을 높이고, 다른 핀테크 및 기존의 금융 상품을 만드는 기관과의 파트너십을 확대할 수 있다.

이에 대응하여, 일부 기존 금융 기관은 기술 기업들이 주도할 위험에 대비하여 자체 플랫폼을 구축하기 위한 시도를 하고 있다. 예를 들어 2018년 유럽의 가장 큰 핀테크 컨퍼런스에서 네덜란드 은행인 ING의 대표는 제 3의 기관에 대한 디지털 플랫폼의 개방성은 은행의 미래와 관련된다고 주장하며 "만약 진정으로 고객에게 권한을 주고 싶다면 금융 기관의 자체 상품과 서비스가 아니더라도 고객에게 필요한 가장 관련된 것들을 제공해야 한다"[11]라고 이야기했다. 여러

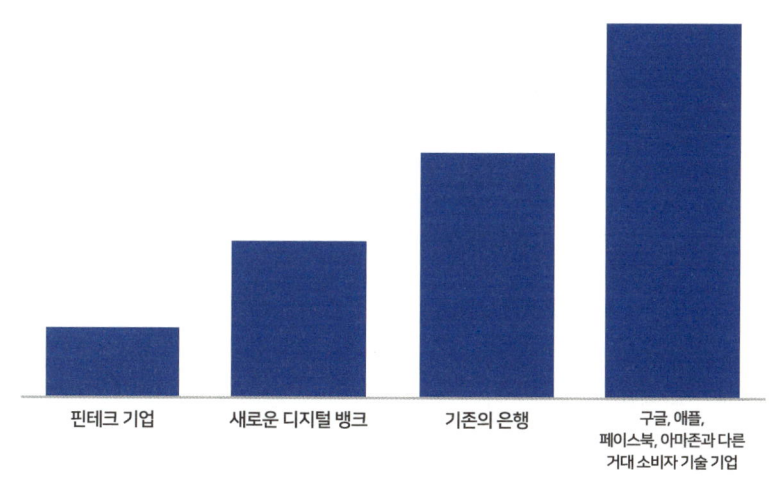

그림 16.6 오픈 뱅크 이후 은행에 가장 큰 위험이 되는 존재. 유럽의 은행들은 오픈 뱅크 정책이 실행된 이후 거대 기술 기업들이 가장 큰 위협이 될 것으로 보고 있다. 출처: The Bank of the Future(Citigroup Inc., 2018), https://www.citibank.com/commercialbank/insights/assets/docs/2018/The-Bank-of-the-Future, 56페이지

금융 기관이 이러한 방향성을 표방하고 있으며, 몇 개의 구체적인 사례를 살펴볼 필요가 있다.

기존의 금융 기관은 몇 가지 장점을 갖고 있다. 만약에 그들이 재빠르게 대응한다면 이미 많은 개인으로부터 구축한 신뢰도 있는 금융 서비스의 이점을 활용할 수 있다. 그리고 규제 환경에 대한 앞선 이해도를 갖고 있다. 하지만 이러한 장점은 없어질 것이고 새로운 기술을 적용하기 위한 힘겨운 전쟁을 치러야 할 것이다. 그들이 기존에 가진 레거시 프레임 구조와 분산된 데이터 아키텍처가 문제가 될 것이다. 동시에 새로운 방식의 비즈니스를 위해서 운영 모델을 본질적으로 재구성해야 할 것이다.

16.2.3 플랫폼 모델의 고객 경험에 대한 도전

소상공인과 소기업 고객을 위한 금융 상품 및 서비스 분야의 주요 모델이 금융 플랫폼화 되기 위해서는 그것이 어떤 플랫폼이 되었든지 간에 꼭 해결해야 할 몇 가지 이슈가 있다.

첫째, 다른 분야의 플랫폼에서의 경험에서 보았을 때, 네트워크 효과*Network Effects*가 발생하려면 플랫폼의 규모를 키우는 것이 상당히 중요하다. 플랫폼이 커지고 더 많은 사용자를 확보할수록, 이는 사용자에게 더 큰 가치를 제공하고, 스스로 강화되는 사이클*self-reinforcing cycle*을 만들어낸다.[12] 기존에는 특정 산업에서 여러 기업이 경쟁하지만 플랫폼 생태계에서는 네트워크 효과로 인해 소수의 플랫폼 업체만이 해당 산업을 지배하고 경쟁한다. 이는 소상공인 및 소기업 금융 상품의 경우 플랫폼을 통한 접근이 갈수록 일반화될 것이며 직접적인 고객 관계를 맺어온 금융 기관은 상대적으로 입지가 좁아질 것을 의미한다. 이는 유럽에서 구글과 아마존 같은 디지털 미디어와 온라인 판매 플랫폼에 대한 반독점 규

제와 같은 문제로 이어졌다.[13]

플랫폼 유통으로 전환되면서 소비자 데이터 보호와 관련해서 긴급하게 해결해야 할 문제가 늘어났다. 플랫폼을 통한 금융 서비스 접근은 소비자 자문 접근성을 현저히 높이고, 이번 장 후반에서 논의할, 상품 추천과 고객 맞춤형 상품 제작을 가능하게 한다. 오픈 뱅킹 제도와 금융 서비스의 플랫폼 경제로의 전환으로 인해 고객이 누릴 수 있는 혜택이 상당히 늘었다. 이는 고객이 원하는 디지털 신원 확인 도구가 만들어져야 함을 의미한다.[14]

마지막으로, 고객이 사용하는 플랫폼 비즈니스 모델에 대한 투명성을 확보하는 것이 매우 중요하다. 변화하는 금융 시스템 구조에 대응하여 소비자 보호 법규를 개정해야 한다. 금융 고객 경험 플랫폼과 관련한 여러 가지 비즈니스 모델이 있다. 판매되는 상품에 대한 수수료를 청구할 수 있고, 사용자에게 고정된 구독 수수료를 청구할 수 있고, 고객들로부터 모은 데이터를 수익화하여 제 3자에게 데이터를 판매하거나 광고 수익을 얻을 수도 있다. 고객은 자신이 접할 금융 상품에 플랫폼 비즈니스 모델이 어떤 영향을 미칠지, 금융 상품을 어떻게 추천 받을지, 그리고 플랫폼에서 어떤 이해 관계가 충돌하는지 이해하고 있어야 한다. 예를 들어 플랫폼이 각 상품 판매에 대한 수수료를 금융 상품 판매자로부터 받을 경우 특정 판매자가 더 많은 사람에게 자신의 상품을 홍보하기 위해 더 높은 수수료를 플랫폼에 지급한다고 하자. 이때 해당 상품이 설령 다른 금융 상품보다 고객 적합도가 떨어지더라도 해당 상품을 홍보할 수 있을까?

물론 이러한 변화들이 단기간에 모두 일어나지 않을 것이다. 고객 행동은 수년에 걸쳐 변화할 것이다. 1967년 런던에 있는 바클레이즈 은행Barclays Bank 지점에 ATM이 처음 설치되었지만, 전 세계에 수 많은 은행 지점에 출납원 직원들이 여전히 근무하고 있다.[15] 그러나 세계가 점차 디지털화될수록 이러한 변화는 가속화될 것이다. 민간과 공공 분야는 플랫폼 모델로 인해 고객 경험이 변화하는 가운데 어떻게 고객의 신뢰와 고객에 대한 보호를 모두 확보할지 고려하는 것이 중요하다.

16.3 경쟁하는 금융 상품에 대한 새로운 시장 역학 구조

고객의 금융 경험 및 금융 상품 판매가 기존처럼 직접 상품을 조성하여 판매하는 수직 통합된 금융 기관에 의해 이루어지지 않고 디지털 플랫폼에 의해 이루어진다면 기존의 금융 상품 조성과 판매 방식에 상당한 변화가 생길 것이다.

기존에 고객들은 특정 금융 기관에 의존할 수밖에 없었지만 플랫폼이 구축되면 여러 다양한 금융 기관이 만든 상품들을 비교해서 볼 수 있게 된다. 상품군이 다양해지면서 이제는 단순히 경쟁력 있는 상품을 만드는 것만으로는 충분

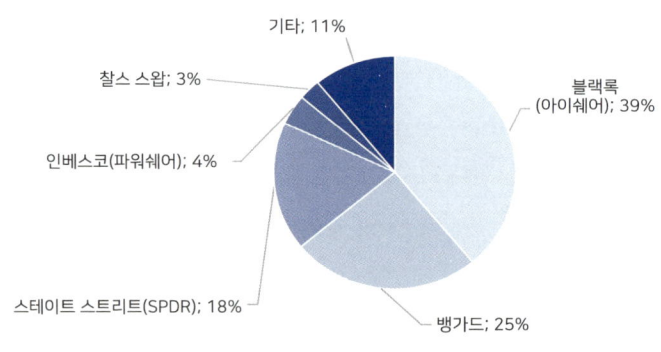

그림 16.7 미국 시장에 상장된 가장 큰 5개의 ETF 자산(2017년). 규모의 경제를 실현한 플레이어들은 ETF와 같은 상품 시장에서 적은 마진을 통해 시장의 지배적인 지분을 확보한다. "Five Largest ETF Providers Manage Almost 90% Of The $3 Trillion U.s ETF Industry," 포브스, 2017년 8월 24일, https://www.forbes.com/sites/greatspeculations/2017/08/24/five-largest-etf-providers-manage-almost-90-of-the-3-trillion-u-s-etf-industry/#320c41973ead

한 성과를 보장할 수 없게 되었다. 고객들은 다른 기관의 상품을 비교하는 데 아무런 경험적 분절이 없게 되고, 상품의 성공은 두 가지 방식에 의해 결정된다. 하나는 가장 좋은 가격을 제시하거나, 다른 하나는 개인 혹은 투자자의 성향에 최적화된 상품을 공급하는 것이다.

이는 여러 금융 상품과 서비스가 이른바 슈퍼스타와 롱테일superstars and long talis 시장에 진입하게 되는 것이다. 특정 상품군에 대해 승자가 모든 걸 차지winners-take-all하는 역동성과 몇몇의 승자와 다수의 작지만 빠르게 틈새 시장을 공략하는 플레이어의 다양한 상품군 확장이 결합된다. MIT대학교의 교수인 에릭 브린요프슨Erik Brynjolfsson, 유 제프리 후Yu (Jeffery) Hu, 마이클 디. 스미스Micheal D.Smith는 음악 산업과 리테일 산업을 포함한 여러 산업에서 빠른 디지털화가 일어나는 역동성을 관찰하였다.[16]

이러한 역동성의 한편에서는 상당히 낮은 마진으로 상품화된 금융 상품을 제공할 수 있는 규모의 경쟁이 가능한 플레이어들이 있다. 오늘날 이러한 사례로 ETFExchange Traded Funds 시장이 있다.

ETF 운영 자산의 규모가 증가함에 따라 펀드 운영을 위한 고정 비용이 다수의 고객에게 분산되고 이로 인해 ETF 한 단위에 부과되는 운영비가 감소한다. 이러한 역동성은 블랙록이나 뱅가드와 같은 큰 규모의 플레이어에게 상당히 낮은 비용으로 펀드를 운용할 수 있도록 하고, 이를 통해 ETF 시장에서 많은 지분율을 확보할 수 있게 된다. 전 세계 ETF 시장의 70퍼센트 이상의 자산은 3개의 거대 플레이어에 의해 운용되고 있다.[17]

이러한 상품 제조업자들은 가격 경쟁에 대해 상대적으로 무관심하며 그들 상품의 독특함을 기초로 다른 상품과 구별되고자 경쟁한다. 새로운 특성, 비재무적 혜택을 상품에 더하거나 고객의 세부적인 특정 수요에 맞는 주문 제작된 상품 개발을 통해 경쟁한다. 이러한 플레이어들은 플랫폼을 통해 고객 데이터에 접근할 수 있는데 이는 고객 맞춤 주문 제작을 가능하게 하는 필수적 자원이 된다. 복잡한 플랫폼 추천 알고리즘을 이해하는 것은 이러한 틈새 시장을 노리는 플레이어에게 필수적이다. 이는 오늘날 온라인 리테일러 업체인 아마존과 구글의 최적화 방식과 유사하다.

슈퍼스타와 롱테일은 특정 상품 분야를 지배하기 위해 기존에 지닌 규모를 활용할 수 있다. 이와 동시에, 새로운 상품을 빠르게 제안하고 반복할 수 있는 핀테크 기업과 같은 민첩한 회사들도 시장을 차지할 가능성이 있다. 상대적으로 포지셔닝이 어려운 중간 규모의 은행은 그동안 여러 상품군에서 다양한 경쟁력을 갖고 성공해 왔다. 하지만 이들 기업은 플랫폼 생태계에서 상대적으로 가격 경쟁이 치열하지 않거나 고객 최적화가 되지 않은 포지션에서 고객을 찾아야 하는데, 거대 기업과 핀테크 기업들 사이에서 포지셔닝에 어려움을 겪는 리스크에 노출된다.

16.4 백오피스의 혁신과 공유되는 금융 인프라

이번 장에서 현재까지 설명한 금융 산업의 잠재적 변화는 금융 시스템의 경쟁적 역동성과 매일 발생하는 금융 서비스에 대한 고객 경험 차원에서 진행되고 있다. 금융 시스템은 고객들의 요구를 충족할 수 있을 때 그것의 가능성을 최대화할 수 있다는 것을 명심해야 한다. 복잡한 백오피스 프로세스, 규제 준수 기능, 공유되는 금융 인프라는 21세기에도 중요한 역할을 할 것이다.

16.4.1 백오피스의 아웃소싱

현재 대부분의 금융 기관이 보유한 IT 기술 수준이 상당히 뒤쳐져 있다는 것은 공공연한 사실이다. 이 책에서 이미 살펴보았듯이 오늘날 금융 기관의 기술 시스템은 수십 년 전에 개발되었고 일련의 패치 및 업데이트와 지난 수년 동안 이루어진 시스템 통합에 대응하는 것이 매우 어렵다.

기존 금융 기관이 보유한 시스템은 가격이 비싸고 기관의 민첩성을 제한하고, 구식 모델인 상품 중심의 기업 구조에 적합하다. 금융 생태계 시스템이 계속해서 발전함에 따라 기존 금융 기관의 전략적 옵션은 제한된다. 기존 금융 기관은 제3의 플랫폼에서 거대한 규모에 낮은 마진의 상품을 판매하는 슈퍼스타로 진화하거나, 제3의 플랫폼에서 틈새 시장의 금융 상품을 민첩하게 공급하는 롱테일 역할을 수행하거나, 스스로 소비자 중심의 플랫폼이 되고자 한다. 그들 스스로 소비자 중심의 플랫폼을 만들 경우 그들이 지닌 레거시로 인해 목표 달성에 실패하곤 한다.

거대 금융 기관은 기존의 자체 보유한 IT 시설을 교체하기 보다는 클라우드를 활용하는 사례가 늘어나고 있다. 이를 통해 오래된 시스템의 비용과 제한사항들을 극복한다. 이는 효율성을 높이고 사용하는 자원의 규모를 빠르게 높이거나 줄이는 탄력성을 만든다. 보다 중요한 것은, 기존 금융 기관의 민첩성을 증가시키고 상품 간의 상호작용을 빠르게 혁신하고 배치한다.[18]

기존 금융 기관은 스스로를 클라우드 환경에 새롭게 재설계하고, 표준화된 데이터 교환 장치인 API를 통해 제3의 기관과의 통합에 대한 장애물을 낮춘다. 이는 통합 서비스 공급을 위한 비용과 복잡도를 현저히 낮춘다. 기존 금융 기관이 회사 운영을 위해 레그테크(레그테크는 규제와 기술의 합성어로, 정보통신 기술을 활용해 법규 준수, 준법 감시, 내부통제 등의 규제 준수 업무를 효율화 하는 기술이다. 역자 설명)를 도입한 것이 이러한 사례이다.

앞으로 다가오는 몇 년 동안 규제 준수, 고객 온보딩, 위험 측정 등의 분야에 특화된 금융 서비스 회사들이 많이 나타날 것으로 보인다. 이러한 서비스는 기존 금융 기관이 클라우드로 이동하게 유도하고, 부족한 영역에 대해서는 외부 기관에 아웃소싱하고, 금융기관은 자신의 핵심 경쟁력에 집중할 것이다. 시간이 지날수록 오늘날 대부분의 백오피스 기능을 내부적으로 수행하는 여러 기능의 금융 기관은 점차 자신이 보유한 대부분의 백오피스 기능을 외부에 아웃소싱하고, 다른 경쟁 회사 대비 강점이 있는 부분에 더욱 특화할 것으로 보인다.

16.4.2 금융 인프라 현대화의 필요성

서양 세계에 많은 인프라 시설들은 교체 시점에 이르렀고, 금융 기관을 연결하는 금융 인프라도 예외는 아니다. 내셔널 클리어링 하우스 National clearing houses는 국내 결제를 가능하게 하고, SWIFT 서비스 및 제휴 은행 시스템은 글로벌 결제, 증권 거래 등 현대 경제 시스템 운영을 위한 필수적인 서비스를 제공한다. 그러나 인프라 공급자는 실시간 거래가 가능한 곳에서 처리 속도의 중요성을 중시하는 고객들의 비즈니스 기준을 오래된 기술 시스템을 활용하여 대응하고 있는 상황이다.

이와 동시에, 금융 시스템의 중요한 부분들이 외부의 악의적인 공격의 위협으로부터 매우 취약한 상황이다. 예를 들어 해커들은 2016년에 뱅크오브방글라데시 Bank of Bangladesh, 2017년에 타이완의 파이스턴뱅크 Far Eastern Bank를 통해 SWIFT 시스템을 침범하여 수백만 달러의 자금을 우회시켰다.[19] 이는 금융 시스템에 대한 신뢰에 손상을 입혔고, 금융 위기의 시작점이 되는 리스크가 되었다. 최근 공공 정책 싱크탱크 연구소인 브루킹스 인스티튜션 Brookings Institution의 연구 논문에 따르면 결제 및 다수를 대상하는 펀딩 시스템과 같은 주요 금융 인프라에 대한 공격은 경제적으로 그리고 기술적으로 인프라가 가장 약한 장소와 시간에 이루어질 있다고 한다.[20]

더불어 기존에 존재하는 금융 인프라가 대체되어야 한다는 설득력 있는 주장은 최신의 첨단 기술의 금융 인프라 시스템에 대한 도입을 고려하게 한다. 여러 인공지능 기술은 사기 활동 및 금융 범죄를 식별하고 내부 거래 행동을 실시간으로 탐지한다. 예를 들어 2018년 10월에 웨스턴 유니온Western Union, IBM, 유로폴Europol은 인공지능 기술을 적용하여 결제 자금 흐름 상에 불법 거래를 감지하고 불법적 거래가 발생하기 전에 사전 예방하기 위한 공유 금융 데이터 허브를 만들기로 발표하였다.[21]

기존의 시스템을 교체하고 새로운 것을 만드는 데 있어서 기술의 영역은 상대적으로 해결하기 쉬운 사항이다. 하지만 새로운 인프라가 클라우드, 블록체인, 인공지능과 결합되어도 상당수의 사용자가 새로운 기술의 도입을 동의하고 그것을 활용하는 방법을 이해할 때만 효과가 있을 것이다. 지속적으로 진화하는 금융 인프라를 도입해야 한다는 비전에 대한 협력과 지지를 성공적으로 전달하는 것은 금융 생태계 시스템 구축에 있어서 주요한 도전이 될 것이다.

17장

가상자산의 지속적인 진화

이 책이 쓰여지는 시점에 가상자산 생태계는 심각한 역풍을 맞고 있다. 2017년 기준으로 가상자산 가격 최고점에서 내려오고 있다. 철회되는 ICO 프로젝트와 가상자산 가격의 전반적인 하락에 대한 커뮤니티의 실망감이 높아지고 있다. 그러나 이러한 어려움에도 불구하고 대형 금융 기관, 거대 기술 기업, 중앙은행과 같은 제도권 기관의 가상자산에 대한 실험과 투자가 가속화되고 있다.

이번 장에서는 앞으로 다가올 트렌드가 가상자산 생태계 진화에 미칠 영향에 대해 살펴본다. 먼저 전 세계의 규제 기관이 앞으로 다가올 가상자산 생태계에 대해 어떤 관점을 취할지 살펴볼 것이다. 그 다음으로 기존의 금융 기관이 고객으로부터 유치한 자금을 가상자산에 투자하여 어떻게 가상자산 시장을 활성화할 것인지 알아본다. 그리고 거대 기술 기업들이 결제 비즈니스에서부터 스테이블 코인 활용에 이르기까지 어떤 파괴적인 역할을 수행할 것인지 살핀다. 마지막으로, 중앙은행이 디지털 화폐를 발행하여 어떻게 시장에 충격을 줄지 살펴볼 것이다.

17.1 가상자산에 대한 규제 기관의 명확성 제고

가상자산 세계의 변화 속도는 너무나 빨라서 가상자산 세상의 변화 1년은 기존 전통 금융 기관의 7년의 변화 속도와 비슷하다. 이러한 급진적인 진화 속도는 시스템의 안정성과 소비자 보호에 대한 다양한 책임을 수행해야 하는 규제 기관 입장에서 해당 산업에 대한 적절한 가이드라인을 수립하는 데 상당한 어려움으로 다가온다.

규제 기관은 가상자산이 지닌 탈중앙화 속성을 이해하고 있으며 마치 인터넷을 막을 수 없었던 것처럼 가상자산의 부상을 막을 수 없다는 것을 알고 있다. 가상자산 생태계의 다양한 기관 및 이해당사자들은 가상자산이 도입되고 분류되는 과정을 거치며 진화하는 산업 구조에 강력한 영향력을 행사할 것이다. 규제 기관은 상당한 어려움을 겪을 것이다. 규제 기관은 금융 시스템에 대한 효율성과 접근성을 높이는 산업 혁신을 방해하고 싶어하지 않는다. 이와 동시에 규제 기관의 최대 관심사는 소비자 보호이다. 규제 기관에게 있어 가장 어려운 점은 일부 금융 기관과 같이 가상자산 시장이 어떻게 변화하는지 옆에서 구경만 하고 있을 수 없다는 것이다. 규제 기관은 반드시 무엇인가 결정을 내리고 행동을 해야만 한다.

각국의 규제 기관이 가상자산에 대해 어떠한 입장을 취하고 있는지, 앞으로 다가올 몇 달, 몇 년의 변화에 어떻게 대응할지에 대해 다양하게 살펴보았다. 규제 환경은 복잡하고 다양하다. 우리는 규제 기관의 접근 방법을 세 가지 접근법으로 구분하였다. 첫 번째는 긍정적, 두 번째는 중립적, 세 번째는 부정적인 입장이다. 뒤에서 각 입장에 대해 간략하게 살펴보고자 한다.

17.1.1 가상자산에 대한 긍정적 입장

몇 개의 지역에서는 가상자산을 발행하고 다루는 데 있어서 필요한 조건을 명확하게 규정하고 있다. 동시에 가상자산 시장을 환영하는 입장을 취하고 규제 기관이 새로운 비즈니스를 유치하고 금융 시스템 전반을 혁신하는 것을 목표로 한다. 스위스의 금융시장감독청FINMA: Financial Market Supervisory Authority은 가상자산에 대해 적극적이고 실질적인 접근을 하고 있다. 2018년 초, 스위스의 금융시장감독청은 크립토 밸리Crypto Valley라는 가상자산 활동의 허브인 스위스의 추크Zug 주 지역에서의 ICO 가이드라인을 공표하였다.[01] 거주자들이 가상자산을 통해 정부 서비스를 사용할 수 있게 하였다.[02] 지브롤터Gibraltar, 말타Malta, 버뮤다Bermuda 지역도 스위스와 마찬가지로 정부 및 금융 기관이 가상자산 활성화를 위해 적극적인 입장을 취하고 있으며 가상자산 시장의 금융 허브로서 자신들의 입지를 강화하려고 한다.[03] 다가오는 가까운 미래에 이러한 노력들이 어떠한 흥미로운 변화를 가져올지 지켜보자.

17.1.2 가상자산에 대한 중립적 입장

대다수의 지역에서는 가상자산에 대해 중립적인 입장을 취하고 있다. 분명하게 환영하는 입장도 아니며 거래를 금지하지도 않는다. 그러면서 기존의 규제 프레임에 맞추려 한다. 소비자 보호에 주안점을 두면서 가상자산 생태계와 가상자산 기술이 어떻게 진화하는지 기다리면서 살펴보는 입장을 취한다.

홍콩과 싱가포르는 중립적인 입장을 취하는 대표적인 예이다. 2018년 11월, 홍콩의 대표적인 규제 기관에서 가상자산 펀드와 가상자산 거래를 기존 금융 기관 규제 안에서 허용하는 프레임워크를 발표하였다.[04] 이는 기존에 가상자산이 투자 자산 혹은 유틸리티 토큰으로 규정될 수 있다는 기존의 선언문을 기초로 한다. 비슷한 사례로 싱가포르의 중요한 금융 규제 기관인 싱가포르통화청 Monetary Authority of Singapore은 자주묻는질문 페이지에 투자 자산과 유틸리티 토큰과의 차이를 명료하게 정리해 두었다.[05]

미국도 중립적인 입장을 취하고 있는데 싱가포르나 홍콩과 비교해서는 상대적으로 부정적인 경향을 보인다. 이는 아마도 미국 금융 규제 구조의 복잡성과 다층 구조에서 기인한다. 예를 들어 미국 상품선물거래위원회CFTC: Commodity Futures Trading Commission에서 가상자산의 결제 토큰은 원자재로 간주된다. 그러나 투자 토큰investment token은 미국 증권거래위원회에 의해 규정된다. 더 복잡한 이슈는 연방 제도와 자치주 규정이 복합적으로 가상자산에 적용된다는 점이다. 예를 들어 뉴욕주는 가상자산과 관련된 활동을 하는 데 있어서 비트라이센스Bitlicence라는 특별한 면허를 요구한다. 하지만 미국의 여러 규제 기관들은 가상자산에 대해 나름대로 해석을 내리면서, 여러 해석이 혼재되어 혼돈스럽고 불확실성이 높다.

17.1.3 가상자산에 대한 부정적 입장

세 번째 그룹 국가군은 가상자산 생태계에 부정적인 경향을 보인다. 중국, 한국, 인도, 러시아는 ICO 시장이 커지면서 이것이 일반 공모 시장에 상당한 리스크가 될 수 있다고 보고 강하게 규제하고 있다.

중국은 특히 가상자산에 대해 굉장히 부정적인 입장을 보인다. 중국은 블록체인 생태계에서 매우 활동적인 국가이며 상당한 기술력을 보유하고 있다. 실제로 중국은 자신들이 세계에서 가장 발전된 블록체인 기술을 보유하고 있다고 선전하곤 한다. 그러나 이러한 기술의 발전은 중국 정부가 국가의 경제 주도권, 특히 화폐와 자금 흐름에 대한 정부의 주도권에 대한 위협이 될 수 있다고 보고 있다. 특히 2017년 초 중국에 ICO 광풍이 불었고 4천억 달러 규모의 ICO 투자가 반년 만에 이루어졌다. 이는 국가 권위에 대한 위험 요소가 될 수 있다는 경각심을 주었고 2017년 9월에 ICO를 금지하기에 이르렀다. 이 책을 쓰는 현재 시점까지도 중국에서의 ICO는 금지되었다.

17.1.4 가상자산 규제 전망

다가오는 몇 개월과 몇 년에 걸쳐 더 많은 국가의 금융 기관이 가상자산 생태계에 대한 규제와 정책 프레임워크를 명료하게 할 것이라고 예상된다. 많은 경우 글로벌 기관에서의 요구사항을 기준으로 진행될 것이다. 예를 들어 국제자금세탁방지기구 Financial Action Task Force는 가상자산 거래에 대한 자금 세탁 방지와 라이선스 자격을 회원 국가들에게 요구하고 있다.[06]

지브롤터, 말타, 버뮤다처럼 가상자산 생태계의 부상을 새로운 금융 서비스 분야에서 자신의 리더십을 발휘할 수 있는 기회라고 보고 우호적인 정책을 내는 국가들도 있을 것이다.

마지막으로 가상자산 생태계에 대해 특정한 행동을 취하지 않는 규제 기관과 미래의 규제 정책을 만들어 가는 규제 기관 중간에서 가상자산 생태계를 중요하게 여기며 스스로 주도적으로 규정을 만들어 가는 기관들이 있다. 이러한 기관들의 사례가 점점 늘어나고 있다. 예로 아시아증권산업금융시장협회 ASIFMA: Asia Securities Industry and Financial Markets Association의 경우 가상자산 거래에 대한 실천적인 실행 문서를 발간하였다.[07] 또 다른 눈에 띄는 사례로 홍콩핀테크협회 FinTech Association of Hong Kong[08]가 발간한 실천 가이드가 있다. 그리고 가상자산 산업 산하의 글로벌디지털파이낸스 Global Digital Finance[09] 가 자발적으로 제안한 가상자산 토큰에 대한 코드도 있다. 가상자산 생태계의 급속한 변화 속도를 볼 때 여러 기관들이 주도적인 역할을 수행하기 위해 노력할 것이며 특히 정책 규제가 명확하지 않은 지역에서 새로운 계획들이 나타날 것이다.

박스 17.1 가상자산에 대한 세금은 어떻게 할 것인가?

세금과 죽음은 피할 수 없다. 그러므로 세금은 가상자산 생태계에서 자신의 위치를 찾아야만 할 것이다. 가상자산과 관련된 여러 기업과 개인은 자신의 가상자산에 대한 투명성을 중시하고 재산 내역을 공개하지만, 어떤 이들은 수면 위로 드러내지 않으려고 하다. 이로 인해 세금 당국이 수사를 하게끔 한다.

예를 들어 2017년 말에 미국 연방법원이 샌프란시스코를 기반으로 하는 가상자산 거래소인 코인베이스Coinbase에게 9백만 번 수준의 거래 내역이 담긴 14,355개의 계좌에 대한 정보를 요구하였고 코인베이스는 법원의 이 결정에 따랐다. 이는 미국연방국세청IRS: Internal Revenue Service의 2015년 전자세금 자료를 기초로 비트코인과 관련한 손실과 이득에 대해 미국 전역의 802명에 대한 조사의 일환으로 이루어졌다.[10]

불행하게도 가상자산에 대한 조세 내용은 여전히 복잡하고 불명확하다. 회계 및 세금 자문사들은 그들의 고객을 도와주려고 하더라도 가상자산과 관련된 규정과 가이드가 명료하지 않아 어려움을 겪고 있다. 국세청과 같은 세금 당국이 관련된 가이드라인을 제정하고 있지만 아직 높은 수준의 전문성을 보이고 있지 못하다.[11] 가상자산의 규모와 영향력이 점점 높아짐에 따라 관련 당국은 가상자산 생태계를 명료하게 규정하고 관련된 가이드라인을 필수적으로 제정해야 할 것이다.

17.2 가상자산 투자 촉진자로서 금융 기관

지난 몇 년 간, 기존의 금융 기관이 가상자산 생태계에 어떻게 그리고 언제 진입할지에 대한 궁금증이 있었다. 금융 기관은 기술에 대한 민첩성이 부족하고 새로운 시장에 대한 초기 진입에 대한 두려움으로 시장 진입을 꺼린다. 하지만 제도권 금융 기관이 가상자산 시장에 진입하면 기존에 낮은 신뢰도가 개선되고 기관들의 거대한 자금 유동성이 유입될 수 있다.

책을 쓰는 현재 시점에 연기금, 국부 펀드, 그리고 전 세계에 걸쳐 조성된 집합투자 자금 등을 합쳐 약 1천억 미국 달러 규모의 기관투자자 자금이 가상자산 시장에 유입되었다. 이는 기관투자자 전체 자금 유동성 대비 상대적으로 적은 규모이다. 기관투자자 자금의 가상자산 시장 유입이 확대된다면 가상자산의 가치와 새로운 가상자산 프로젝트에 대한 관심 증가에 상당한 영향을 줄 것이 명백하다.

17.2.1   기관투자자와 가상자산

가상자산 시장에서 기관투자자의 투자는 아직 제한적이지만, 기관투자자가 새로운 자산군으로 투자를 확장한 경험은 과거에도 있었다. 새롭게 등장한 자산군에 대한 이해도가 높아짐에 따라 기관투자자들의 투자가 진행되었다. 예를 들어서, 지난 20년에 걸쳐서, 대체투자 펀드는 기관투자자의 수요에 적합한 높은 수익률, 짧은 투자 기간, 낮은 유동성을 지닌 투자 기회를 제공하였다. 부실채권 투자가 대표적인 사례이다. 많은 기관투자자는 이러한 투자 자산군에 직접 투자하는 것을 선호하지 않으며, 직접 투자할 내부 전문성이 부족하여, 해당 분야에 특화된 헤지 펀드나 사모 펀드를 통해서 투자하였다. 만약에 기관투자자가 가상자산에 투자하게 된다면 비슷한 방식으로 접근할 것으로 보인다.

기관투자자들의 가상자산에 대한 관심이 증대되면 가상자산 펀드 수가 증가할 것으로 예상되며, 가상자산 투자에 특화된 펀드들이 조성될 것이다. 책을 쓰는 현재 시점에 300개가 넘는 가상자산 관련 펀드가 있다. ICO 토큰에만 투자하는 펀드에서부터 가상자산 생태계에서 가장 큰 시장 점유율을 지닌 가상자산에만 보수적으로 투자하는 펀드에 이르기까지 다양하다.[12] 기존에 자산운용업 시장에서 이미 이름이 알려진 회사만이 가상자산 펀드를 출시하는 것이 아니라, 가상자산 생태계에서 규모가 있는 플레이어들 또한 가상자산을 포함하여 분산 투자하기를 원하는 투자자들의 포트폴리오의 일부 점유율을 차지하기 위해 펀드를 조성하고 있다.

패밀리 오피스는 가상자산 시장에서 가장 공격적인 투자자이다. 전 세계적으로 가장 규모가 큰 몇 개의 패밀리 오피스도 가상자산에 투자하고 있다. 이들 패밀리 오피스는 외부 투자자로부터 자금을 유치하지 않고 자기 자본을 활용하여 투자한다. 소수의 의사결정자에 의해 빠르게 의사결정할 수 있는 장점이 있다. 반면에 가상자산 시장에서 활발하게 활동하는 헤지 펀드들은 새로운 자산군에 투자하는 것을 불편하게 생각할 수 있는 기존의 투자자들을 의식하여 새로운 자금을 추가적으로 유치하지 않고 조심스럽게 가상자산 시장에 투자한다. 더욱이 기관투자자가 만족할 만한 관리자 의무, 펀드 운영, 트레이딩 시스템, 감사 업무를 수행할 전통적인 플레이어들이 아직까지는 부족하다. 이러한 이유 때문에 2017년과 2018년에 설립된 큰 규모의 가상자산 헤지 펀드들은 이전에 전통 헤지 펀드 시장에서 활동하던 펀드 매니저들에 의해 설립되었다. 이 펀드들은 경험이 많은 헤지 펀드 매니저 팀에서 운영하는 가상자산 펀드에 투자하고 싶은 투자자들을 목표로 설정되었다.

17.2.2 가상자산 서비스 제공자로서 기존의 금융 기관

가상자산 투자에 대한 시장 수요가 증가함에 따라 기존 금융 시장에서 활동하는 서비스 공급업자들의 해당 시장 진입에 대한 관심이 높아지고 있다. 가상자산 시장에서 기관투자자를 만족시킬만한 높은 수준의 서비스 공급업자에 대한 수요의 증가로, 2017년 말부터 골드만 삭스 Goldman Sachs,[13] 노무라 뱅크 Nomura Bank,[14] 피델리티 인베스트먼트 Fidelity Investments[15]를 포함한 여러 저명한 금융 기관이 시장에 진입하고 있다. 이들 기관이 가상자산 시장에 진입한 데에는 여러 가지 요인들이 있겠지만, 기존 고객인 헤지 펀드 및 패밀리 오피스로부터 구조화

상품과 같은 새로운 수익 원천과 새로운 시장에 대한 요구가 있었을 것이다.

기존의 전통적 금융 기관은 세 가지 전략 중 하나를 활용하여 가상자산 서비스를 제공한다. 첫 번째 전략은 내부적으로 가상자산 투자 상품을 직접 만들어 낸다. 피델리티의 경우 피델리티 디지털 에셋*Fidelity Digital Assets*이라는 가상자산에 초점을 맞춘 새로운 상품을 출시했다.[16]

두 번째 전략은 기존의 가상자산 플레이어들과 협력하는 것이다. 노무라가 이러한 전략을 취했다. 프랑스의 가상자산 수탁회사이자 증권 회사인 레저*Ledger*와 파트너쉽을 맺었다. 마지막 전략은 가상자산에 특화된 플레이어에 투자하는 것이다. 골드만 삭스가 이러한 전략을 취했으며 비트고*Bitgo*와 서클*Circle*에 투자했다.

또 다른 투자 그룹인 개인 투자자들도 가상자산 시장을 눈여겨 보고 있다. 하지만 아직까지 가상자산 투자를 위한 수단들이 이들에게 편리한 경험을 제공하지 못하고 있다. 예를 들어 가상자산을 보관하는 콜드 월릿*Cold Wallet*의 경우 사용법이 복잡하다. 전통적인 온라인 증권 거래와 비교하면 더욱 불편하다. 개인 투자자의 가상자산 시장에 대한 관심이 더욱 증대하면 기존의 전통 금융 기관이 기존의 증권 거래와 같은 수준의 경험을 제공하기 위해 해당 시장에 진입하여 노력할 것이다.

기관들이 패시브 스타일의 비트코인 ETF 혹은 가상자산을 추종하는 뮤추얼 상품을 출시하면 개인 투자자들의 자금이 확대될 개연성이 높다. 책을 쓰는 현재 시점까지 정부 허가를 받은 상품은 없다. 2018년 7월에는 미국증권거래소가 비트코인 ETF 상장에 대한 두 번째 요청을 거부하였다.[17] 그러나 미래의 어느 시점에 이러한 상품이 정부 허가를 받을 수도 있을 것이다.

17.3 거대 기술 기업의 가상자산 시장 진입

소매 시장에서의 가상자산 공개에 있어서, 거대 기술 기업들의 움직임을 살펴볼 필요가 있다. 첫 번째 움직임은 메시징 앱에서 관찰된다. 일본의 거대 기술 기업인 라쿠텐Rakuten은 첫 번째 토큰을 발행하였고[18] 가상자산 거래소를 인수하였다.[19] 메신저 앱인 라인Line 또한 자체 토큰을 발행하였다.[20] 2억 명의 사용자를 보유한 강력한 메신저 앱인 텔레그램Telegram은 최근에 유틸리티 토큰을 사모 발행하였고 미화 15억 달러 규모의 자금을 조성했다.[21]

거대 기술 기업들이 자체 결제 토큰을 발행하는 것은 놀랍지 않다. 예를 들어 페이스북은 20억 명의 사용자를 보유하고 있다. 페이스북 소셜 미디어 네트워크는 전 세계에서 사용할 수 있으며, 최근의 고객 데이터 관리 스캔들에도 불구하고 많은 사람들이 여전히 페이스북을 신뢰하고 있다. 페이스북이 페이스북 생태계에서 사용할 수 있는 결제 토큰을 발행하면 어떻게 될까? 사용자 간에 교환될 수 있으며 페이스북 광고 비용 지불 등과 같이 페이스북 생태계에서 사용할 수 있을 것이다. 많은 사람들은 이러한 아이디어를 억지스럽다고 생각할 수도 있지만, 2018년 12월 페이스북은 자신들이 인수한 왓츠앱WhatsApp 메시징 플랫폼에서 스테이블 코인을 사용할 수 있게 하는 등 사실상 자체 결제 토큰을 운용하고 있다.[22]

한 가지 궁금증이 생긴다. 편의점 같은 실제 가게에서 페이스북 결제 토큰을 받으면 어떻게 될까? 페이스북 토큰이 화폐가 되는가?

한발 뒤로 물러서서 화폐의 목적에 대해 생각해 보자. 화폐의 목적은 교환 매개, 계산 단위, 가치 저장에 있다. 인간의 역사를 보면 물리적인 화폐의 형태는 크게 변화해 왔다. 그러나 교환 매개가 가져야 할 특징을 정의하는 주체는 사람이었다는 점은 바뀌지 않는 상수였다.

예를 들어 기원전 1100년 중국에서는 실제 물건을 대신할 수 있는 교환수단으로 복제품을 사용했다. 당시 복제품은 오늘날 코인 같이 둥근 원형의 형태를 띄고 있었다. 기원전 600년 리디아*Lydia*라는 오늘날 서부 터키 지역에서 은과 금으로 만들어진 실제로 만질 수 있는 코인이 최초로 만들어졌다.[23] 북태평양 지역의 마이크로네시아*Micronesian* 섬에서는 얍*Yap*이라는 매혹적인 코인이 있었다. 얍은 그 높이가 4미터까지 이르는 거대한 돌이었고 가운데 구멍이 있었다. 흥미롭게도 매우 무거운 돌이 교환의 담보물로 간주된 것이다. 당시 사람들은 얍을 실제로 가지고 다니거나 옮기지 않았다.[24] 여기서 알 수 있는 것은 화폐에 대한 정의는 사회적 관계망에 있는 사람들에 의해 규정된다는 점이다.

오늘날 종이 지폐 그 자체는 다른 종류의 종이보다도 높은 가치를 갖지 않는다. 반면에 과거의 화폐는 금을 기반으로 하는 금본주의 성격을 갖기도 했다. 하지만 지난 세기 동안 금본주의는 대부분의 지역에서 없어졌고, 미국은 1970년에 이를 폐지했다. 종이 지폐는 그것의 가치가 여전히 인정된다. 왜냐하면 전 세계의 많은 사람과 정부는 종이 지폐가 물건을 구입하고 서비스에 대한 비용을 지불하고 정부 세금을 지급하는 데 사용될 수 있다고 받아들였기 때문이다. 사람들은 종이 돈이 물건의 가치에 대한 가격을 매기는 데 유용한 측정법이 되고, 물건의 미래 가치를 내재하고 있다고 생각한다. 이러한 믿음은 상당한 비율의 사람들이 특정 화폐가 앞서 언급한 화폐가 지닌 속성을 갖고 있다고 동의할 때만 이루어질 수 있다.

한번 상상해 보자. 걸프 지역에서 일하는 방글라데시 출신 이민 노동자가 페이스북 메신저를 통해 페이스북 코인을 자신의 가족에게 보낸다. 코인을 받은 가족은 페이스북 거래소에서 코인을 실제 현물 화폐로 교환할 수 있으며, 이민 노동자가 나중에 고향으로 돌아왔을 때 물건을 구입하거나 서비스를 사용하는 데 페이스북 코인으로 결제할 수도 있다. 실제로 페이스북에서 광고를 집행하기 위해서는 반드시 페이스북 코인으로만 지불해야 한다고 상상할 수도 있다. 이는 양쪽 모두에게 혜택을 준다. 방글라데시 노동자는 명목 화폐를 보내기 위해 값비싼 국제 송금 수수료를 지불할 필요가 없으며, 페이스북은 사용자의 삶에 필수불가결한 일부가 된다.

물론 페이스북만이 브랜드 인지도, 국제적 영향력, 활발한 생태계를 기반으로 결제 토큰을 발행할 수 있는 유일무이한 국제적 거대 기업은 아니다. 아마존을 예로 들어 보자. 아마존 플랫폼에서 상거래가 이루어지면서 발생하는 신용카드 결제 금액과 은행 수수료는 상당한 규모다. 아마존 온라인 마켓플레이스에서 모든 참여자가 가상의 아마존 코인으로 거래한다고 상상해 보자. 상당한 규모의 비용 절감이 있을 수 있다. 이 코인은 심지어 다른 결제 수단으로도 사용될 수 있다. 일부 개인은 아마존 혹은 아마존 온라인 마켓플레이스와 전혀 연관성이 없는 거래에서도 아마존 코인을 사용할 수 있을 것이다.

이것은 상당한 현실적 어려움이 따르는 급진적인 시나리오이다. 페이스북과 아마존은 통화 정책 분야의 전문가가 아니다. 증권거래소에 상장되어 기업의 주식이 거래되는 민간 기업이 사람들의 핵심적인 결제 매커니즘과 사실상의 화폐에 대한 주도권을 갖는 것은 사회적으로 바람직하지 않을 수도 있다. 이러한 문제에도 불구하고, 렌드에듀*LendEDU*에서 1,000명의 온라인 구매자에게 설문 조사를 한 결과 이 중의 절반 이상이 아마존에서 발행한 가상자산을 사용할 의사가 있다고 대답했다.[25]

17.4 중앙은행 디지털 화폐 CBDC

중앙은행에서 발행하는 디지털 결제 토큰은 거대 기술 회사가 발행한 결제 토큰의 광범위한 적용이 가져올 문제들에 대한 대안이 될 수 있다. 여러 가지 측면에서, 이러한 토큰은 참고가 될 수 있는 자산인 중앙은행 발행 통화인 스테이블 코인과 유사하다. 그러나 스테이블 코인과는 다르게, 이 토큰은 중앙은행이 발행하고 전적으로 뒷받침하므로 대부분의 사용자가 안정성에 대한 믿음을 갖기에 용이하다.

우리는 이미 여러 나라의 중앙은행이 다음 세대의 실시간총액결제시스템real-time gross settlement system을 구축하기 위해 블록체인을 기반으로 진행한 실험들에 대해 논의했다. 이런 선행 연구에서 중앙은행들은 그들이 발행하는 화폐와 동일한 블록체인 기반의 디지털 토큰을 만들었다. 이러한 자산은 종종 거액결제용 중앙은행 디지털화폐wholesale CBDC: wholesale central bank digital currency라고 불린다. 거액결제용 CBDC의 주요 목적은 중앙은행의 결제 시스템 운영을 더욱 효과적으로 하는 데 있다.[26]

이보다는 일반적인 대중들이 활용할 수 있는 토큰을 발행하는 것이 더욱 혁신적일 수 있다. 소액결제용 중앙은행 디지털화폐retail CBDC: retail central bank digital currency는 디지털 형태로 은행에서 발행한 지폐와 비슷한 역할을 효과적으로 수행할 수 있다. 더욱이 상업 은행과 결제 서비스 공급업자와 같은 중개인 없이도 사람들 간에 디지털화폐를 전송할 수 있다. 중앙은행에서 디지털화폐를 발행하면 여러 이점이 있다. 디지털화폐를 통해 이루어지는 경제 활동이 실시간으로 전달될 수 있고 현재 수준보다 더 정확하고 시기적절하게 경제 데이터가 제공될 가능성이 있다. 중앙은행이 기존에 없던 새로운 기능을 가질 수 있다. 개선된 도구로 자금 흐름을 보다 효과적으로 관리하고 자금 세탁을 발견하고 방지하는 것과 같은 새로운 기능을 갖게 된다.

아마도 소액결제용 CBDC 중에서 가장 잘 알려진 개념적 실험은 페드코인Fedcoin일 것이다. 2014년과 2016년에 JP 코닝JP Koning은 비트코인이 지닌 장점과 중앙은행이 제공하는 안정성을 결합한 페드코인에 관한 아이디어를 제안하는 문서를 발표하였다.

2016년에 발표된 문서 내용은 다음과 같다.

비트코인 창시자는 중앙은행의 통제를 배제한 익명의 결제 시스템을 구상했다. 화폐에 대한 중앙 통제의 제거는 가격 안정성에 문제를 가져온다. 비트코인의 유통을 뒷받침할 독립적인 주체가 없기 때문에 비트코인 수요에 대한 변동성이 높은 시기에는 가격 안정성을 관리하기 어렵다. 이러한 가격 변동성은 더 많은 대중들에게 호소할 수 있는 비트코인이 지닌 모든 매력들을 제대로 기능할 수 없게 한다. 페드코인은 가격 변동성 문제에 대한 하나의 해결책이 된다. 중앙은행이 페드코인 블록체인에 대한 토큰 공급을 관리함으로써 통화 시스템에 대한 중앙의 제어 지점을 다시 가져온다. 중앙은행이 디지털 페드코인과 실제 은행 지폐 간의 일대일 동등성을 보장한다. 페드코인은 화폐에 대한 중앙은행의 관리를 기초로 하지만, 비허가형 증명과 같은 비트코인이 지닌 분산형 특성은 계속해서 적용될 수 있다. 그러므로 페드코인은 동전과 지폐가 가지고 있는 속성을 가지면서 비트코인에 의해 관리되며 디지털로 복제된다. 이것은 일정 수준의 익명성, 검열에 대한 저항, 토큰 재사용을 포함한다.[27]

해당 문서는 일부 지역에서 지지를 받고 있지만 동시에 많은 이들의 비판을 받고 있기도 하다. 예를 들어 세인트 루이스 연방준비은행에서 발간한 문서는 다음과 같이 이야기했다. "페드코인 혹은 그 밖에 여러 중앙은행 가상자산 개념은 다소 순진하다. 가상자산이 지닌 특성 중 분산형을 제거하고 나면 별다르게 남는 것이 없다."[28]

해당 문서는 더 나아가 "가상자산의 구별되는 특성은 분산형 거래에 있으며, 이것이 사용자들에게 익명성을 보장한다"라고 주장한다. 익명성 문제가 여기서 핵심이다. 중앙은행은 개인이 실제 화폐와 동등한 역할을 하고 개인 간 P2P 송금 기능을 하는 디지털 결제 토큰에 접근하는 데 분산 원장을 요구하지 않는다. 이러한 기능은 중앙은행에서 직접 운영하는 중앙 시스템에 의해 제공된다. 그것의 가장 단순한 형태로, 개인이 직접 중앙은행에 리테일 계좌를 개설하고 해당 계좌 간에 송금하는 것을 허용함으로 이를 수행할 수 있다.

소액결제용 CBDC를 고려할 때 두 가지 차원에서의 익명성이 중요하다. 하나는 상대방 익명성(수신인에게 발신인의 정체를 밝히지 않는 것)이고 다른 하나는 제3자의 익명성(거래에 직접 관여하지 않은 사람에게 발신인의 정체를 밝히지 않는 것)이다. 예를 들어 공개 주소로 비트코인을 보내는 사람은 자신의 실제 정체를 수신인에게 밝힐 필요가 없는데 이는 상대방 익명성을 의미한다. 또한 비트코인 커뮤니티에서는 발신인의 실제 정체를 밝힐 필요가 없는데 이는 제3자 익명성을 제공함을 의미한다.[29] 정책 입안자는 제3자 익명성을 제공하는 결제 수단에 대해 심각한 우려를 보이고 있다. 왜냐하면 탈세, 자금 세탁, 혹은 그 밖에 금융 사기의 형태로 활용될 수 있기 때문이다.

물론 정부에 의해 유지되는 실물 화폐 시스템도 제3자 익명성을 제공할 수 있다. 어떤 사람이 100달러 지폐를 누군가에게 주면 아무도 추적할 수 없고 중앙은행도 거래가 일어났다는 사실을 알 수 없다. 그러나 국제결제은행 Bank of International Settlement에서 발간한 문서에 의하면, 가상자산이 생성될 경우 "익명성의 제공은 의식적인 결정이 될 것이다"라고 한다. 반면에 "현금의 익명성은 의도했다기보다는 편리함 혹은 역사적 우연에서 발생되었다"라고 한다.[30]

금융 위기와 같은 시기에는 소액결제용 CBDC가 금융 시스템을 더욱 불안정하게 하는 역할을 할 것이라는 우려가 존재한다. 2017년 국제결제은행 발간물에서 잉글랜드은행 Bank of England의 마릴린 톨레 Marilyne Tolle는 "만약에 일반 대중이 상업용 은행에 있는 자금을 위험이 없는 중앙은행 부채로 쉽게 바꿀 수 있다면 예금 인출 사태가 더 빠르게 일어날 수 있다"라고 언급했다.[31]

이와 동시에 중앙은행에서 디지털 결제 토큰을 발행하면 상당한 이점이 있다. 예를 들어 캐나다은행Bank of Canan에서 최근에 발행한 문서에 의하면 중앙은행 디지털화폐가 발행되면 캐나다 소비량이 0.64퍼센트까지 증가할 수 있으며, 미국 소비량은 1.6퍼센트까지 상승할 수 있다고 한다.[32] 그러나 중앙화를 포함한 어떠한 소액결제용 CBDC의 실행도 제3자 익명성을 제공할 수 없다는 것을 알아야 한다.

오늘날 소액결제용 CBDC는 대부분 이론적인 개념에 머물러 있다. 2017년 12월, 베네수엘라 정부는 경제 위기와 높은 인플레이션 시기에 페트로Petro라는 이름의 디지털화폐를 발행한다고 선언했는데 페트로는 베네수엘라의 석유 매장량을 기초로 발행될 계획이었다. 그러나 글을 쓰는 현재까지 페트로는 실제로 사용되지 않고 있으며 어떤 이들은 완전한 신용 사기 프로젝트였다고 주장한다.[33]

소액결제용 CBDC에 대한 심도 있는 실험들이 진행되고 있다. 2015년 이래로 영국은행은 거시경제와 금융 시스템에 소액결제용 CBCD를 적용하기 위한 연구를 활발하게 진행하고 있으며, 그러한 프로젝트가 수반할 기술적 구현의 어려움에 대해서도 고려하고 있다.[34] 중국인민은행People's Bank of China은 다른 국가의 중앙은행보다 상대적으로 앞서가고 있는데, 블록체인 관련 특허를 수십 개 보유하고 있으며[35] 암호화된 인민화폐에 대한 토론을 하고 있다. 이는 상대방 익명성을 보장될 수 있지만 전반적인 제3자 투명성은 중앙은행에 의해 노출되어 보장되지 않는다.[36] 국제통화기금은 2017년 11월 발간 문서를 통해 여러 국가들에게 중앙은행 디지털화폐에 대한 연구를 촉구할 것을 권장하며 디지털화폐 시장에 가속도를 붙였다.[37]

중앙은행에서 발행한 소액결제용 화폐가 실제로 적용되려면 더 많은 연구가 필요하다. 그러나 소액결제용 CBDC가 실행되면 경제 시스템을 변화시키는 효과를 가져올 것이다. 이는 다가오는 미래에 주의 깊게 지켜봐야 할 한 영역이며 많은 사람들은 중앙은행이 가상자산을 발행하는 것이 시기의 문제라고 주장한다.

18장
인공지능의 미래 트렌드

인공지능 기술이 발전하면서 여러 금융 기관에게 인공지능의 적용은 최우선 과제가 되었다. 앞으로의 금융 서비스의 운영 구조 및 경쟁 구도가 정교한 인공지능 적용 전략의 결과에 따라 바뀐다는 데 의심의 여지가 없다.[01]

불행하게도 일정 수준 이상의 정확도로 미래를 예측하는 것은 어려운 일이고, 인공지능에 대해 예측했던 사람들은 마치 바보처럼 보이게 되었다. 인공지능에 대한 정확한 예측이 왜 의미가 없는지에 대한 간단한 탐구와 함께 이번 장을 시작하겠다. 그런 다음에 플러그앤플레이 *plug-and-play* 기반의 '민주화' 모델의 새로운 인공지능 서비스 도구가 인공지능 활용 접근에 대한 어려움을 어떻게 낮출지에 대해 고려해 본다. 그리고 금융 서비스 분야에서 가장 흥미로운 인공지능 트렌드의 가능한 발전 단계를 살펴보고, 자산운용업에서의 데이터 활용을 통한 수익률 개선에 대한 논의와 더불어 자동화된 개인 최적화의 진화, 셀프 드라이빙 금융, 금융 기관을 위한 금융 기관의 서비스로서의 인공지능 *AI-as-Service*에 대해 논의할 것이다. 마지막으로, 가까운 미래에 금융 규제 아젠다에서 가장 중요할 것이라고 생각되는 인공지능 문제 전반에 대해 짧게 살펴볼 것이다.

18.1 인공지능 발전 예측의 위험성

인공지능이 미래 사회에 미칠 심각한 위험에 관한 예측을 쉽게 찾아볼 수 있다. 심지어 강한 인공지능이 출현하여 인류의 생존에 위협이 될 것이라고 주장하는 사람들도 있다. 발명가인 일론 머스크는 향후에 인공지능은 '핵무기보다 위험한 것'[02]이 될 거라 언급했다. 물리학자인 스티브 호킹은 진정한 인공지능이 출현하면 '인류 문명 역사에 최악의 사건'이 될 것이라고 경고했다.[03]

물론 이러한 예측은 강한 인공지능의 이론적 발달과 관계된다. 14장에서 살펴보았듯이 오늘날 많은 과학자와 엔지니어가 개발해서 사용하고 있는 좁은 인공지능과 유사성이 거의 없다. 그러나 훨씬 더 제한된 기능의 인공지능 비전조차도 매우 훌륭한 수준의 헤드라인 기사로 쓰이고 있으며, 많은 전문가는 인공지능 기술이 향후 수십 년 동안 수백만 개의 일자리를 없애고 광범위한 사회 불안을 초래할 것이라고 주장한다. 예를 들어 2017년 마켓왓치 MarketWatch에서 발간한 보고서에 따르면 인공지능 로봇은 앞으로 이십 년 안에 현재의 직업 절반 이상을 없앨 것이라고 한다.[04]

과거 MIT 컴퓨터과학인공지능 연구소 소장이었던 로드니 브룩스 Rodney Brooks는 인공지능을 예측하는 일곱 가지 치명적인 죄 The Seven Deadly Sins of Predicting AI라는 제목의 유명한 기사를 통해 기존의 인공지능 예측을 반박했다. 예를 들어 마켓왓치 리포트는 앞으로 십년 이십 년 사이에 미국의 1백만 명 수준의 유지보수 노동자가 5만명 수준으로 줄어들 것이라고 한다. 그러나 해당 분야에서 작동하고 있는 로봇, 심지어 파일럿 실험 중인 로봇은 실제적으로 하나도 없다. 물론 예측은 여전히 사실이 될 가능성이 있고 이십 년 안에 많은 일이 일어날 수 있다. 그러나 문제는 그러한 결론을 내리는 데 있어서 대개의 경우 인공지능에 대한 막연한 추측이 기반으로 작용하고 있으며, 추측이 사용되는 분석 방법도 상당히 부정확하고 오랜 기간 논리적으로 빈약했다는 점이다.[05]

브룩스에 따르면 인간 인식의 몇 가지 편향성이 인공지능에 대한 이러한 예측을 가능케 하고 그런 예측을 믿게 만든다고 한다. 아마도 가장 잘 알려진 인간의 편향은 인공지능에서 '지능'을 마치 인간 지능의 속성과 같다고 생각하는 것이다. 인공지능에서의 지능은 실제 지능이 아니며 인간 지능이 지닌 속성과 다르다. 결과적으로 사람들은 전문적으로 작업을 수행하는 컴퓨터의 능력을 해당 작업을 수행하는 데 필요한 인간의 지능 수준과 연관시키며 더 넓은 수준의 역량과 결합하는 경향이 있다.

브룩스의 사례를 빌려서 보면, 공원에서 원반 던지기를 하고 있는 이들의 모습이 담긴 사진을 보고 사람들은 몇 가지 질문을 할 수 있을 것이다. "사람들은 하루 중 언제 주로 원반 던지기를 할까?", "원반은 얼마나 클까?", 혹은 "사람들은 원반을 먹을까?" 반면에 머신 비전 기능을 수행하는 좁은 인공지능은 의도적인 훈련이 있지 않는 한 사람 수준의 문맥상 이해를 제대로 수행하지 못한다.

더욱이, 무엇이 쉽고 무엇이 어려운지에 관한 사람들의 직관이 컴퓨터 세상에서는 해석되지 못한다. 사람들은 체스와 바둑 게임을 능수능란하게 하는 것이 상당히 어렵다고 생각하지만, 오늘날 컴퓨터는 사람 플레이어를 모두 이길 수 있다. 대조적으로 취학 나이의 아이가 할 수 있는 수준의 문장 요약을, 현재 가장 발달된 인공지능 시스템도 평균적인 사람이 요약한 결과물과 비교해서 '엉성하고 일관적이지 않는' 문장 요약 수준밖에 하지 못한다.[06]

마지막으로 인공지능이 가져올 미래에 대한 영향을 예측하는 일은 상당히 어렵다. 왜냐하면 인공지능 연구의 발전 속도가 일정하지 않기 때문이다. 인공지능과 관련된 모든 기술이 폭발적으로 발전할 거라는 주장을 믿고 싶은 유혹이 들지만 실제 현실은 더 복잡하다. 인공지능 과학은 '계단 함수 형태에 따라서' 발전하여 간헐적인 빈도로 급속한 발전을 이루고, '인공지능의 겨울'과 같은 시기는 장기간에 걸친 기술 발전 속도를 예측하는 것을 더욱 어렵게 한다.[07]

이러한 이유로 이번 장에서는 인공지능의 미래 기능에 대한 예측은 하지 않고, 인공지능 생태계가 어떻게 계속 진화할 것인지, 그리고 금융 서비스 공급 업자들이 인공지능으로 인해 바뀔 새로운 금융 서비스 환경에서 어떻게 그들의 경쟁 우위를 구축할 것인지에 대한 것으로 이야기의 초점을 한정한다.

18.2 인공지능의 민주화

기업이 비즈니스에 인공지능 기술을 접목하기 위해서는 해당 인력 확보와 상당한 규모의 내부 연구 개발이 필요하다. 하지만 최근에는 이러한 진입장벽이 급격히 낮아지고 있다. 이는 서비스로서의 인공지능 기술을 제공하는 제3의 업체들이 급격히 증가하고 있기 때문이다. 새로운 도구들이 등장하면서 기본적인 인공지능 애플리케이션을 만들기 위한 기술 전문성의 수준이 현저히 낮아졌다. 이러한 트렌드는 인공지능의 민주화라고 불리며, 인공지능에 대한 접근성이 높아진다고 하는 것이 더 정확한 표현일 수 있다.

오늘날 인공지능 도구는 매우 작은 회사도 쉽게 사용할 수 있을 정도가 되었다. 예를 들어 구글 클라우드Google Cloud는 단순한 API 통합을 클라우드 네추럴 랭귀지Cloud Natural Language 서비스를 통해 제공한다. 해당 서비스는 자연어 처리를 통해 비정형 데이터로부터 통찰력을 얻을 수 있게 한다.[08] 비슷하게, 구글 클라우드의 클라우드 비전Cloud Vison 서비스는 높은 수준의 머신 비전 알고리즘에 대한 접근을 가능하게 한다.[09]

금융 서비스 산업에서, 더욱 구체적인 예로, 베이 지역에 위치한 인공지능 기업인 아야스디Ayasdi는 머신러닝을 사용해서 더 높은 차원의 리스크 분석을 지원하며 인간이 해석 가능한 시각화 정보를 제공하고, 다양하고 복잡한 규제 프로세스 해결을 가능하게 한다. 예를 들어 아야스디의 여러 은행 고객은 스트레스 테스팅이라고 일반적으로 알려진 연방준비은행의 종합자본분석/검토 CCAR: Comprehensive Capital Analysis and Review 과정을 머신러닝 서비스를 통해 완료했다.[10]

여러분에게 필요한 서비스로서의 인공지능 모델을 제공하는 업체가 없더라도 스스로 그것을 개발하는 것이 점차 쉬워지고 있다. 구글 텐서플로우TensorFlow, 마이크로소프트의 에저 머신러닝Azure MachineLearning, 아마존의 세이지메이커SageMaker는 머신러닝 알고리즘에 접근하는 것(데이터 훈련을 통해서가 아님; 뒤에서 더 상세히 다룸)을 용이하게 한다. 다양한 플러그앤플레이 장치들을 조합하여 새로운 해결책을 상대적으로 쉽게 찾을 수 있게 한다.[11]

설령 이러한 기술을 내부적으로 보유하고 있지 않더라도 캐글Kaggle 같은 데이터 사이언스 크라우드소싱 도구를 활용하여 이를 수행할 소규모 집단을 찾을 수도 있다. 비즈니스에 필요한 특정한 수요에 최적화된 시스템을 만들기 위해 캐글 같은 크라우드소스 대회를 개최하여 데이터 사이언스의 참여를 유도할 수 있다.[12]

프로그래밍 능력이 매우 부족하거나 전혀 없더라도 인공지능 도구에 대한 접근성을 높이기 위한 노력은 계속되고 있다. 예를 들어 IBM의 왓슨 애널리틱스Wastson Analytics는 비즈니스 사용자에게 엑셀 데이터를 업로드하고 소셜 미디어 피드와 같은 대체 데이터를 데이터셋에 통합할 수 있게 하고, 코드가 아닌 자연어를 활용한 기초적인 쿼리를 통해 수행할 수 있게 한다.[13] AT&T 랩스는 인공지능 애플리케이션에서 한데 모여 작동하는 머신 비전 혹은 감정 분석 기능의 인공지능 위젯widget을 내부 플랫폼으로 개발하려는 원대한 프로젝트를 진행하고 있다.[14]

여러 면에서 이러한 개발 트렌드는 개인용 컴퓨터 장치를 어느 곳에서나

즐길 수 있게 된 것과 유사하다. 그래픽 유저 인터페이스가 등장하기 전에는 컴퓨터를 사용하기 위해 사용자가 커맨드 라인 인터페이스를 사용해야 했고 컴퓨터 언어에 대한 전문 지식이 필요했다. 1983년에 애플이 포인트와 클릭 기반의 인터페이스를 개발하면서[15] 컴퓨터 사용자가 특정한 전문 기술 없이도 직관적으로 새로운 프로그램을 스스로 이해하고 사용할 수 있게 되었다. 비슷한 맥락으로 과거에 개인 혹은 소규모 기업이 웹 사이트를 직접 만들기 위해서는 전문화된 웹 개발 언어를 배워야 했지만, 지금은 온라인 상거래에서 사용할 수 있는 엔진 기술과 같은 여러 기능을 갖춘 전문가 웹 페이지를 쉽게 만들 수 있는 서비스가 여럿 존재한다.

이러한 위젯 접근 방식은 전문가가 처음부터 만든 것보다 상대적으로 덜 정교하고 견고하지 않지만 인공지능 실험 비용을 현저히 낮출 수 있는 장점이 존재한다. 더욱이 비즈니스와 관련된 문제에 대한 고도화된 정보들을 다양한 커뮤니티에게 제공하여 인공지능 전문가가 존재하지도 않았던 영역의 문제를 해결할 수 있는 계기를 제공한다. 예를 들어 우버는 미켈란젤로Michelangelo라는 서비스 플랫폼으로 내부의 머신러닝을 공개했다. 이로 인해 해당 팀들이 새로운 솔루션을 신속하게 사용할 수 있게 되었고 비즈니스 전반에 걸쳐 상당한 발전을 이루게 되었다. 예를 들어 배송 동선과 수요 예측을 개선하여 우버이츠UberEats의 배달 시간을 더 정확하게 추정할 수 있게 했다.[16]

이러한 개발 트렌드는 인공지능 도구에 대한 접근성을 크게 향상시키고, 인공지능 적용을 모색하는 기업들에게 필요한 인재 요구사항에 변화를 준다. 그러나 이것을 진정한 의미에서의 인공지능 민주화와 혼동해서는 안된다. 인공지능 전문가에 대한 필요는 특히 기존의 기술적 경계를 넓히려는 기업에게 계속해서 중요하다. 더욱이 다음 장에서 더욱 자세히 살펴볼 사항으로 데이터에 대한 접근성, 특히 대규모 단위의 유용한 데이터에 대한 접근이 특정 집단에게만 한정된 시장에서는 데이터 접근성이 곧 시장에서의 권력이 될 것이다.

18.3 금융 서비스에서 인공지능 트렌드

다가오는 가까운 미래에 금융 기관에 의한 인공지능 전략 적용 중에서 무엇이 산업에 가장 큰 영향력을 미칠까? 일부 예외사항은 있겠지만 새로운 인공지능 기술 개발은 금융 기관에 의해 진행되지 않을 것이고, 가까운 미래에 금융 기관이 대규모 투자를 하는 것도 쉽지 않을 것이다. 경쟁하는 금융 기관들은 대개의 경우 다양하고 정교하게 만들어진 인공지능 모델 툴킷(소프트웨어 프로그램)를 활용하고, 궁극적으로 상품화된 모델을 사용할 것이다.

이를 통해 볼 때 금융기관은 어떻게 인공지능을 활용하고, 수익률 개선을 위해 어떻게 차별화하고 방어할 것인가? 정답은 상품화 모델을 훈련시킬 데이터 보유 여부에 있다. 상대적으로 효과적인 결과 값을 도출할 수 있는 상품화된 모델이 상당한 차별성을 만들어낼 것이다. 뒤에서 차별된 경쟁력을 얻기 위한 데이터 사용 방법을 살펴볼 것이다. 경쟁력을 확보하기 위해 두 가지 방향에서의 시도가 필요하다. 차별화된 데이터셋을 구축하고 이의 사용에 따라 데이터의 규모 측면에서 지속적인 이점을 만들어낼 수 있는 선순환 데이터 사이클 *virtuous data cycles* 구조를 만들어야 한다.

18.3.1 대체 데이터와 퀀터멘털 자산운용

헤지 펀드 매니저와 액티브 펀드 매니저(S&P 500과 같은 벤치마크 지수를 추종하기 보다 벤치마크 지수 보다 높은 수익률을 액티브하게 추구하는 펀드 매니저)가 벤치마크를 뛰어 넘는 알파를 찾기가 점점 더 힘들어지고 있다. 이로 인해 투자자들은 액티브 펀드에 대한 투자에서 수수료가 상대적으로 낮은 패시브 투자(벤치마크 지수를 추종하는 펀드)로 전환하고 있으며, 액티브 펀드 매니저들은 그들 자신을 차별화하고 신뢰할 만한 알파를 만들어야 하는 압박을 받

고 있다.[17]

인공지능은 이러한 딜레마 상황에 대응하기 위한 가장 강력하고 핵심적인 전략 중 하나이다. 비정형 데이터에서 실행 가능한 실시간 인사이트를 제공하는 인공지능 도구의 힘은 자산의 미래 성과에 대한 유용한 신호를 제공할 수 있는 대체 데이터에 대한 골드 러시를 유발한다. 이러한 데이터의 예로는 핸드폰으로부터 수집되는 지형 위치 데이터, 인터넷과 소셜미디어에서 모은 방대한 데이터, 심지어 신흥 시장의 공장에서부터 여러분이 사는 지역의 식료품 가게에 이르는 모든 위성 이미지까지 포함한다. 이러한 데이터들은 적합한 모델과 결합하여 미래 시장 움직임에 대한 인사이트를 제공하고, 펀드 매니저에게 다른 경쟁자들과 차별화될 수 있는 중요한 경쟁력이 된다(그림 18.1 참고).

순수하게 계량적인 알고리즘 혹은 시스템적으로 프로그램화된 투자 전략에 기초한 투자는 몇 년에 걸쳐 연구되었고, 인공지능을 활용하여 상당히 많은 데이터를 면밀히 살펴보고 실시간으로 분석하고 반응했다. 더욱이 최근에는 펀더멘털 투자자fundamental investor(증권의 본질 가치에 기반해 장기적 관점에서 투자하는 투자자)들은 이러한 도구를 어떻게 그들의 전략에 적용할지를 탐구하고 있다. 이는 펀더멘털과 계량 분석법이 결합된 새로운 투자 방식을 만들었고, 종종 퀀터멘털quantamental이라고 불린다.[18]

순수한 퀀트 펀드는 최소한의 인간의 간섭을 통해 알고리즘 트레이딩이 가능하도록 발전하고 있으며, 퀀터멘털 기술은 펀드 매니저와 인공지능 기술이 함께 공생 관계를 만드는 데 더욱 집중하여 각각의 강점을 상호보완적으로 결합한다. 이러한 방식으로, 체스 전문가와 체스 컴퓨터가 상호간에 팀을 이루어, 최고의 인간 체스 그랜드마스터와 세상에서 가장 발전한 체스 프로그램을 계속해서 이기고 있다.[19]

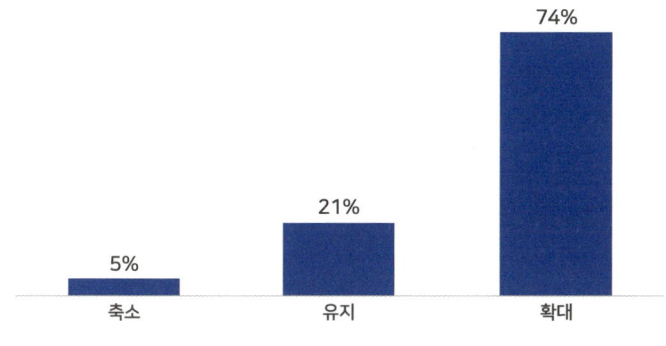

그림 18.1 　대체 데이터 사용 계획 – 헤지 펀드 2018. 헤지 펀드 매니저와 에셋 매니저 모두 대체 데이터 확보를 위한 투자를 더 확대할 것이라고 대답하였다. 출처: John Detrixhe, "Selling Data to Feed Hedge Fund Computers Is One of the Hottest Areas of Finance Right Now," Quartz, 2017년 9월 20일, https://qz.com/1082389/quant-hedge-funds-are-gorging-on-alternative-data-in-pursuit-of-an-investing-edge/

인공지능은 빠르게 데이터를 학습하고 분석하여 주요한 인사이트를 발견한다. 펀드 매니저가 이를 활용하면 기업 펀더멘털 분석 방식이 진화할 수 있다. 예를 들어 파이낸셜 타임즈의 분석에 따르면 스포츠웨어 리테일러 회사인 언더아머Under Armor의 웹 사이트의 채용 공고가 감소하고, 채용 사이트에서 해당 회사에 대한 내부 직원 평가 지수가 감소하고, 웹 사이트에서 판매하는 해당 브랜드 상품의 평균 가격이 감소하는 것과 같은 미래를 참고할 수 있는 지표들을 펀드 매니저가 사전에 감지했더라면 2017년 2분기에 발표된 언더아머의 회사 실적에 놀라지 않았을 거라고 한다.[20]

감정이 없고 합리적인 컴퓨터를 통한 데이터 중심의 분석이 자금 매니저와 만나면 효율성이 높아질 수 있다. 에센티아 애널리틱스Essentia Analytics는 펀드 매니저에게 그들 스스로의 과거 트레이딩 활동을 분석할 수 있는 도구를 제공하고, 좋지 않은 투자 포지션을 너무 일찍 포기(혹은 너무 늦게 포기)하는 것과 같은 약점을 발견할 수 있도록 돕는다. 그리고 어떻게 펀드 매니저의 성과를 향상시킬 수 있는지 자문을 제공한다.[21] 이러한 시스템은 과거의 관습에 편하게 머물러 있는 트레이더에게 '미래의 자아로부터' 개인화된 이메일을 발송해 그들의 잘못된 행동을 피하고 상기시키도록 돕는다.

퀀터멘털 접근법이 가까운 미래에 폭발적으로 증가할 것으로 예상되는 이유가 있다. 사실 이러한 전략의 핵심 아이디어는 새롭지 않으며(뱅크오브어메리카 메릴린치는 알파 서프라이즈Alpha surprise라는 퀀터멘털 접근법의 아날로그 버전을 1986년부터 계속해서 진행해 왔다[22]), 인공지능에 대한 접근성이 현저하게 높아지고 있으며 인공지능 기술을 통한 방대한 비정형 데이터를 학습하는 능력이 비약적으로 발전하면서 이러한 접근법은 계속해서 강화될 것이다. 월스트리트의 컨설팅 회사인 탭 그룹Tabb Group에 따르면 대체 데이터 시장이 2016년에는 미화 2억 달러 규모의 판매 시장이었지만, 향후 4년 이내에 규모는 두 배가 될 것이라고 한다. 그린위치 어소시에이트Greenwich Associates가 진행한 설문조사에 따르면 74퍼센트의 헤지 펀드 회사가 2018년에 대체 데이터에 대한 투자를 늘릴 계획이라고 한다.[23]

아이러니하게도, 퀀터멘털 전략의 인기가 높아질수록 해당 전략의 수익성에 위협이 될 것이다. 왜냐하면 퀀터멘털 전략은 대중에 공개된 데이터를 기반으로 하는데 여러 기업이 해당 전략을 복제하여 사용할수록 알파가 존속되는 기간이 짧아지기 때문이다. 그린위치 어소시에이트의 보고서에는 다음과 같이 쓰여 있다. "대체 데이터는 앞으로 오랜 기간 활용될 것이며, 포트폴리오 매니저가 사용하는 핵심적인 툴킷이 될 것이다."[24]

일부 펀드 매니저는 대체 데이터 공급자와 배타적인 계약을 체결하여 자신만이 사용할 수 있는 데이터를 모색할 것이다. 예를 들어 헤지 펀드 회사가 여러 모바일 네트워크 운영자로부터 지리 위치 정보를 배타적으로 제공받아 소매업자의 매출 성과를 예측할 수 있을 것이다. 데이터에 대한 배타적인 사용권을 확보하면 확실히 장점이 있지만 해당 사항에 대한 법적 해석이 명료하지 않다. 현재 글을 쓰는 시점에서 데이터 사용에 대한 법적 해석 명료성이 제한적이고 해당 사항에 대한 주요한 법적 사례가 존재하지 않는다. 그러나 많은 평론가가 말하기를 배타적인 계약에 따른 비공개 정보 거래는 미국 및 여러 지역에서 내부 정보 거래 위반으로 간주될 수 있는 위험이 있다고 한다.[25]

18.3.2 금융 기관에 의한 금융 기관을 위한 서비스로서의 인공지능

다행히도 금융 기관에 있어서 전용 데이터셋을 확보하는 것만이 인공지능을 중심으로 외부의 경쟁 기관으로부터 방어적인 가치를 구축하는 유일한 방법은 아니다. 차별화된 규모의 데이터 흐름을 확보하기 위한 전략을 추구하는 것은 종종 인공지능 제품의 선순환virtuous cycle 또는 인공지능 플라이휠 효과AI flywheel effect를 통해 일련의 전략적 이점을 확보하는 데 도움이 될 수 있다. 이는 데이터가 인공지능 제품을 개선해 기존 고객의 참여를 더욱 강화하고 새로운 고객을 유인해 선순환 주기를 만드는 데 사용할 수 있는 더 많은 데이터를 창출하는 과정을 설명한다.

이는 거대 기술 기업들에게 있어서 핵심적인 아이디어가 되어 왔다. 상품을 배포하는 목적이 수익을 내기 위함이 아니라 데이터를 모으는데 있다. 이는 기존 금융 기관들이 그들의 금융 상품을 고객들에게 파는 것을 궁극적인 목적으로 여기고 그들의 데이터를 강화하는 사이클을 만드는 것으로 보는 것이 아니라 단순히 상품으로 간주하며 데이터를 모으고 관리하기 위한 일종의 수단으로 여기는 것과 전혀 다른 접근 방식이다.

그러나 점차 많은 금융기관들이 그들 기업에 있어서 데이터와 인공지능

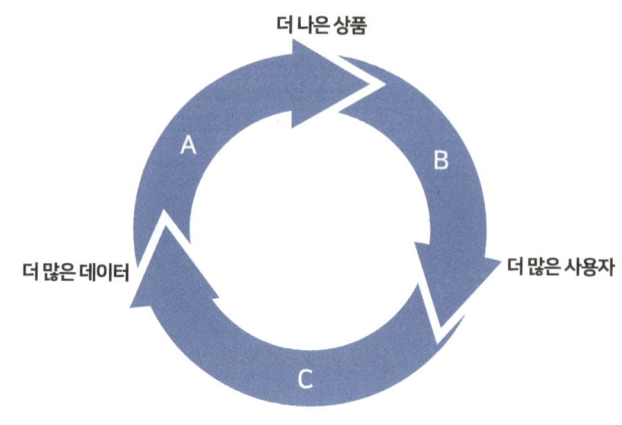

그림 18.2 인공지능 플라이휠 효과. 인공지능 애플리케이션 향상에 있어서 데이터의 역할은 가치 있는 데이터를 스스로 강화하는 사이클을 통해 플라이휠 효과 실현을 가능하게 만드는 것이다.

의 역할을 다르게 보기 시작했다. 16장에서 이미 논의했듯이 중국의 금융 기관인 핑안보험은 운영 개선을 위해 여러 인공지능 기술을 개발하였다. 예를 들어 미세한 안면 움직임을 인식할 수 있는 기술이 적용된 화상 채팅 대출 인터뷰를 통해 차입자의 채무 불이행 가능성을 평가하고,[26] 머신 비전을 적용하여 낮은 가치의 자동차 보험 청구 업무를 보다 신속하게 처리할 수 있는 시스템을 개발했다.

기존 관점에서 보면 이러한 기술을 개발한 금융 기관들은 그들의 경쟁사로부터 경쟁력이 있는 이점을 누리기 위해 해당 기술을 폐쇄적으로 사용할 것이라고 예상하지만 핑안은 다른 길을 택했다. 그들이 보유한 기술을 독점하는 것이 아니라, 그들이 보유한 다수의 기술을 원커넥트*OneConnect*라고 불리는 서비스로 제공했다.[27] 이 기술은 현재 수많은 중국의 소형 은행과 보험 상품 공급자들이 사용하고 있으며 위챗과 앤트파이낸셜 같은 기업들과 경쟁하기 위해서 계속해서 기술적 능력을 빠르게 업데이트하고 있다.

이러한 전략에는 두 가지 장점이 있다. 한 가지 장점은 핑안은 자신들이 이미 투자한 일련의 IT 프로젝트들을 통해 확보한 기술을 사용할 수 있고, 이를 통해 비용을 수익으로 전환할 수 있다. 더욱 중요한 것은, 다른 기관의 대출 심사와 보험 청구 내용을 자체 시스템으로 가져와서(금융 기관이 해당 데이터 공유에 동의하는 경우에 한함) 모델에 필요한 학습 데이터의 양과 다양성을 증가시킬 수 있다. 이를 통해 핑안은 인공지능 휠을 돌릴 수 있는 기회를 갖게 되었다. 원커넥트 모델에 더 많은 데이터가 유입될수록 다른 금융 기관의 내부 시스템보다 더욱 우수한 모델 성능을 갖게 된다. 이로 인해 기관들이 자신들의 내부 시스템을 버리고 원커넥트 모델을 채택하는 것을 합리적으로 생각하게 되고, 더 많은 데이터가 유입되면서, 제공되는 서비스의 성능이 더욱 향상된다. 시간이 지날수록, 데이터의 규모를 기반으로 일련의 기술적 우위를 확고히 할 수 있는 가능성이 높아진다. 원커넥트는 (글을 쓰는 현재 시점에) 미화 30억 달러 규모의 기업 가치로 추정되며 핑안으로부터 분사를 계획하고 있는 것으로 보인다.[28]

미래를 예측했을 때, 더 많은 기관들이 이러한 서비스를 배포할 것이라고 예상된다. 16장에서 살펴본 여러 인공지능 상품들에 대한 실제 예시들은 위와 같이 구조화된 방식으로 기업의 포지셔닝을 위해 사용되고 있다. 여러 측면에서 금융기관들은 거대 기술 기업들보다 이러한 서비스 배포를 통해 성공하기에 더 좋은 위치에 있다. 그들의 현재의 운영 체계는 이러한 시스템을 개발하고 인공지능 플라이휠을 작동시키는 데 필요한 데이터를 제공한다. 거대 기술 기업은 해당 비즈니스 영역에 진입한지 오래되지 않았고 해당 분야에 특화된 서비스를 만드는 데 상당한 어려움을 겪을 것이다.

이와 같이 서비스로서의 인공지능이 제공하는 서비스는 금융 서비스 생태계를 변혁시킬 만한 잠재력을 갖는다. 이 책에서 이미 여러 번 논의했듯이, 전 세계의 기존 금융 기관들은 그들의 내부 시스템을 업데이트하는 데 어려움을 겪고 있으며, 특히 작은 규모의 지역 및 커뮤니티 은행은 상당한 비용을 투자해야 하는 어려움에 직면해 있다. 미국 및 서유럽의 거대 금융 기관들이 원커넥트와 비슷한 서비스를 그들의 시스템을 발전시키는 것과 동시에 수익성 있는 새로운 비즈니스를 개발하기 위한 목적으로 외부에 제공할 것이라는 것을 상상하기 어렵지 않다. 이러한 서비스는 독일의 슈파카세 은행*Sparkassen Bank*에서부터 미국의 수천 개의 커뮤니티 은행까지, 그들의 고객들과 밀접한 관계성을 맺고 있지만 구식의 IT 시스템을 보유하고 있는 은행들이 관심을 가질 것이다.

18.3.3 인공지능 기반의 셀프드라이빙 금융

가까운 미래에 인공지능이 금융 서비스에 적용되어 트레이딩 의사결정 방식에 어떤 영향을 미치고, 운영 방식에 어떤 영향을 미칠지 고려해야 한다. 이를 통해 앞으로 인공지능을 활용하여 어떻게 고객 경험을 형성하고 어떻게 새로운 형태의 가치를 사용자에게 제공할지 고민해야 한다.

역사적으로 금융 상품 판매에 있어서 중요한 차별화 포인트는 두 가지가 있었다. 하나는 가격이고 다른 하나는 그것이 전달되는 방식에 있어서의 편이성이다. 다른 말로, 상품 가격이 적정하고 고객들의 상품에 대한 접근성이 상대적으로 용이할 때 상품 판매에 대한 경쟁력을 갖는다. 그러나 이러한 두 가지 차별화 요소가 점차 약해지고 있다. 통합 도구 및 비교 사이트가 새로운 가격을 발견하는 데 필요한 비용을 낮추고, 최저가 가격의 상품을 찾는 것을 쉽게 해준다. 17장에서 논의했듯이 금융 서비스의 플랫폼화*platformization* 트렌드는 지속될 것이며, 최저가 가격을 통한 차별화를 만들 수 있는 커다란 규모의 플레이어만이 승리할 수 있다.

핀테크와 인공지능 트렌드에 대한 기존의 논의들은 레그테크와 같은 소규모 특화 회사 및 핑안의 원커넥트와 같은 대형 기관에서 제공하는 서비스로서 제공되는 인공지능 기술들이 운영 측면에서 얼마나 탁월하게 적용될 수 있는지에 대해 보여준다. 고객에게 이러한 기술들을 빠르게 제공하고, 고객의 요구사항에 대응하고, 기본적인 디지털 서비스를 제공하는 것이 점점 보편화되어 금융 상품 판매 측면에서 차별성을 갖지 못할 것이다.

이에 대응하여, 금융 기관들은 그들 자신을 고객들로부터 차별화하기 위한 새로운 방법들을 모색할 것이다. 17장에서 플랫폼 기반 금융 서비스 모델들이 어떻게 작은 규모의 금융 상품 공급자들을 틈새 시장과 고객 맞춤 상품에 특화되게 만드는지를 살펴보았다. 여기서는 고객 경험을 보유한 회사(대부분 플랫폼 형태 회사)들이 앞으로 그들 자신을 어떻게 차별화할지 살펴볼 것이다.

우리는 금융 플랫폼들이 여러 다른 금융 기관들의 상품을 비교하고 아마존의 '고객 맞춤 추천' 상품 제안과 같은 기본적인 추천을 인공지능을 통해 제공할 수 있다는 것을 알고 있다. 불행하게도, 이러한 새로운 옵션과 제안들은 고객들에게 실질적인 혜택을 주지 못할 수도 있다. 고객들을 위한 많은 선택권이 항상 더 좋다고만 볼 수 없다. 특히 금융 서비스 분야와 같이 복잡한 상품을 다루는 영역은 더욱 그렇다. 2003년 아이엔거, 후버맨, 지앙*Iyengar, Huberman, Jiang*이 발표한 한 연구 결과에 따르면 직원들의 401(k) 플랜에 대한 참여율은 플랜에 더 많은 펀드 옵션들이 더해질수록 낮아져 갔다. 왜냐하면 직원들이 플랜에 포함된 다양한 옵션을 선택하는 어려움을 감당하기 보다는 플랜에 가입하지 않는 것을 선택했기 때문이다.[29]

이것은 단순히 고객을 위한 선택권이 많아지는 것이 고객 참여도를 성공적으로 높이는 것이 아님을 의미한다. 플랫폼은 고객들이 여러 옵션들을 잘 살필 수 있도록 도와줘야 하며 그들의 재무적 수익률을 개선해야 한다. 이상적으로는 고객들이 가장 최소한의 노력만 하도록 해야 한다. 투자 수익을 높이고 고객의 불편함을 최소화하는 것은 자동화, 혹은 셀프드바이빙*self-driving*이라고 불리는 금융 분야에서 가장 핵심적인 전략이다.

셀프드라이빙 파이낸스는 금융 서비스 분야에서 고객 경험 소유자가 개인과 소규모 비즈니스에게 금융 관련 업무에 대한 일상적 관리에 대한 자동화 및 최적화를 제공하여 그들의 금융 목적을 더 잘 달성할 수 있도록 돕는 가치를 제공할 수 있다. 예를 들어 셀프드라이빙 파이낸스 에이전트는 3개월 후에 휴가를 계획하고 있는 고객이 보유한 계좌에 들어있는 자금을 단기간 저위험 투자 상품에 투자하거나 개인의 이자 상환 혹은 대출 청산에 사용하며 최적화를 수행한다.

이러한 서비스를 지속적으로 제공하며 최적화해 나가다 보면 고객의 금융 목적을 달성하는 데 상당한 도움이 될 것이다. 예를 들어 단기 예금 계좌를 통해 수익률을 높이는 기회를 제공할 수 있는데, 이는 프라이빗 뱅커*private bankers*가 고액자산가*high-net-worth individual*에게 제공하는 자산관리 서비스와 유사한 방식이다. 이는 고객들이 일반적으로 하는 값비싼 비용을 치르는 실수를 방지하는 데 도움이 된다. 여러 신용카드를 통해 대출을 받은 개인이 대출금을 갚는 방식을 예로 들어 보자. 가장 빠른 방식은 이자가 높은 신용카드 대출부터 상환해가는 것이다. 그런데 영국에서의 한 연구 결과에 따르면 단지 10퍼센트의 개인만 이러한 전략으로 대출금을 갚고 있고, 많은 경우 여러 카드에서 비슷한 금액으로 상환하고 있다고 한다.[30] 고객들이 셀프드라이빙 파이낸스 에이전트를 활용하면 이러한 종류의 실수를 하는 것에 대해 걱정할 필요가 없게 된다.

기본적인 솔루션에 더해서, 셀프드라이빙 에이전트는 개인이 보유한 정보를 활용하여 자산관리 기회를 확인하고 심지어 행동 양식을 코치하고 개인이 더 나은 금융 습관을 갖도록 하여 목표하는 금융 목적을 달성할 수 있도록 돕는다. 이것은 재무 건전성*financial health*이라는 용어로 불리고 있다. 사람들이 육체적 건강을 위해 운동을 하고 정신적 건강을 위해서 처방을 받듯이 재무 건정성을 위해서 기술을 사용할 수 있다. 예를 들어 클래리티 머니*Clarity Money*라는 개인

자산관리 서비스는 고객들의 금융 거래 데이터를 통해서 고객들이 더 이상 사용하지 않는 구독사항을 확인하고, 자동적으로 구독을 해지하는 과정을 거친다.[31] 이와 동시에, 남아공의 디스코버 뱅크Dicover Bank(디스코버 뱅크는 디스코버라고 불리는 보험 회사에 의해 설립되었다)는 고객 행동을 추적하고 건전한 금융 결정에 대한 보상을 제공한다.[32] 이러한 서비스들이 일정 수준 이상의 인공지능 기술을 접목하고 있다고 보기는 어렵지만 수많은 고객들의 비구조화된 개인 정보를 분석하여 심도 있고 시기 적절한 통찰력을 이끌어낼 수 있는 인공지능 도구들이 적용되면 제공할 수 있는 서비스 범위가 얼마나 확장되고 고도화될 수 있을지 상상할 수 있다.

소규모 기업들에게 이러한 시스템이 주는 혜택은 상당할 것이다. 대부분의 경우 소규모 기업들은 자금 흐름에 대한 관리와 성장을 위해 필요한 자본에 대한 접근성에 일반적으로 어려움을 겪는다. 소규모 기업들이 특화된 회계 관리와 자금 기능을 내부적으로 소화할 만한 규모로 갖추지 못했다는 사실은 놀랍지 않다. 꽃가게 체인점 혹은 작은 규모의 금속 도금 공장이 성공적으로 운영된다는 사실 그 자체가, 회사에 필요한 금융 서비스 모두를 충족하기 위한 기술들을 보유했다는 것을 의미하지 않는다. 중소기업을 위한 셀프드라이빙 파이낸스 에이전트는 해당 기업이 과거에 보인 특성들에 대한 상세한 이해를 바탕으로 미래 지향적인 수치들을 결합하여 현금 흐름 악화 및 확장 기회를 사전에 모색하여 유리한 조건으로 반복되는 신용 흐름을 확보한다. 동시에 회사 회계 장부에 대한 접근성을 통해 이익잉여금이 언제 어디에 운영 자금으로 필요한지 상세하게 알 수 있어 자금 사용 분배를 최적화할 수 있고 단기간의 저위험 상품에 투자할 수도 있다.

셀프드라이빙 파이낸스 에이전트가 지닌 잠재적인 혜택은 명확하다. 그런데 어떤 업체가 이러한 서비스를 제공하기에 최적화되어 포지셔닝되었는가? 셀프드라이빙 파이낸스의 모든 잠재력을 활용하기 위해서는 개인 고객 수준에서의 개인 정보 및 금융 정보의 결합이 필요하며, 그러한 가치를 창출할 수 있는 데이터에 대한 기술 활용 능력이 있어야 한다. 금융 기관은 개인들에 대한 금융 정보를 보유하고 있으며, 오픈 뱅킹 규정이 도입되면서 제 3의 기관과 거대 기술 기업이 기관으로부터 데이터를 가져오기가 용이해졌다. 기술 기업들은 금융 기관이 보유한 개인 정보를 활용할 수 있게 되었고 그들이 보유한 인공지능 기술을 데이터에 적용하면서 상당히 유리한 입장에서 시작하게 되었다. 중소기업에게 회계 소프트웨어를 제공하는 업체들은 종종 회사의 상세한 운영 데이터를 활용하는 데 있어서 은행들보다 더 나은 위치에 있다.

18.4 금융 서비스에서 인공지능의 책임 있는 규제

금융 서비스 가치 포지셔닝에서 인공지능이 지니는 중심적 역할이 계속해서 높아짐에 따라, 해당 분야와 관련한 규제 담당자들은 고객 이익 보호와 이러한 기술 적용이 금융 시스템의 안정성과 건전성에 끼칠 문제에 대해 고민하고 있다. 이미 전 세계의 규제 담당자들은 오늘날 인공지능이 사용되는 방식을 더 잘 이해하고 미래에 이러한 기술이 어떻게 적용될 수 있는지에 대한 원칙을 분명히 하고 있다. 예를 들어 금융안정위원회 Financial Stability Board는 금융 서비스 규제 입안자들을 위한 국제적인 협력 기관으로 이러한 주제에 대한 상세한 연구를 담은 여러 개의 보고서를 발간했다.[33] 싱가포르 통화청 Monetary Authority of Singapore은 금융 서비스에서 인공지능 활용에 대한 공정, 윤리, 신뢰, 투명성 FEAT: fairness, ethics, accountability, and transparency 원칙을 발표했다.[34]

이러한 논의가 진전됨에 따라서, 논의되는 내용들의 미묘한 차이를 이해하고, 금융 서비스에 적용되는 모든 인공지능 기술을 동일한 것으로 인식하지 않는 것이 중요하다. 여러 인공지능 적용 기술들은 기존의 존재하는 규제 프레임워크의 일부만 변경되거나 아니면 변경될 필요 없이 현재 상황에서 적용될 수 있다. 핵심적인 규제 원칙들은 연관성 있게 유지되어야 하며, 정책이 적용되는 프레임워크만 업데이트될 필요가 있다. 일부의 경우에는 말 그대로 완전히 새로운 정책이 필요하지만, 이는 일부에만 한정될 것이다.

예를 들어 신중한 규제 정책자는 서비스로서의 인공지능이 단순히 그것이 실제로 인공지능 용도로 기능하는 것을 넘어 금융 시장의 운영 구조를 바꾸어 새로운 고민거리와 이와 연관된 위험들을 만들어낼 것을 우려한다. 규제 정책자들은 이미 이러한 위험을 평가하고 해결할 수 있는 정교한 도구들을 보유하고 있다. 인공지능이 적용되었다는 이유만으로 새로운 정책을 만들기 보다는 리스크 해결에 필요한 도구들을 계속 사용하고 개선하는 것이 낫다.

같은 맥락에서, 셀프드라이빙 파이낸스 에이전트는 금융 기관 직원에게 요구되는 수준의 적합성 원칙과 최선의 노력 원칙을 일관되게 유지해야 하며, 경우에 따라서 신의성실의무 원칙을 준수해야 한다. 사람은 할 수 없는 산더미 같이 많은 비정형 데이터로부터 얻은 인사이트를 결합하면서 더 낮은 비용으로 인공지능이 작업을 수행할 수 있다는 사실 그 자체가 고객의 이익이 보호되는 방법에 대한 수준과 기대치에 영향을 미치지 않아야 한다.

일부의 경우에는 규제 기저에 있는 원리 원칙은 유지하면서 비즈니스 영역에 인공지능 모델 적용에 대한 규제의 기준과 실행에 대한 개선을 필요로 할 것이다. 예를 들어 발전된 판결 모델이 의도하지 않게 소수자와 다양한 소외 계층을 법적이지도 윤리적이지도 않은 방식으로 차별할 위험이 높다는 것은 잘 알려져 있다. 이것은 개발자가 데이터 입력 값을 선택하는 과정에서 의식적, 비의식적 선입견이 내재화되고 모델이 자기 스스로 이러한 선입견을 학습하기 때문에 발생한다. 어떤 경우에는, 이런 모델이 사회적으로 악영향을 미치지 않도록 강력한 내부 거버넌스와 검토 프로토콜을 개발하고 외부의 규제와 컴플라이언스 방식을 갖춰야 할 수 있다.

마지막으로, 신중한 규제 대응이 필요한 새롭고 흥미로운 질문을 제기하는 사례가 있을 것이다. 이것과 관련하여 자주 언급되는 명백한 사례는 '설명'의 문제이다. 만약 모델이 그 모델을 만든 제작자조차 주어진 결정 이면의 추론 과정을 설명할 수 없을 정도로 충분히 복잡하다면 그 모델이 사용될 수 있을까? 이 질문에 대답하기 위해서는 뉘앙스적 사고 방식이 필수적이며 단 하나의 대답만 있는 경우는 매우 드물 것이다. 예를 들어, 설명해야 하는 이유가 적용되는 요구 사항 혹은 솔루션의 유형을 결정한다. 일부 모델은 고객 혹은 사용자에게 다양한 합리적인 결정을 제공해야 하며, 반면에 규제 정책자들에게는 완전한 투명성을 제공해야 한다. 일부의 경우에는 모델이 합리적인 범위 내에서 작동하는 것을 보장하기 위해서 가드 레일guard rail 혹은 서킷 차단기circuit breakers 세트를 설치하는 것만으로도 충분할 수 있다.

궁극적으로, 금융 서비스에서 인공지능 사용 증가에 대한 적절한 규제는 면밀한 주의와 지속적인 감독이 요구된다. 더욱 중요하게, 이러한 기술이 적용되는 것은 금융 기관, 그들의 고객, 전반적 사회의 요구를 반영해야 한다. 금융 기관, 학계, 소비자 보호 단체 등의 통찰력을 한데 모아 다양한 이해관계의 노력을 통해 이러한 규제들을 실행하고 주기적으로 새롭게 개선해야 한다.

파트 6

인공지능과 가상자산

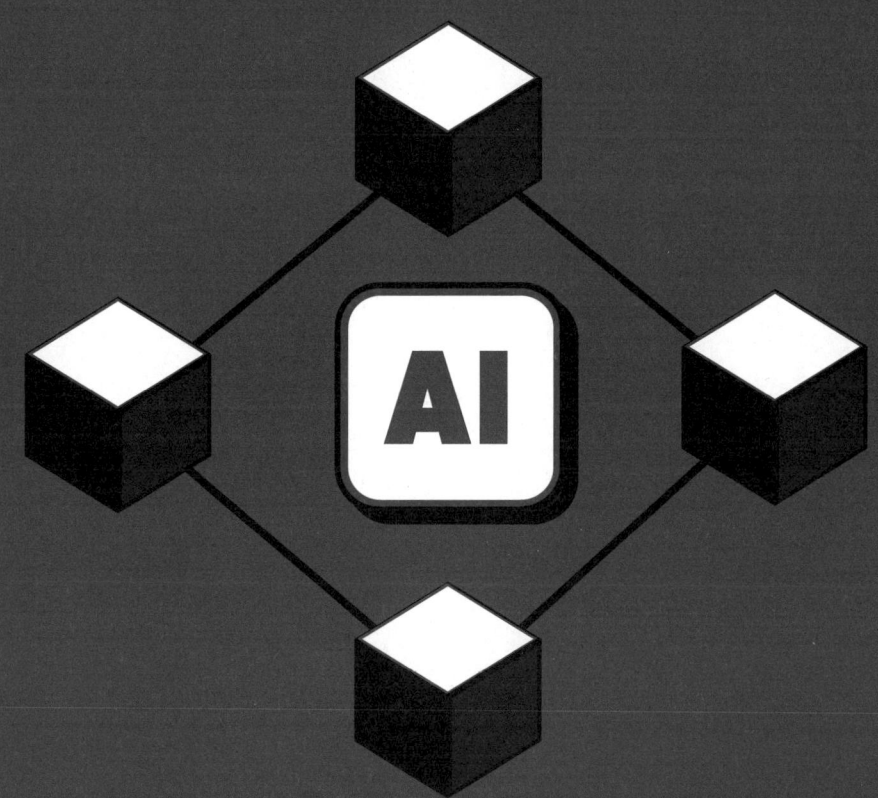

앞에서 현재 동향을 살펴보았으며, 향후 몇 년 동안 금융 부문에서 빠르고 근본적인 변화가 일어날 가능성이 다분하다는 것을 알 수 있었다. 특히 두 가지 기술을 주목해야 하는데 하나는 가상자산이고 다른 하나는 인공지능이다. 향후 핀테크와 광범위한 금융 시스템이 발전하는 것과 가상자산과 인공지능이 발전하는 것이 밀접하게 연계되어서 큰 변화가 진행될 때 가상자산과 인공지능은 중요한 역할을 담당하게 될 것이다.

이 책이 이제 끝나가는 시점에 다음과 같은 질문을 할 수 있다. 가상자산과 인공지능이 서로 무슨 관계가 될까? 가상자산과 인공지능이 계속 성장하고 발전하여 미래 금융 시스템에서 더 핵심적인 역할을 할 경우 가상자산과 인공지능의 상호작용이 잠재적으로 어떤 영향을 미칠까?

이들 기술을 금융 서비스에서 상품화하여 배치하는 것은 아직 초기 단계에 있으며, 두 기술이 어떻게 서로 영향을 미칠 것인지는 고사하고 각 기술이 어떤 영향을 미칠지 완전히 파악하기까지 몇 년이 걸릴 수 있다. 그러나 어떤 일이 일어날지, 몇 가지 가능성을 상상하는 일을 멈출 수도 없고 그렇게 해서도 안 된다.

19장

가상자산-인공지능 세계의 시나리오들

미래가 어떻게 전개될지 우리에게 알려줄 수 있는 수정 구슬은 없다. 그러나 인공지능과 가상자산이 금융 서비스를 변화시키기 위해 어떻게 상호작용할 수 있는지를 알려주는 몇 가지 이야기를 할 수는 있다. 이러한 시나리오들이 이상하거나 거칠어 보일 수 있고, 잠재적으로(아마, 아닐 수도 있음!) 완전히 틀린 것으로 판명될 수 있지만 이런 시나리오들을 논의하고 자세히 살펴볼 가치는 있다.

이 장에서는 인공지능과 가상자산이 어떻게 결합되어서 금융 생태계와 더 넓은 경제를 재편할 수 있는지에 대한 여러 시나리오를 살펴본다. 기존 회계 시스템에서 블록체인 기반의 실시간 지능형 감사로 전환하는 것에 대해 살펴볼 것이다. 인공지능 기반의 블록체인이 분산형 자율 조직DAO: Distributed Autonomous Organization에서 어떤 역할을 할 것인지 살펴보고, 디지털 플랫폼의 개념을 새롭게 정의한다. 블록체인과 인공지능을 결합하여 개인이 자신의 개인 신원 데이터를 통제할 수 있는 사회를 상상해 본다. 이와 관련해서 인공지능 에이전트가 어떻게 활용되는지, 인공지능 민주화가 적용된 마켓플레이스를 어떻게 활용할 수 있는지도 살펴본다. 인공지능이 가상자산 도입을 가속화하는 방법을 논의할 것이다. 마지막으로 블록체인 기술을 활용한 인공지능 지원 시스템들이 상호 작용하면서 결제까지 하는, 새로운 M2M 결제 시대가 어떻게 가능한지 살펴볼 것이다.

19.1 실시간 감사

인공지능과 가상자산의 결합과 관련해서 살펴볼 첫 번째 시나리오는 실시간 감사의 근본적인 개선이다. 이 두 기술이 실시간 감사를 어떻게 변화시킬 수 있는지 그 의미를 이해하기 위해 감사audit가 어떻게 작동하는지 살펴본다.

현재의 조직 감사 프레임워크는 백미러로 들여다 보는 방식이다. 예를 들어 중소기업 대표는 회계사에게 기본 재무 정보(예: 영수증, 송장, 비용)를 제공하고, 회계사는 이 데이터를 가지고 일반적으로 인정되는 회계 기준에 따라 재무 보고서를 작성하는데, 여기에는 대차대조표와 손익계산서 같은 문서가 포함된다. 외부 감사인을 고용하는 경우도 있는데, 외부 감사인은 관련된 정부 기관이 정한 기준에 따라 재무 보고서를 검토하고 보고서에 제시되어 있는 정보가 특정된 날짜를 기준으로 해당 조직의 진실하고 공정한 재무 상태를 반영하는지 여부에 대한 의견을 표명한다.[01]

기존의 이 감사 프레임워크의 기원은 수백 년 전으로 거슬러 올라가는데, 15세기에 이탈리아에서 만들어진 복식 부기 시스템까지 올라간다.[02] 이 프레임워크가 잘 확립된 프로세스이기는 하지만 심각한 한계도 가지고 있다. 아마도 가장 눈에 띄는 것은 조직에서 이루어진 모든 거래를 검토하거나 재무 보고서의 모든 숫자를 감사인이 확인하는 것이 실용적이지 않다는 점이다. 왜냐하면 이 작업은 끝이 없고 어쩌면 불가능한 일일지도 모르기 때문이다. 대신, 감사는 선별적인 샘플링과 테스트를 기반으로 한다.

결과적으로 오늘날 감사인은 일부 부정 행위를 놓칠 수 있는데, 이는 수용 가능한 것으로 판단된다. 왜냐하면 감사의 주된 목적은 잠재적인 중대한 사기의 징후를 파악하고 재무 보고서에 기록된 정보의 전반적인 신뢰성에 대한 감사 의견을 제시하는 것이기 때문이다. 또한 감사인은 정해진 기간 동안만 주기적으로 감사 대상 회사를 방문하고 감사 기법은 소급해서 볼 수 있도록 설계되기 때문에 감사 과정에서는 기존에 발생한 부정 행위만 식별할 수 있을 뿐 애초에 부정 행위를 사전에 예방하지는 못한다.

감사의 복잡성이 조직의 규모에 따라 다르지만 조직 규모가 크든 작든 거의 모든 회사에 같은 프로세스가 적용되며, 감사가 전반적으로는 효과가 있지만 최근 몇 년 동안 일어난 사건들은 기존의 감사 시스템이 완벽하지 않다는 것을 보여 주었다. 앞으로 감사 프로세스의 효율성을 높이는 동시에 부정 행위를 실시간으로 파악해서 대응하는 일의 효율성을 개선하는 일에 있어 인공지능과 블록체인 기술이 어떻게 결합될지 그 방법을 상상할 수 있다.

이 시나리오에서 제시되는 인공지능과 블록체인의 결합은 이 장의 다른 대부분의 시나리오에서도 그대로 적용된다. 블록체인은 하나 혹은 그 이상의 조직에서 거의 실시간으로 업데이트되는 단일 정보 소스를 제공하는 신뢰할 수 있고 변경할 수 없는 기록 수단 역할을 한다. 그리고 인공지능은 해당 원장에 추가되는 데이터를 실시간으로 처리하는 분석 엔진을 제공하고 패턴 인식과 독립적인 학습 능력을 적용하여 유용한 통찰력을 추출하고 해당 통찰에 대한 반응을 자동화한다.

먼저 차세대 회계 시스템을 상상해 보자. 모든 거래는 회사의 재무 시스템에 직접적이고 즉각적으로 반영되어 연말 결산이라는 개념은 쓸모가 없어진다. 상각은 실시간으로 이루어지며 새로운 계약 체결이나 공장 내 공구 교체와 같은 가장 세부적인 변경 사항도 재무 시스템에서 인식된다. 정형화된 재무 데이터와 관련 비정형 데이터를 시스템에 함께 보관하고, 데이터의 수집과 제출을 자동화하기 위해 전사적으로 사물 인터넷Internet of Things을 활용할 수 있다.

이러한 시스템이 구축되면 모든 거래와 관련된 정형 및 비정형 데이터를 인공지능 기반 시스템에서 분석하여 오류, 불규칙, 잠재적 부정 행위를 파악할 수 있다. 지도 학습 기법과 비지도 학습 기법을 함께 사용하면 이 시스템에 점점 더 많은 데이터가 흐를 것이고, 그렇게 되면 잠재적인 문제를 식별하고 검토를 위해 기록하거나 직접 수정하는 작업이 점점 더 정확해질 것이다.

엄밀히 말해서 이러한 시스템은 분산형 블록체인 아키텍처가 아닌 중앙집중식 아키텍처를 기반으로 구축될 수 있다. 그러나 시스템에 블록체인을 추가하면 불변성이 통합될 수 있다. 새로운 거래의 검증과 원장의 불변성 유지를 담보하는 하나 이상의 제3의 검증자를 포함함으로써 각 거래가 아무리 사소한 것이라도 최초 입력 이후 어떠한 방식으로도 변경되지 않았다는 것을 입증할 수 있는 보증을 확립할 수 있다.

이러한 방식으로 기업의 거래를 신뢰할 만한 불변의 방식으로 기록하고 해당 거래를 인공지능 기반으로 분석(하고 효과적으로 감사)하는 작업을 기업의 요구 수준에 맞게 아무 때나 할 수 있다. 이런 시스템은 규제 당국, 세무 당국, 무엇보다도 회사 내부 경영진에게 도움이 될 것이다. 왜냐하면 경영진은 실시간 성과에 대해 훨씬 더 세분화된 분석 결과에 접근하고 분석 결과에서 제시된 통찰력을 바탕으로 중요한 비즈니스 의사결정을 내릴 수 있기 때문이다. 이를 통해 자본을 더 잘 분배하고 가치를 더 빠른 속도로 극대화할 수 있다. 분기 보고나 연말 감사 같은 개념은 무용지물이 될 것이고, 실시간 가격 정책을 지속적으로 적용할 수 있다.

물론 이런 시스템을 구축하려면 많은 어려움이 있을 것이다. 기업 행동에 대한 투자자의 신뢰를 보장하기 위한 감사 프로세스의 핵심적인 중요성이 기존 재무 시스템의 핵심이다. 따라서 결과에 대한 면밀한 검토 없이 빠르게 변경해서는 안 된다.

더 중요한 것은 우리가 상상하는 시스템에 두고 있는 믿음을 너무 섣부르게 과장해서는 안 된다. 이 시스템의 불변성의 강점은 합의 및 검증 메커니즘이 제대로 작동하는지에 따라 결정된다. 그런데 검증자(사실상 원장의 채굴자)에게 부여되는 인센티브가 기업의 원장을 수정하는 데 공모할 수 있을 정도라면 데이터의 불변성과 정확성을 담보할 수 없다. 이보다 더 어려운 것은 소위 '가비지 인, 가비지 아웃' 문제를 해결하는 것이다. 원장의 데이터가 불변이라고 믿을 수 있다고 하더라도 처음에 입력된 데이터가 정확하고 변조되지 않았다는 보장은 없다.

이는 감사인과 대형 감사 회사의 역할에도 영향을 미칠 것이다. 오늘날 대형 감사 회사는 회계 지식과 자격증을 갖춘 젊은 감사 인력을 대규모로 확보하고 있다. 그러나 스마트 계약 코딩이나 데이터 과학 지식을 갖춘 소수의 검증된 인재가 필요할 수 있으며, 이들의 역할은 지금과 같이 회계 수치에 익숙한 상태로 그 수치를 수작업으로 검토하는 것보다는 프레임워크를 검토하는 것에 더 초점이 맞춰질 것이다.

19.2 인공지능 분산형 자율 기업

이 책에서 살펴본 바와 같이, 아마존, 페이스북, 알리바바 같은 디지털 플랫폼은 오늘날 나와 있는 가장 성공적인 비즈니스 모델에 속한다. 이들 플랫폼을 활용하면 수백만 명, 경우에 따라서는 수십억 명의 사용자를 모을 수 있는 기술 중심의 린lean 조직을 만들 수 있다. 이들 플랫폼의 다양한 기능을 활용하여 구매자와 판매자를 연결할 수 있으며, 이를 통해 사용자들이 만든 새로운 유형의 콘텐츠를 만들고 배포할 수 있다. 더 중요한 것은 이들 플랫폼에 데이터가 집중되어서 프로세스를 자동화하고 사용자 경험을 개인화하는 인공지능 도구를 개발할 수 있다는 것이며, 이 과정에서 인공지능 플라이휠AI-flywheel이 자체적으로 강화된다는 점이다.

불행하게도 이들 플랫폼에도 해결해야 할 문제점이 있다. 왜냐하면 네트워크 효과를 통해 성장을 자체적으로 강화하면 해당 조직의 시장 지배력이 과도해지는 경향이 있기 때문이다. 플랫폼 사용자의 이익이 플랫폼 소유자의 이익과 항상 일치하지 않으며, 여기서 문제가 악화되기도 한다.

소유자와 사용자 간에 에이전시 비용이 있는 중앙집중식 디지털 엔터티가 아니라 플랫폼의 소유자와 사용자가 동일한 탈중앙화된 엔터티라면 어떻게 되는가? 이론상으로 블록체인 기술을 활용하면 탈중앙화된 엔터티를 배포할 수 있으며, 이를 분산형 자율 조직DAO: Distributed Autonomous Organization 혹은 분산형 자율 기업DAC: Distributed Autonomous Corporation이라고 한다. 이러한 배포에는 스마트 계약에서 사용자 커뮤니티에서 합의된 비즈니스 규칙 시스템의 인코딩이 사용된다. 고위 경영진이 의사결정을 하는 대신 사전에 정의된 스마트 계약 규칙에 의해 의사결정이 이루어지며, 이는 인공지능 기반 의사결정 시스템에 의해 보완되는데, 이 시스템은 데이터를 빠르게 분석해서 최상의 결론에 도달하며, 적절한 비즈니스 결정을 내린다. 일종의 슈퍼 CEO라고 보면 되며, 이는 미래에 발생 가능한 것을 예측할 뿐만 아니라 엄청난 통찰력도 갖추고 있다. 또한 이 슈퍼 CEO의 수혜자는 조직의 다양한 이해관계자가 될 것이다. 현재 이에 해당하면서 의미 있는 규모를 갖춘 조직은 없다. 그러나 이러한 비즈니스 모델을 추구하는 조직이 규모성을 성공적으로 갖춘다면 이는 글로벌 경제에 혁신적인 영향을 미칠 것이며, 잠재적으로 지난 20년 동안 가장 성공한 기업들 중 일부를 위협할 정도의 우위를 확보할 가능성이 있다.

이러한 상황이 어떻게 발생할 수 있는지 검토하기 위해 우버Uber, 리프트Lyft, 그랩Grab, 디디Didi 같은 차량 공유 회사 비즈니스 모델의 경쟁자의 가상 사례를 살펴본다. 기존의 승차 공유 비즈니스의 기술 플랫폼에서는 운전자 커뮤니티와 승차자 커뮤니티를 연결한다. 차량 공유 플랫폼이 중간에 있고 여기서 중앙집중식 중개소 역할을 하는데, 운전자와 승차자를 효율적으로 연결하고, 둘 사이의 결제가 용이하게 처리되게 하고, 신원 확인 및 평판 관리 시스템을 통해 안전을 유지한다. 또한 이 플랫폼은 운전자 배치와 시공간 수요 예측 등 다양한 인공지능 지원 도구의 개발 및 배포를 관장한다. 이를 위해 플랫폼은 결제 비용의 최대 25%를 수수료로 받는다.[03]

전통적인 차량 공유 앱의 경쟁자는 현대 시대에 맞게 탈중앙화되고 디지털화된 협동조합과 약간 비슷해 보일 수 있으며, 여기서는 플랫폼의 소유권과 거버넌스가 다양한 이해관계자들에 의해 관리된다. 그리고 요금 징수나 운전자에게 지급되는 요금 분배 같은 다양한 작업을 자동화할 수 있었다. 차량을 공유하기 위한 실제 운영 작업(예: 중앙집중식 중개소가 운전자와 승차자를 연결하는 것)을 반드시 블록체인에서 처리할 필요는 없다. 그러나 해당 시스템의 소유권과 제어 및 관련 지적 재산권을 토큰화하여 사용자 커뮤니티에 배포할 수 있다. 오늘날 인간 고위 경영진이 내리는 의사결정 중 일부는 인공지능 CEO에게 맡겨질 수 있다. 예를 들어 인공지능이 할 수 있는 계산과 데이터를 기반으로 새로운 운전자를 찾아서 배치하거나 새로운 도시로 확장하는 것 같은 일을 인공지능 CEO가 처리할 수 있다.

소유권과 거버넌스 프레임워크를 다양한 방식으로 구조화할 수 있다. 한 가지 모델은 조직의 토큰을 운전자들이 독점적으로 보유할 수 있도록 하는 것인데, 보유 기간이나 주행 횟수를 근거로 더 많은 소유권과 의사결정 가중치를 부여하는 식이다. 이러한 시스템이 구축되면 운전자가 직접적인 이익을 얻고 미래에 나갈 방향을 제시할 수 있으며, 이는 플랫폼 소유자가 플랫폼 구조를 일방적으로 변경하는 지금과 다른 방식이다.

이 플랫폼을 유지하려면 사람이 관여해야 한다. 그러나 이러한 유지 작업을 하는 사람이 현재와 같은 방식으로 플랫폼에 고용될 필요는 없다. 예를 들어 오늘날 중앙집중식 플랫폼에서 하는 것과 거의 같은 방식으로 탈중앙화된 차량 공유 서비스를 운영하는 데 있어 인공지능이 계속해서 중요한 역할을 할 것이다. 그러나 개발자와 데이터 과학자가 직접 고용되는 대신 이들이 플랫폼의 공동 소유자가 되거나 코딩 현상금을 통해 네트워크로부터 자동으로 비용을 지급받을 수 있다. 이러한 조직에 여전히 핵심 인력이 필요할 수 있지만 조직 문화는 지금의 중앙집중식 기업과 매우 다를 수 있다.

이런 시스템에서 수많은 문제가 생길 수 있다. 인센티브를 제대로 받기 어렵고 이해관계자들 사이의 활동 중에 갈등 상황이 쉽게 만들어질 수 있다. 가상자산의 거버넌스 프로토콜 변경에 대한 토론 관련 게시판에서 불꽃 튀는 메시지들을 한번 보기 바란다. 그러면 이 새로운 시스템이 지루한 반기별 회의에 비해 조직을 운영하는 데 있어 정말로 더 좋은 방법인지 의구심을 품게 될 것이다.

성공 여부에 상관 없이 이러한 비즈니스 모델에 대한 미래의 실험적인 시도를 지켜보는 것은 매우 흥미로울 것이다. 그들이 성공할 수 있다면 위험에 처하는 것이 기존 차량 공유 업체만은 아니다. 16장에서 논의한 바와 같이 금융 서비스를 새로운 디지털 플랫폼 모델로 전환하려는 노력이 진행 중이며 기존 금융기관과 대형 기술 업체들이 이러한 플랫폼의 소유권을 놓고 경쟁할 가능성이 높다. 그러나 중앙집중화되지 않고 탈중앙화되어서 고객들이 소유하여 어느 누구도 해당 플랫폼을 혼자서 소유하지 못한다면 어떻게 될까? 이것을 일종의 21세기형 탈중앙화된 신용협동조합이라고 생각할 수 있다. 현재 시점에서는 이러한 시스템을 상상하기 어렵지만 10년 후에는 꽤 설득력 있어 보일지 누가 알겠는가.

19.3 블록체인 기반 신원 시스템과 인공지능 데이터 관리자

이 책에서, 그리고 대중 매체와 정책 입안 그룹에서 많이 토론되고 있는 일관된 주제는 신원과 개인 데이터를 더 잘 관리해야 한다는 것이다. 지금까지 보았듯이 우리가 많은 기기, 센서, 디지털 서비스를 이용하면서 우리의 활동, 건강, 관계에 대한 개인 데이터의 양이 기하급수적으로 증가하고 있다. 이와 동시에 우리 경제에서 인공지능 기반의 대규모 플랫폼이 차지하는 비율이 높아지고 있으며, 이러한 플랫폼은 비즈니스 모델 활성화 및 개선을 위해 개인 데이터에 더 많이 집착하고 있다.

거대 플랫폼의 경제 활동과 개인 정보 보호 사이의 균형을 관리하는 방법을 찾는 것이 문제다. 한편, 디지털 플랫폼과 개인 데이터를 공유하면 비용을 전혀 들이지 않거나 아주 조금만 들이고도 혁신적이고 개인화된 가치 있는 서비스를 얻을 수 있다. 다른 한편으로, 많은 사람들이 개인 데이터로 서비스 비용을 지불하는 것에 대한 의미를 완전히 이해하지 못할 수 있으며, 동시에 개인 데이터를 제어하기가 점점 더 어려워지고 위반이나 남용의 대상이 될 수도 있다.

많은 나라의 정책 입안자들은 이 문제의 세부 사안을 해결하기 위해 노력하고 있다. 예를 들어 유럽에서는 개인정보보호규정 *GDPR: General Data Protection Regulation* 같은 법령에서 데이터 보호 및 데이터 사용 제한과 관련하여 엄격한 요구 사항을 제시하고 있다. 이와 동시에, 세계 각지에서 시행되고 있는 PSD2 *Second Payment Services Directive* 와 여러 가지 오픈 뱅킹 규정에 따라 고객은 자신의 데이터, 최소한 재무 데이터만이라도 해당 데이터가 이동될 때 더 많은 통제력을 발휘할 수 있다.

법을 만드는 것도 중요하지만 개인이 자신의 데이터를 관리할 수 있는 제대로 된 도구를 가지고 있어야 이러한 규정이 제대로 힘을 발휘할 수 있다. 나의 개인 데이터를 누가 가지고 있는지 모른다면 GDPR에 명시된 '잊혀질 권리'가 무슨 소용이 있겠는가? 마찬가지로, 데이터 이식 권한이 있다고 해서 데이터를 효과적으로 배포할 수 있는 도구를 반드시 가지고 있다는 의미는 아니며, 또한 공정한 수익화를 위해 협상할 수 있는 힘이 센 위치에 있는 것도 아니다.

이번 시나리오에서는 블록체인과 인공지능을 결합하여 개인이 자신의 데이터를 보다 완벽하게 제어할 수 있고, 블록체인 기술의 도움을 받아서 새로운 ID 아키텍처를 구축하고, 인공지능 에이전트의 도움을 받아서 개인이 자신의 데이터를 공유할 대상을 더 잘 골라서 선택할 수 있는 세상을 상상할 수 있다.

블록체인 지지자들은 신원 시스템이 필요하다는 것을 오랫동안 인식하고 있었다. 여기에는 두 가지 목표가 있는데 좁게는 특정 신원 데이터 검증이 필요한 블록체인 기반 거래를 촉진하려는 목표가 있었고, 넓게는 개인의 신원 데이터 통제를 민주화하려는 목표가 있었다. Sovrin 같은 신원 시스템에서 대체 불가능하고 양도 불가능한 토큰이 어떤 역할을 하는지 12장에서 살펴본 바 있다.

이런 시스템을 구현할 수 있는 방법이 여러 가지 있다. 먼저, 개인이 자신의 신원 데이터를 직접 통제하는 자기 주권 신원*self-sovereign identify* 방법이 있다. 그리고 연합 모델로서 제한된 수의 조직에게 개인 데이터를 위탁하는 방법이 있는데, 이 방법에서는 개인을 대신하여 신원 데이터 증명을 제3자에게 맡긴다. 이러한 시스템의 세부 작동 방식은 이 책의 저술 범위를 벗어나므로 자세히 다루지는 않는다. 다만 대부분의 솔루션은 사용자가 선호하는 방식으로 신원 시스템의 아키텍처를 변경하려고 한다는 점은 이야기한다. 이를 위해 개인의 데이터를 누가 어떻게 사용하고 있는지 보기 좋게 보여주고, 개인이 공유하고 싶어하는 데이터에 대한 공유 정보를 훨씬 더 정교한 수준으로 제공한다.

블록체인 지원 신원 아키텍처에서 데이터를 통제할 수 있게 된 후에는 어떻게 되는가? 여러분의 데이터를 가지고 수익을 낼 계획을 갖춘 다수의 디지털 서비스를 계속 사용할 생각이고, 각 서비스의 약관을 읽어보고 싶은가? 게다가, 서비스 약관을 읽는다고 해서 약관 조항이 무엇을 의미하는지 실제로 알 수 있는가? 사실, 최근 휴가에서 찍은 사진들을 공유하는 대가로 조금 더 받을 수 있다고 생각하더라도 여러분의 신원 데이터의 정당한 가격이 얼마인지, 디지털 서비스 제공업체와 어떤 방식으로 협상할지 어떻게 알 수 있는가?

모든 사람의 데이터에 같은 가치가 있는 것은 아니다. 예를 들어 일반적인 교외 도시에서 오전 9시부터 오후 5시까지 정규직으로 일하는 사람의 데이터는 일주일에 7일 동안 훈련하는 철인 3종 경기 선수의 데이터나 일 년에 150일 이상 비행기를 타면서 전 세계를 돌아다니느라 스트레스를 많이 받는 기업 임원의 데이터만큼 가치가 없을 수 있다. 데이터의 고유하거나 희귀한 특징이 특정 조직(예: 의료 연구 기업)에게 더 흥미로울 수 있다. 어떤 경우에는 데이터의 고유한 출처, 가령 일란성 쌍둥이나 고지대에 사는 사람들의 건강 데이터가 특정 기업에게 더 가치가 있을 수 있다.

이 시점에 인공지능의 어떤 기능이 중요한 역할을 할지 상상할 수 있다. 16장에서 설명한 것처럼 자율적으로 운용되는 금융 에이전트를 활용하여 개인의 니즈에 맞는 저축 상품이나 대출을 찾는 것과 거의 같은 방식으로 신원 에이전트를 활용하여 개인의 선호도에 맞는 적절한 데이터 공유 방식을 찾고 위험에 빠트릴 만한 방법을 피할 수 있다. 이런 시스템은 디지털 플랫폼의 이용 약관을 분석하여 체계적으로 정리할 수 있으며, 특정 디지털 서비스 제공업체에 대한 위험 분석 및 과거 뉴스를 통합하여 해당 업체의 비즈니스 관행에서부터 데이터 보안에 이르기까지 모든 것을 파악할 수 있다. 동시에 신원 에이전트는 개인의 프로필과 선호도를 분석하여 각 개인에게 맞게 맞춤형으로 가공되어서 개인이 기꺼이 공유할 만한 데이터 유형과 데이터를 공유할 만한 조건을 개발한다. 또한 에이전트들이 함께 모여서 더 좋은 조건이나 수익 창출 협약을 위해 주요 디지털 서비스와 집단적으로 협상하는 세상이 올 수도 있다.

이런 시스템은 개인에게 권한을 부여하여, 자신의 데이터가 어떻게 사용되고 있는지 투명하게 알 수 있게 하고, 이를 처리할 수 있는 도구를 제공하고, 합의 조건을 재정의할 수 있는 협상력을 제공할 수 있다. 이런 인공지능 에이전트의 운영 주체는 누가 되는가?

효과성을 확보하기 위해 운영 주체는 엄격한 규제 조사를 받아야 하고, 데이터 수익화에 기반하지 않은 비즈니스 모델을 가지고 있어야 하며, 고객의 이익을 위해 행동할 수 있다는 신뢰를 고객으로부터 받아야 한다. 기존 조직들이 이러한 역할을 수행할 수 있을지는 확신하기가 쉽지 않다. 정부 기관, 순위 안에 드는 회계 법인 같은 신뢰 받는 대형 조직, 법률 회사, 아니면 기술 회사가 적당한가? 아니면 아직 존재하지 않는 유형의 조직일 수도 있다!

19.4 데이터 마켓플레이스와 인공지능의 민주화

앞에서는 블록체인을 활용하여 신원을 어떻게 보호하고, 인공지능 에이전트를 활용하여 데이터 가치를 최적화할 수 있는지를 논의했다. 이번 절에서는 데이터를 더 개방하여 공유하고, 데이터 소유자가 자동으로 보상을 받으며, 인공지능에 자유롭게 접근하는 인공지능 민주화가 구현된 세상에 대해 살펴본다.

이 책의 앞에서 살펴본 바와 같이 우리는 기록적인 양의 데이터를 생성하고 있으며, 우리가 직면한 한 가지 문제는 우리가 만든 대부분의 데이터는 사용자인 우리가 아니라 수년 동안 우리의 개인 정보에 유례없이 접근하고 있는 대규모 기술 플랫폼들이 소유한다는 것이다. 이들 기업은 자체 목적에 맞게 우리 데이터를 이용하여 수익을 내고 있다. 예를 들어 페이스북은 프로필 정보를 사용하여 광고 패키지에 가치를 더하고, 상품을 구매할 가능성이 더 높은 사람들의 뉴스피드에 광고를 배치할 수 있다는 사실을 적극 활용한다. 소비자는 해당 기술 플랫폼을 사용할 수 있는 것 외에 직접적인 이익을 얻지는 못한다.

향후 몇 년 동안 이루어질 데이터의 수집 및 사용과 관련해서 이들 기업은 이점을 누릴 것이며, 이는 공정하지 않다. 현재 대규모 기술 기업은 일종의 데이터 과점을 누리고 있으며 일반적인 진입 장벽도 있다. 즉, 데이터를 기반으로 비즈니스를 해야 하는 신생 스타트업은 텐센트나 페이스북 같은 기업이 보유하고 있는 것과 동등한 수준의 데이터 풀을 확보하기 어렵다. 데이터 이외에 다른 자원까지 포함되면 스타트업의 어려움은 더 커진다. 스타트업보다 규모가 더 큰 기업도 예외는 아니다. 구글이 몇 년 안에 보험 상품을 판다고 상상해 보자. 구글이 보유한 공적인 데이터를 가지고 보험의 위험 가격을 책정할 경우 엄청난 데이터를 가지고 있는 구글은 불공정한 이점을 누릴 수밖에 없다.

이들 기술 기업은 제한된 목적(예: 광고나 타깃 판매)을 위해서만 데이터를 사용한다. 기술 기업은 보유하고 있는 사용자 데이터에서 훨씬 더 많은 가치를 얻을 수 있으며, 더 많은 사용자에게 서비스를 제공하고, 일반적인 문제를 해결할 수 있다. 예를 들어 페이스북 데이터를 건강 연구나 도시 계획에 사용할 수 있으면 어떨까? 자살 예방이나 정신 건강 연구 같은 심리적인 목적을 위해 사용될 수 있는 소셜 미디어 사용 패턴은 없는가? 아이폰 같은 장치의 지역화 데이터를 사용하여 도시의 대중교통이나 도시 계획을 최적화할 수 있을까? 효율성 측면에서 아직 드러나지 않은 이점이 많이 있으며, 데이터에 접근함으로써 이들 이점을 쉽게 활용할 수 있다. 특정 데이터세트와 도구를 공개적으로 사용할 수 있게 되었을 때 우리 사회에 이익이 된 다양한 혁신들에 대해 생각해 보기 바란다. 예를 들어 구글 지도가 무료로 제공되지 않았다면 우버 같은 회사는 존재하지 않았을 것이다. 대규모 기술 기업은 선별된 제3자나 협력사이 자사의 데이터 중 일부에 접근할 수 있는 권한을 부여한다. 그러나 데이터를 완전히 공개한다면 훨씬 더 효율적인 결과로 이어질 것이다. 데이터를 이용할 수 있게 하는 것에 찬성하는 주장들이 많이 있지만 데이터를 무료로 공공 영역에 제공할 수 있거나 제공할 의사를 표시하거나 아예 제공하지 않겠다고 하는 회사는 거의 없다.

인공지능과 암호기술이 적용된 데이터 마켓플레이스가 있다고 가정하자. 이곳에서는 모든 정보를 공유할 수 있으며, 마이크로 암호화 결제 시스템을 사용하여 정보를 구매 및 판매할 수 있다. 그리고 데이터 제공 주체는 인공지능 알고리즘에 의해 결정된 가격에 따라 공정하게 보상받을 수 있다. 개인은 데이터 마켓플레이스에 자신의 데이터를 제공하고 그 대가로 보상을 받으며, 익명화된 데이터 풀에 접근하려는 모든 사용자는 접근을 위해 비용을 지불해야 한다.

이와 같이 하면 경쟁의 장을 대등하게 만들 수 있다. 그리고 개인, 스타트업, 정부, 기업이 데이터에 접근하여 이를 활용할 수 있다. 데이터는 대형 기술 기업의 전유물이 아니게 되며, 데이터 제공자에게 보상할 수 있을 뿐만 아니라 생산성과 창의성도 향상되어 각종 인간 조직에서 창출되는 가치를 극대화할 수 있다. 특히 인공지능 분야에서 가치 극대화가 두드러질 텐데, 인공지능 알고리즘은 대용량 데이터셋을 기반으로 하기 때문이다. 따라서 데이터를 활용할 수 있게 되면 새로운 인공지능 도구가 만들어질 것이다.

인공지능과 암호기술의 결합 가능성을 탐구하는 초기 단계 개발이 이미 몇 차례 진행되었다. 예를 들어 아고라이 프로젝트*Agorai project*에서는 블록체인 기반으로 인공지능이 적용된 데이터 마켓플레이스를 구축하려는 시도를 하고 있다. 여기서 데이터는 연료이고 인공지능은 엔진인 셈이다. 백서를 살펴보자.

소비자는 아고라이의 탈중앙화된 마켓플레이스를 통해 더 저렴한 비용으로 더 많은 솔루션에 접근할 수 있을 것이다. 그리고 인공지능 솔루션 생산자는 우수한 유통 채널을 갖게 되고, 대형 소프트웨어 회사에 자신의 솔루션을 판매하거나 기업 영업 팀이 수백 만 달러를 지출하지 않아도 될 것이다. 이를 통해 규모에 관계 없이 모든 기업은 인공지능이 제공하는 혜택을 누릴 수 있는 공평한 경쟁의 장에서 기업 활동을 할 수 있기를 기대한다. 마찬가지로 중요한 사항이 하나 더 있는데, 아고라이는 개인과 기업이 자신의 데이터를 통제할 수 있게 할 것이다. 그리고 안전하고 투명한 방식으로 수익을 창출할 수 있게 할 계획이다.[04]

또 다른 예로 싱귤래리티넷 프로젝트 SingularityNET project가 있다. 이 프로젝트의 주된 목적은 인공지능 도구에 대한 접근을 민주화하기 위한 인공지능 마켓플레이스를 구축하는 것이다. 이 프로젝트는 2017년 ICO에서 1분도 안 되는 시간에 3천 6백만 달러를 모금했다.[05] "인간이 만든 기준에 따라 기술이 호의적이 되게 만들고, 이익을 내는 사람들에게 인센티브를 보장하고 보상이 이루어지도록 네트워크를 설계하는 것"이 이 프로젝트의 목표다.[06] 아프리카 케냐에 있는 대학의 한 연구원이 이 플랫폼에 자유롭게 접속하여 캐나다의 누군가가 개발한 인공지능 알고리즘을 이용하여 에볼라 연구를 진행한다고 상상해 보기 바란다.

이들 프로젝트들은 아직 초기 단계에 있지만 우리가 나아가야 할 전반적인 방향을 제시하고 있다. 그러나 이들 프로젝트가 성공하려면 개인이나 조직이 데이터를 제공한 것에 대해 보상하는 방법을 찾는 것이 중요하다.

뒤에서 논의할 M2M 경제 예와 마찬가지로, 데이터를 공유한 데이터 소유자에게 보상하는 효율적인 방법 중 하나로 마이크로 가상자산 결제가 있다. 1센트가 안 되는 거래에 현재의 결제 레일 payment rail을 사용하는 것은 의미가 없을 수 있지만 가상자산 생태계에서는 가치가 있을 수 있다. 특히 이런 소액 결제가 자동으로 일어나는 경우에는 더욱 그렇다.

예를 들어 매일 운동하면서 만들어지거나 건강 관련 플랫폼을 실행시켜서 만들어진 건강 데이터를 공유하기로 결정할 수 있다. 나의 건강에 관련된 아주작은 데이터 조각을 제공하고 그 보상으로 마이크로 가상자산 결제를 통해 가상자산을 자동으로 받을 수 있으며, 제공하는 데이터의 가치는 데이터의 세부 사항과 해당 유형의 데이터에 대한 수요가 어떤가에 따라 인공지능 알고리즘에 의해 결정된다(앞서 살펴보았듯이 모든 사람의 데이터의 가치가 동일하지는 않다). 이 모든 것은 끊김 없이 자연스럽게 진행될 것이다. 또한 오늘날 페이스북이나 구글에서 공유하는 데이터와 달리 전 세계 모든 사람은 책정된 금액을 지불하기만 하면 이 데이터를 사용할 수 있다.

이러한 플랫폼에 데이터가 충분히 쌓여서 실제로 활용할 수 있기 전에 해결해야 할 많은 문제가 있으며, 가장 우선해서 다루어야 하는 것으로 데이터 보호data privacy 혹은 데이터 거버넌스data governance가 있다. 예를 들어 데이터는 어떻게 익명으로 처리되는가? 해당 데이터의 합법적인 소유자는 누구인가? 데이터의 폐기 및 관리는 어떻게 해야 하는가? 이와 관련해서 체크해야 할 목록은 매우 많다. 또한 개인이나 기업의 경우 데이터 수익화보다 데이터 보호에 대한 욕구가 더 클 수 있으므로 보상을 준다고 하더라도 데이터 공유에 개방적이지 않을 수 있다. 중요한 시사점은 이 작업을 미래에 할 수 있는 어떤 것으로 볼 수 있다는 것이고, 데이터 소유자나 제공자 뿐만 아니라 더 넓은 사회와 인류 전체에 유익할 수 있다는 것이다.

19.5 가상자산 채택과 인공지능

이 책의 앞에서 살펴본 바와 같이 많은 사람들이 가상자산을 채택할 수 있게 하려면 해결해야 할 과제가 많이 있다. 그중 일부는 정책과 관련된 것으로 규제가 명확하지 않은 것이 이에 해당한다. 기술에 관련된 것도 있는데, 확장성에 한계가 있다는 것이 이에 해당한다. 이외에 다른 문제들은 인공지능을 이용하여 해결할 수 있다.

가상자산과 관련된 위험을 이야기할 때 전 세계 정책 입안자들이 자주 제기하는 자금 세탁을 예로 들어 보자. 앞에서 살펴본 바와 같이 전 세계 자금 세탁 거래는 연간 총 1조~2조 달러에 달하며 당국이 압류하는 금액은 1퍼센트도 되지 않는다.[07] 가상자산에는 익명성이 있으므로 가상자산이 자금 세탁에 사용될 수 있다. 1조~2조 달러는 모든 가상자산의 총 시가총액에 비해 몇 배에 달하므로 자금 세탁에 사용되는 가상자산은 아무리 높게 잡아도 전체 자금 세탁 금액 중 극히 일부에 불과할 뿐이다.

그러나 향후 몇 년 동안 가상자산 세계가 커지면 자금 세탁에 사용되는 가상자산도 더 많아질 것이다. 이 시점에 인공지능이 유용할 수 있다. 예를 들어 비트코인 같은 가상자산 거래는 모든 거래를 공개하는 것으로 되어 있으므로 인공지능 기반 솔루션을 사용하여 대량의 거래 데이터를 모니터링할 수 있다. 이렇게 함으로써 의심스러운 거래 패턴을 식별할 수 있을 뿐만 아니라 최종 지갑 소유자의 신원이나 프로필을 잠재적으로 추측할 수 있다. 예를 들어 이 글을 쓰는 시점에, 개발 완료된 많은 인공지능 솔루션에 추적 도구가 기본으로 내장되어 있고, 가상자산 업계에서 이미 이들 도구를 활용하고 있다. 향후 몇 년 안에 이들 솔루션의 정확성과 범위가 개선되고 가상자산 솔루션들이 가상자산을 모니터링하게 되면 규제 기관과 다른 이해관계자들도 가상자산의 이점을 알게 될 것이다.

가상자산과 인공지능을 조합하는 또 다른 예로 중앙은행이 지원하는 디지털 통화가 있다. 가상자산과 인공지능을 조합할 수 있다면 정책 당국은 지금과 비할 수 없는 더 정교한 데이터를 얻을 수 있고 시장을 거시적으로, 미시적으로 파악할 수 있다. 예를 들어 중앙은행이 소매에 사용되는 디지털 통화를 발행할 경우 중앙은행은 소매 디지털 통화에 의해 일어나는 경제 활동을 실시간으로 파악할 수 있다. 거래량, 거래 부문, 거래 유형, 거래 시간 등 다양한 유형의 입력 데이터를 실시간으로 활용할 수 있다. 이렇게 확보된 데이터를 인공지능 솔루션으로 분석하면 정책적 측면과 다른 여러 관점에서 도움이 되는 귀중한 통찰력을 얻을 수 있다. 이는 현재 사용 가능한 분기별, 반기별, 연간 추정치 및 데이터에 비할 수 없이 짧고 정확하다. 중앙은행 입장에서 다른 새로운 이점을 얻을 수 있는데, 자본을 더 효과적으로 통제하고 양적 완화를 더 정밀하게 수행할 수 있다. 이것이 기존의 명목화폐에서는 불가능하다.

그러나 앞에서 이야기했듯이 이 글을 쓰는 현재, 주요 나라의 중앙은행에서 디지털 통화를 발행하는 일은 금방 될 것 같지 않다. 이것이 현실화되려면 뛰어넘어야 할 많은 장애물이 있다. 또한 현재 시장에 나와 있는 인공지능 기반 가상자산 추적 솔루션도 상당수가 아직은 초기 단계에 머물러 있다. 이들 솔루션이 더 정교하고 정확하려면 앞으로 몇 년을 더 기다려야 한다.

19.6 M2M 결제 경제

마지막 시나리오에서는 인간이 거의 개입하지 않는 금융 환경인 M2M-Machine-To-Machine에 대해 살펴보고자 한다. M2M에서는 인공지능형 기기들이 네트워크로 서로 연결되어 있어서 복잡하고 역동적인 거래와 관련된 데이터와 가치를 전송한다.

겉으로 보기에는 특히, 일반적인 인공지능이 공상과학소설의 영역으로 남아 있는 세상에서는 위와 같은 생각이 억지인 것처럼 보일 수 있다. 그러나 앞 장들에서 논의한 일부 경향들을 고려하면 이 시나리오로 전환될 가능성이 높아지기 시작하고 있다.

첫째, 컴퓨팅 성능이 높아지고 장소와 시간에 상관 없이 모든 기기가 연결되면서 사물인터넷의 빠른 확산이 촉진되고 있다. 이에, 탈중앙화된 네트워크의 센서와 기기들이 상호 많은 데이터를 교환할 수 있다. 둘째, 블록체인의 사례에서 신뢰성이 확보된 중앙의 기관이나 조직이 거래의 등록 원장 역할을 하지 않더라도 탈중앙화된 네트워크에서 가치를 교환할 수 있다는 가능성을 보았다. 확장성을 충분히 담보할 수 있는 블록체인 프로토콜(또는 IOTA나 해시그래프 *Hashgraph* 같은 또 다른 탈중앙화된 원장 기술 모델)을 확보하여, 이를 사물인터넷과 연결하면 모든 기기에서 데이터 뿐만 아니라 가치를 교환할 수도 있다. 마지막으로, 기계가 점점 더 똑똑해지고 있어서, 비정형 데이터 피드(예: 사물인터넷 기기의 센서에서 수집된 데이터)를 기반으로 점점 더 복잡한 분석을 수행할 수 있으며, 일종의 학습을 통해 작업 성능도 개선되고 있다.

위에서 언급한 세 가지 추세를 합치면 기계 소유자 개입 없이 기계들끼리 소유자의 니즈에 부응하는 거래를 수행하는 세상을 상상할 수 있다. 예를 들어 스마트 냉장고의 소유자가 식구들이 먹을 충분한 음식을 항상 가지고 있어야 한다는 책임을 냉장고에게 맡겼다고 가정하자. 스마트 냉장고는 가정의 음식 선호도, 집에서 식사하는 빈도(아마도 일정표를 분석할 것이다), 건강 목표, 식료품 예산을 자세히 파악하기 위한 작업을 할 것이다. 동시에 냉장고는 다양한 업체의 식품 가격, 계절별 가격, 여러 업체의 품질을 파악해야 한다. 이 모든 데이터를 냉장고가 마음대로 사용할 수 있게 된다면 가정을 대신해서 냉장고가 식료품을 선택하는 결정을 하게 둘 수 있으며, 은행 계정이나 전자 지갑에서 식료품 예산 중 일부를 통제할 수 있는 권한을 냉장고에게 위임할 수 있다.

그림을 조금 더 크게 보면, 방대한 머신 네트워크에서 냉장고가 서로 대화를 나누고 입찰 및 매도 시장에서 최상의 가격을 두고 서로 경쟁하는 것을 상상할 수 있다. 예를 들어 냉장고가 계획되어 있는 점심을 위해 주말 전에 계란을 냉장고에 채워 놓아야 한다는 것을 인지할 수 있다. 계란을 구매해야 하는 냉장고는 전체 M2M 공급망과 상호작용할 수 있으며, 이 공급망에는 자동화된 식품 물류 및 배달 서비스(아마 드론이 사용될 것이다), 배달 드론과 연계된 인공지능형 식품 공급업체 서비스, 고도로 자동화된 계란 농장이 포함될 것이다.

이 세상을 상상할 때 우리가 살펴본 여러 다른 트렌드를 감안해서 그림을 그릴 수 있으며, 이들 트렌드가 M2M 경제의 발전 양상을 어떻게 이끌지 생각할 수 있다. 예를 들어 18장에서 논의한 자율적으로 운용되는 금융 에이전트는 앞에서 예로 든 스마트 냉장고에게 가정의 재정 목표를 보낼 수 있으며, 건강을 모니터링하는 기기는 개인의 식단 및 웰빙 목표를 입력받을 수 있다.

이 시스템의 거래를 담당하는 중심축으로 블록체인을 도입하면 토큰화 및 스마트 계약 같은 기능을 M2M 경제에 통합할 수 있다. 예를 들어 기계들은 스마트 계약을 사용하여 장기 또는 조건부 조달 계약을 상호 체결할 수 있다. 날씨나 교통 같이 스마트 계약 조건에 포함될 수 있는 일련의 요소들에 대한 신뢰할 만한 참조 데이터를 제공하기 위해 시스템에 새로운 기계를 추가할 수 있다. 동시에 기계 간 거래에서 스테이블 코인이나 중앙은행에서 발행한 소액 디지털 통화 같은 결제 토큰을 사용할 수 있으며, 투자 토큰이나 유틸리티 토큰 같은 다른 형태의 가상자산도 쉽게 통합할 수 있다. 더 나아가서 기계가 기계 자체적으로 가지고 있는 소유권 지분을 표시하는 토큰을 가지고 물건 값을 지불하거나 스마트 계약을 담보로 잡을 수도 있다.

복잡한 M2M 상호작용 네트워크가 어떻게 발전할지 확신할 수 없지만 금융 시스템 구조에 상당한 영향을 미칠 것은 분명하다. 이러한 변화의 핵심에는 기계에게 재무 활동을 위임하는 것이 있다. 그 바탕에는 기계가 우리의 의도를 이해하고 우리 대신 재무 활동을 할 수 있는 에이전트가 될 수 있다는 신뢰가 깔려 있다. 이러한 책임 전가로 인해 기계는 사실상 금융 서비스의 고객이 된다. 그리고 인간과 달리 기계 본연의 고유한 특징으로 인해 새로운 유형의 금융 상품과 서비스에 대한 수요가 창출될 수 있다.

예를 들어 사람은 식료품이나 다른 품목을 사는 일에 일주일에 몇 시간을 따로 할애해야 하지만 우리의 가상 냉장고는 식료품 쇼핑에 별도의 시간을 낼 필요가 없으며 언제든지 쇼핑을 할 수 있다. 결과적으로 사람이 하는 결제는 빈도가 높지 않지만 티켓 크기는 더 크고, 기계가 하는 결제는 사람이 하는 것에 비해 빈도가 더 잦고 티켓 크기도 훨씬 더 작다. 따라서 M2M 결제 시스템에서 소액 거래를 쉽게 하기 위해 가상자산을 활용해야 한다. 일부 제품과 서비스의 경우 서비스가 사용되는 동안 한 기계에서 다른 기계로 소액의 실시간 결제가 지속적으로 이루어지는 사용량을 기반으로 하는 거래에서 가상자산을 사용하는 M2M 결제 시스템이 합리적이지 않을 수도 있다. 마지막으로, 이 새로운 결제 네트워크에서 어떤 기계는 옆 방에 있는 기계와 결제하는 것만큼이나 쉽게 지구 반대편에 있는 기계와 결제할 수 있으며, 특히 잠재적인 거래 상대를 고려하는 것에 있어 인간보다 훨씬 더 탁월한 인공지능 시스템의 능력까지 추가되면 전 세계에서의 기계 간 결제는 훨씬 더 쉬워진다.

스마트 인공지능과 확장성이 뛰어난 블록체인 기술이 접목된 M2M 결제가 등장하면서 소비자들은 다양한 혜택을 제공받을 가능성이 높다. 그러나 이 개념에서 해결해야 할 문제가 없는 것은 아니며, 시스템의 적절한 거버넌스를 보장하기 위해서는 많은 고민과 실험이 필요하다. 예를 들어 우리는 이 시나리오에서 고도로 분산된 모델을 생각하고 있는데 개발된 인공지능 시스템이 규모의 경제를 따를 경우 우리의 의도가 왜곡되지 않을까? 국경을 넘나드는 거래를 최적화할 경우 글로벌 자본 흐름은 어떤 영향을 받을까? 특히 데이터와 가치가 국경을 넘어 교환되는 일이 점점 더 일상이 되고, 디지털 상품과 서비스도 전 세계적으로 유통되고 있는 상황에서 시스템 내에서 일어나는 거래에 대한 규제를 통제하고 감독하는 주체는 누가 되어야 하는가? 여기서 제시된 시스템의 주된 특징인 실시간 마이크로 결제를 효과적으로 모니터링하여 기계들 사이에서 학습을 통해 갑작스럽게 이루어지는 가격 담합이나 카르텔 경향에 제대로 대처할 수 있는가? 이 장의 앞에서 논의된 분산형 자율 기업이 M2M 경제에서 어떤 역할을 하고, 그런 조직이 제대로 돌아가기 위해 인간의 개입이 전혀 필요 없는가?

마치는 글:
가능성으로 가득 찬 미래의 금융

이 책에서 새로운 기술과 새로운 기술을 활용한 비즈니스 모델이 금융 서비스의 판도를 어떻게 변화시켰는지, 그리고 이 과정이 계속 진화하면서 앞으로 전개될 미래의 경로가 어떤지 살펴보았다. 이 책에 제시된 기술과 트렌드를 읽고 나서 독자 여러분만의 고유한 관점과 전문 지식을 바탕으로 새로운 아이디어와 기회가 떠올랐기를 바란다. 아마도 여러분 자신만의 새로운 핀테크 제품을 어떻게 만들지 상상하기 시작했을지도 모르겠다.

미래의 금융 서비스는 흥분과 불확실성으로 가득 차 있다. 금융 혁신의 잠재력을 최대한 활용하려면 현재와 미래의 혁신이 금융 시스템의 핵심 목표에 부합하도록 모든 이해관계자가 협력해야 한다. 새로운 혁신은 보다 포괄적인 경제, 효과적인 위험 이전, 경제 성장을 위한 자본 형성, 은퇴를 위한 저축 등을 촉진할 수 있어야 하며, 이를 위한 시스템은 공정성, 견고성, 안전성을 확보해야 한다. 이를 달성하는 일이 쉽지는 않다. 새로운 혁신에는 기회도 있지만 위험도 도사리고 있기 때문이다. 그러나 혁신가, 기존 기업, 규제 당국, 소비자가 모두 협력한다면 잠재력이 충만한 새로운 기술은 모두에게 가장 최선인 금융 시스템을 만들 것이다. 미래의 금융에 온 여러분을 환영한다!

참고문헌

1장

01 "One Dollar's Worth of Computer Power, 1980–2010," accessed January 5, 2019, http://www.hamiltonproject.org/charts/one_dollars_worth_of_computer_power_1980_2010.

02 Tibi Puiu, "Your Smartphone Is Millions of Times More Powerful than All of NASA's CombinedComputing in 1969," ZME Science, September 10, 2017, https://www.zmescience.com/research/technology/smartphone-power-compared-to-apollo-432/.

03 "After Moore's Law | Technology Quarterly," The Economist, February 25, 2016, https://www.economist.com/technology-quarterly/2016-03-12/after-moores-law.

04 Larry Greenemeier, "How Close Are We–Really–to Building a Quantum Computer?," Scientific American, May 30, 2018, https://www.scientificamerican.com/article/how-close-are-we-really-tobuilding-a-quantum-computer/.

05 Tom Simonite, "What Is Quantum Computing? The Complete WIRED Guide," WIRED (WIRED, August 24, 2018), https://www.wired.com/story/wired-guide-to-quantum-computing/.

06 Ibid.

07 Dominic J. Moylett, Noah Linden, Ashley Montanaro., "Quantum Speedup of the Traveling-Salesman Problem for Bounded-Degree Graphs," Physical Review, 2017, https://people.maths.bris.ac.uk/~csxam/papers/tsp.pdf.

08 Roman Orus, Samuel Mugel, and Enrique Lizaso. "Quantum computing for finance: overview and prospects." arXiv preprint arXiv:1807.03890 (2018).

09 "Quantum Computers Will Break the Encryption That Protects the Internet," The Economist (The Economist, 2018), https://www.economist.com/science-and-technology/2018/10/20/quantum-computerswill-break-the-encryption-that-protects-the-internet.

10 Note 6.

11 Note 9.

12 "The Race to Build a Quantum Computer | NIST," NIST, accessed January 30, 2019, https://www.nist.gov/topics/physics/introduction-new-quantum-revolution/race-build-quantum-computer.

13 Peter Gwynne, "Practical Quantum Computers Remain at Least a Decade Away," Physics World, December 12, 2018, https://physicsworld.com/a/practical-quantum-computers-remain-at-least-a-decade-away/.

14 Jennifer Dutcher, "Data Size Matters [Infographic]," What Is Data Science?, November 6, 2013, https://datascience.berkeley.edu/big-data-infographic/.

15 M. G. Siegler, "Eric Schmidt: Every 2 Days We Create as Much Information as We Did Up to 2003," TechCrunch, August 4, 2010, https://techcrunch.com/2010/08/04/schmidt-data/.

16 "Compliance Fines and Penalties," GDPR EU.ORG, accessed January 5, 2019, https://www.gdpreu.org/compliance/fines-and-penalties/.

17 Mike McDowall, "How a Simple 'hello' Became the First Message Sent via the Internet," PBS, February 9, 2015, https://www.pbs.org/newshour/science/internet-got-

started-simple-hello.

18   Nick Routley, "MAPPED: The World's Network of Undersea Cables," Business Insider, August 26, 2017, https://www.businessinsider.com/map-the-worlds-network-of-undersea-cables-2017-8.

19   Rick Burgess, "One Minute on the Internet: 640TB Data Transferred, 100k Tweets, 204 Million E-Mails Sent," Techspot, March 20, 2013, https://www.techspot.com/news/52011-one-minute-on-the-internet-640tb-data-transferred-100k-tweets-204-million-e-mails-sent.html.

20   Adam Taylor, "47 Percent of the World's Population Now Use the Internet, Study Says," Washington Post (The Washington Post, November 22, 2016), https://www.washingtonpost.com/news/worldviews/wp/2016/11/22/47-percent-of-the-worlds-population-now-use-the-internet-users-study-says/.

21   Amy Nordrum, Kristen Clark and IEEE Spectrum Staff, "Everything You Need to Know About 5G," IEEE Spectrum, January 27, 2017, https://spectrum.ieee.org/video/telecom/wireless/everything- you-need-to-know-about-5g.

22   Chris Baynes, "Entire Country Taken Offline for Two Days after Undersea Internet Cable Cut," The Independent, April 10, 2018, https://www.independent.co.uk/news/world/africa/mauritiana-internet-cut-underwater-cable-offline-days-west-africa-a8298551.html.

23   Jack Clark, "5 Numbers That Illustrate the Mind-Bending Size of Amazon's Cloud," Bloomberg, November 14, 2014, https://www.bloomberg.com/news/2014-11-14/5-numbers-that-illustrate-the-mind-bending-size-of-amazon-s-cloud.html.

24   Ron Miller, "How AWS Came to Be," TechCrunch, July 2, 2016, https://techcrunch.com/2016/07/02/andy-jassys-brief-history-of-the-genesis-of-aws/.

25   Amazon.com, Inc., "Amazon.com Announces Third Quarter Sales up 29% to $56.6 Billion," October 25, 2018, https://ir.aboutamazon.com/news-releases/news-release-details/amazoncom-announces-third-quarter- sales-29-566-billion.

26   Amazon, "All Customer Success Stories," Amazon Web Services (AWS), accessed January 5, 2019, https://aws.amazon.com/solutions/case-studies/all/.

27   Amazon, "Public Sector Customer Success Stories," Amazon Web Services (AWS), accessed January 5, 2019, https://aws.amazon.com/solutions/case-studies/government-education/.

2장

01   Stephanie Walden, "Tech Time Machine: Screens and Display," Mashable, accessed January 5, 2019, https://mashable.com/2015/01/06/screen-display-tech-ces/#e.WJ5m0AguqQ.

02   "SAGE: Semi-Automatic Ground Environment Air Defense System | MIT Lincoln Laboratory," MIT Lincoln Laboratory (Massachusetts Institute of Technology), accessed January 30, 2019, https://www.ll.mit.edu/about/history/sage-semi-automat-

ic-ground-environment-air-defense-system.

03   "Computer History Museum—Zuse Computer Z23," Computerhistory.org, accessed January 30, 2019, https://www.computerhistory.org/projects/zuse_z23/.

04   Michael R. Swaine and Paul A. Freiberger, "UNIVAC | Computer | Britannica. Com," Britannica, October 7, 2008, https://www.britannica.com/technology/UNIVAC.

05   Walden, "Tech Time Machine: Screens and Display."

06   Andrew Pollack, "APPLE'S LISA MAKES A DEBUT," The New York Times, January 19, 1983, https://www.nytimes.com/1983/01/19/business/apple-s-lisa-makes-a-debut.html.

07   Note 5.

08   Apple Inc., "Apple Reinvents the Phone with iPhone," January 9, 2007, https://www.apple.com/newsroom/2007/01/09Apple-Reinvents-the-Phone-with-iPhone/.

09   "Ericsson Mobility Report" (Ericsson, June 2018), https://www.ericsson.com/assets/local/mobility- report/documents/2018/ericsson-mobility-report-june-2018.pdf.

10   Theo Anderson, "How We Shop Differently on Our Phones," KelloggInsight (Kellogg School of Management, Northwestern University), accessed January 5, 2019, https://insight.kellogg.northwestern. edu/article/how-we-shop-differently-on-our-phones.

11   Devin Coldewey, "Microsoft Hits a Speech Recognition Milestone with a System Just as Good as Human Ears," TechCrunch (TechCrunch, October 18, 2016), http://social.techcrunch.com/2016/10/18/microsoft-hits-a-speech-recognition-milestone-with-a-system-just-as-good-as-human-ears/.

12   Brian Heater, "Smart Speaker Sales on Pace to Increase 50 Percent by 2019," TechCrunch (TechCrunch, August 14, 2018), http://social.techcrunch.com/2018/08/14/smart-speaker-sales-on-pace-to-increase-50-percent-by-2019/.

13   Micah Singleton, "Nearly a Quarter of US Households Own a Smart Speaker, according to Nielsen," The Verge (The Verge, September 30, 2018), https://www.theverge.com/circuitbreaker/2018/9/30/17914022/smart-speaker-40-percent-us-households-nielsen-amazon-echo-google-home-apple-homepod.

14   Patrick Collinson, "HSBC Voice Recognition System Breached by Customer's Twin," The Guardian, May 19, 2017, https://www.theguardian.com/business/2017/may/19/hsbc-voice-recognition-system-breached-by-customers-twin.

15   Erica Schwiegershausen, "A Brief History of Wearable Tech," The Cut, April 24, 2015, https://www. thecut.com/2015/04/brief-history-of-wearable-tech.html.

16   Marina Koytcheva, "Wearables Market to Be Worth $25 Billion by 2019," accessed January 5, 2019, https://www.ccsinsight.com/press/company-news/2332-wearables-market-to-be-worth-25-billion-by-2019-reveals-ccs-insight.

3장

01   Anton Ruddenklau Ian Pollari, "The Pulse of Fintech—2018" (KPMG, July 31, 2018), https://home. kpmg.com/xx/en/home/insights/2018/07/pulse-of-fintech-h1-2018.html.

02   "Global Fintech Report Q2 2018," CB Insights, July 2018, https://www.cbinsights.com/research/report/fintech-trends-q2-2018/.

03   "The Millennial Disruption Index," Viacom Media Networks, 2013, https://www.bbva.com/wp-content/uploads/2015/08/millenials.pdf.

04   "Value Added by Private Industries: Finance, Insurance, Real Estate, Rental, and Leasing: Finance and Insurance as a Percentage of GDP (VAPGDPFI)," Federal Reserve Bank of St Louis, accessed January 5, 2019, https://fred.stlouisfed.org/series/VAPGDPFI.

05   Rachel Green, "Global Merchant Card Acceptance Grew 13% in 2017," Business Insider, December 2018, https://www.businessinsider.com/global-merchant-card-acceptance-growing-2018-12.

06   Reuters Editorial, "Cash Still King: Swedish Central Bank Urges Lawmakers to Protect Cash Payments," U.S., February 26, 2018, https://www.reuters.com/article/sweden-cenbank-cash-idUSL8N1QG79Y.

07   "Will Sweden Become the First Nation to Go Cash-Free?," NBC News, accessed January 5, 2019, https://www.nbcnews.com/mach/science/will-sweden-become-first-country-go-cash-free-ncna809811.

08   "World Payments Report 2018," World Payments Report (blog), October 4, 2018, https://worldpay-mentsreport.com/resources/world-payments-report-2018/.

09   "Global Payments: Expansive Growth, Targeted Opportunities," accessed January 5, 2019, https://www. mckinsey.com/industries/financial-services/our-insights/global-payments-expansive-growth- targeted-opportunities.

10   Marc Niederkorn, Phil Bruno, Grace Hou, Florent Istace, Sukriti Bansal, "Global Payments 2015: A Healthy Industry Confronts Disruption" (McKinsey & Company, October 2015), https://www.mckin-sey.com/~/media/mckinsey/industries/financial%20services/our%20insights/how%20the%20payments%20industry%20is%20being%20disrupted/global_payments_2015_a_healthy_industry_ confronts_disruption.ashx.

11   Rob Galaski R. Jesse McWaters, "Beyond Fintech: A Pragmatic Assessment of Disruptive Potential inFinancial Services" (World Economic Forum, August 2017), http://www3.weforum.org/docs/Beyond_Fintech_-A_Pragmatic_Assessment_of_Disruptive_Potential_in_Financial_Services.pdf.

12   European Commission, "Payment Services Directive and Interchange Fees Regulation: Frequently Asked Questions," July 24, 2013, http://europa.eu/rapid/press-release_MEMO-13-719_it.htm.

13   "2018 Apple Pay Adoption Stats," PYMNTS.com, accessed January 5, 2019, https://www.pymnts.com/apple-pay-adoption/.

14   Ibid.

15   Mike Brown, "Best Mobile Payment Apps—Survey & Report," LendEDU, April 21,

2017, https://lendedu.com/blog/best-mobile-payment-app.

16   "PayPal Reports Fourth Quarter and Full Year 2017 Results," Press Release (BusinessWire, January 31, 2018), https://www.businesswire.com/news/home/20180131006195/en/PayPal-Reports-Fourth-Quarter-Full-Year-2017.

17   LendEDU's Venmo Transaction Study: Pizza, Drinks, Fantasy Football … and Sometimes Strippers," LendEDU, 2016, https://lendedu.com/blog/venmo.

18   Ibid.; "Fintech and Cross-Border Payments," IMF, November 1, 2017, https://www.imf.org/en/News/Articles/2017/11/01/sp103017-fintech-and-cross-border-payments.

19   TransferWise Content Team, "How TransferWise Works: Your Step-by-Step Guide," TransferWise, March 14, 2018, https://transferwise.com/gb/blog/how-does-transferwise-work.

20   "TransferWise Mission Report Q1 2018," TransferWise, April 24, 2018, https://transferwise.com/gb/blog/transferwise-mission-report-q1-2018.

21   Kadhim Shubber, "Peer-to-Peer May Have Changed Banking, but Banking Still Won," Financial Times, November 17, 2016, https://ftalphaville.ft.com/2016/11/16/2179884/peer-to-peer-may-have-changed-banking-but-banking-still-won/.

22   22 Boris Vallee and Yao Zeng, "Marketplace Lending: A New Banking Paradigm?," Working Paper (Harvard Business School, January 2018), https://www.hbs.edu/faculty/Publication%20Files/18-067_1d1e7469-3a75-46a0-9520-bddbfda0b2b9.pdf.

23   "The Fed-Report on the Economic Well-Being of U.S. Households in 2017–May 2018," Board of Governors of the Federal Reserve System, accessed January 5, 2019, https://www.federalreserve.gov/publications/2018-economic-well-being-of-us-households-in-2017-preface.htm.

24   "The Shift from Defined Benefit to Defined Contribution Plans," Greenbush Financial Group, LLC, accessed January 30, 2019, https://www.greenbushfinancial.com/the-shift-in-retirement-and-importance-of-education/.

25   Note 23.

26   Lorie Konish, "Fees Could Sink Your Retirement Savings. Here's What to Do about It," CNBC (CNBC, February 20, 2018), https://www.cnbc.com/2018/02/20/fees-could-sink-your-retirement-savings-heres-what-to-do-about-it.html.

27   Andrea Coombes Arielle O'shea, "How Much Does a Financial Advisor Cost?," Nerd Wallet, December 7, 2018, https://www.nerdwallet.com/blog/investing/how-much-does-a-financial-advisor-cost/.

28   Szifra Birke, "Is Your Financial Advisor Working in Your Best Interest?," Birke Consulting, January 30, 2017, https://birkeconsulting.com/is-your-financial-advisor-working-in-your-best-interest/.

29   Brittney Grimes, "10 Largest Robo-Advisers by AUM," accessed January 5, 2019, https://www.invest-mentnews.com/gallery/20181107/FREE/110709999/PH/10-largest-robo-advisers-by-aum&Params=Itemnr=11).

30   "Global Asset Management 2018: The Digital Metamorphosis," Https://www.bcg.com, accessed January 5, 2019, https://www.bcg.com/en-ch/publications/2018/global-asset-management-2018-digital-metamor-

phosis.aspx.

31   The Wealthfront Team / 02.22.18, "Investing Just Got Better with Wealthfront," Wealthfront Blog, February 22, 2018, https://blog.wealthfront.com/risk-parity/.

32   "Homepage," Nest, accessed January 5, 2019, https://nest.com/insurance-partners/.

33   "How Vitality Works," Vitality Group, accessed January 5, 2019, https://www.vitalitygroup.com/how-vitality-works/.

34   Dan Kadlec, "Why Millennials Resist Any Kind of Insurance," Money (Time Inc, August 27, 2014), http://time.com/money/3178364/millennials-insurance-why-resist-coverage/.

35   Daniel Schreiber, "Lemonade Sets a New World Record," Lemonade Inc, January 1, 2017, https://www.lemonade.com/blog/lemonade-sets-new-world-record/.

36   "FAQ," Lemonade Inc, accessed January 5, 2019, https://www.lemonade.com/faq#service.

37   Jordan Crook, "Lemonade Wants to Rewrite the Insurance Policy Itself," TechCrunch, May 2018, https://techcrunch.com/2018/05/16/lemonade-wants-to-rewrite-the-insurance-policy-itself/.

38   "Who Are You Calling a 'challenger Bank'?," PWC, accessed January 5, 2019, https://www.pwc.co.uk/industries/banking-capital-markets/insights/challenger-banks.html.

39   "Seamless International Money Transfers with TransferWise," N26, accessed January 5, 2019, https://n26.com/en-eu/transferwise.

40   "N26 Black," N26, accessed January 5, 2019, https://n26.com/en-de/black.

41   https://en.wikipedia.org/wiki/Revolut

42   "About Revolut," Revolut, accessed January 5, 2019, https://www.revolut.com/it/about.

43   Ryan Browne, "Fintech Start-up Revolut Grabs 2 Million Users and Plans to Launch Commission-Free Trading Service," CNBC (CNBC Europe, April 25, 2018), https://www.cnbc.com/2018/06/07/revolut-has-2-million-users-to-launch-commission-free-trading-service.html.

44   James Cook, "UK Fintech Start-up Revolut Reaches 2 Million Users Save," The Telegraph, June 7, 2018, https://www.telegraph.co.uk/technology/2018/06/07/uk-fintech-start-up-revolut-reaches- 2-million-users/.

45   Ibid.

46   Martin Arnold, "Monzo Poised to Join Ranks of Europe's Fintech 'unicorns,'" Financial Times, August 17, 2018, https://www.ft.com/content/ef54082c-a16a-11e8-85da-eeb7a9ce36e4.

47   Frank Holmes, "These Are the 5 Costliest Financial Regulations of the Past 20 Years," Business Insider, May 2017, https://www.businessinsider.com/these-are-the-5-costliest-financial-regulations-of-the-past-20-years-2017-5?IR=T#march-2010-foreign-account-tax-compliance-act-fatca-3.

48   Sean Ross, "What Major Laws Regulating Financial Institutions Were Created in Response to the 2008 Financial Crisis?," Investopedia, October 25, 2017, https://www.investopedia.com/ask/answers/063015/what-are-major-laws-acts-regulating-financial-institutions-were-created-response-2008-financial.asp.

49   Sital S. Patel, "Citi Will Have Almost 30,000 Employees in Compliance by Year-End," MarketWatch, July 14, 2014, http://blogs.marketwatch.com/thetell/2014/07/14/citi-will-have-almost-30000-employees-in-compliance-by-year-end/.

50   David Henry, "JPMorgan's Dimon Calls Settling Legal Issues 'Nerve-Wracking,'" Reuters, April 9, 2014, https://www.reuters.com/article/us-jpmorganchase-dimon-idUSBREA3822W20140409.

51   Jackson Mueller Dan Murphy, "RegTech: Opportunities for More Efficient and Effective Regulatory Supervision and Compliance" (Milken Institute, July 11, 2018), https://www.milkeninstitute.org/publi-cations/view/919.

52   "Uncover the True Cost of Anti-Money Laundering & KYC Compliance" (LexisNexis Risk Solutions, June 9, 2016), https://www.lexisnexis.com/risk/intl/en/resources/research/true-cost-of-aml-compliance-apac-survey-report.pdf.

53   Bain Insights, "Cutting Through Complexity in Financial Crimes Compliance," Forbes (Forbes, February 14, 2018), https://www.forbes.com/sites/baininsights/2018/02/14/cutting-through-com-plexity-in-financial-crimes-compliance/.

54   Preeta Bannerjee, "UNODC Estimates That Criminals May Have Laundered US$ 1.6 Trillion in 2009," October 25, 2011, https://www.unodc.org/unodc/en/press/releases/2011/October/unodc-esti-mates-that-criminals-may-have-laundered-usdollar-1.6-trillion-in-2009.html.

55   U.S. Securities and Exchange Commission, "SEC Announces Enforcement Results for FY 2016," October 11, 2016, https://www.sec.gov/news/pressrelease/2016-212.html.

56   "Regtech," The Institute of International Finance, accessed January 5, 2019, https://www.iif.com/topics/regtech.

57   "The State of Regtech" (CB Insights, September 20, 2017), https://www.cbinsights.com/research/brief-ing/state-of-regulato-ry-technology-regtech/.

58   "UOB Unveils Machine Learning Solution to Combat Financial Crime," Singapore Business Review, August 24, 2018, https://sbr.com.sg/financial-services/news/uob-unveils-machine-learning-solution-combat-financial-crime.

59   "Ant Financial to Share Full Suite of AI Capabilities with Asset Management Companies," Ant Financial Services Group, June 19, 2018, https://www.businesswire.com/news/home/20180619006514/en/Ant-Finan-cial-Share-Full-Suite-AI-Capabilities.

60   "Full-Time MBA | FinTech," NYU Stern, accessed January 30, 2019, http://www.stern.nyu.edu/pro-grams-admissions/full-time-mba/academics/areas-interest/fintech.

61   The course offered in the Masters in Finance and MBA programs since 2015 is taught by co-author Henri Arslanian.

62   "Asia's 1st FinTech MOOC – Introduction to FinTech," Asian Institute of International Financial Law, The University of Hong Kong, accessed January 5, 2019, https://www.law.hku.hk/aiifl/asias-first-fintech- online-course-www-hkufintech-com/.

63   "Introduction to FinTech, Provided by University of Hong Kong (HKUx)," EdX, accessed January 5, 2019, https://www.edx.org/course/introduction-to-fintech.

64   Saïd Business School, University of Oxford, "Oxford Fintech Programme," GetSmarter, accessed January 5, 2019, https://www.getsmarter.com/courses/uk/said-busi-

ness-school-oxford-university-fintech- online-short-course.

65	"Securities and Futures Commission Fintech Contact Point," Hong Kong Securities and Futures Commission, September 29, 2017, https://www.sfc.hk/web/EN/sfc-fintech-contact-point/.

66	"LabCFTC Overview," U.S. Commodity Futures Trading Commission, accessed January 5, 2019, https://www.cftc.gov/LabCFTC/Overview/index.htm.

67	James Lloyd, "Regulatory 'Sandboxes' Facilitate Optimal Regulation in Asia Pacific," EY Financial Services, March 2018, https://www.ey.com/gl/en/industries/financial-services/fso-insights-regulatory- sandboxes-facilitate-optimal-regulation-in-asia-pacific.

68	Aaron Stanley, "Arizona Becomes First U.S. State To Launch Regulatory Sandbox for Fintech," Forbes (Forbes, March 23, 2018), https://www.forbes.com/sites/astanley/2018/03/23/arizona-becomes-first-u-s- state-to-launch-regulatory-sandbox-for-fintech/.

69	Dan Murphy and "RegTech: Opportunities for More Efficient and Effective Regulatory Supervision and Compliance" (Milken Institute, July 2018), https://assets1b.milkeninstitute.org/assets/Publication/Viewpoint/PDF/RegTech-Opportunities-White-Paper-FINAL-.pdf.

70	Scott W. Bauguess, "The Role of Big Data, Machine Learning, and AI in Assessing Risks: A Regulatory Perspective," June 21, 2017, https://www.sec.gov/news/speech/bauguess-big-data-ai.

71	Mr Ravi Menon, Managing Director, Monetary Authority of Singapore, "Singapore FinTech Journey 2.0," November 14, 2017, http://www.mas.gov.sg/News-and-Publications/Speeches-and-Monetary-Policy-Statements/Speeches/2017/Singapore-FinTech-Journey-2.aspx.

72	Huy Nguyen Trieu, "Fintech Start-Ups Beware: Customers Are Expensive," Disruptive Finance, January 3, 2016, http://www.disruptivefinance.co.uk/2016/01/03/fintech-start-ups-beware-customers-are-expensive/.

73	Oscar Williams-Grut, "Hot Foreign Exchange App Revolut Burned through £7 Million Fuelling Its Growth Last Year," Business Insider, June 27, 2017, http://uk.businessinsider.com/fintech-revolut- 2016-accounts-loss-revenue-2017-6?IR=T.

74	Tina Wadhwa, "One of the Hottest Investment Styles Might Be 'Financially Unviable,'" Business Insider, July 14, 2016, https://www.businessinsider.com/robo-advisors-may-be-financially-unviable-2016-7?IR=T.

75	"The Top 20 Reasons Startups Fail" (CB Insights, February 2, 2018), https://www.cbinsights.com/research/startup-failure-reasons-top/.

76	The trimplement Team, "What Challenges Are Fintech Startups Facing Today," Medium, May 28, 2017, https://medium.com/trimplement/what-challenges-are-fintech-startups-facing-today-6e2efef8ecb4.

4장

01　Adrian D. Garcia, "Big Banks Spend Billions on Tech But Innovation Lags | Bankrate," Bankrate (Bankrate.com, July 27, 2018), https://www.bankrate.com/banking/jpm-big-banks-spend-billions-on-tech-but-theyre-still-laggards/.

02　Citi GPS: Global Perspectives & Solutions, "The Bank of the Future – The ABCs of Digital Disruption in Finance," Citibank, March 2018, https://www.citibank.com/commercialbank/insights/assets/docs/2018/The-Bank-of-the-Future/124/.

03　"Bank of America Revolutionizes Banking Industry from Bank of America," About Bank of America, August 12, 2014, https://about.bankofamerica.com/en-us/our-story/bank-of-america-revolutionizes-industry.html.

04　Anna Irrera, "Banks Scramble to Fix Old Systems as IT 'Cowboys' Ride into Sunset," Reuters, April 11, 2017, https://www.reuters.com/article/us-usa-banks-cobol-idUSKBN17C0D8.

05　Robert L. Mitchell, "The Cobol Brain Drain, Computerworld, May 21, 2012, https://www.computer-world.com/article/2504568/data-center/the-cobol-brain-drain.html.

06　Chris Skinner, Digital Human: The Fourth Revolution of Humanity Includes Everyone (Marshall Cavendish International (Asia) Private Limited, 2018), page 77.

07　Brett King, Bank 4.0: Banking Everywhere, Never at a Bank (Marshall Cavendish International Asia Pte Ltd., 2018), page 80.

08　"Schwab Intelligent Portfolios®," Charles Schwab Intelligent Portfolios, accessed January 5, 2019, https://intelligent.schwab.com/.

09　Vanguard, "Vanguard Introduces Personal Advisor Services, Lowers Minimum to Investors With $50,000," Vanguard, May 5, 2015, https://pressroom.vanguard.com/news/Vanguard_Introduces_Personal_Advisor_Services_Lowers_Minimum.html.

10　Brittney Grimes, "10 Largest Robo-Advisers by AUM," InvestmentNews, accessed January 30, 2019, https://www.investmentnews.com/gallery/20181107/FREE/110709999/PH/10-largest-robo-advisers-by-aum.

11　Julie Verhage, "Wealthfront Valuation Said to Drop About a Third in New Funding," Bloomberg, March 24, 2018, https://www.bloomberg.com/news/articles/2018-03-23/wealthfront-valuation-said-to-drop-about-a-third-in-new-funding.

12　"HSBC Payment App Users Surpass 1m," The Standard, July 18, 2018, http://www.thestandard.com.hk/breaking-news.php?id=110664&sid=2.

13　Harriet Taylor, "Bank of America Launches AI Chatbot Erica – Here's What It Does," CNBC, October 24, 2016, https://www.cnbc.com/2016/10/24/bank-of-america-launches-ai-chatbot-erica%2D%2Dheres-what-it-does.html.

14　Julie Verhage, "Wealthfront Valuation Said to Drop About a Third in New Funding," Bloomberg, March 24, 2018, https://www.bloomberg.com/news/articles/2018-03-23/wealthfront-valuation-said-to-drop-about-a-third-in-new-funding.

15　"Get Started," Zelle, 2019, https://www.zellepay.com/get-started.

16   Sarah Perez, "Zelle Forecast to Overtake Venmo This Year," TechCrunch, June 2018, https://techcrunch.com/2018/06/15/zelle-forecast-to-overtake-venmo-this-year/.

17   "FAQs," Marcus by Goldman Sachs, 2018, https://www.marcus.com/us/en/faqs.

18   Will Mathis, "Goldman Sachs Expects Marcus to Get 'Very Big, Very Profitable,'" Bloomberg, June 1, 2018, https://www.bloomberg.com/news/articles/2018-05-31/goldman-sachs-expects-marcus-to-get-very-big-very-profitable.

19   "Deutsche Bank Plant Nun Doch Keine Digitalbank," Reuters, May 29, 2018, https://de.reuters.com/article/deutschland-deutsche-bank-idDEKCN1IT1Q8.

20   Trevor Hunnicutt Simon Jessop, "BlackRock Takes Scalable Capital Stake in Europe 'Robo-Advisor' Push," Reuters, June 20, 2017, https://www.reuters.com/article/us-blackrock-scalablecapital/blackrock-takes-scalable-capital-stake-in-europe-robo-advisor-push-idUSKBN19A322.

21   "JPMorgan Chase Competitive Strategy Teardown: How the Bank Stacks Up on Fintech and Innovation," CB Insights Research, January 11, 2018, https://www.cbinsights.com/research/jpmorgan-chase-competitive-strategy-teardown-expert-intelligence/.

22   "Where Top US Banks Are Betting on Fintech," CB Insights, November 21, 2018, https://www.cbin-sights.com/research/fintech-investments-top-us-banks/.

23   "Https://www.cbinsights.com/research/europe-Bank-Fintech-Startup-Investments/," CB Insights, April 12, 2018, https://www.cbinsights.com/research/europe-bank-fintech-startup-investments/.

24   "Portfolio Companies," Santander Innoventures, accessed January 6, 2019, http://santanderinnoven-tures.com/portfolio-companies/.

25   "6 Charts Breaking Down How Insurers Are Investing in Tech Startups," September 14, 2016, https://www.cbinsights.com/research/insurance-corporate-venturing-2016/.

26   "Redrawing the Lines: FinTech's Growing Influence on Financial Services," Pwc, 2017, https://www.pwc.com/jg/en/publications/pwc-global-fintech-report-17.3.17-final.pdf.

27   "Love and War - Banking and Fintech," The Economist, December 5, 2015, https://www.economist.com/finance-and-economics/2015/12/05/love-and-war.

28   "Kabbage and Santander UK Partner to Accelerate SMB Growth," April 3, 2016, https://www.kab-bage.com/blog/kabbage-santander-uk-partner-accelerate-smb-growth/.

29   "Reinventing Insurance for the Digital Generation," Munich RE, January 16, 2017, https://www.muni-chre.com/topics-online/en/digitalisation/reinventing-insurance-digital-generation.html.

5장

01　"About Revolut."

02　Frederic Lardinois, "Gmail Now Has More Than 1B Monthly Active Users," TechCrunch, February 1, 2016, https://techcrunch.com/2016/02/01/gmail-now-has-more-than-1b-monthly-active-users/.

03　Brett King, Bank 4.0: Banking Everywhere, Never at a Bank (Marshall Cavendish International Asia Pte Ltd, 2018), page 136.

04　Hugh Son, "Consumers Want Tech Firms to Take on the Banks," Bloomberg, November 20, 2017, https://www.bloomberg.com/news/articles/2017-11-20/banks-beware-most-customers-suspect-tech-can-do-your-job-better.

05　Stella Yifan Xie, "Jack Ma's Giant Financial Startup Is Shaking the Chinese Banking System," WSJ Online, July 29, 2018, https://www.wsj.com/articles/jack-mas-giant-financial-startup-is-shaking-the-chinese-banking-system-1532885367.

06　Clay Chandler, "Tencent and Alibaba Are Engaged in a Massive Battle in China Play Video," Fortune, May 13, 2017, http://fortune.com/2017/05/13/tencent-alibaba-china/.

07　Pengying, "China's Mobile Payment Volume Tops 81 Trln Yuan," Xinhua, February 19, 2018, http://www.xinhuanet.com/english/2018-02/19/c_136985149.htm.

08　"2017 Mobile Payment Usage in China Report," IPSOS, August 2017, https://www.ipsos.com/sites/default/files/ct/publication/documents/2017-08/Mobile_payments_in_China-2017.pdf.

09　"Bank of America Surpasses 1 Million Users on Erica | Bank of America," Bank of America, accessed January 6, 2019, https://newsroom.bankofamerica.com/press-releases/consumer-banking/bank-america-surpasses-1-million-users-erica.

10　Yue Wang, "Ant Financial Said to Close $150B Funding Round," Forbes (Forbes, May 29, 2018), https://www.forbes.com/sites/ywang/2018/05/28/ant-financial-said-to-close-150-b-funding-round/.

11　Maggie Zhang, "Tencent Gets a Licence to Sell Mutual Funds to WeChat's 1 Billion Users in China," South China Morning Post, 04 January 2018, https://www.scmp.com/business/companies/arti-cle/2126876/tencent-granted-licence-sell-mutual-funds.

12　Shu Zhang, "Alibaba-Backed Online Lender MYbank Owes Cost-Savings to Home-Made Tech," U.S., February 1, 2018, https://www.reuters.com/article/us-china-banking-mybank-idUSKBN1FL3S6.

13　Steven Millward, "Alibaba Launches Online Bank: 'It's for the Little Guys, Not the Rich'," Tech in Asia, June 25, 2015, https://www.techinasia.com/alibaba-launches-online-bank-mybank.

14　Matthew Brennan, "Wechat Red Packets Data Report of 2018 New Year Eve," China Channel, February 18, 2018, https://chinachannel.co/2018-wechat-red-packets-data-report-new-year-eve/.

15　Alex Gray, "Here's the Secret to How We Chat Attracts 1 Billion Monthly Users," World Economic Forum, March 21, 2018, https://www.weforum.org/agenda/2018/03/wechat-now-has-over-1-billion-monthly-users/.

16   Emma Lee, "WeChat Pay Tries to Duplicate Domestic Success Overseas with Killer Recipe: Social Networking," Technode, March 1, 2018, https://technode.com/2018/03/01/wechat-pay-social-networking/.

17   Madhav Chanchani, "Alibaba to Hike Stake in Paytm's Marketplace for $177 Million," Economic Times, March 3, 2017, https://economictimes.indiatimes.com/small-biz/money/alibaba-to-hike-stake-in-paytms-marketplace-for-177-million/articleshow/57428717.cms.

18   "These Figures Show the Incredible Growth of Paytm as Payments Platform," Business Today, July 9, 2018, https://www.businesstoday.in/current/corporate/paytm-transactions-wallet-firm-upi-payments-bank-50-billion/story/280040.html.

19   "Alipay Expands in-Store Mobile Payments to North American Retailers," Mobile Payments Today, January 17, 2017, https://www.mobilepaymentstoday.com/news/alipay-expands-in-store-mobile-payments-to-north-american-retailers/.

20   "Website," accessed January 6, 2019, https://www.ft.com/content/2d0ba-0da-cedf-11e7-9dbb-291a884dd8c6.

21   Suprita Anupam, "Is Facebook Really Entering The P2P Payments Space In India?," June 15, 2018, https://inc42.com/buzz/messenger-is-facebook-really-entering-the-p2p-payments-space-in-india/.

22   Brett King, Bank 4.0: Banking Everywhere, Never at a Bank (Marshall Cavendish International Asia Pte Ltd, 2018), page 180.

23   Jeffrey Dastin, "Amazon Lent $1 Billion to Merchants to Boost Sales on Its Marketplace," Reuters, June 8, 2017, https://www.reuters.com/article/us-amazon-com-loans-idUSKBN18Z0DY.

24   Ibid.

25   "Everything You Need To Know About What Amazon Is Doing in Financial Services," CB Insights, 2018, https://www.cbinsights.com/research/report/amazon-across-financial-services-fintech/.

26   Ibid.

27   Kristin Broughton, "Amazon Buying Capital One? Fat Chance, but Fun to ponder Website," American Banker, February 17, 2017, https://www.americanbanker.com/news/amazon-buying-capital-one-fat-chance-but-fun-to-ponder.

6장

01   Jeff Cox Angelica LaVito, "Amazon, Berkshire Hathaway, and JPMorgan Chase to Partner on US Employee Health Care," CNBC (CNBC, January 30, 2018), https://www.cnbc.com/2018/01/30/amazon-berkshire-hathaway-and-jpmorgan-chase-to-partner-on-us-employee-health-care.html.

02   Zhang, "Tencent Gets a License to Sell Mutual Funds to WeChat's 1 Billion Users in China."

03   Stefan van Woelderen Lei Pan, "Platforms: Bigger, Faster, Stronger," ING Groep N.V., July 6, 2017, https://www.ingwb.com/insights/research/platforms-bigger,-fast-

er,-stronger.

04   "Purpose & Strategy," ING Groep N.V., accessed January 6, 2019, https://www.ing.com/About-us/Purpose-strategy.htm.

05   "BBVA Launches First BaaS Platform in the U.S.," BBVA, October 16, 2018, https://www.bbva.com/en/bbva-launches-first-baas-platform-in-the-u-s/.

7장

01   "Financial Inclusion on the Rise, But Gaps Remain, Global Findex Database Shows," World Bank, April 19, 2018, http://www.worldbank.org/en/news/press-release/2018/04/19/financial-inclusion-on-the-rise-but-gaps-remain-global-findex-database-shows.

02   "How FinTech Is Shaping the Future of Banking | Henri Arslanian | TEDxWanChai," YouTube, December 5, 2016, https://www.youtube.com/watch?v=pPkNtN8G7q-8&t=682s.

03   Brett King, p. 83.

04   "M-Money Channel Distribution Case – Kenya," World Bank, March 2009, http://documents.world-bank.org/curated/en/832831500443778267/pdf/117403-WP-KE-Tool-6-7-Case-Study-M-PESA-Kenya-Series-IFC-mobile-money-toolkit-PUBLIC.pdf.

05   World Bank Group, "Global Findex Report" (World Bank, 2017), https://globalfindex.worldbank.org/sites/globalfindex/files/chapters/2017%20Findex%20full%20report_chapter2.pdf.

06   More by This Author, "Yearly Mobile Money Deals close to Half GDP," Daily Nation, accessed January 6, 2019, https://www.nation.co.ke/business/Yearly-mobile-money-deals-close-GDP/996-4041666-dtaks6z/index.html.

07   Saruni Maina, "Safaricom FY2017: Data and M-Pesa Were Safaricom's Biggest Earners," Techweez, May 10, 2017, https://techweez.com/2017/05/10/safaricom-fy-2017-data-m-pesa/.

08   Brett King book, p. 79.

09   T. S., "Why Does Kenya Lead the World in Mobile Money?," The Economist, March 2, 2015, https://www.economist.com/the-economist-explains/2015/03/02/why-does-kenya-lead-the-world-in-mobile-money.

10   Rob Matheson, "Study: Mobile-Money Services Lift Kenyans out of Poverty," MIT News, December 8, 2016, http://news.mit.edu/2016/mobile-money-kenyans-out-poverty-1208.

11   Michael Joseph, "M-Pesa: The Story of How the World's Leading Mobile Money Service Was Created in Kenya," Vodafone, March 6, 2017, https://www.vodafone.com/content/index/what/technology-blog/m-pesa-created.html#.

12   "bKash in Bangladesh: 24 Million Customers Using Mobile Money," Global Payments Summit, 2018, https://globalpaymentsummit.com/bkash-bangladesh-24-million-customers-using-mobile-money/.

13   "Bangladesh Population," Trading Economics, accessed January 6, 2019, https://tradingeconomics.com/bangladesh/population.

14   "Financial Inclusion Insights Bangladesh 2016 Annual Report (Wave 4 Tracker Survey)," Finclusion, September 2017, http://finclusion.org/uploads/file/Bangladesh%20Wave%204%20Report_20_Sept%202017.pdf.

15   "Migration and Remittances Factbook 2016 Third Edition" (Global Knowledge Partnership on Migration and Development (KNOMAD), World Bank, n.d.).

16   "Standard Chartered Deepens Investments in Digital Solutions," The Guardian Nigeria Newspaper, December 10, 2018, https://guardian.ng/business-services/standard-chartered-deepens-investments-in-digital-solutions/.

17   Xiao Liu, "Ant Financial to Acquire Stake in Bangladesh's bKash," Caixin Global, April 27, 2018, https://www.caixinglobal.com/2018-04-27/ant-financial-to-acquire-stake-in-bangladeshs-bkash-101240395.html.

18   Ant Financial, "Ant Financial Invests in Bangladesh-Based bKash," Finextra, April 26, 2018, https://www.finextra.com/pressarticle/73644/ant-financial-invests-in-banladesh-based-bkash.

19   The World Bank, "M-Money Channel Distribution Case – Kenya : Safaricom M-Pesa" (The World Bank, January 1, 2017), http://documents.worldbank.org/curated/en/832831500443778267/M-money-channel-distribution-case-Kenya-Safaricom-m-pesa.

20   "Journey of Aadhaar," Software Freedom Law Center, India, May 21, 2016, https://sflc.in/journey-aadhaar.

21   "Aadhaar Dashboard," Unique Identification Authority of India (UIDAI), Government of India, accessed January 13, 2019, https://uidai.gov.in/aadhaar_dashboard/index.php.

22   "What Is IndiaStack?," IndiaStack (blog), accessed January 13, 2019, http://indiastack.org/about/.

23   Pavithra Babu, "What Is IndiaStack and How Is It Set to Change India?," Razorpay, accessed January 13, 2019, https://razorpay.com/blog/what-is-indiastack-and-how-is-it-set-to-change-india/.

24   Saikat Neogi, "Aadhar Verdict: eKYC Curbed; Instant Loan Approvals, MF and Insurance Sales Online Take a Hit," The Financial Express, October 1, 2018, https://www.financialexpress.com/money/aadhar-verdict-ekyc-curbed-instant-loan-approvals-mf-and-insurance-sales-online-take-a-hit/1332333/.

25   Ibid.

26   "What Supreme Court's Aadhaar Verdict Means for You: 10 Points," Livemint, September 26, 2018, https://www.livemint.com/Companies/cpSHu1fjQ1WvOP8vMi27aL/What-Supreme-Courts-Aadhaar-verdict-means-for-you-10-point.html.

8장

01   Other recent authors have also taken the same view by using the term "crypto-assets." Burniske, Chris, and Jack Tatar. Crypto-assets: The Innovative Investor's Guide to Bitcoin and Beyond. McGraw Hill Professional, 2017.

02   "Cryptography," Wikipedia, January 11, 2019, https://en.wikipedia.org/w/index.php?title=Cryptograp hy&oldid=877811989.

03   "Encryption," Wikipedia, January 12, 2019, https://en.wikipedia.org/w/index.php?title=Encryption&o ldid=878014939.

04   Chris Burniske and Jack Tatar, Crypto-assets: The Innovative Investor's Guide to Bitcoin and Beyond (McGraw Hill Professional, 2017).

05   Ibid.

06   "Cryptography," Wikipedia, January 11, 2019, https://en.wikipedia.org/w/index.php?title=Cryptograp hy&oldid=877811989.

07   "RSA (Cryptosystem)," Wikipedia, January 6, 2019, https://en.wikipedia.org/w/index.php?title=RSA_ (cryptosystem)&oldid=877066365.

08   Antony Lewis, The Basics of Bitcoins and Blockchains: An Introduction to Cryptocurrencies and the Technology That Powers Them (Mango Media, 2018).

09   Jameson Lopp, "Bitcoin and the Rise of the Cypherpunks," CoinDesk (blog), April 9, 2016, https://www.coindesk.com/the-rise-of-the-cypherpunks.

10   David Chaum, "Security without Identification: Transaction Systems to Make Big Brother Obsolete," Communications of the ACM 28, no. 10 (October 1, 1985): 1030–44, https://doi.org/10.1145/4372.4373.

11   Jimmy Aki, "ECash Founder David Chaum Makes Bold Promises with Elixxir Blockchain," Bitcoin Magazine, accessed January 13, 2019, https://bitcoinmagazine.com/articles/ecash-founder-david-chaum-makes-bold-promises-elixxir-blockchain/.

12   Robert Manne, "The Cypherpunk Revolutionary: Julian Assange | The Monthly," The Monthly, March 2011, https://www.themonthly.com.au/issue/2011/february/1324596189/robert-manne/cypherpunk-revolutionary.

13   Eric Hughes, "A Cypherpunk's Manifesto," Activism.net, March 1993, https://www.activism.net/cypherpunk/manifesto.html.

14   Adam Back, "[ANNOUNCE] Hash Cash Postage Implementation," Hashcash.org, March 28, 1997, http://www.hashcash.org/papers/announce.txt.

15   Wei Dai, "BMoney," November 6, 2018, http://www.weidai.com/.

16   Wei Dai, "Wei Dai's Home Page," November 6, 2018, http://www.weidai.com/.

9장

01   "Bitcoin History: The Complete History of Bitcoin [Timeline]," accessed January 13, 2019, http://www.historyofbitcoin.org/.

02   Satoshi Nakamoto, "Bitcoin: A Peer-to-Peer Electronic Cash System," http://Bitcoin.org/Bitcoin.pdf, May 2009, https://bitcoin.org/bitcoin.pdf.

03   Ibid.

04   "Bitcoin Forum," Bitcointalk.org, accessed January 13, 2019, https://bitcointalk.org/.

05   Adrian Chen, "We Need to Know Who Satoshi Nakamoto Is," May 9, 2016, https://www.newyorker.com/business/currency/we-need-to-know-who-satoshi-nakamoto-is.

06   Benjamin Wallace, "The Rise and Fall of Bitcoin," Wired, November 23, 2011, https://www.wired.com/2011/11/mf-bitcoin/.

07   1. Zoë Bernard, "Satoshi Nakamoto Was Weird, Paranoid, and Bossy, Says Early Bitcoin Developer Who Exchanged Hundreds of Emails with the Mysterious Crypto Creator," Business Insider Malaysia, May 30, 2018, https://www

08   "Satoshi Nakamoto," Wikipedia, January 12, 2019, https://en.wikipedia.org/w/index.php?title=Satoshi_Nakamoto&oldid=878012844.

09   Rob Wile, "Bitcoin's Mysterious Creator Appears to Be Sitting On a $5.8 Billion Fortune," Time, October 31, 2017, http://time.com/money/5002378/bitcoin-creator-nakamoto-billionaire/.

10   Satoshi Nakamoto, "Bitcoin: A Peer-to-Peer Electronic Cash System," http://Bitcoin.org/Bitcoin.pdf, May 2009, https://bitcoin.org/bitcoin.pdf.

11   For any reader interested in learning more in detail about how the Bitcoin blockchain works, we would recommend The Basics of Bitcoins and Blockchains by Antony Lewis, who explains in more detail how the Bitcoin blockchain works.

12   William Suberg, "John Oliver Compares Bitcoin with Bitconnect, Ridicules Tapscott's 'Dumb' McNugget Metaphor," Cointelegraph, March 12, 2018, https://cointelegraph.com/news/john-oliver-compares-bitcoin-with-bitconnect-ridicules-tapscotts-dumb-mcnugget-metaphor.

13   Satoshi Nakamoto, "Bitcoin: A Peer-to-Peer Electronic Cash System," http://Bitcoin.org/Bitcoin.pdf, May 2009, https://bitcoin.org/bitcoin.pdf.

14   Ibid.

15   Ibid.

16   Chris Burniske and Jack Tatar, Crypto-assets: The Innovative Investor's Guide to Bitcoin and Beyond (McGraw Hill Professional, 2017), p. 212.

17   Chris Burniske and Jack Tatar, Crypto-assets: The Innovative Investor's Guide to Bitcoin and Beyond (McGraw Hill Professional, 2017), p. 212.

18   "Bitcoin Block Reward Halving Countdown," accessed January 13, 2019, https://www.bitcoinblock-half.com/.

19   Chris Burniske and Jack Tatar, Cryp-

to-assets: The Innovative Investor's Guide to Bitcoin and Beyond (McGraw Hill Professional, 2017), p. 214.

20   Satoshi Nakamoto, "Bitcoin: A Peer-to-Peer Electronic Cash System," http://Bitcoin.org/Bitcoin.pdf, May 2009, https://bitcoin.org/bitcoin.pdf.

21   Chris Burniske and Jack Tatar, Crypto-assets: The Innovative Investor's Guide to Bitcoin and Beyond (McGraw Hill Professional, 2017), p. 212.

22   https://www.techradar.com/news/best-asic-devices-for-bitcoin-mining-in-2018.

23   "Laszlo Hanyecz," Bitcoin Wiki, accessed January 13, 2019, https://en.bitcoin.it/wiki/Laszlo_Hanyecz.

24   Kitco News, "2013: Year of the Bitcoin," Forbes, December 10, 2013, https://www.forbes.com/sites/kitconews/2013/12/10/2013-year-of-the-bitcoin/#2f0b622e303c.

25   Kitco News, "2013: Year of the Bitcoin," Forbes, December 10, 2013, https://www.forbes.com/sites/kitconews/2013/12/10/2013-year-of-the-bitcoin/#2f0b622e303c.

26   "Confirmed Transactions Per Day," Blockchain.com, accessed January 13, 2019, https://www.block-chain.com/charts/n-transactions.

27   Jake Frankenfield, "Silk Road," Investopedia, October 26, 2016, https://www.investopedia.com/terms/s/silk-road.asp.

28   Andy Greenberg, "Your Sloppy Bitcoin Drug Deals Will Haunt You for Years," Wired, January 26, 2018, https://www.wired.com/story/bitcoin-drug-deals-silk-road-blockchain/.

29   Ibid.

30   Robert McMillan Metz Cade, "The Rise and Fall of the World's Largest Bitcoin Exchange," Wired, November 6, 2013, https://www.wired.com/2013/11/mtgox/.

31   Andrew Norry, "The History of the Mt. Gox Hack: Bitcoin's Biggest Heist," Blockonomi, November 19, 2018, https://blockonomi.com/mt-gox-hack/.

32   Garrick Hileman, "State of Bitcoin and Blockchain 2016: Blockchain Hits Critical Mass," CoinDesk, January 28, 2016, https://www.coindesk.com/state-of-bitcoin-blockchain-2016.

33   Evelyn Cheng, "Bitcoin Tops $8,700 to Record High as Coinbase Adds 100,000 Users," CNBC, November 26, 2017, https://www.cnbc.com/2017/11/25/bitcoin-tops-8700-to-record-high-as-coin-base-adds-100000-users.html.

34   Gedalyah Reback, "Binance Claims 240,000 New Users in One Hour after Relaunching Service," Cointelligence, January 11, 2018, https://www.cointelligence.com/content/binance-claims-240000-new-users-in-one-hour-after-relaunching-service/.

35   Kate Rooney, "Nouriel Roubini: Bitcoin Is 'Mother of All Scams,'" CNBC, October 11, 2018, https://www.cnbc.com/2018/10/11/roubini-bitcoin-is-mother-of-all-scams.html.

36   Anthony Cuthbertson, "Bitcoin Just Got a Boost from the World's Leading Financial Authority," The Independent, April 17, 2018, https://www.independent.co.uk/life-style/gadgets-and-tech/news/bitcoin-price-latest-updates-imf-christine-lagarde-blog-post-cryptocurrency-invest-a8308491.html.

37   PricewaterhouseCoopers, "PwC Accepts Payment in Bitcoin for Its Advisory

Services," PwC, November 30, 2017, https://www.pwchk.com/en/press-room/press-releases/pr-301117.html.

38   Sean Williams, "5 Brand-Name Businesses That Currently Accept Bitcoin – The Motley Fool," The Motley Fool, July 6, 2017, https://www.fool.com/investing/2017/07/06/5-brand-name-businesses-that-currently-accept-bitc.aspx.

39   History.com Editors, "Ford Motor Company Unveils the Model T," HISTORY, November 13, 2009, https://www.history.com/this-day-in-history/ford-motor-company-unveils-the-model-t.

40   Manny Trillo, "Visa Transactions Hit Peak on Dec. 23," Visa's Blog – Visa Viewpoints (blog), January 12, 2011, https://www.visa.com/blogarchives/us/2011/01/12/visa-transactions-hit-peak-on-dec-23/index.html.

41   Patrick Thompson, "Bitcoin Mining's Electricity Bill: Is It Worth It?," Cointelegraph, June 2, 2018, https://cointelegraph.com/news/bitcoin-minings-electricity-bill-is-it-worth-it.

42   Colin Harper, "Making Sense of Proof of Work vs. Proof of Stake," CoinCentral, January 24, 2018, https://coincentral.com/making-sense-of-proof-of-work-vs-proof-of-stake/.

43   Ibid.

44   Shaan Ray, "The Difference Between Traditional and Delegated Proof of Stake," Hacker Noon, April 23, 2018, https://hackernoon.com/the-difference-between-traditional-and-delegated-proof-of-stake-36a3e3f25f7d. It is important to note that in few cases, new currency units can be created by inflating the coin supply, and can be used to reward forgers.

45   Ibid.

46   Ibid.

10장

01   Chris Burniske and Jack Tatar, Crypto-assets: The Innovative Investor's Guide to Bitcoin and Beyond (McGraw Hill Professional, 2017).

02   "What Is the Difference between DLT and Blockchain? | BBVA," BBVA, accessed January 13, 2019, https://www.bbva.com/en/difference-dlt-blockchain/.

03   Max Thake, "What's the Difference between Blockchain and DLT?," Nakamo.To (blog), February 8, 2018, https://medium.com/nakamo-to/whats-the-difference-between-blockchain-and-dlt-e4b9312c75dd.

04   Ibid.

05   richbodo, "Usage of the Word 'Blockchain,'" Richbodo (blog), September 20, 2017, https://medium.com/@richbodo/common-use-of-the-word-blockchain-5b916cecef29.

06   Chris Burniske and Jack Tatar, Crypto-assets: The Innovative Investor's Guide to Bitcoin and Beyond (McGraw Hill Professional, 2017).

07   Edward Robinson and Matthew Leising, "Blythe Masters Tells Banks the

Blockchain Changes Everything – Bloomberg," Bloomberg News, accessed January 13, 2019, https://www.bloomberg.com/news/features/2015-09-01/blythe-masters-tells-banks-the-blockchain-changes-everything.

08   "The Trust Machine – The Promise of the Blockchain," The Economist, accessed January 13, 2019, https://www.economist.com/leaders/2015/10/31/the-trust-machine.

09   Crypto-assets.

10   Michael J. Casey and Paul Vigna, "In Blockchain We Trust," MIT Technology Review, April 9, 2018, https://www.technologyreview.com/s/610781/in-blockchain-we-trust/.

11   Praveen Jayachandran, "The Difference between Public and Private Blockchain," Blockchain Pulse: IBM Blockchain Blog, May 31, 2017, https://www.ibm.com/blogs/blockchain/2017/05/the-difference-between-public-and-private-blockchain/.

12   Chris Burniske and Jack Tatar, Crypto-assets: The Innovative Investor's Guide to Bitcoin and Beyond (McGraw Hill Professional, 2017).

13   "Blockchain Investment Trends In Review," CB Insights Research, accessed January 13, 2019, https://www.cbinsights.com/research/report/blockchain-trends-opportunities/.

14   Martin Valenta and Philipp Sandner, "Comparison of Ethereum, Hyperledger Fabric and Corda," Frankfurt School Blockchain Center, June 2017.

15   "Corda | Training & Certification," Corda, accessed January 13, 2019, https://www.corda.net/develop/training.html.

16   "Quorum | J.P. Morgan," J.P. Morgan Chase & Co., accessed January 13, 2019, https://www.jpmorgan.com/global/Quorum#section_1320553510217.

17   Joe Ross, "Home," Enterprise Ethereum Alliance, accessed January 13, 2019, https://entethalliance.org/.

18   Chris Skinner, "Applying Blockchain to Clearing and Settlement – Chris Skinner's Blog," August 2016, https://thefinanser.com/2016/08/applying-blockchain-clearing-settlement.html/.

19   Noelle Acheson, "How Blockchain Trade Finance Is Breaking Proof-of-Concept Gridlock," CoinDesk (blog), April 30, 2018, https://www.coindesk.com/blockchain-trade-finance-breaking-proof-concept-gridlock.

20   Eamonn Maguire et al., "Could Blockchain Be the Foundation of a Viable KYC Utility?" (KPMG International, 2018).

21   Ravishankar Achanta, "Cross-Border Money Transfer Using Blockchain – Enabled by Big Data" (Infosys, 2018).

22   "AXA Goes Blockchain with Fizzy | AXA," AXA, September 13, 2017, https://www.axa.com/en/news-room/news/axa-goes-blockchain-with-fizzy%23xtor%3DCS3-9-%5BShared_Article%5D-%5Baxa_goes_blockchain_with_fizzy%5D.

23   "Establishing a Chain of Title – Leveraging Blockchain for the Real Estate Industry," Dentons Rodyk, November 20, 2017, https://dentons.rodyk.com/en/insights/alerts/2017/november/21/establishing-a-chain-of-title-leveraging-blockchain-for-the-real-estate-industry.

24   Molly Jane Zuckerman, "Swedish Government Land Registry Soon To Conduct First Blockchain Property Transaction," Cointelegraph, March 7, 2018, https://cointelegraph.com/news/swedish-government-land-registry-soon-to-con-

duct-first-blockchain-property-transaction.

25   Alexandru Oprunenco and Chami Akmeemana, "Using Blockchain to Make Land Registry More Reliable in India," United Nations Development Programme, May 1, 2018, http://www.undp.org/con-tent/undp/en/home/blog/2018/Using-blockchain-to-make-land-registry-more-reliable-in-India.html.

26   Shefali Anand, "A Pioneer in Real Estate Blockchain Emerges in Europe," Wall Street Journal, March 6, 2018, sec. Markets, https://www.wsj.com/articles/a-pioneer-in-real-estate-blockchain-emerges-in-europe-1520337601.

27   "Fintech Experiments and Projects," Bank of Canada, accessed January 13, 2019, https://www.bankof-canada.ca/research/digital-currencies-and-fintech/fintech-experiments-and-projects/.

28   "Project Ubin," Singapore Financial Centre | Monetary Authority of Singapore, accessed January 13, 2019, http://www.mas.gov.sg/singapore-financial-centre/smart-financial-centre/project-ubin.aspx.

29   "Canada Says No To Blockchain For Now," PYMNTS.Com (blog), May 29, 2017, https://www.pymnts.com/news/b2b-payments/2017/bank-canada-interbank-payment-system-blockchain/.

30   Darshini Dalal, Stanley Yong, and Antony Lewis, "Project Ubin: SGD on Distributed Ledger" (Deloitte; Monetary Authority of Singapore, 2017).

31   Jesus Leal Trujillo, Steve Fromhart, and Val Srinivas, "The Evolution of Blockchain Technology," Deloitte Insights, November 6, 2017, https://www2.deloitte.com/insights/us/en/industry/financial-ser-vices/evolution-of-blockchain-github-platform.html.

11장

01   Alyssa Hertig, "What Is Ethereum? – CoinDesk Guides," CoinDesk (blog), accessed January 13, 2019, https://www.coindesk.com/information/what-is-ethereum.

02   Chris Burniske and Jack Tatar, Cryptoassets: The Innovative Investor's Guide to Bitcoin and Beyond (McGraw Hill Professional, 2017). Page 56.

03   Alyssa Hertig, "Ethereum's Big Switch: The New Roadmap to Proof-of-Stake," CoinDesk (blog), May 5, 2017, https://www.coindesk.com/ethereums-big-switch-the-new-roadmap-to-proof-of-stake.

04   Alyssa Hertig, "How Do Ethereum Smart Contracts Work?," CoinDesk (blog), accessed January 13, 2019, https://www.coindesk.com/information/ethereum-smart-contracts-work.

05   Alyssa Hertig, "What Is a Decentralized Application?," CoinDesk (blog), accessed January 13, 2019, https://www.coindesk.com/information/what-is-a-decentralized-application-dapp.

06   Jake Frankenfield, "Smart Contracts," Investopedia, April 18, 2017, https://www.investopedia.com/terms/s/smart-contracts.asp.

07   "ERC-20," Wikipedia, December 19, 2018, https://en.wikipedia.org/w/index.php?title=ERC-20&oldid=874510987.

08   Antony Lewis, The Basics of Bitcoins and Blockchains: An Introduction to Cryptocurrencies and the Technology That Powers Them (Mango Media, 2018). Page 289.

09   John Light, "The Differences between a Hard Fork, a Soft Fork, and a Chain Split, and What They Mean for The…," Medium (blog), September 25, 2017, https://medium.com/@lightcoin/the-differences-between-a-hard-fork-a-soft-fork-and-a-chain-split-and-what-they-mean-for-the-769273f358c9.

10   Jackie Liu, "Blockchain Research: What the Fork? What Happens When the (Block)chain Splits?," Blockchain Research Technical University of Munich, July 31, 2017, https://www.blockchain.tum.de/en/news-single-view/?tx_ttnews%5Btt_news%5D=9&cHash=6d77c31a3e-4a8161867eef483b96cdb4.

11   Noelle Acheson, "What Is SegWit?," CoinDesk (blog), accessed January 13, 2019, https://www.coindesk.com/information/what-is-segwit.

12   Jackie Liu, "Blockchain Research: What the Fork? What Happens When the (Block)chain Splits?," Blockchain Research Technical University of Munich, July 31, 2017, https://www.blockchain.tum.de/en/news-single-view/?tx_ttnews%5Btt_news%5D=9&cHash=6d77c31a3e-4a8161867eef483b96cdb4.

13   Laura Shin, "Here's The Man Who Created ICOs and This Is The New Token He's Backing," Forbes, September 21, 2017, https://www.forbes.com/sites/laurashin/2017/09/21/heres-the-man-who-created-icos-and-this-is-the-new-token-hes-backing/#6b4878d81183.

14   Block.one would then go on to raise around US$4 billion. Kate Rooney, "A Blockchain Start-up Just Raised $4 Billion, without a Live Product," CNBC, May 31, 2018, https://www.cnbc.com/2018/05/31/a-blockchain-start-up-just-raised-4-billion-without-a-live-product.html.

15   Daniel Diemers et al., "Initial Coin Offering – A Strategic Perspective" (Strategy& | PwC, June 28, 2018).

16   Steven Buchko, "Off to the Races: Crypto's Top 4 Privacy Coins," CoinCentral, January 31, 2018, https://coincentral.com/top-privacy-cryptocurrency-race/.

17   "Understanding Masternodes," Dash, accessed January 13, 2019, https://docs.dash.org/en/latest/masternodes/understanding.html.

18   Ibid.

19   "The Next Generation of Distributed Ledger Technology," IOTA, accessed January 13, 2019, https://www.iota.org/.

20   "Monero FAQ," The Monero Project, accessed January 13, 2019, https://getmonero.org/get-started/faq/index.html.

21   Steven Buchko, "Off to the Races: Crypto's Top 4 Privacy Coins," CoinCentral, January 31, 2018, https://coincentral.com/top-privacy-cryptocurrency-race/.

22   "MoneroXMR – A Privacy-Focused Code Fork of Bytecoin," Messari, accessed January 13, 2019, https://messari.io/asset/monero.

23   "NEO – An Open Network for Smart Economy," NEO, accessed January 13, 2019, https://neo.org/.

24   Michael J. Casey and Paul Vigna, "Mt. Gox, Ripple Founder Unveils Stellar, a New Digital Currency Project," WSJ (blog), July 31, 2014, https://blogs.wsj.com/moneybeat/2014/07/31/mt-gox-ripple-founder-unveils-stellar-a-new-digital-currency-

project/.

25   "Lumens FAQ," Stellar (blog), accessed January 13, 2019, https://www.stellar.org/lumens/.

26   "What Are Zk-SNARKs?," Zcash, accessed January 13, 2019, https://z.cash/technology/zksnarks/.

27   Paige Peterson, "Selective Disclosure & Shielded Viewing Keys," Zcash (blog), January 22, 2018, https://z.cash/blog/viewing-keys-selective-disclosure/.

28   PricewaterhouseCoopers, "Introduction to Token Sales (ICO) Best Practices" (PwC), accessed January 13, 2019, https://www.pwchk.com/en/industries/financial-services/publications/introduction-to-token-sales-ico-best-practices.html.

29   "Two Celebrities Charged with Unlawfully Touting Coin Offerings," Securities and Exchange Commission, November 29, 2018, https://www.sec.gov/news/press-release/2018-268.

30   Ibid.

31   "Statement on Initial Coin Offerings," Securities & Futures Commission of Hong Kong, September 5, 2017, https://www.sfc.hk/web/EN/news-and-announcements/policy-statements-and-announcements/statement-on-initial-coin-offerings.html.

32   "China Bans Initial Coin Offerings," BBC News, September 5, 2017, sec. Business, https://www.bbc.com/news/business-41157249.

33   Reuters, "South Korea Bans All New Cryptocurrency Sales," CNBC, September 29, 2017, https://www.cnbc.com/2017/09/28/south-korea-bans-all-new-cryptocurrency-sales.html.

34   Brady Dale, "Even Investors with Access Want ICO Presale Reform," CoinDesk (blog), November 19, 2017, https://www.coindesk.com/ico-presales-boost-vc-3iq-multicoin.

35   Shane Shifflett and Coulter Jones, "Buyer Beware: Hundreds of Bitcoin Wannabes Show Hallmarks of Fraud," Wall Street Journal, May 17, 2018, sec. Markets, https://www.wsj.com/articles/buyer-beware-hundreds-of-bitcoin-wannabes-show-hallmarks-of-fraud-1526573115.

36   Matt Levine, "SEC Halts a Silly Initial Coin Offering," Bloomberg Opinion, December 5, 2017, https://www.bloomberg.com/opinion/articles/2017-12-05/sec-halts-a-silly-initial-coin-offering.

37   Eugene Kim, "SEC Warns on ICO Scams, 'Pump and Dump' Schemes," CNBC, August 28, 2017, https://www.cnbc.com/2017/08/28/sec-warns-on-ico-scams-pump-and-dump-schemes.html.

38   Arjun Kharpal, "Over 800 Cryptocurrencies Are Now Dead as Bitcoin Feels Pressure," CNBC, July 2, 2018, https://www.cnbc.com/2018/07/02/over-800-cryptocurrencies-are-now-dead-as-bitcoin-feels-pressure.html.

12장

01 Ricky Cove, "Breaking down Bitcoin and Cryptocurrencies: Key Characteristics," Market Realist, November 21, 2017, https://marketrealist.com/2017/11/breaking-down-bitcoin-and-cryptocurrencies-key-characteristics.

02 Barbara Stettner, "Cryptocurrency AML Risk Considerations – Allen & Overy," Allen & Overy, accessed January 13, 2019, http://www.allenovery.com/publications/en-gb/lrrfs/cross-border/Pages/Cryptocurrency-AML-risk-considerations.aspx.

03 Ibid.

04 Ibid.

05 "UNODC Estimates That Criminals May Have Laundered US$ 1.6 Trillion in 2009," UNODC, October 25, 2011, https://www.unodc.org/unodc/en/press/releases/2011/October/unodc-estimates-that-criminals-may-have-laundered-usdollar-1.6-trillion-in-2009.html.

06 Frances Schwartzkopff, "Danske Bank Puts €2.4bn aside for Money-Laundering Case," Independent.ie, accessed January 24, 2019, https://www.independent.ie/business/world/danske-bank-puts-2-4bn-aside-for-moneylaundering-case-37592181.html.

07 Juliette Garside, "Is Money-Laundering Scandal at Danske Bank the Largest in History?," The Guardian, September 21, 2018, sec. Business, https://www.theguardian.com/business/2018/sep/21/is-money-laundering-scandal-at-danske-bank-the-largest-in-history.

08 https://www.blockchain.com/ru/static/pdf/StablecoinsReportFinal.pdf.

09 "Tether," accessed January 13, 2019, https://tether.to/.

10 Matt Robinson and Tom Schoenberg, "Bitcoin-Rigging Criminal Probe Focused on Tie to Tether," Bloomberg News, November 20, 2018, https://www.bloomberg.com/news/articles/2018-11-20/bitcoin-rigging-criminal-probe-is-said-to-focus-on-tie-to-tether.

11 "Tether – FAQs," accessed January 13, 2019, https://tether.to/faqs/.

12 Mark Austen et al., "ASIFMA Best Practices for Digital Asset Exchanges" (ASIFMA, June 2018), https://www.lw.com/thoughtLeadership/ASIFMA-best-practices-digital-asset-exchanges.

13 "Global Digital Finance Code of Conduct: Taxonomy for Cryptographic Assets" (Global Digital Finance, October 2018), https://www.gdf.io/wp-content/uploads/2018/10/0003_GDF_Taxonomy-for-Cryptographic-Assets_Web-151018.pdf.

14 June Lin, "Is a Country Club Membership a Security? | Primerus," Primerus, accessed January 13, 2019, http://www.primerus.com/business-law-news/is-a-country-club-membership-a-security.htm.

15 Kate Rooney, "SEC Chairman Clayton Says Agency Won't Change Definition of a Security," CNBC, June 6, 2018, https://www.cnbc.com/2018/06/06/sec-chairman-clayton-says-agency-wont-change-definition-of-a-security.html.

16 Jon Russell and Mike Butcher, "Telegram's Billion-Dollar ICO Has Become a Mess," TechCrunch, May 2018, http://social.techcrunch.com/2018/05/03/telegrams-billion-dollar-ico-has-become-a-mess/.

17   "Global Digital Finance Code of Conduct: Taxonomy for Cryptographic Assets" (Global Digital Finance, October 2018), https://www.gdf.io/wp-content/uploads/2018/10/0003_GDF_Taxonomy-for-Cryptographic-Assets_Web-151018.pdf.

18   Helen Zhao, "Own Shares of Brooklyn Building with Tokens Blockchain Real Estate," March 19, 2018, https://www.cnbc.com/2018/03/19/own-shares-of-brooklyn-building-with-tokens-blockchain-real-estate.html.

19   "The Aspen Digital Security Token," Indiegogo Token Sales, accessed January 13, 2019, https://block-chain.indiegogo.com/projects/aspen/.

20   Brandon Tepper, "Building on the Blockchain: Nasdaq's Vision of Innovation" (Nasdaq, March 2016), https://business.nasdaq.com/Docs/Blockchain%20Report%20March%202016_tcm5044-26461.pdf.

21   Molly Jane Zuckerman, "Andy Warhol Painting to Be Sold via Blockchain in 'World's First' Crypto Art Auction," Cointelegraph, June 7, 2018, https://cointelegraph.com/news/andy-warhol-painting-to-be-sold-via-blockchain-in-world-s-first-crypto-art-auction.

22   Jordan French, "Nasdaq Exec: Exchange Is 'All-In' on Using Blockchain Technology," TheStreet, April 23, 2018, https://www.thestreet.com/investing/nasdaq-all-in-on-blockchain-technology-14551134.

23   Chris Burniske and Jack Tatar, Crypto-assets: The Innovative Investor's Guide to Bitcoin and Beyond (McGraw Hill Professional, 2017).

24   Phil Glazer, "An Overview of Non-Fungible Tokens," Hacker Noon, April 1, 2018, https://hacker-noon.com/an-overview-of-non-fungible-tokens-5f140c32a70a.

25   "CryptoKitties Cripple Ethereum Blockchain," December 5, 2017, sec. Technology, https://www.bbc.com/news/technology-42237162.

26   "ERC-721," accessed January 13, 2019, http://erc721.org/.

27   CryptoKitties, "CryptoKitties | Collect and Breed Digital Cats!," CryptoKitties, accessed January 13, 2019, https://www.cryptokitties.co.

28   "CryptoKitties: Collectible and Breedable Cats Empowered by Blockchain Technology," White Paper (CryptoKitties, n.d.).

29   "Decentraland," accessed January 13, 2019, https://decentraland.org/.

30   "Decentralized Reputation System," White Paper (DREP Foundation, n.d.).

31   "Home," Sovrin, accessed January 13, 2019, https://sovrin.org/.

13장

01 Barbara D. Underwood, "Virtual Markets Integrity Initiative" (Office of the New York State Attorney General, September 18, 2018).

02 "ASIFMA Best Practices For Digital Asset Exchanges" (Asia Securities Industry and Financial Markets Association (ASIFMA), June 2018).

03 "ASIFMA Best Practices For Digital Asset Exchanges" (Asia Securities Industry and Financial Markets Association (ASIFMA), June 2018). Page 19.

04 "Regulation of Virtual Assets," Financial Action Task Force (FATF), October 19, 2018, http://www.fatf-gafi.org/publications/fatfrecommendations/documents/regulation-virtual-assets.html.

05 Justin Scheck and Bradley Hope, "The Man Who Solved Bitcoin's Most Notorious Heist," Wall Street Journal, August 10, 2018, sec. Markets, https://www.wsj.com/articles/the-man-who-solved-bitcoins-most-notorious-heist-1533917805.

06 "ASIFMA Best Practices for Digital Asset Exchanges" (Asia Securities Industry and Financial Markets Association (ASIFMA), June 2018). Page 19.

07 "5 High Profile Cryptocurrency Hacks – (Updated)," Blockgeeks, accessed January 13, 2019, https://blockgeeks.com/guides/cryptocurrency-hacks/.

08 Nikhilesh De, "Numbers or Not, Coincheck Isn't Mt. Gox," CoinDesk (blog), January 26, 2018, https://www.coindesk.com/numbers-not-coincheck-isnt-another-mt-gox.

09 Kate Rooney, "Fidelity Launches Trade Execution and Custody for Cryptocurrencies," CNBC, October 15, 2018, https://www.cnbc.com/2018/10/15/fidelity-launches-trade-execution-and-custody-for-cryptocurrencies.html.

10 Stellabelle, "Cold Wallet Vs. Hot Wallet: What's The Difference?," Medium (blog), April 9, 2017, https://medium.com/@stellabelle/cold-wallet-vs-hot-wallet-whats-the-difference-a00d872aa6b1.

파트 4

01 Chris Smith et al., "The History of Artificial Intelligence," University of Washington, December 2006, 27.

02 "The Turk," in Wikipedia, January 17, 2019, https://en.wikipedia.org/w/index.php?title=The_Turk&oldid=878918745.

03 "Musk Says A.I. Is a 'Fundamental Risk to the Existence of Human Civilization,'" CNBC, July 16, 2017, https://www.cnbc.com/2017/07/16/musk-says-a-i-is-a-fundamental-risk-to-the-existence-of-human-civilization.html.

14장

01   David Cole, "The Chinese Room Argument," in The Stanford Encyclopedia of Philosophy, ed. Edward N. Zalta, Spring 2019 (Metaphysics Research Lab, Stanford University, 2019), https://plato.stanford.edu/archives/spr2019/entries/chinese-room/.

02   Tracy Kambies et al., "Analyzing Dark Data for Hidden Opportunities," Deloitte Insights, February 7, 2017, https://www2.deloitte.com/insights/us/en/focus/tech-trends/2017/dark-data-analyzing-unstructured-data.html.

03   "What Is Natural Language Processing?", SAS, accessed January 24, 2019, https://www.sas.com/en_us/insights/analytics/what-is-natural-language-processing-nlp.html.

04   April Glaser, "Google's Ability to Understand Language Is Nearly Equivalent to Humans," Recode, May 31, 2017, https://www.recode.net/2017/5/31/15720118/google-understand-language-speech-equivalent-humans-code-conference-mary-meeker.

15장

01   Khari Johnson, "Inscribe Raises $3 Million to Automate Document Fraud Detection," VentureBeat (blog), December 12, 2018, https://venturebeat.com/2018/12/12/inscribe-raises-3-million-to-automate-document-fraud-detection/.

02   Brian Browdie, "Can Alternative Data Determine a Borrower's Ability to Repay?," American Banker, February 24, 2015, https://www.americanbanker.com/news/can-alternative-data-determine-a-borrowers-ability-to-repay.

03   Oliver Ralph, Dan Weinland, and Martin Arnold, "Chinese Banks Start Scanning Borrowers' Facial Movements," Financial Times, October 29, 2018, https://www.ft.com/content/4c3ac2d4-d865-11e8-ab8e-6be0dcf18713.

04   Oscar Williams-Grut, "HSBC Partners with Tradeshift as Banks Increasingly See Fintech as Friends Not Foe," Business Insider, March 30, 2017, https://www.businessinsider.com/hsbc-partners-with-fintech-tradeshift-on-financing-product-2017-3.

05   "Small Business Loans," Intuit, QuickBooks, accessed January 13, 2019, https://quickbooks.intuit.com/features/loans/.

06   Lawrence Wintermeyer, "The Rise of the Unicorn Challenger Bank You've Never Heard of – OakNorth," Forbes, November 17, 2017, https://www.forbes.com/sites/lawrencewintermeyer/2017/11/17/the-rise-of-the-unicorn-challenger-bank-youve-never-heard-of-oaknorth/.

07   April J. Rudin, "The Regtech Revolution: Compliance and Wealth Management in 2017," CFA Institute – Enterprising Investor (blog), January 12, 2017, https://blogs.cfainstitute.org/inves-tor/2017/01/12/the-regtech-revolution-compliance-and-wealth-management-in-2017/.

08　　Owen Kraft, "How Natural Language Processing Is Changing Financial Risk and Compliance and Why You Should Care," Captech Consulting, Inc. (blog), July 20, 2018, http://www.captechconsulting.com/blogs/how-natural-language-processing-is-changing-financial-risk-and-compliance.

09　　Antoine Gara, "Wall Street Tech Spree: With Kensho Acquisition S&P Global Makes Largest A.I. Deal in History," Forbes, March 6, 2018, https://www.forbes.com/sites/antoinegara/2018/03/06/wall-street-tech-spree-with-kensho-acquisition-sp-global-makes-largest-a-i-deal-in-history/.

10　　Kristy Westgard, "Two Sigma Hires Google Scientist Mike Schuster for AI Expansion," Bloomberg News, April 16, 2018, https://www.bloomberg.com/news/articles/2018-04-16/two-sigma-hires-google-scientist-mike-schuster-for-ai-expansion.

11　　Darius McDermott, "Aberdeen Launches AI Smart Beta Venture," FTAdvisor – Financial Times, August 30, 2018, https://www.ftadviser.com/investments/2018/09/05/aberdeen-launches-ai-smart-beta-venture/.

12　　Samuel Shen and John Ruwitch, "Satellites and Blogs: BlackRock to Raise Game in China Stock Picking," Reuters, July 25, 2018, https://www.reuters.com/article/us-china-blackrock-fund-idUSK-BN1KE16U.

13　　"Clarity | Bringing Societal Impact to Markets," accessed January 13, 2019, https://clarity.ai/.

14　　"Motif Thematic Portfolios," Motif (blog), accessed January 13, 2019, https://www.motif.com/prod-ucts/thematic-portfolios.

15　　Attracta Mooney, "BlackRock Bets on Aladdin as Genie of Growth," Financial Times, May 18, 2017, https://www.ft.com/content/eda44658-3592-11e7-99bd-13beb0903fa3.

16　　Jody Kochansky, "The Promise of Artificial Intelligence and What It Means to BlackRock," BlackRock Blog (blog), March 8, 2018, https://www.blackrockblog.com/2018/03/08/artificial-intelligence-black-rock/.

17　　Attracta Mooney, "BlackRock Bets on Aladdin as Genie of Growth," Financial Times, May 18, 2017, https://www.ft.com/content/eda44658-3592-11e7-99bd-13beb0903fa3.

18　　James Comtois, "BlackRock Puts More of Its Future in Tech," Pensions & Investments, April 3, 2017, https://www.pionline.com/article/20170403/PRINT/304039990/blackrock-puts-more-of-its-future-in-tech.

19　　Ping an Insurance (Group) Company of China, "Ping An Financial OneConnect Unveils 'Smart Insurance Cloud' to Over 100 Insurance Companies," PRNewswire, September 6, 2017, https://www.prnewswire.com/news-releases/ping-an-financial-one-connect-unveils-smart-insurance-cloud-to-over-100-insurance-companies-300514482.html.

20　　Teresa Alameda, "What Is Computer Vision and How Is It Changing the World of Auto Insurance," BBVA (blog), August 31, 2017, https://www.bbva.com/en/computer-vision-changing-world-auto-insurance/.

21　　Steven Melendez, "Insurers Turn to Artificial Intelligence in War on Fraud," Fast Company, June 26, 2018, https://www.fastcompany.com/40585373/to-combat-fraud-insurers-turn-to-artificial-intelligence.

22　　Shai Wininger, "We Suck, Sometimes," Lemonade (blog), June 21, 2018, https://www.lemonade.com/blog/lemonade-transparency-review/.

23   "Allstate's Intelligent Agent Reduces Call Center Traffic and Provides Help During Quoting Process," KMWorld, December 30, 2015, http://www.kmworld.com/Articles/Editorial/Features/Allstates-Intelligent- Agent-Reduces-Call-Center-Traffic%2D%2Dand-Provides-Help-During-Quoting-Process-108263.aspx.

24   Sandra Villanueva, "QBE Partners with Cytora to Leverage Artificial Intelligence and Open Source Data," QBE Europe Facebook, December 6, 2017, https://qbeeurope.com/news-and-events/press- releases/qbe-partners-with-cytora-to-leverage-artificial-intelligence-and-open-source-data/.

25   "State Farm Distracted Driver Detection," Kaggle, accessed January 13, 2019, https://kaggle.com/c/state-farm-distracted-driver-detection.

26   "Zendrive," Zendrive, accessed January 13, 2019, http://zendrive.com.

27   "Predictive Analytics," FM Global, accessed January 13, 2019, https://www.fmglobal.com/products- and- services/services/predictive-analytics.

28   "Leveraging Machine Learning Within Anti-Money Laundering Transaction Monitoring" (Accenture, 2017), https://www.accenture.com/_acnmedia/PDF-61/Accenture-Leveraging-Machine-Learning-Anti-Money-Laundering-Transaction-Monitoring.pdf.

29   Trond Vagen, "HSBC Set to Launch Cloud-Based AML System next Year, Says Senior…," Reuters, November 28, 2018, https://www.reuters.com/article/bc-finreg-hsbc-data-cloud-aml-idUSKCN1NX1KU.

30   Citi, "Citi Searches for Fraud in Real-Time Transactions with Feedzai Machine Learning Tech," Finextra Research, December 19, 2018, https://www.finextra.com/pressarticle/76809/citi-searches-for-fraud-in-real-time-transactions-with-feedzai-machine-learning-tech.

31   "WHITE PAPER: Machine Learning | Modern Payment Fraud Prevention at Big Data Scale" (Feedzai, 2013).

32   Mark Bergen and Jennifer Surane, "Google and Mastercard Cut a Secret Ad Deal to Track Retail Sales," Bloomberg News, August 30, 2018, https://www.bloomberg.com/news/articles/2018-08-30/google-and-mastercard-cut-a-secret-ad-deal-to-track-retail-sales.

33   Ibid.

16장

01   Jacques Bughin et al., "Why Digital Strategies Fail," McKinsey, January 2018, https://www.mckinsey.com/business-functions/digital-mckinsey/our-insights/why-digital-strategies-fail.

02   Jim Marous, "Banking Needs a Customer Experience Wake-Up Call," The Financial Brand, February 6, 2017, https://thefinancialbrand.com/63654/banking-customer-experience-research-survey/.

03   Doug Alexander, "TD Aims for 90% of Transactions to Be Self-Serve in Digital

Push," Bloomberg News, October 11, 2018, https://www.bloomberg.com/news/articles/2018-10-11/td-aims-for-90-of-transactions-to-be-self-serve-in-digital-push.

04　　Rachel Louise Ensign, Christina Rexrode, and Coulter Jones, "Banks Shutter 1,700 Branches in Fastest Decline on Record," Wall Street Journal, February 5, 2018, sec. Markets, https://www.wsj.com/articles/banks-double-down-on-branch-cutbacks-1517826601.

05　　IANS, "Globally, Just Half of Retail Bank Customers Happy with Services: Report," Business Standard India, September 21, 2018, https://www.business-standard.com/article/finance/globally-just-half-of-retail-bank-customers-happy-with-services-report-118092100610_1.html.

06　　"2018 U.S. Retail Banking Satisfaction Study," J.D. Power, April 26, 2018, https://www.jdpower.com/business/press-releases/jd-power-2018-us-retail-banking-satisfaction-study.

07　　Patrick Collinson, "Switching Banks: Why Are We More Loyal to Our Bank than to a Partner?," The Guardian, September 7, 2013, sec. Money, https://www.theguardian.com/money/2013/sep/07/switching-banks-seven-day.

08　　"Average Overdraft Fee | Increase in Average Overdraft Fees, over Time in the United States," Wiley, 2016, https://media.wiley.com/assets/7349/04/web-Accounts-Average_Overdraft_Fee_US.png.

09　　"Banking Relationship in 2015 (U.S.)," Wiley, 2016, https://media.wiley.com/assets/7350/52/web-Trust-Banking_Relationship_In_2015_US.png.

10　　"A Financial System That Creates Economic Opportunities Nonbank Financials, Fintech, and Innovation" (U.S. Department of the Treasury, July 2018), https://home.treasury.gov/sites/default/files/2018-08/A-Financial-System-that-Creates-Economic-Opportunities%2D%2D-Nonbank-Financials-Fintech-and-Innovation.pdf.

11　　"'Being Open Is the Way' – Ralph Hamers," ING, June 7, 2018, https://www.ing.com/Newsroom/All-news/Being-open-is-the-way-Ralph-Hamers.htm.

12　　Howard Shelanski, Samantha Knox, and Arif Dhilla, "Network Effects and Efficiencies in Multisided Markets" (Organisation for Economic Co-operation and Development, June 21, 2017), https://one.oecd.org/document/DAF/COMP/WD(2017)40/FINAL/en/pdf.

13　　Adam Satariano, "Amazon Dominates as a Merchant and Platform. Europe Sees Reason to Worry," The New York Times, November 1, 2018, sec. Technology, https://www.nytimes.com/2018/09/19/technology/amazon-europe-margrethe-vestager.html.

14　　Rohan Pinto, "The Role Of Verified Digital Identities In The Open Banking Ecosystem," Forbes, December 11, 2018, https://www.forbes.com/sites/forbestechcouncil/2018/12/11/the-role-of-verified-digital-identities-in-the-open-banking-ecosystem/.

15　　Kevin Peachey, "Can a 'Bank in a Box' Replace a Branch?," BBC News, April 28, 2017, sec. Business, https://www.bbc.com/news/business-39709920.

16　　Erik Brynjolfsson, Hu (Jeffrey) Yu, and Michael D. Smith, "Long Tails Versus Superstars: The Effect of IT on Product Variety and Sales Concentration Patterns" (MIT Center for Digital Business, September 2010), http://ebusiness.mit.edu/erik/Long%20Tails%20Versus%20Superstars.pdf.

17　　Trefis Team, "Five Largest ETF

Providers Manage Almost 90% Of The $3 Trillion U.S. ETF Industry," Forbes, August 24, 2017, https://www.forbes.com/sites/greatspeculations/2017/08/24/five-largest-etf-providers-manage-almost-90-of-the-3-trillion-u-s-etf-industry/.

18   Citi, "Bank of the Future – The ABCs of Digital Disruption in Finance" (Citi Global Perspectives & Solutions (Citi GPS), March 2018), https://www.citibank.com/commercialbank/insights/assets/docs/2018/The-Bank-of-the-Future/124/.

19   Erica Borghard, "Protecting Financial Institutions Against Cyber Threats: A National Security Issue," Carnegie Endowment for International Peace (blog), September 24, 2018, https://carnegieendowment.org/2018/09/24/protecting-financial-institutions-against-cyber-threats-national-security-issue-pub-77324.

20   Jason Healey et al., "The Future of Financial Stability and Cyber Risk," The Brookings Institution (blog), October 10, 2018, https://www.brookings.edu/research/the-future-of-financial-stability-and-cyber-risk/.

21   Thomson Reuters Foundation, "IBM Wants to Use AI to Stop Human Trafficking Before It Occurs," Global Citizen, October 19, 2018, https://www.globalcitizen.org/en/content/data-human-trafficking/.

17장

01   FINMA, "FINMA Publishes ICO Guidelines," Swiss Financial Market Supervisory Authority FINMA, February 16, 2018, https://www.finma.ch/en/news/2018/02/20180216-mm-ico-wegleitung/.

02   Michael del Castillo, "For Blockchain Startups, Switzerland's 'Crypto Valley' Is No New York," CoinDesk (blog), October 31, 2016, https://www.coindesk.com/blockchain-innovation-switzerland- crypto-valley-new-york.

03   Paddy Baker, "Gibraltar Stock Exchange Confirms Move into Security Tokens," Crypto Briefing (blog), July 11, 2018, https://cryptobriefing.com/gibraltar-stock-exchange-security-tokens/; Viren Vaghela and Andrea Tan, "How Malta Became a Hub of the Cryptocurrency World," Bloomberg News, April 23, 2018, https://www.bloomberg.com/news/articles/2018-04-23/how-malta-became-a-hub-of-the- cryptocurrency-world-quicktake.

04   "SFC Sets out New Regulatory Approach for Virtual Assets," Securities & Futures Commission of Hong Kong, November 1, 2018, https://www.sfc.hk/edistributionWeb/gateway/EN/news-and- announcements/ news/doc?refNo=18PR126.

05   "A Guide to Digital Token Offerings" (Monetary Authority of Singapore, November 14, 2017), http://www.mas.gov.sg/~/media/MAS/Regulations%20and%20Financial%20Stability/Regulations%20Guidance%20and%20Licensing/Securities%20Futures%20and%20Fund%20Management/Regulations%20Guidance%20and%20Licensing/Guidelines/A%20Guide%20to%20Digital%20Token%20Offerings%20%2014%20Nov%202017.pdf.

06   "Regulation of Virtual Assets," Financial Action Task Force (FATF), October 19, 2018, http://www. fatf-gafi.org/publications/

fatfrecommendations/documents/regulation-virtual-assets.html.

07   Manesh Samtani, "ASIFMA Publishes Best Practices Guide for Crypto Exchanges," Regulation Asia (blog), June 21, 2018, https://www.regulationasia.com/asifma-publishes-best-practices-guide-for- crypto-exchanges/.

08   "Fintech Association of Hong Kong," Fintech Association of Hong Kong, accessed January 16, 2019, https://ftahk.org/.

09   "Home," Global Digital Finance (GDF), accessed January 16, 2019, https://www.gdf.io/.

10   Jeff John Roberts, "Only 802 People Told the IRS About Bitcoin, Coinbase Lawsuit Shows," Fortune, March 19, 2017, http://fortune.com/2017/03/19/irs-bitcoin-lawsuit/.

11   "Notice 2014–21 | IRS Virtual Currency Guidance" (Internal Revenue Service, April 14, 2014), https://www.irs.gov/irb/2014-16_IRB#NOT-2014-21.

12   Josiah Wilmoth, "Major Milestone: There Are Now More than 300 Cryptocurrency Funds," CCN, July 27, 2018, https://www.ccn.com/major-milestone-there-are-now-more-than-300-cryptocurrency- funds/.

13   Jennifer Surane, "Goldman to Add Crypto Contracts Without Trading Bitcoins," Bloomberg News, May 2, 2018, https://www.bloomberg.com/news/articles/2018-05-02/goldman-is-said-to-add-crypto- contracts-without-trading-bitcoins.

14   Marie Huillet, "Japan: Nomura Bank Announces Crypto Custody Solution For Institutional Investors," Cointelegraph, May 16, 2018, https://cointelegraph.com/news/japan-nomura-bank-announces-crypto-custody-solution-for-institutional-investors.

15   Kate Rooney, "Fidelity Launches Trade Execution and Custody for Cryptocurrencies," CNBC, October 15, 2018, https://www.cnbc.com/2018/10/15/fidelity-launches-trade-execution-and-custody-for-cryp-to-currencies.html.

16   Ian Allison, "Fidelity Looking to Expand Digital Asset Trading Beyond Bitcoin and Ether," CoinDesk (blog), November 29, 2018, https://www.coindesk.com/fidelity-looking-to-expand-digital-asset-trading-beyond-bitcoin-and-ether.

17   Benjamin Bain, "Winklevoss-Backed Bid for Bitcoin-ETF Rejected by Regulators," Bloomberg News, July 26, 2018, https://www.bloomberg.com/news/articles/2018-07-26/sec-rejects-winklevoss-twins- request-to-launch-bitcoin-etf.

18   Annaliese Milano, "E-Commerce Giant Rakuten Is Launching Its Own Crypto," CoinDesk (blog), February 27, 2018, https://www.coindesk.com/e-commerce-giant-rakuten-launching-cryptocurrency.

19   Wolfie Zhao, "Rakuten Is About to Buy a Bitcoin Exchange for $2.4 Million," CoinDesk (blog), August 31, 2018, https://www.coindesk.com/rakuten-seeks-to-acquire-bitcoin-exchange-in-2-4-million-deal.

20   Wolfie Zhao, "Messaging Giant LINE Is Launching Its Own Cryptocurrency," CoinDesk (blog), August 31, 2018, https://www.coindesk.com/messaging-giant-line-is-launching-its-own-cryptocurrency.

21   Jon Russell and Mike Butcher, "Telegram's Billion-Dollar ICO Has Become a Mess," TechCrunch (blog), accessed January 16, 2019, http://social.techcrunch.com/2018/05/03/telegrams-billion-dollar- ico-has-become-a-mess/.

22   Sarah Frier and Julie Verhage, "Facebook Is Developing a Cryptocurrency for

WhatsApp Transfers, Sources Say," Bloomberg News, December 21, 2018, https://www.bloomberg.com/news/arti-cles/2018-12-21/facebook-is-said-to-develop-stablecoin-for-whatsapp-transfers.

23   Andrew Beattie, "The History Of Money: From Barter To Banknotes," Investopedia, December 29, 2015, https://www.investopedia.com/articles/07/roots_of_money.asp.

24   Ben Bohane, "Yap: Island of Stone Money, Micronesian Song and Just a Trickle of Tourists," ABC News, March 30, 2016, https://www.abc.net.au/news/2016-03-30/yap-bal-ances-traditional-micronesian- values-with-tourism-push/7285664.

25   Mike Brown, "Should Amazon Get Into Virtual Currency & Other Products?," LendEDU (blog), February 27, 2018, https://lendedu.com/blog/amazon-virtual-curren-cy-banking-insurance/.

26   Morten Linnemann Bech and Rodney Garratt, "Central Bank Cryptocur-rencies," BIS Quarterly Review, September 17, 2017, https://www.bis.org/publ/qtrpdf/r_qt1709f.htm.

27   JP Koning, "Fedcoin: A Central Bank-Issued Cryptocurrency" (R3, November 15, 2016), https://static1. squarespace.com/static/55f73743e4b051cfcc0b02cf/t/58c7f-80c2e69cf24220d335e/1489500174018/R3+Report-+Fedcoin.pdf.

28   Aleksander Berentsen and Fabian Schar, "The Case for Central Bank Electronic Money and the Non-Case for Central Bank Cryptocurrencies," Federal Reserve Bank of St. Louis Second Quarter 2018, Vol. 100, No. 2 (February 28, 2018), https://doi.org/10.20955/r.2018.97-106.

29   Morten Linnemann Bech and Rodney Garratt, "Central Bank Cryptocur-rencies," BIS Quarterly Review, September 17, 2017, https://www.bis.org/publ/qtrpdf/r_qt1709f.htm, page 64.

30   Central Bank Cryptocurrencies.

31   Ibid.

32   S. Mohammad Davoodalhosseini, "Central Bank Digital Currency and Monetary Policy" (Funds Management and Banking Department, Bank of Canada, July 2018), https://www.bankofcanada.ca/wp-content/uploads/2018/07/swp2018-36.pdf, page 9.

33   Katia Moskvitch, "Inside the Bluster and Lies of Petro, Venezuela's Cryptocurrency Scam," Wired UK, August 22, 2018, https://www.wired.co.uk/article/venezuela-pet-ro-cryptocurrency-bolivar-scam.

34   "Digital Currencies," Bank of England, December 3, 2018, http://www.bankofengland.co.uk/research/digital-curren-cies.

35   "China's Plan to Sideline Bitcoin," Bloomberg News, December 13, 2018, https://www.bloomberg.com/news/arti-cles/2018-12-13/china-s-plan-to-sideline-bitcoin.

36   Wolfie Zhao, "PBoC's Yao: Chinese Digital Currency Should Be Crypto-Inspired," CoinDesk (blog), March 7, 2018, https://www.coindesk.com/pbocs-yao-qian-state-digital-currency-can-still-be-cryptocurrency.

37   Christine Lagarde, "Winds of Change: The Case for New Digital Currency," (November 14, 2018), https://www.imf.org/en/News/Articles/2018/11/13/sp111418-winds-of-change-the-case-for- new-digi-tal-currency.

18장

01　　Bryan Yurcan, "The Top Tech Priorities for Banks in 2018," American Banker, December 19, 2017, https://www.americanbanker.com/news/ai-development-top-of-2018-list-for-many-banks.

02　　Catherine Clifford, "Elon Musk at SXSW: A.I. Is More Dangerous than Nuclear Weapons," CNBC, March 13, 2018, https://www.cnbc.com/2018/03/13/elon-musk-at-sxsw-a-i-is-more-dangerous-than-nuclear-weapons.html.

03　　Arjun Kharpal, "Stephen Hawking Says AI Could Be 'Worst Event' in Civilization," CNBC, November 6, 2017, https://www.cnbc.com/2017/11/06/stephen-hawking-ai-could-be-worst-event-in-civilization.html.

04　　Sue Chang, "This Chart Spells out in Black and White Just How Many Jobs Will Be Lost to Robots," MarketWatch, September 2, 2017, https://www.marketwatch.com/story/this-chart-spells-out-in-black-and-white-just-how-many-jobs-will-be-lost-to-robots-2017-05-31.

05　　Rodney Brooks, "[FoR&AI] The Seven Deadly Sins of Predicting the Future of AI" RODNEY BROOKS | Robots, AI, and Other Stuff (blog), September 7, 2017, https://rodneybrooks.com/the-seven-deadly-sins-of-predicting-the-future-of-ai/.

06　　Will Knight, "A New AI Algorithm Summarizes Text Amazingly Well," MIT Technology Review (blog), May 12, 2017, https://www.technologyreview.com/s/607828/an-algorithm-summarizes-lengthy-text-surprisingly-well/.

07　　Filip Pieniewski, "The AI Winter Is Well on Its Way," VentureBeat (blog), June 4, 2018, https://venture-beat.com/2018/06/04/the-ai-winter-is-well-on-its-way/.

08　　"Cloud Natural Language | Cloud Natural Language API," Google Cloud, accessed January 16, 2019, https://cloud.google.com/natural-language/.

09　　"Vision API - Image Content Analysis | Cloud Vision API," Google Cloud, accessed January 16, 2019, https://cloud.google.com/vision/.

10　　Jonathan Symonds, "Modeling the Future of Regulatory Risk," Ayasdi (blog), June 21, 2017, https://www.ayasdi.com/blog/artificial-intelligence/modeling-the-future-of-regulatory-risk/.

11　　Barry Libert and Megan Beck, "The Machine Learning Race Is Really a Data Race," MIT Sloan Management Review (blog), December 14, 2018, https://sloanreview.mit.edu/article/the-machine-learning-race-is-really-a-data-race/.

12　　"Kaggle: Your Home for Data Science," Kaggle, accessed January 16, 2019, https://www.kaggle.com/.

13　　Sean Captain, "A New Point-and-Click Revolution Brings AI To The Masses," Fast Company, March 24, 2017, https://www.fastcompany.com/3062951/a-new-point-and-click-revolution-brings-ai-to-the-masses.

14　　H. James Wilson and Paul R. Daugherty, "What Changes When AI Is So Accessible That Everyone Can Use It?," Harvard Business Review, January 30, 2018, https://hbr.org/2018/01/what-changes-when-ai-is-so-accessible-that-everyone-can-use-it.

15　　Andrew Pollack, "Apple's Lisa Makes a Debut," The New York Times, January

19, 1983, sec. Business Day, https://www.nytimes.com/1983/01/19/business/apple-s-lisa-makes-a-debut.html.

16   Jeremy Hermann and Mike Del Balso, "Meet Michelangelo: Uber's Machine Learning Platform," Uber Engineering Blog, September 5, 2017, https://eng.uber.com/michelangelo/.

17   Mark Gilbert, "The Hedge Fund King and a Technological Arms Race," Bloomberg Opinion, December 27, 2018, https://www.bloomberg.com/opinion/articles/2018-12-27/man-group-ceo-luke-ellis-hedge- fund-king-in-technology-arms-race.

18   Robin Wigglesworth, "The Rise of 'quantamental' Investing: Where Man and Machine Meet," Financial Times, November 21, 2018, https://www.ft.com/content/f1276122-ec19-11e8-8180-9cf212677a57.

19   Chris Baraniuk, "The Cyborg Chess Players That Can't Be Beaten," BBC News, December 4, 2015, http://www.bbc.com/future/story/20151201-the-cyborg-chess-players-that-cant-be-beaten.

20   "Asset Management's Fight for 'alternative Data' Analysts Heats up," Financial Times, accessed January 17, 2019, https://www.ft.com/content/2f454550-02c8-11e8-9650-9c0ad2d7c5b5.

21   Jeremy Kahn, "Traders Emulate pro Athletes to Improve Their Game, Hiring Coaches and Metrics Analysts," The Washington Post, March 22, 2014, https://www.washingtonpost.com/business/traders-emulate- pro-athletes-to-improve-their-game-hiring-coaches-and-metrics-analysts/2014/03/20/ 3152baf4-ad3a-11e3-9627-c65021d6d572_story.html.

22   William Watts, "The next Frontier in Investing Is 'quantamental' Stock Picking," MarketWatch, October 29, 2018, https://www.marketwatch.com/story/the-next-frontier-in-investing-is-quantamental- stock-picking-2018-10-03.

23   John Detrixhe, "Selling Data to Feed Hedge Fund Computers Is One of the Hottest Areas of Finance Right Now," Quartz, September 20, 2017, https://qz.com/1082389/quant-hedge-funds-are-gorging-on- alternative-data-in-pursuit-of-an-investing-edge/.

24   http://www.dnb.com/content/dam/english/dnb-solutions/alternative-data-for-alpha-final.pdf.

25   "Hedge Funds See a Gold Rush in Data Mining," Financial Times, August 28, 2017, https://www.ft.com/content/d86ad460-8802-11e7-bf50-e1c239b45787.

26   Oliver Ralph, Martin Arnold, and Don Weinland, "Chinese Banks Start Scanning Borrowers' Facial Movements," Financial Times, October 28, 2018, https://www.ft.com/content/4c3ac2d4-d865- 11e8-ab8e-6be0dcf18713.

27   Jessica Tan, "From Ping An to Platform: Technology Innovation for Growth," (November 20, 2017), http://www.pingan.com/app_upload/images/info/upload/68a59877-41d3-4fff-a1d3-5f01172b-fcdb1.pdf.

28   "Ping An Starts Work on Up to $3 Billion OneConnect IPO," Bloomberg News, March 28, 2018, https://www.bloomberg.com/news/articles/2018-03-28/ping-an-is-said-to-start-work-on-up-to- 3-billion-one-connect-ipo.

29   Sheena S. Iyengar, Wei Jiang, and Gur Huberman, "How Much Choice Is Too Much?: Contributions to 401(k) Retirement Plans" (Pension Research Council, The Wharton School, University of Pennsylvania, 2003), https://pdfs.semanticscholar.org/04f0/7b37fc9deb167e56c-

참고문헌 **383**

729e1f35e052998ba4a.pdf.

30   Christopher Ingraham, "Most People Are Paying off Their Credit Card Debt All Wrong—Are You?," Washington Post, January 2, 2018, https://www.washingtonpost.com/news/wonk/wp/2018/01/02/most-people-are-paying-off-their-credit-card-debt-all-wrong-are-you/.

31   "Clarity Money - Champion of Your Money," Clarity Money, accessed January 17, 2019, https://clari-tymoney.com/.

32   Brian Browdie, "Health Platform Vitality Gets into Banking," Digital Insurance, January 2, 2019, https://www.dig-in.com/news/the-bank-that-watches-your-every-move-the-rise-of-behavioral-banks.

33   "Artificial Intelligence and Machine Learning in Financial Services" (Financial Stability Board, November 1, 2017), http://www.fsb.org/2017/11/artificial-intelligence-and-machine-learning-in-financial-service/.

34   "MAS Introduces New FEAT Principles to Promote Responsible Use of AI and Data Analytics," Monetary Authority of Singapore (MAS), November 12, 2018, http://www.mas.gov.sg/News-and- Publications/Media-Releases/2018/MAS-introduces-new-FEAT-Principles-to-promote-responsible-use- of-AI-and-data-analytics.aspx.

19장

01   PricewaterhouseCoopers, "What Is an Audit?," PwC, accessed January 17, 2019, https://www.pwc.com/m1/en/services/assurance/what-is-an-audit.html.

02   Tim Harford, "Is This the Most Influential Work in the History of Capitalism?," BBC News, October 23, 2017, sec. Business, https://www.bbc.com/news/business-41582244.

03   "Uber Fees: How Much Does Uber Pay, Actually? (With Case Studies)," Ridester, July 9, 2018, https://www.ridester.com/uber-fees/.

04   https://www.agorai.ai/pdf/Agorai%20White%20Paper%20v8.5.pdf.

05   https://cointelegraph.com/news/ico-to-build-next-generation-ai-raises-36-million-in-60-seconds.

06   https://public.singularitynet.io/whitepaper.pdf.

07   Preeta Bannerjee, "UNODC Estimates That Criminals May Have Laundered US$ 1.6 Trillion in 2009," October 25, 2011, https://www.unodc.org/unodc/en/press/releases/2011/October/unodc-estimates-that-criminals-may-have-laundered-usdollar-1.6-trillion-in-2009.html.

찾아보기

한국어

ㄱ

가격 예시 203
가드 레일 322
가비지 인 가비지 아웃 160
가상 은행 74
가상자산 127, 190
가상자산-가상자산 거래소 212
가상자산, 가치 205
가상자산 거래소 212
가상자산 관리인 216
가상자산, 규제 기관 285
가상자산, 기관투자자 291
가상자산, 기술 기업 294
가상자산, 배포 170
가상자산, 분류 187
가상자산 생태계 211
가상자산, 세금 290
가상자산 지갑 218
가상자산, 진화 285
가스 169, 198
가이 가와사키 91
가중치 증명 153
가치 제안 57, 167, 243
감독 기술 87
감사 326
감사자 172
강한 인공지능 224
강화 학습 227
개념 증명 90, 161
개방형 블록체인 158
개인 정보 33
개인정보보호규정 333

개인정보보호법 34
개인종합자산관리계좌 68
개인 키 29, 129
거버넌스 프레임워크 331
거래결제용 중앙은행
　디지털화폐 297
검사자 153
결제 레일 339
결제 서비스 지침 60
결제 시스템 61
결제 토큰 190
결제, 핀테크 57
결제 혁신 109
경상 계정 74
경제 지형 변화 54
고객 경험 271
고객의 기대치 55
고객확인절차 80
고든 이. 무어 27
골드만삭스 100
골든 해시 144
공개 키 129
공개 키 암호화 129
공유 경제 65
구글 문서 38
구글 홈 46, 267
국외 대금지급 162
국제결제은행 299
국제금융공사 122
국제자금세탁방지기구 193, 289
국제통화기금 150
규제 258
규제 의무 78
규제 준수 78
규제 지형 변화 54
그래픽 사용자 인터페이스 45

그램-리치-블라일리법 114
그랩 330
글로벌디지털파이낸스 289
금융 문해력 68
금융 생태계, 구조 변화 115
금융 생태계, 미래 56
금융 서비스, 인공지능 239
금융 소외 122
금융 시스템, 변화 266
금융 포용 119
금융 플랫폼 274
금융행위관리국 54
금융 혁신 119
기술 기업 107
기술 환경 진화 55
기업형 벤처캐피탈 101

ㄴ

나스닥 프라이빗 마켓 204
난이도 146
넓은 인공지능 224
네스트 73
네오 178
네오 뱅크 74
네임코인 168
네트워크 효과 60, 276
노드 142, 172
논스 144
누리엘 루비니 150
뉴런 230
닉 사보 135

ㄷ

다중 통화 계정 76

다크 웹 148
단방향 함수 29
단스케방크 194
당좌 예금 계좌 74
대량 채택 160
대시 177
대체 데이터 309
대체 불가능하고 거래
　　가능한 토큰 206
대체 불가능하고 거래
　　불가능한 토큰 208
대출, 핀테크 64
대출, P2P 65
대칭 암호화 128
데이비드 차움 130
데이터 거버넌스 340
데이터 경제 비즈니스 34
데이터 공유, 기계간 35
데이터 마켓플레이스 336
데이터 보호 340
데이터 수집 30
데이터 저장 비용 31
데이터 프라이버시 37
도드-프랭크법 77, 273
도이체방크 101
도지코인 168
돈 탭스콧 138
드롭박스 37
디디 330
디멘션 248
디센트럴랜드 207
디스커버 뱅크 319
디웨이브 30
디지캐시 130
디지털 결제 58
디지털 결제 혁명, 개발도상국 59

디지털 뱅킹, 핀테크 74
디지털 서비스 55
디지털 스탬프 131
디지털 연결성 34
디지털 은행 74
디지털 P2P 결제 시스템 136
딥러닝 229

ㄹ

라스즐로 핸예츠 147
라이트코인 167, 177
라이프스타일 플랫폼 110
라인 294
라쿠텐 294
랑트마트리엇 163
래리 핑크 248
레거시 시스템 55
레그테크 77, 79
레그테크, 핀테크 차이 80
레모네이드 73, 249
레밍턴 랜드 95
레볼루트 76, 88
렌딩클럽 65
로드니 브룩스 304
로보어드바이저 70, 98, 247
로봇프로세스자동화 240
로스 올브리히트 148
루멘스 178
리게티 30
리먼브라더스 133
리스크마크 251
리차드 파인먼 29
리츠 203
리프트 330
리플 174, 178

린 329

ㅁ

마나 207
마스터 장부 관리자 142
마야 249
마운트곡스 147
마운트곡스 사건 148
마이뱅크 110
마이크로 가상자산 결제 339
마커스 100
마틴 헬만 129
머니 마켓 펀드 109
머신러닝 228
머신 비전 234
머신 비전 알고리즘 306
메인프레임 55, 256
메트로마일 72
명령어 라인 인터페이스 45
모네로 178
모바일 네트워크 진화 36
모바일 머니 서비스 121
몬조 76
무어의 법칙 28
무역 금융 162
뮤닐리 104
미국증권거래위원회 79
미켈란젤로 308
밀레니얼 세대 지수 56

ㅂ

바이낸스 150
바이두 82

바이탈리트 73
방글라데시, 엠페사 120
방코산탄데르 102
백오피스 280
뱅가드 98
뱅가드 퍼스널 어드바이저
　　서비스 98
뱅크오브아메리카 95
버크셔해서웨이 116
벌지 브래킷 101
법적인 불확실성 160
법정화폐-가상자산 거래소 212
베터먼트 70, 98
벤모 62
벤처캐피탈 펀드, 기업형 103
벤처캐피탈 펀드, 핀테크 103
보험, 핀테크 71
분산 원장 기술 156
분산형 자율 기업 329, 330
분산형 자율 조직 325
불변성 158
불변성, 비트코인 143
브루킹스 인스티튜션 282
브리지워터 어소시에이츠 70
블랙닷원 175
블랙록 101, 247
블록 크기 논쟁 171
블룸버그마켓 156
비금융 디지털 상품 55
비대칭 암호화 129
비머니 131
비유동성 할인 203
비정형 데이터 226
비지도 학습 227
비캐시 120
비탈릭 부테린 169

비트고 293
비트코인 133
비트코인, 백서 133
비트코인, 불변성 143
비트코인, 암호기술 138
비트코인, 작업 증명 144
비트코인 캐시 152, 173, 176
비트코인, 탈중앙화 141
비트코인톡 135
비트코인 피자 데이 147
비퍼미션 158, 169
비현금 거래량 58
빌 게이츠 56

ㅅ

사물인터넷 36
사용자 인터페이스: 음성 46
사이드경영대학원 85
사이버 유닛 184
사이토라 250
사이퍼펑크 130
사이퍼펑크 선언문 131
사토시 나카모토 133
사파리콤 120, 122
산탄데르 104
산탄데르이노벤처 102
상장지수펀드 70
상품선물거래위원회 87
상호 운용성 160
샌드박스 87
샤오미 미밴드 47
서명 플랫폼 246
서비스로서의 인공지능 315
서클 293
서킷 차단기 322

선순환 데이터 사이클 309
세그윗 152
세이지메이커 307
센서 48
셀프드라이빙 금융 316
소비자 금융 보호 260
소셜미디어 플랫폼 63
소액결제용 중앙은행
　　디지털화폐 297
소유권 331
소프트 포크 172
송금, 국제 63
수수료 69, 270
슈로더 248
슈퍼 포지션 29
스마트 계약 167, 198, 330
스마트 패스트 클레임 249
스카이레이크 28
스케일러블 101
스탠다드차타드 121
스턴 경영대학원 85
스테이블 코인 190, 194
스테이블 토큰, 증권 197
스테이트팜 250
스텔라 175
시각 디스플레이 43
시냅스 230
시티뱅크 252
신경망 229
신경망 토폴로지 230
신용 평가 메커니즘 66
신원 데이터 증명 334
신원 속성 209
신원 시스템, 블록체인 기반 333
실시간 감사 326
실시간 총액 결제 164

실크로드 148, 193
실크로드 마켓플레이스 사건 147
심코프 248
싱가포르통화청 87
싱귤래리티넷 프로젝트 339
씨비인사이트 79

ㅇ

아고라이 프로젝트 338
아담 백 131
아더 사무엘 228
아드하르 122
아드하르법 124
아마존 38, 113
아마존고 113
아마존 에코 46, 267
아마존 일래스틱 컴퓨터
　클라우드 39
아마존캐시 113
아마존페이 113
아스펠 디지털 시큐리티
　토큰 203
아시아증권산업금융시장협회
　289
야스디 306
아웃소싱 281
아이덴티티 208
아이클라우드 37
아지모 121
알라딘 248
알리바바 82, 109
알리페이 109
알리페이 단말 112
알트코인 167
알파벳 73

알파 서프라이즈 312
암호기술 127
암호기술, 비트코인 138
암호학적 증명 134
암호화 127
암호화 토큰 190
애플 워치 47
애플 페이 61
액티브 펀드 투자 309
앤트파이낸셜 83, 109
앨런 튜링 128
약한 인공지능 224
앱 295
언더뱅크 119
에니그마 128
에리카 98
에릭 슈미트 32
에릭 징 110
에센티아 애널리틱스 311
에어앤비 55
에어폭스 180
에이지아스 249
에이콘머신 245
에저 머신러닝 307
엘릭서 130
엠페사 119
여행하는 외판원 문제 29
연금 67
영지식 증명 179
오크노스 245
오픈 뱅킹 272, 333
온덱캐피탈 104
온라인 뱅킹 56
온프레미스 38
올스테이트 250
왓슨 애널리틱스 307

왓츠앱 55, 294
우버 55, 330
우버이츠 308
우빈 프로젝트 164
워렌 246
원커넥트 314
월드레밋 121
월릿 218
월스트리트 블록체인 연합 219
웨스턴 유니온 283
웨어러블 디지털 디바이스 47
웨이 다이 131
웰스프론트 70, 98
위바오 109
위임 지분 증명 153
위챗 55, 109
유기 LED 45
유나이티드 오버시스 뱅크 80
유니콘 51
유로폴 283
유엔개발계획 163
유전 및 진화 알고리즘 232
유틸리티 토큰 198
은퇴 68
은행 지점 267
은행지주회사법 114
은행 혁신, 장애물 95
음성 인증 47
이더 169, 198
이더리움 167
이더리움 가상머신 169
이더리움 클래식 198
이온큐 30
이중 지불 문제 136
익명성 159, 299
인간-기계 인터페이스 43

인공지능 223
인공지능, 가상자산 325
인공지능, 가치 제안 243
인공지능, 개인 맞춤형 242
인공지능, 결제 251
인공지능, 금융 서비스 239
인공지능, 대출 244
인공지능 데이터 관리자 333
인공지능, 미래 303
인공지능, 보험 248
인공지능, 보험금 청구 74
인공지능의 민주화 306, 336
인공지능, 의사결정 개선 241
인공지능, 자동화 240
인공지능, 재산/자산 관리 245
인공지능 플라이휠 329
인공지능 플라이휠 효과 313
인공지능 효과 224
인공지능 CEO 331
인도, 금융 포용 122
인도 스택 122
인슈어테크 71
인스타그램 63
인터넷 금융 56
인터미디어 방글라데시 금융
　포용 인사이트 120
인터페이스 43
인터페이스: 웨어러블과 신체 47
인텔리전트 포트폴리오 98
일반 인공지능 224
입력 유닛 230
잊혀질 권리 334

ㅈ

자금 세탁 341

자금 세탁 방지 78
자기 주권 신원 334
자산 관리, 핀테크 66
자연어 처리 234
작업 증명, 비트코인 144
장부 142
재무 건전성 318
재무 어드바이저 70
재스퍼 프로젝트 164
재정 계획 69
재정 목표, 장기 69
전력 소비량, 비트코인 152
전용 블록체인 158
전자지갑 62
정량 분석 246
정보의 품질 159
정형 데이터 226
제3자 익명성 299
제이미 다이먼 104
제이피모간 78, 110
젠드라이브 251
젤 99
조디 코찬스키 248
존 설 224
존 올리버 138
좁은 인공지능 224
중국어 방 사고 실험 224
중국인민은행 300
중앙은행 디지털 화폐 296
중앙집중식 플랫폼 332
증권선물위원회 87
지도 학습 227
지분 증명 153
지적 재산권 331
지캐시 179

ㅊ

차량 공유 앱 331
차이푸 하오 83
찰스 슈왑 98
채굴 144, 170
채굴자 171
챌린저 은행 74
챗봇 249
청산 결제 162
출력 유닛 230

ㅋ

카르다노 175
카르다노 에이다 177
카카오 113
캐글 307
캐비지 102
캐피탈원 114, 267
캘리포니아 실버힐스 컨트리
　클럽 대 소비에스키 사건 199
컴퓨팅 파워 27
케냐, 엠페사 120
켄쇼 246
코드화 128
코볼 95
코인데스크 219
코인베이스 150
코인베이스 거래 145
코인 시스템 99
코인텔레그래프 219
콜드 스토리지 219
콜드 월릿 219
쿼터멘털 310
퀀텀 비트 29

퀀텀 컴퓨팅 28
퀵북스 245
퀵북스 캐피탈 245
크레이그 라이트 135
크리스틴 라가르드 150
크립토 밸리 287
크립토키티 206
클라우드 비전 306
클라우드 컴퓨팅 37
클래러티 AI 247
클래리티 머니 318
키 관리 방식 128

ㅌ

타임스탬프 서버 143
탈중앙화 157
탈중앙화 가상자산 거래소 215
탈중앙화된 애플리케이션 170
탈중앙화, 비트코인 141
탭 그룹 312
탱글 177
테더 195
테조스 175
테크핀 107
테크핀, 기존 금융 기관 협업 115
테크핀, 핀테크 협업 116
텐서플로우 307
텐센트 82, 109
텔레그램 294
텔레메틱스 72
토르 148
토큰, 증권 181
투명성 157
투시그마 246
투자 토큰 200

투키타키 80
트랜스퍼와이즈 63
트레이드시프트 102, 245
트렉터블 249
트로브 72

ㅍ

파라곤 180
파이스턴뱅크 282
파일코인 174
패니메이 78
패밀리 오피스 292
패시브 투자 309
퍼미션 158
펀더멘털 투자자 310
펌프 앤 덤프 184
페이미 62, 98
페이스북 55
페이티엠 112, 124
페이팔 62
페트로 300
퓨처어드바이저 101
프라이빗 뱅커 318
프라임 머니 마켓 펀드 110
프레디맥 78
프로그레시브 72
프로젝트 이노베이트 86
플랫폼 기반 금융 서비스 273
플랫폼화 272
플러스 3 규칙 128
플렉서블 디스플레이 45
플렉스코인 183
피델리티 디지털 에셋 293
피드자이 252
피지 162

핀테크 51, 265
핀테크, 결제 57
핀테크, 과제 83
핀테크 과제, 고객 기반 확대 88
핀테크 과제, 고객 신뢰 87
핀테크 과제, 고급 인력난 84
핀테크 과제, 규제 준수 86
핀테크 과제, 자본 조달 91
핀테크, 규제 당국 86
핀테크, 금융 포용 119
핀테크, 대출 64
핀테크, 디지털 뱅킹 74
핀테크, 레그테크 차이 80
핀테크, 보험 71
핀테크, 유형 57
핀테크, 자산 관리 66
핀테크 투자 52
핀테크 혁명 54
핏빗 47
핑안보험 249

ㅎ

하드 포크 171
하위테스트 181, 199
할 피니 135
합의 기반 158
핫 스토리지 219
핫 월릿 219
해시 139
해시 속도 145
해시 출력 144
해시캐시 131
해시 함수 141
행동 혁명 45
허브앤스포크 시스템 162

현금 가치, GDP 대비 59
홍콩대학교 85
홍콩핀테크협회 289
화폐적 인플레이션 146
확정급여형연금 67
확정기여형연금 67
활동 증명 153
휫필드 디피 129
히든 유닛 230

로마자

A

Aadhaar 122
Aadhaar Act 124
ABIE: Allstate Business Insurance Expert 250
AcornMachine 245
A Cypherpunk's Manifesto 131
Adam Back 131
Ageas 249
Agorai project 338
AI effect 224
AI-flywheel 329
AI flywheel effect 313
AIG: American International Group 133
Airfox 180
Aladdin: Asset Liability and Debt and Derivatives Investment Network 248
Alan Turing 128
Alibaba 82
Alipay 109

Allstate 250
Alphabet 73
Alpha surprise 312
alt-coins 167
Amazon Cash 113
Amazon Echo 46, 267
Amazon Elastic Computer Cloud 39
Amazon Go 113
Amazon Pay 113
AML 78
Anonymity 159
Ant Financial 83
Apple Watch 47
Arthur Samuel 228
ASIC: Application Specific Integrated Circuits 146
ASIFMA: Asia Securities Industry and Financial Markets Association 289
Aspen Digital Security Token 203
asymmetric encryption 129
audit 326
Ayasdi 306
Azimo 121
Azure MachineLearning 307

B

Baidu 82
Banco Santander 102
Bank Holding Company Act 114
Bank of International Settlement 299

behavioral revolution 45
Berkshire Hathaway 116
Betterment 70
BFT: Byzantine Fault Tolerance 153
Binance 150
Bitcoin Cash 173
Bitcoin Cash, BCH 176
Bitcointalk 135
Bitgo 293
bKash 120
BlackRock 101, 247
blockchain 146
Block.one 175
block size debate 171
Bloomberg Markets 156
B-money 131
books 142
Bridgewater Associates 70
broad AI 224
Brookings Institution 282
bulge bracket 101

C

C2C: Crypto to Crypto 212
Caifu Hao 83
California Silver Hills Country Club v. Sobieski 199
Capital One 114, 267
Cardano, ADA 177
CBDC 296
CB Insights 79
CFTC: Commodity Futures Trading Commission 87
challenger bank 74

Charles Schwab 98
checking account 74
Christine Lagarde 150
Circle 293
circuit breakers 322
CitiGroup 267
Clarity AI 247
Clarity Money 318
clearing and settlement 162
CLI: Command Line Interface 45
Cloud Vison 306
COBOL: Common Business-Oriented Language 95
COIN 99
Coinbase 150
coinbase transaction 145
CoinDesk 219
CoinTelegraph 219
Consensus-driven 158
Craig Wright 135
cross-border payments 162
crypto-asset 127
cryptocurrencies 190
cryptographic proof 134
cryptography 127
CryptoKitties 206
Crypto Valley 287
CTF: Combating Terrorist Financing 193
current account 74
CVC: Corporate Venture Capital 101
Cyber Unit 184
cypherpunk 130
Cytora 250

D

DAC: Distributed Autonomous Corporation 330
Danske Bank 194
DAO: Distributed Autonomous Organization 325, 330
dApps: decentralized applications 170
dark web 148
Dash, DASH 177
data governance 340
data privacy 340
David Chaum 130
Decentraland 207
Decentralized 157
Decentralized Reputation System 208
defined benefit pension 67
defined contribution 67
delegated proof-of-stake 153
Deutsche Bank 101
Dicover Bank 319
Didi 330
difficulty 146
Digicash 130
digital bank 74
Dimension 248
DLT: Distributed Ledger Technology 156
Dodd-Frank Act 77, 273
Dogecoin 168
Don Tapscott 138
DREP 208
Dropbox 37
Dwave 30

E

ECDSA: Elliptic Curve Digital Signature Algorithm 130
Elixxir 130
encoding 128
encryption 127
Enigma 128
EOS 175
ERC20: Ethereum Request for Comment 20 176
ERC-721 206
Erica 99
Eric Jing 110
Eric Scdmidt 32
Essentia Analytics 311
ETF자산 278
Ether 198
Ether, ETH 169
Ethereum 169
Ethereum Classic 198
Europol 283
EVM: Ethereum Virtual Machine 169

F

F2C: Fiat to Crypto 212
Face ID 시스템 234
Fannie Mae 78
Far Eastern Bank 282
FCA: Financial Conduct Authority 54, 86
FEAT: fairness, ethics, accountability, and transparency 320

Feedzai 252
Fidelity Digital Assets 293
Filecoin 175
Financial Action Task
    Force 193
financial health 318
FinTech Association of
    Hong Kong 289
Fitbit 47
Fizzy 162
forger 153
Freddie Mac 78
fundamental investor 310
FutureAdvisor 101

G

garbage in, garbage out 160
gas 169, 198
GDPR: General Data
    Protection Regulation 333
general AI 224
General Data Protection
    Regulation 34
Global Digital Finance 289
golden hash 144
Goldman Sachs 100
Google Docs 38
Google Home 46, 267
Gordon E. Moore 27
GPU: Graphical Processing
    Units 146
Grab 330
Gramm-Leach-Bliley Act 114
guard rail 322
GUI: Graphical User

Interface 45
Guy Kawasaki 91

H

Hal Finney 135
hard fork 171
hash 139
Hashcash 131
hash output 144
hash rate 145
hidden unit 230
Howey Test 181, 199
HSBC 98
hub and spoke system 162

I

IBM 283
IBM 305 RAMC 30
iCloud 37
ICO: Initial Coin
    Offering 170, 174
ICO, IPO 차이 180
identity 209
IFC: International Finance
    Corporation 122
illiquidity discount 203
IMF: International
    Monetary Fund 150
Immutable 158
India Stack 122
input unit 230
insurtech 71
Intelligent Portfolio 98
InterMedia Bangladesh

Financial Inclusion
    Insights 120
Interoperability 160
IonQ 30
IoT 73
IOTA 177
ISA: Individual Savings
    Accounts 68

J

Jamie Dimon 104
Jody Kochansky 248
John Oliver 138
John Searle 224

K

Kabbage 102
Kaggle 307
Kensho 246
KYC: Know Your Customer 80

L

LabCFTC 87
Lantmäteriet 163
Larry Fink 248
Laszlo Hanyecz 147
lean 329
Legal Uncertainty 160
Lehman Brothers 133
Lemonade 73, 249
Lending Club 65
Line 294
Litecoin 167

Litecoin, LTC 177
Lumens 178
Lyft 330

M

M2M 결제 경제 342
Machine-To-Machine 342
Machine Vision 234
MANA 207
Marcus 100
Martin Hellman 129
MAS: Monetary Authority of Singapore 87
Mass Adoption 160
Maya 249
Metromile 72
Michelangelo 308
millennial disruption index 56
miner 171
mining 144, 171
Monero, XMR 178
monetary inflation 146
Monzo 76
MOOC 85
Moore's law 28
M-Pesa 119
Mt. Gox 147
Munich Re 104
MyBank 110

N

N26 75
Namecoin 168
narrow AI 224

NASDAQ Private Market 204
NEO 175, 178, 198
neo-bank 74
Nest 73
Network Effects 60, 276
neuron 230
Nick Szabo 135
NLP: Natural Language Processing 234
node 142
nonce 144
Nouriel Roubini 150
NSA: National Security Agency 140

O

OakNorth 245
On Deck Capital 104
OneConnect 314
one-way-function 29
on-premise 38
open banking 273
OTC 중개인 216
output unit 230

P

P2P 결제 62
P2P 대출 65
Paragon 180
PayMe 62, 98
payment rail 339
payment token 190
Paytm 112
People's Bank of China 300

permissioned 158
permissionless 158, 169
Petro 300
platformization 316
PlexCoin 183
price discovery 203
Prime Money Market Fund 110
private bankers 318
private blockchain 159
private key 29, 129
Progressive 72
Project Innovate 86
Project Jasper 164
Project Ubin 164
proof of activity 153
proof-of-stake 153
proof-of-weight 153
proof-of-work 153
proofs of concept 161
PSD2: Second Payment Services Directive 60, 333
public blockchain 159
public key 129
pump and dump 184

Q

QBE 250
QR 코드 기반 결제 59
Quality of Information 159
quantamental 310
Quantum Computing 28
QuickBooks 245
QuickBooks Capital 245

R

Rakuten 294
regulatory technology 79
reinforcement learning 227
REITs: Real Estate
  Investment Trusts 203
Remington Rand 95
retail CBDC: retail central
  bank digital currency 297
Revolut 76
RFM 글로벌 251
Richard Feynman 29
Rigetti 30
Ripple 174
Ripple 토큰 174
Ripple, XRP 178
RiskMark 251
robo-advisor 70
Rodney Brooks 304
Ross Ulbricht 148
RPA: Robotic Process
  Automation 240
RSA: Rivest, Shamir,
  Adleman 130
RTGS: Real-Time Gross
  Settlement 164

S

Safaricom 120
SageMaker 307
Saïd Business School 85
sandbox 86
Santander 104
Santander InnoVentures 102

Satoshi Nakamoto 133
Scalable 101
Schroders 248
Scrypto 알고리즘 173
SEC: Securities and Exchange
  Commission 79
SegWit: Segregated
  Witness 152, 172
self-driving 317
self-sovereign identify 334
SFC: Securities and Futures
  Commission 87
SHA-256 173
SHA-256: Secure Hash
  Algorithm-256 140
Silk Road 148, 193
SimCorp 248
SingularityNET project 339
skylake 28
smart contract 168
Smart Fast Claim 249
Smile to Pay 기능 234
SMS 기반 결제 59
soft fork 172
Sovrin 209
stable coin 190, 194
Standard Chartered 121
State Farm 250
Stellar, XLM 178
strong AI 224
super-position 29
supervised learning 227
Supervisory Technology 87
SWIFT 282
symmetric encryption 128
synapse 230

T

Tabb Group 312
Tangle 177
Telegram 294
telematics 72
Tencent 82
TensorFlow 307
Tether 195
Tezos 175
timestamp server 143
Tookitaki 80
Tor 148
Tractable 249
trade finance 162
Tradeshift 102, 245
TransferWise 63
transparent 157
traveling salesperson
  problem 29
Trōv 72
Two Sigma 246

U

Uber 330
UberEats 308
UIDAI: Unique Identification
  Authority of India 122
UNDP: United Nations
  Development
  Programme 163
unicorn 51
United Overseas Bank 80
UNIVAC-1 95
unsupervised learning 227

utility token 198

V

value proposition 57, 167
Vanguard 98
Vanguard Personal
   Advisor Services 98
Venmo 62
virtual bank 74
virtuous data cycles 309
Vitalik Buterin 169
Vitalit 73

W

wallet 218
Wall Street Blockchain
   Alliance 219
Warren 246
Wastson Analytics 307
weak AI 224
Wealthfront 70
WeChat 109
Wei Dai 131
Western Union 283
WhatsApp 294
Whitfield Diffie 129
wholesale CBDC: wholesale
   central bank digital
   currency 297
WorldRemit 121

X

Xiaomi Mi Band 47

XRP 174

Y

Yap 295
Yu'e Bao 109

Z

ZCash, ZEC 179
Zelle 99
Zendrive 251
zero-knowledge proof 179